中国畲乡

景宁年鉴

JINGNING YEARBOOK

2016

景宁畲族自治县地方志编纂委员会

方志出版社
Publishing House of Local Records

图书在版编目（CIP）数据

景宁年鉴. 2016 / 景宁畲族自治县地方志编纂委员会编. -- 北京：方志出版社，2019.1
ISBN 978-7-5144-3572-6

Ⅰ.①景… Ⅱ.①景… Ⅲ.①景宁畲族自治县—2016—年鉴 Ⅳ.①Z525.54

中国版本图书馆 CIP 数据核字(2019)第 043102 号

景宁年鉴(2016)

编　　者：景宁畲族自治县地方志编纂委员会
责任编辑：刘方圆

出 版 人：冀祥德
出 版 者：方志出版社
　　地址　北京市朝阳区潘家园东里 9 号(国家方志馆 4 层)
　　邮编　100021
　　网址　http://www.fzph.org
发　　行：方志出版社图书经销中心
　　电话(010)67110500
经　　销：各地新华书店
印　　刷：浙江遂昌印业有限责任公司

开　　本：889 × 1194　1/16
印　　张：23.75
字　　数：479 千字
版　　次：2019 年 1 月第 1 版　2019 年 1 月第 1 次印刷
印　　数：0001~1000 册

ISBN 978-7-5144-3572-6　定价：150.00 元

编辑说明

EXPLAIN

一、《景宁年鉴（2016）》以马克思列宁主义、毛泽东思想、邓小平理论、“三个代表”重要思想、科学发展观、习近平新时代中国特色社会主义思想为指导，坚持辩证唯物主义和历史唯物主义的立场、观点和方法，客观、全面、翔实地记述了景宁畲族自治县2015年政治、经济、社会、文化等诸多方面的发展状况，总结了2015年景宁发生的大事、要事、新事及面临的新问题、新情况，记载了取得的新成就、新进展、新经验，反映了景宁各条战线的风貌，为各级党政机关、有关部门和社会各界认识及中外投资者了解景宁提供较全面、系统的信息资料。

二、本卷年鉴为中篇结构，由类目、分目、条目组成，部分分目增设次分目，全书有类目33个。设特载、专辑、大事记、县情概况；百科设中共景宁畲族自治县委员会、景宁畲族自治县人民代表大会、景宁畲族自治县人民政府、政协景宁畲族自治县委员会、中共景宁畲族自治县纪律检查委员会（县监察局）、社会团体、人力资源和社会保障、法治、军事、农村 农业 气象、林业、水利 电力、工业经济、贸易 流通、交通、邮政 通信、住房和城乡建设、国土资源 环境保护、旅游、税务 财政、金融 保险 住房公积金、经济管理、教育、科学技术、文化、卫生 体育、社会生活、乡镇 街道；卷末设附录。全书约479千字。

三、内文中未标明党派的“县委”均为“中共景宁畲族自治县委”；“党员”均为“中共党员”；“党建”工作均为“中国共产党建设”工作；简称的省、市、县分别指浙江省、丽水市、景宁畲族自治县。附录所载的“先进单位”“先进个人”均为中共丽水市委、市人民政府以上级别命名和县委、县人民政府年度工作考核结果的荣誉。

四、所载信息资料由县直单位、各乡镇（街道）和国家、省、市驻景企事业单位提供，经《景宁年鉴》编辑部编辑后返回原单位复审确认，报县人民政府批准后由方志出版社出版，插图由撰稿单位提供，主要数据以县统计局公布数据为准。

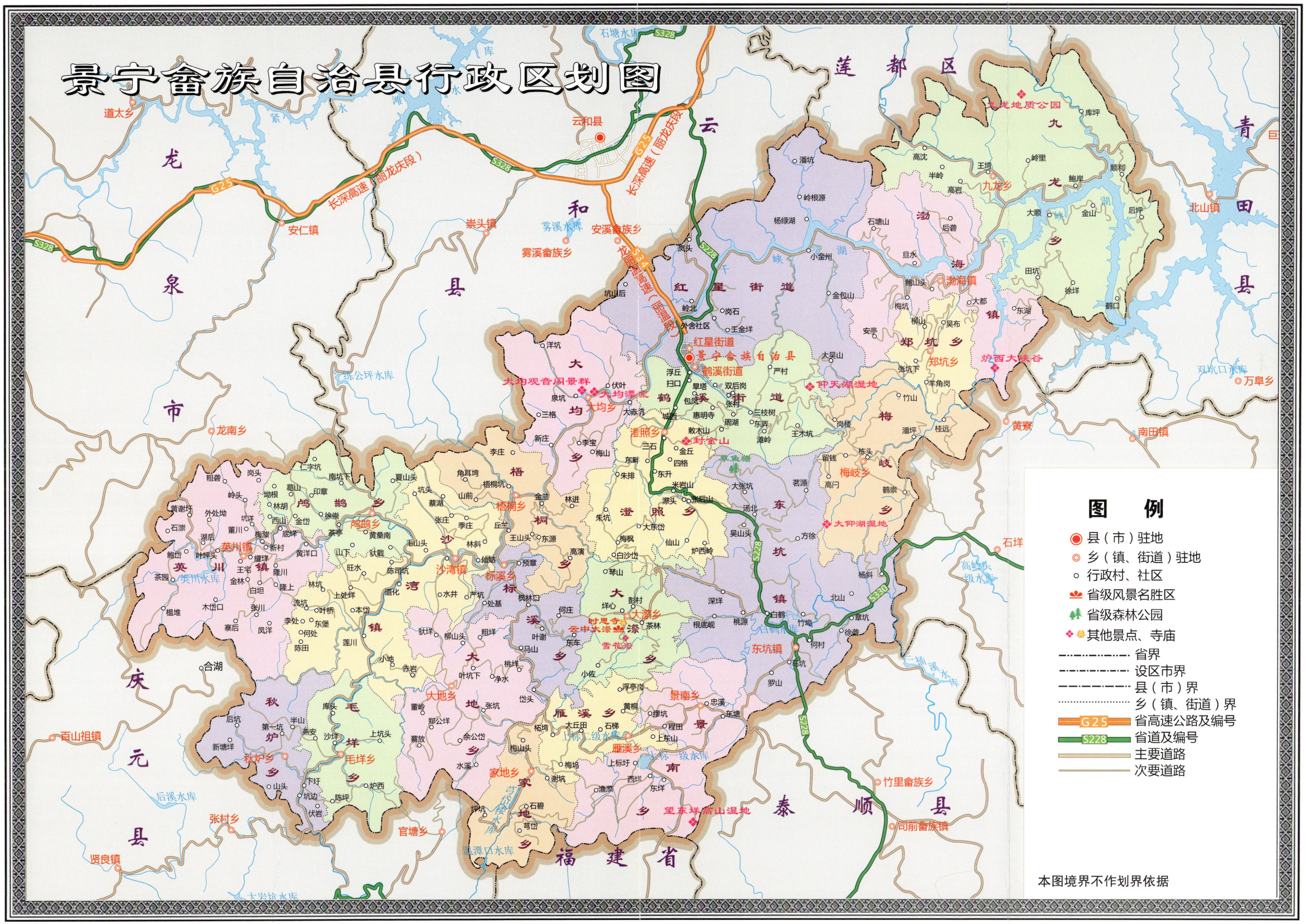

景宁畲族自治县民政局 浙江省第一测绘院 编制 编辑：章桂仙 王为和 赵凯 制图：吴叶舟 地图审核号：浙S（2015）46号 印数：001—1500 2015年4月

城区图

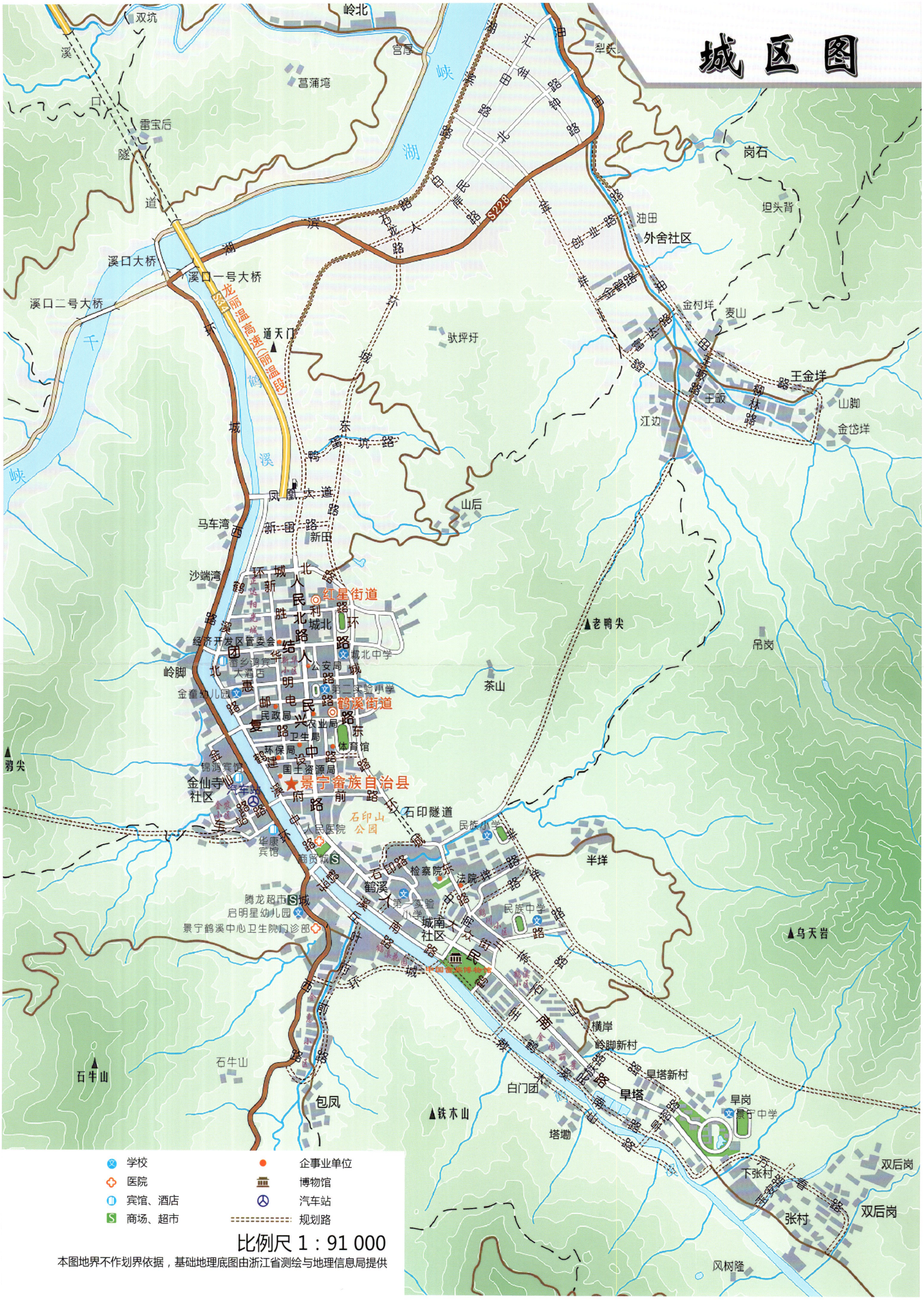

- 学校
- 医院
- 宾馆、酒店
- 商场、超市
- 企事业单位
- 博物馆
- 汽车站
- 规划路

比例尺 1：91 000

本图地界不作划界依据，基础地理底图由浙江省测绘与地理信息局提供

2015年4月9日，中共浙江省委书记夏宝龙（中）考察畲族博物馆

（县委办公室 提供）

2015年5月12日，浙江省政协主席乔传秀（左二）到景宁开展送教育下乡活动

（县委办公室 提供）

2015年8月25日，国家民委党组副书记、副主任李昭（右二）到景宁调研民族工作

（畲乡报社 提供）

2015年4月2日，中共浙江省委常委、公安厅厅长刘力伟（中）到景宁检查指导工作

（畲乡报社 提供）

2015年10月26日，浙江省人大常委会党组书记、副主任茅临生（中）调研景宁东坑镇人大代表联络站工作

（县人大办公室 提供）

2015年4月15至16日，浙江省人大常委会副主任毛光烈（右一）到景宁鹤溪街道包凤村调研

（县人大办公室 提供）

2015年7月16日，浙江省人民政府副省长熊建平（中）到景宁调研指导工作
（县政府办公室 提供）

2015年2月27日，浙江省政协副主席张泽熙（前排右三）到景宁开展“上下同欲抓落实、齐心助力开门红”调研活动
（县委办公室 提供）

2015年3月31日，浙江省政协副主席、统战部长孙文友（中）到景宁调研指导工作

（县委统战部 提供）

2015年12月3日，浙江省政协副主席、民建省委会主委陈小平（前排左二）到景宁调研小流域治理工作

（县政协办公室 提供）

2015年2月11日，中共丽水市委书记王永康（前排右三）到景宁调研指导工作

（县委办公室 提供）

2015年3月12日，中共丽水市委副书记、市长黄志平（前排左一）到景宁调研指导工作

（县委办公室 提供）

2015年5月19日，丽水市人大常委会主任虞红鸣（左二）考察鹤溪河五水共治工作

（县人大办公室 提供）

2015年9月7日，丽水市政协主席陈瑞商（前排右二）到景宁调研美丽城乡建设工作

（县政协办公室 提供）

2015年2月23日，景宁畲族自治县第八届人民代表大会第四次会议召开

（县人大办公室 提供）

2015年2月22日，政协第八届景宁畲族自治县委员会第四次会议召开

（廖跃平 摄）

目　录

中国共产党景宁畲族自治县委员会

景宁畲族自治县人民代表大会

景宁畲族自治县人民政府

政协景宁畲族自治县委员会

中共景宁畲族自治县纪律检查委员会(县监察局)

社会团体

人力资源和社会保障

法　　治

军 事

农村 农业 气象

林　业

水利　电力

工业经济

贸易　流通

交　　通

邮政　通信

住房和城乡建设

国土资源　环境保护

旅 游

税务 财政

金融 保险 住房公积金

经济管理

教　育

科学技术

文　化

卫生　体育

社会生活

乡镇　街道

附　录

特　载

一张蓝图管到底　一以贯之抓落实
为打造“中国畲乡、小县名城”而不懈努力奋斗

——县委八届七次全体(扩大)会议暨全县工作会议报告

(2015 年 2 月 28 日)

这次会议的主要任务是：认真贯彻落实党的十八大、十八届三中、四中全会精神，紧紧围绕近期中央、省、市系列重大会议决策部署，回顾总结 2014 年工作，安排部署 2015 年工作任务，动员全县上下，按照“一张蓝图管到底、一以贯之抓落实”的总要求，明确目标、突出重点、狠抓落实，继续为打造“中国畲乡、小县名城”而努力奋斗。

一、2014 年工作简要回顾

2014 年，是中央全面深化改革的开局之年，是自治县建县三十周年，也是八届县委、县政府作出的“四个新区”建设各项部署深化落实之年。一年来，我们坚决贯彻中央、省、市系列重大决策部署，紧扣去年年初全县工作会议确定的“把握一个主基调、召开‘两个大会’、推进‘四个新区’、抓好‘十件实事’的总体要求，深化落实、务实进取，各项工作取得了新业绩，科学发展的基础进一步夯实。回顾一年来的工作，主要取得了以下六方面的成效：

（一）以最大的定力，坚持科学发展路径。围绕习总书记对景宁提出的“三个走在前列”目标要求，积极探索践行山区少数民族县域科学发展的新路径。全面领会“三个走在前列”重大内涵。科学发展，是实事求是的发展，我们立足山区特点、民族特色，进一步确立和坚定打造“中国畲乡、小县名城”的战略定位，实实在在狠抓落实。社会和谐，是民生为先的发展，我们牢牢锁定省委 115 号文件确立“到 2017 年综合实力在全国 120 个民族自治县继续向前移位，率先实现全面小康社会”的目

标，着力让发展的成果惠及畲乡人民。民族团结，是凝心聚力的发展，我们紧紧把握“共同团结奋斗、共同繁荣发展”主题，继续推动畲汉同心，共同发展。精准部署景宁特色科学发展路径。生态立县、产业富县、文化名县的“三县并举”战略是践行“三个走在前列”的具体路径，统筹、集聚、和谐、文化、改革“五个发展”是实现“三个走在前列”的落脚点。新城区、新园区、新景区、新山区的“四个新区”是实践“三个走在前列”的主抓手。围绕此路径，认真谋划和积极实践系列“三年行动计划”。景宁特色发展路径得到广泛认同。习总书记在自治县建县30周年之际复信景宁，充分肯定近年来景宁的探索和实践，并提出了“志不求易、事不避难”的新要求。全国政协王正伟副主席到我县考察调研后，认为我县这几年的探索实践具有典型的示范意义。市委王永康书记在《中国民族报》头版发表的署名文章，《山区少数民族县域发展的景宁实践》一文得到了广泛关注。景宁科学发展的实践证明：只有解决了发展什么、为谁发展、走什么路径等深层次的问题，生态先进、经济后进的县域，才能在科学发展的道路上找到适合自己的“车道”，开创县域发展史上经济综合实力提升最快、城乡面貌变化最大、各族群众得实惠最多的黄金时期。

（二）以最稳的心态，引领经济稳中转优。坚持在转型中求发展，全力保增长、优结构、促增收，全年预期目标任务基本实现。据统计，全县实现地区生产总值41.5亿元，同比增长6.6%；实现财政总收入9.78亿元，其中地方财政收入4.79亿元，同比分别增长2.4%、0.3%；完成全社会固定资产投资39.7亿元，同比增长17.9%；城镇居民人均可支配收入26152元，农村居民人均纯收入12432元，同比分别名义增长8.1%、11.7%。三次产业结构进一步优化，农民人均纯收入首次突破万元大关。

（三）以最优的举措，全力培育内生动力。以“四个新区”建设为主抓手，全面完成“四个新区”建设部署，县域发展空间不断拓展，内生发展动力基础进一步夯实。新城区特色彰显。按照建设时序要求，完成凤凰古镇土建主体工程，启动实施外舍大酒店、总部经济园区、污水处理厂、外舍小学等重大基础项目。将县城作为AAAAA级景区进行打造，实施环城西路整体改造、人民中路“十里长街”建筑立面改造、鹤溪河桥系改造等三大改造工程。启动澄照“农民创业园”首期下山移民安置项目，推进供排水管网、道路等公共基础设施建设前期，城区在变大、变美。新园区蓄势待发。加快县内外两大产业新平台建设进度。丽景民族工业园累计完成投资10.5亿元，完成400公顷土地征收报批工作和260公顷土地平整，择优引进7家大型企业，其中3家建成投产。澄照“农民创业园”快速推进，累计投资3.2亿元，完成土地平整100公顷，形成近53.33公顷可供用地。完成浙北至福州特高压输变电工程建设。总部经济创税5.2亿元，新引进商贸流通企业6家。全年完成工业总产值43亿元，同比增长10%。新山区由点及面。全面部署新时期山区经济工作，召开全县新山区建设工作大会。加快农村改革，制定出台农村产权制度改革实施意见及17个配套文件，在全省率先推进农村水利工程产权改革，成立全市首个农村产权交易（融资服务）中心，全面开展农村经济合作社股份制改革，完成第一轮“政银保”扶贫工程，启动第二轮扩面工程。按照“近期茶叶、中期毛竹、远期香榧”的主导产业发展思路，推动“老板上山、农民下山”，完成农民异地搬迁768户2607人，扩续建七里、鸬鹚等13个安置小区。发放来料加工费9462万元。全县实现农业总产值10.1亿元，同比增长4.7%。新景区框架拉开。按照全域化“新景区”理念，紧扣“中国畲族风情旅游目的地”的目标定位，开展旅游发展总体规划修编，完成乡村旅游发展规划，全面实施支持旅游发展“新十条”，扎实推进环敕木山“十寨”建设，大力发展农家乐休闲旅游业，着力提升畲乡之窗、云中大漈等高等级景区。旅游总人数达556.2万人次、旅游总收入23.7亿元，同比分别增长28%、30%。

（四）以最实的机制，优先推动民生改善。我们始终把改善民生作为一切工作的出发点和落脚点，切实加大社会建设各项投入，全年民生方面支出15.24亿元，占地方财政支出的73.7%，全力推动民生取得突破。教育卫生事业有新突破。教育质量显著提升，全县高考一本上线人数同比增长32.4%，本科上线率达到60.2%。小学、初中教学质量进入全市中游，通过了国家级义务教育基本均衡县评估验收。瞄准打造“国际体检中心”，启动浙医一院民族医院项目，深化“紧密型、全方位”的合作办医模式，“家门口的浙医一院”品牌进一步打响。城乡人居环境有新提升。按照省、市统一部署，启动“五水共治”三年行动计划，投入6.3亿元，实施35个治水项目，全力推行“河长制”“警长制”“路长制”。积极开展“无违建县”创建，一拆合计面积58.78万平方米，完成了3年任务数40万平方米的147%；三改累计完成94.48万平方米，完成了3年任务数40万平方米的236%。以承办全市“美丽城乡现场会”为契机，深入推进市委、市政府部署的“六个一”和“美丽乡村•魅力畲寨”、历史文化古村落保护、农家乐综合体创建等系列工程。加快“国家级生态县”创建步伐，成功列入国家主体功能区建设试点示范，县城列为全省重点生态功能区小城市试点。生态环境质量继续保持全国前列，向国家环保部申报了创建国家级生态县技术评估材料。民族团结发展有新举措。成功举办“县庆30周年暨中国畲乡三月三”活动，经验在全国民族自治县（旗）推广。召开全县民族工作大会，出台新时期民族工作“新十条”。实施畲族文化带建设，推进畲族博物馆提升、青少年宫等一系列项目。平安稳定又上新台阶。继续推进平安综治基层基础“三年行动计划”，启动实施“三年平安计划”，平安“三率”明显高于全省平均水平，平安创建群众知晓率、参与率居全市第一和第二。连续第九年被省委省政府评为“平安县”称号，捧回平安银鼎，强化综合治理全面构筑信访维稳工作大格局的做法受到高度肯定，有望实现平安县创建“十连冠”。“十件实事”落实有新成效。公共自行车、县屠宰场、100处文化健身场所、城市展览馆、鹤溪小学、启文中学、养老护理服务中心、人民北路和浮丘路延伸、河长制落实等8件实事按时完成预定目标，畲乡滨水休闲长廊项目完成了示范段主体工程，今年五一前全线投入使用；城北菜市场已建成，正开展经营户招租工作。

（五）以最广的视角，全面践行文化引领。围绕打造畲族文化总部，坚定“让文化走进生活、让发展留下文化烙印”的理念，着力推动文化多样化发展。文化发展思路高瞻远瞩。形成文化融入和引领各行业发展的共识，完成《畲族文化总部规划》编制工作，系统地明确了通过保护和利用畲族文化，推动景宁经济社会发展的战略目标、主要任务、空间布局、重点工程以及保障措施。文化保护推广扎实有效。积极创建国家级畲族文化生态保护区，开展保护区规划编制，畲族婚俗项目列为国家级非遗保护名录，通过推广畲族服饰，浓厚民族文化氛围。文化精品创作有声有色。《印象山哈》成功走向市场，首部畲族非遗题材电影《山哈女友》公映，畲族广播剧《畲家女》、畲族原创歌曲《和凤凰一起飞》获得第十二届浙江省精神文明建设“五个一工程奖”，畲族歌舞剧、畲族服饰秀等剧目编排有序推进。文化产业融合活力显现。畲族服饰、畲医药、畲酒以及畲族工艺品等企业稳定成长。一批文旅融合、文城融合的项目加快推进，建筑与文化融合，有效推动了文化有形化和畲乡个性化。

（六）以最浓的氛围，不断加强党的建设。以党的群众路线教育实践活动为主线，以工作落实年为主基调，全面加强和改进作风。加强了思想理论武装。坚持把学习教育作为教育实践活动的先导，加强干部教育培训，全县共组织理论中心组学习650余次，支部集中学习讨论2400余次，召开专题研讨会350余次。提升了干部队伍素质。坚持正确用人导向，进一步完善干部管理机制，干部任用向一线倾斜。进一步加强“人才工作室”建设，制定出台了关于人才队伍建设等3项新政策。夯实了基层工作基础。继续完善深化“村务平台”机制，推行“乡会村开”“村财乡管”“乡绩村评”“村事乡帮”为主要内容的“乡村工程”。强化了党风廉政建设。县委从严要求、以上率下，狠抓报告评议、专题教育和“签字背书”等工作，全面部署和压实了党委（党组）的党风廉政建设主体责任，各级党委（党组）履行主体责任的举措更加具体，领导干部履行“一岗双责”的意识明显加强。纪检监察战线深入贯彻落实“三转”新定位和新要求，加大监督执纪问责力度，全年共立案查处违纪案件56件，查处违反“八项规定”精神等作风建设有关规定问题63起。厉行勤俭节约，全县“三公”经费支出同比下降32.69%。

以上成绩的取得，得益于省市党委政府的特殊关爱和正确领导，得益于全县广大干部群众团结拼搏、共同奋进，得益于社会各界包括广大离退休老同志关心支持。在这里，我代表县四大班子，向全县干部群众表示亲切的问候！向各条战线上的投资者、创业者和建设者表示崇高的敬意！向所有关心支持景宁发展的各界人士表示衷心的感谢！

在充分肯定成绩的同时，我们也应当清醒地看到，当前我县的发展中仍存在一些困难和问题，如内生动力培育的任务还十分繁重，推进发展的速度还有待加快，狠抓落实的作风还有待加强等。需要我们在今后的工作中认真加以解决。

二、2015年全县工作目标任务和总体要求

2015年是“十二五”规划的收官之年，是全面推进依法治国的开局之年，是全面深化改革的关键之年，也是我县“四个新区”建设深化落实之年，做好今年的工作事关景宁长远发展、科学发展。我们要综合研判发展形势，坚定发展路径自信，科学制定发展目标，切实明确总体要求。

从挑战上看，一是步入经济社会“新常态”，宏观层面的经济增长速度换挡期、结构调整阵痛期、前期刺激政策消化期“三期叠加”，经济形势依然复杂严峻，下行压力仍然较大。二是要素驱动的发展模式转向创新驱动发展，在要素瓶颈没有得到完全破解的情况下，如何创新驱动是摆在我们面前的现实挑战。三是自身层面，当前景宁进入了内生动力培育期、新型城镇化攻坚期、山区改革深化期，如何处理好发展速度与发展质量、干部能力作风如何适应新要求等问题更显突出。但纵观发展趋势，持续向好的基本面未变，因此，必须要牢牢把握“新常态”下的发展新机遇，切实增强发展底气和路径自信。一方面“绿水青山就是金山银山”的发展导向不断强化，消费需求更加趋向个性化、多样化，景宁生态和民族两大“金名片”的优势不断显现。另一方面景宁特色科学发展路径已深入人心，“四个新区”平台完成搭建，发展基础进一步夯实，为适应新常态打下了良好的基础。

能否加快发展主要是看抓落实。全县各族干部群众要进一步认清形势，把握大局，把思想统一到中央、省、市的各项决策部署上来，统一到县委基于当前形势分析判断所做的安排部署上来，牢牢把握机遇，攻坚克难、锐意进取，努力开创我县经济社会又好又快发展新局面。

基于以上分析，今年全县工作的指导思想是：坚持以党的十八大、十八届三中、四中全会精神为引领，认真贯彻落实中央、省、市关于做好2015年工作的相关决策部署，紧扣“三个走在前列”目标，保持践行景宁特色科学发展路径的定力，继续以“工作落实年”为主基调，突出内生动力培育和文化引领，努力在美丽城乡建设、生态产业培育、生态文明建设、扩大有效投资、保民生促和谐和党的建设上取得更大的突破，继续全力打造“中国畲乡、小县名城”。

今年经济社会发展的主要预期目标是：地区生产总值增长7.5%；全社会固定资产投资增长15%；财政总收入增长5%；地方财政收入增长5%；社会消费品零售总额增长13%，城镇居民人均可支配收入增长8%，农民人均纯收入增长10%。

围绕上述指导思想和预期目标，今年全县工作的总体要求是：围绕一张蓝图（中国畲乡、小县名城）、坚持一个基调（工作落实年）、突出一条主线（文化引领），办好“一二十”计划大事，狠抓系列“三年行动计划”落实。

（一）一个大会。召开文化大会，深化实施“文化名县”战略，对全县文化工作进行再谋划、再深化，积极探索践行欠发达山区民族县大文化建设的路径，着力形成文化引领发展的良好局面。

（二）两项活动。一是举办惠明茶荣获巴拿马万国博览会金奖百年纪念活动，打响金奖惠明茶品牌，推动文化和产业发展的深度融合，进一步推进茶产业发展。二是继续举办好中国畲乡“三月三”节庆，以小规模、组合式为主，积极探索多样化办节模式。

（三）十件实事。围绕群众关注的热点难点问题，县委、县政府研究确定了2015年度“十件实事”：一是实施城区污水管网改造工程；二是完成100个行政村农村生活污水治理工程；三是建成示范性居家养老服务照料中心5个；四是建成残疾人康复中心；五是建成县食品药品检验检测中心；六是建成鹤溪南路步行街；七是实施中小学寄宿生“暖心工程”；八是完善“康庄小巴”运营管理机制；九是实施低收入农户小额贴息贷款，年度贷款规模达到1亿元；十是加强农村饮用水管理，改善农村居民饮用水条件。

三、年度重点工作安排

计熟事定，举必有功。在打造“中国畲乡、小县名城”的征程中，面对今年的工作目标任务要求，全县上下要进一步统一思想、把握重点，突出抓好以下五方面工作，统筹推进各项任务落实。

（一）围绕美丽城乡建设，全力在文化有形化上求突破。坚持景城融合、产城融合、人城融合，紧紧围绕打造“中国畲乡、小县名城”目标定位，以省级重点生态功能区小城市试点为契机，加快新城区“三年行动计划”实施步伐，突出“美丽城乡”建设在文化有形化上的载体作用，推动“美丽城乡”向AAAAA级景区的整体要求迈进。外舍新区框架要成型。对照“一年快启动、三年见雏形、五年出形象”的时序要求，力争凤凰古镇、外舍大酒店、电力大楼、县人民医院迁建等续建项目出形象，外舍新城人防工程（三月三广场）、山哈大剧院、外舍小学、总部经济园区、菖蒲湾旅游地产、新区供水工程、江滨路、金垟路、两座桥等新建项目早开工，确保外舍新区城市框架年内成型。鹤溪老城功能要质变。坚持建管并重，推动老城区向宜居、宜业、宜游转型。完成人民路“十里长街”立面改造、鹤溪河景观轴线建设，推进污水管网新建与改造、万春路、自来水厂扩建、公租房、客运中心站前广场等基础设施工程，启动体育场区块城市商业综合体、造纸厂养生养老中心、鹤溪老城保护开发、山哈凤凰谷、畲族集中安置特色小区等项目，狠抓城区美化、洁化和有序化，深化交通治堵和“无违建县”创建工作。澄照副城重点项目要落地。坚持开发利用并举，启动副城水厂、路网等公共基础设施建设，开工建设“万名农民转移安置小区”一期工程，提升副城城镇功能。美丽乡村建设要唱好大合唱。以创建省级美丽乡村先进县为载体，扎实推进“四边三化”“六边三化三美”，以资源整合、串点成线为重点，注重村与村之间、城乡之间、村庄建设与产业培育之间的融合发展，围绕环城线、大东景线、渤海线、沙湾英川线四条乡村环线，统筹推进中心镇、中心村、农家乐综合体、历史文化古村落建设，提升农村环境，推动乡村休闲旅游发展。

（二）围绕生态产业培育，全力在创新发展上求突破。把握新常态下，产业转型升级的重要机遇期，立足景宁生态优势，以改革创新为抓手，力争生态产业培育走在全市前列。一产上，以深化改革为抓手，增强“新山区”发展动力。深入贯彻实施2015年中央1号文件精神，按照新山区大会部署，加快以“三项改革一项基础”为主要内容的“小山村大改革”进程。推动药材、食用菌等传统产业提质增效，强化茶叶、毛竹、香榧三大主导产业培育，发挥百年金奖惠明茶文化价值和生态优势，以白茶为重点做强茶产业，改造和扩张竹林面积，创新香榧扩种方式，全年完成茶叶开发和低改266.67公顷，新增高效竹园200公顷，竹林道120千米，香榧基地200公顷。二产上，以优质服务为抓手，增强“新园区”集聚功能。继续推进丽景民族工业园和澄照农民创业园两大产业平台建设。积极培育生态工业龙头企业，着力培育生态工业。以优质服务，认真抓好产业园区招商引资、签约企业落地、入园、投产等系列工作。力争全年实现工业投资6.5亿元。三产上，以整合创新为抓手，增强“新景区”综合效益。整合山水人文资源，完善旅游产业规划体系，认真抓好畲族风情省级度假区、畲族文化带、畲族歌舞剧、乡村休闲游等涉旅项目的招商、落地、建设、投产等系列工作，全力提升畲乡之窗、云中大漈景区功能，增加旅游产品供给。积极推动文化产业和旅游产业的融合创新，培育发展养生养老产业，服务壮大提升“小水电、小超市、小宾馆”行业。

（三）围绕生态文明建设，全力在转型发展上求突破。把生态文明建设放在突出地位，融入“中国畲乡、小县名城”建设的全过程，把生态优势转换为转型升级优势。抓好一个试点——国家主体功能区试点示范。分解落实《景宁畲族自治县国家主体功能区建设示范方案》责任，探索重点生态功能区建设和机制改革路径，探索形成符合浙南山地地区实际的生态补偿机制。依托望东垟、大仰湖、千峡湖，筹建国家湿地公园。完成县域水功能区、生态功能区划修编。完成一个创建——国家级生态县创建。加强与国家、省、市环保部门及专家团队的沟通对接，做到早评估、早整改，确保年内完成创建工作任务。用好一套组合拳——统筹推进“五水共治”“三改一拆”和“四换三名”。按照省、市统一部署，完善机制，坚定不移地将“五水共治”进行到底。对照去年明确的实施路线图和时间表，继续实施鹤溪河与小溪流域综合治理、企业污染整治、农村面源污染治理等工程，加强饮用水源、高山湿地、生态公益林等重点生态单元保护，统筹推进水、大气、声环境综合治理，倒逼落后产能企业关停或转型升级，重视拆后空地的综合利用，扶持和培育生态产业“名企、名品、名家”，确保生态环境质量继续保持全国前列。

（四）围绕扩大有效投资，全力在选商引资上求突破。当前，我们的经济结构、发展水平、消费能力还未达到以消费拉动为主实现经济增长的层次，扩大有效投资仍是当前稳增长的关键因素，保持“项目投资高位增长、民间投资更加活跃”的良好态势，符合新常态下“宏观要稳、微观要活”的要求。初步安排今年基本建设项目116个，计划总投资47亿元。精准谋划。紧扣基础设施互联互通和旅游休闲、商贸流通、养生养老、文化创意等特色产业，以“十二五”规划终期评估和“十三五”规划编制为契机，充实“四个新区”建设项目，形成近、中、远期招商项目库。密切关注中央投资新政策、新导向，争取更多的朝阳产业项目进入省级重大建设项目库。加大今年32个重大前期项目对接力度，争取尽早形成投资。精准招商。依托“四个新区”和“两个总部”建设形成的内生动力和发展空间，突出招商引资“一号引擎”地位，创新招商方式、整合招商政策、优化招商机制，紧盯商贸流通、农林产业、生态工业和现代服务业等重点领域，紧盯浙商、景商投资动态，包装一批，洽谈一批，落地一批，推进招商引资工作的科学性、针对性、预见性。精准服务。从培育产业、惠及百姓、互利共赢的高度，完善招商引资机制和制度建设，强化考核力度，营造浓厚的服务客商、服务项目、服务发展氛围。以明确责任分工、开辟“绿色通道”、重大投资项目免费代办等方式，全程提供“店小二”式服务，力争招商项目签约一个、落地一个。

（五）围绕民生事业建设，全力在和谐发展上求突破。坚持把民生事业建设作为新常态下稳增长、惠民生、促和谐的载体。强化守土有责的责任意识。以法治为根本，狠抓重点环节，继续深化“平安景宁”“法治畲乡”建设，严格落实平安综治维稳目标管理、属地管理和“谁主管、谁负责”责任体系。注重基层基础、平台与机制建设，组建社会110指挥中心，以“村务平台”为依托，提升社会治理和公共安全建设的信息化、智能化水平，强化源头管控，切实维护社会和谐稳定。积极推进社会事业社会化。以高考改革为导向，深化课程改革和师资队伍建设，实施县城教育资源扩容和新普高建设工程，争创教育现代化县。深化公立医院改革，推进群众满意乡镇卫生院建设，争创省级卫生强县。实施《关于加快发展养老服务业的实施意见》，启动县福利中心建设，出台民办教育实施细则，完善社会组织评估指标体系，探索和推动社会力量参与社会事业建设。加快农民转移增收进程。启动城区4个安置小区、6个乡镇安置小区建设，计划安置搬迁1500人，探索健全农民转移安置工作机制。以扶贫改革试验区建设为主载体，以特扶项目为抓手，以助农增收为重点，大力发展农（畲）家乐、农村电子商务、来料加工等农村新兴产业，提升农村全面小康水平。

四、深化党的建设，强化工作保障

发展是第一要务，党建是第一保障。这次会议在去年务虚会基础下，进一步明确了今年工作目标任务和要求。全县各级党组织和全体党员干部要迅速行动起来，围绕今年“坚持一个导向，架好一条高压线、带好一个团队”的党建工作思路，聚信心、勇担当、重实干、善创新、强执行、正风气，为加快“中国畲乡、小县名城”建设进程提供坚强的组织保障。

（一）坚持一个导向——法治思维。坚持景宁科学发展路径，打造“中国畲乡、小县名城”，必须牢固树立法治意识，自觉运用法治思维想问题、做决策、办事情，坚持依法执政，提高工作落实效率。制定“法治畲乡”实施意见。围绕中央、省委、市委“决定”明确的重大问题和重大任务，从落实主体责任与景宁实际出发，制定具有针对性的贯彻意见，全面提升法治化工作水平。固化发展蓝图。将《大城区规划》《畲族文化总部规划》《外舍新区控规和城市设计》《旅游发展总体规划》等各领域规划成果，按法定程序报批报备。依照规划坚持不懈地认真执行。依法推进职能转变。全面实行"四张清单一张网",加强对权力运行的监督,深化行政执法体制改革,强化政法系统对工作落实的保驾护航职能,加快建立权责统一、权威高效的依法行政体制。

（二）架好一条高压线——党风廉政建设。没有规矩,不成方圆。要细化党要管党、从严治党举措,营造不敢腐、不能腐、不想腐的政治氛围。落实党委主体责任。狠抓党委(党组)主体责任落实,按"清单式管理"要求,理清责任清单,完善报告制度,强化日常督查,加强责任追究,确保党风廉政建设主体责任分解落实到位。严明纪律。严明党的政治纪律和政治规矩,广大党员干部既要严守党章、党的纪律、国家法律等明文列入纪律的规矩,还要坚持和遵循党在长期实践中形成的优良传统和工作惯例;严明党的组织纪律和组织原则,坚决破除各种盛行的"潜规则",坚决破除"老好人"现象,坚决纠正无组织、无纪律问题,坚决查处欺骗组织、对抗组织行为;保障党的决策执行和政令畅通,推动中心工作落到实处。严纠四风。全面落实中央"八项规定"精神,在坚持中深化,在深化中坚持,持之以恒纠正"四风",驰而不息正风肃纪,坚决防止"四风"问题回潮反弹。进一步完善"厉行节约""公务接待""八小时外监督"等作风建设制度,进一步加强"网络问政直通车"等监督平台建设,努力形成"不敢""不能""不想"共同发挥作用的作风建设氛围,使作风建设落地生根。严惩腐败。全面落实中纪委的反腐败工作新要求以及省委"十大整改行动"的部署,抓大不放小,严肃查处领导干部违纪违法案件,严肃查处发生在群众身边损害群众利益的违纪违法问题,进一步强化"不敢腐"的氛围。坚持抓早抓小、治病救人,及时提醒和诫勉存在苗头性问题的党员干部,防止小问题变成大问题。注重预防。认真落实党内监督条例,推行"一把手七个不直接分管",完善和落实"权力清单""权力运行流程图",推动村监会、校监会、医务监督委员会规范履职,构建党政系统、基层组织及民生领域权力运行监督全覆盖;创新宣传教育方式,让党风廉政建设警示充满党员干部生活的每一个角落。

（三）带好一个团队——队伍建设。团队建设是党的事业发展和工作落实最具能动性的因素。强化基层组织队伍建设。强化基层组织党建责任意识,逐级、逐项、逐人传导,形成县、乡、村三级党组织党建责任网络,深化"双服务双支持"主题实践活动,推行乡镇党代会年会制和基层党组织书记双向述职制度,深化两新组织党建品牌——"六小"活动建设,发挥各级党组织抓党建、抓落实的主动性。强化干部队伍建设。贯彻落实《干部选拔任用条例》,大力选拔和培养"能破解难题、能操作到位、能有管用办法"的"三能型"领导干部,牢固树立"优秀干部到基层去,领导干部从基层来""吃苦者吃香,有为者有位"的用人导向,健全干部实绩档案、季度分析等干部管理制度,重视干部梯队建设和有序交流,优化干部队伍结构;选派年轻干部到重大项目一线锻炼,深化"驻村联心""乡会村开""村务平台""民情百家谱"等载体建设,提升基层一线干部抓落实能力。强化人才队伍建设。继续实施人才选拔、人才培养、招才引智、人才服务等四大工程,培育"畲乡农师、畲乡名医(名护士)、畲乡演艺、畲乡名师、畲乡传承”五大人才品牌,进一步发挥“人才工作室”效益,加大高层次人才、急需紧缺人才培养引进力度。

同志们,今年是打造“中国畲乡、小县名城”的关键之年,让我们围绕本次会议明确的年度工作目标任务,以更加解放的思想、更加扎实的作风,振奋精神、勇挑重担、狠抓落实,深入推进“四个新区”建设,为顺利完成全年目标任务,打造“中国畲乡、小县名城”而继续努力奋斗!

名词解释

1.省委 115 号文件:继浙委〔2008〕53 号文件到期后,浙江省委、省政府再次出台专门扶持景宁发展的浙委〔2012〕115 号《关于加大力度继续支持景宁畲族自治县加快发展的若干意见》文件。

2.“政银保”扶贫工程:是景宁首创的低收入群众小额扶贫贷款模式。即政府全额承担贷款利息,同时以农户贷款金额的 2%出资向保险公司投保;保险公司提供贷款担保,并承担 70%的风险损失; 金融机构负责确定每户贷款具体金额,发放贷款,并承担 30%的风险损失。

3.环敕木山“十寨”:鹤溪街道的旱塔村(塔堪)、周湖村、东弄村、惠明寺村、敕木山村、包凤村(叶山头)、双后降村,澄照乡的金丘村、漈头村(含米岩山、张后山),东坑镇的大张坑村(含汤北村)。

4.“五水共治”:是推进浙江新一轮改革发展的关键之策。是指治污水、防洪水、排涝水、保供水、抓节水这五项。

5.“河长制”:即由各级党政主要负责人担任“河长”,负责辖区内河流的污染治理。

6.“无违建县”:在继续推进“三改一拆”行动的基础上,在全省开展“无违建县(市、区)”创建活动。“无违建”标准包括无既有违法建筑、无新增违法建筑、无规划盲区、无管理死角、无非法“一户多宅”等内容。通过创建,力争到 2015 年,全省四分之一的县(市、区)达到“无违建”标准。

7.“村务平台”:是县委、县政府在基层基础建设和便民服务载体上的重大创新,该平台是集管理、服务、项目三大功能为一体的开放性综合网络服务平台,是民情数据库、是便民窗口,是实现县、乡、村三级政务系统无缝对接的纽带。

8.新常态:“新”就是“有异于旧质”;“常态”就是时常发生的状态。新常态就是不同以往的、相对稳定的状态。这是一种趋势性、不可逆的发展状态,意味着中国经济已进入一个与过去 30 多年高速增长期不同的新阶段。习近平第一次提及“新常态”是在 2014 年 5 月考察河南的行程中。

9.重点生态功能区小城市培育试点:是省委、省政府推进新型城镇化、加快城乡一体化发展的战略举措。2014 年,浙江省在第一轮 27 个小城市培育试点基础上,将 9 个中心镇和 7 个重点生态功能区县城纳入新一轮小城市培育试点范围,其中丽水市有 3 个,分别为景宁县城、云和县城、庆元县城。列入试点的小城市每年可获得 2500 万元的城市建设专项资金,同时全省还另安排 1 亿元用于小城市试点考核奖励资金。

10.鹤溪河景观轴线建设:包括鹤溪河桥系景观、环城西路和鹤溪路立面和道路景观改造、鹤溪河二级驳岸绿化改造。

11.“四边三化”:省委、省政府提出,在公路边、铁路边、河边、山边等区域(简称“四边区域”)开展洁化、绿化、美化行动。

12.“六边三化三美”:市委、市政府提出,通过实施公路边、铁路边、水边、山边、城边、村边等区域的洁化、绿化、美化行动,实现城美、村美、房美目标。

13.“三项改革一项基础”:即县委新山区大会明确的“小山村大改革”的主要内容,三项改革即产权制度改革、金融制度改革、农村经营机制改革,一项基础即土地流转。

14.国家主体功能区试点示范:是以国家重点生态功能区为重点,按照建设成为人与自然和谐相处的示范区和推进生态文明建设先行区的目标要求,树立尊重自然、顺应自然、保护自然的生态文明理念,划定生产、生活、生态空间开发管制界限,推动形成符合生态文明要求的生产方式和生活方式,探索限制开发区域科学发展的新模式、新途径。全国共有86个地区被列入国家主体功能区建设试点示范,其中浙江省6个,丽水市2个。

15.“四换三名”:“四换”指推进腾笼换鸟,大力发展高附加值、低能耗、低污染产业;推进机器换人,实现减员增效;推进空间换地,实现节约集约用地;推进电商换市,大力发展电子商务。“三名”指着力培养名企、名品、名家,打造行业龙头。

16.“三改一拆”:指省委提出的开展旧住宅区、旧厂区、城中村改造和拆除违法建筑活动,简称“三改一拆”。目标是通过三年努力,旧住宅区、旧厂区和城中村改造全面推进,违法建筑拆除大见成效,违法建筑行为得到全面遏制。

17.“两个总部”:即县委、县政府提出的畲族文化总部和民族经济总部。

18.“四张清单一张网”:指政府权力清单、企业投资负面清单、政府责任清单、部门专项资金管理清单,政务服务网。

19.乡镇党代会年会制:换届的乡镇党代会闭会至下次换届的乡镇党代会召开前,每年召开1次党代会。乡镇党代会年会一般在本乡镇人民代表大会会议之前召开,会期半天至一天。乡镇年会有“四项规定动作”:听取和审查乡镇党委、纪委工作报告;听取乡镇党委领导班子成员述职、述廉,并对党委领导班子及其成员进行民主评议和测评;听取代表提案、提议和意见建议办理情况的报告;邀请普通党员旁听年会。乡镇党代会年会一般由乡镇党委召集并主持,须有三分之二以上代表到会方能举行。

20.两新组织党建品牌——“六小”活动:景宁在“两新”组织中,开展的以小课堂、小建议、小关爱、小活动、小竞赛、小典型为载体的“六小”争创活动 。

政府工作报告

——在景宁畲族自治县第八届人民代表大会第四次会议上

景宁畲族自治县县长　蓝伶俐

一、2014年工作回顾

2014年，是景宁畲族自治县成立30周年。一年来，全县实现生产总值41.5亿元，增长6.6%；完成全社会固定资产投资39.7亿元，增长17.9%；实现财政总收入9.78亿元，其中地方财政收入4.79亿元，分别增长2.4%和0.3%；实现社会消费品零售总额22.3亿元，增长12.4%；外贸进出口总额7558万美元，增长120.5%；城镇常住居民人均可支配收入26152元，农村常住居民人均可支配收入12432元，分别名义增长8.1%、11.7%。

一年来，我们主要做了以下四个方面工作：

（一）奋勇跨越，四区建设全面发力。

“新山区”建设提速强劲。召开新山区发展大会，出台加快山区发展“新十条”。农业“两区”建设持续推进，新建粮食生产功能区270公顷，完成现代农业综合区投资1363万元，新建高标准基本农田866.7公顷，垦造耕地620公顷；新增茶叶基地288.7公顷、香榧基地268.9公顷，新建竹林道151千米；完成农村土地流转750.5公顷，增加国家级标准化生态养殖场1家、市级农业龙头企业3家、农产品电商企业25家；引进张一元茶业有限公司，“金奖惠明”实现品牌资源整合，香菇、黑木耳等农产品对接大宗商品交易平台；深入推进第二轮特扶项目建设，完成农民异地搬迁768户2607人；有序推进交叶线工程，完成九龙隧道、三梅公路、大地“红军路”、52省道岚头岭—汇田大桥段改建、浙北—福州特高压输变电等工程建设；出台千峡湖库区产业扶持政策，推进库区乡镇经济社会发展。

“新城区”建设特色彰显。成功举办全市美丽城乡建设工作推进会。深入实施新型城镇化三年行动计划，成功争取省级重点生态功能区小城市试点，“一新一老一副一环”的城市组团格局基本形成，民族文化、传统建筑、山水生态相依相融的城市建设个性得到展现。全面推进外舍新城建设，凤凰古镇已结顶87幢，完成主体工程的28%；动工兴建外舍大酒店、污水处理厂二期、52省道改建（棚洞工程）等项目；着力打造特色鹤溪老城，启动环城西路、人民路沿街建筑立面改造，累计完工83幢；实施鹤溪河特色桥系改造工程，完成永定桥、晋仙桥、永安桥改造；建成入城景观公园和城市展览馆并如期开放，打通人民北路、浮丘路，实施老城区亮化、绿化工程；完成《景宁畲族自治县城市管理条例（草案）》的起草工作，深入推进城市治堵，建成公共自行车全市一卡通租赁系统。

“新景区”建设成效突出。全面实施新景区全域化发展三年行动计划，大力发展以畲乡风情旅游、生态休闲养生（养老）为主的现代服务业，全年完成涉旅项目投资16.5亿元，接待游客总人次和旅游总收入分别增长28%、30%。启动畲族博物馆提升工程，开工建设县旅游集散中心、张山岙—张村通景公路等项目，有序推进西汇民族风情旅游度假村、蒲阳湖度假中心、环敕木山畲寨改造、云中大漈景区提升等项目建设；全面完成民族青少年宫主体工程，鹤溪大酒店投入使用，《印象山哈》实现市场化运作；完成乡村旅游发展规划编制，深入推进历史文化村落保护工程，建成农家乐综合体2个，新增省市级农家乐特色乡镇3个、特色村9个，新建和续建“美丽乡村•魅力畲寨”24个。

“新园区”建设加快推进。全年实现规上工业产值19.4亿元，增长5%。农民创业园完成投资1.66亿元，平整土地100公顷，推进园区主要道路框架、边坡防护工程等配套项目，完成产业发展规划编制；丽景民族工业园完成投资3.09亿元，平整土地60.4公顷，完成清风环境注册地变更，娃哈哈第二条生产线顺利开工；城北110工业区块和王金垟复合产业区新增3家企业投产；全年新引进大项目7个，实际利用内资12亿元、外资700万美元，实现浙商回归资金5亿元，民间投资总额占固定资产投资47.4%；实现总部经济销售额105.8亿元、农村电子商务销售额1.7亿元；农村小水电安全发电10.15亿千瓦时；发放来料加工费9462万元；引导企业推进股改上市工作，加快转型发展步伐。

（二）活力迸发，改革发展成效显著。

全面推进农村产权制度改革。创新“六三六三三”工作举措，出台配套政策，完善二轮土地承包，完成249个村的股份制改革工作，超额完成宅基地使用权证和房屋所有权证发放任务；深入推进农村金融改革创新工作，发放农权抵押贷款5.2亿元，颁发全国首本水利工程产权证并发放首笔贷款100万元，完成农村产权交易平台建设，交易登记36宗；完成首轮“政银保”小额贴息贷款项目，累计向1970户低收入农户发放贷款5400多万元，完善出台新一轮实施政策；成功创建省级“信用县”，被列为全国普惠金融指标体系建设试点县。

深入推进绿色生态发展。成功入选国家主体功能区建设试点示范县；打好“五水共治”攻坚战，突出治污先行，统筹推进防洪水、排涝水、保供水、抓节水等项目建设，完成治水项目投资6.3亿元；完成100个行政村农村生活污水治理并获全省优胜县称号，关停搬迁养殖场（户）72家，整治规模养殖场16家；全面落实“河长制”和千峡湖库面垃圾清理长效机制，积极推行“路长制”“警长制”，发动全民参与“清三河”，共清理垃圾河42.9千米、臭河33.4千米；全县地表水Ⅰ—Ⅱ类水占95%以上；淘汰黄标车和老旧车667辆，全年县城空气优良天数达330天；深化“三改一拆”工作，初步通过市级“无违建”乡镇验收14个；新增绿化造林面积1267公顷，发放公益林补助2092万元；望东垟高山湿地森林、大漈古树群获“浙江最美森林”奖；沙湾镇获浙江“秀水魅力•样本美镇”称号。

稳步推进其他改革工作。深化行政领域改革,扎实推进"四张清单一张网"建设,政府部门权力事项精简比例达到50.1%;开展部门预算管理改革试点,逐步推进部门预算公开;开展乡镇公共财政服务平台试点,完成12个乡镇财政办建设。深化经济领域改革,推进产业转型,建立完善服务业发展机制,加快生态休闲养生(养老)产业发展,启动"十三五"规划编制前期工作。深化社会领域改革,完成有线电视"一省一网"整合发展,稳步推进公共文化服务体系建设、公立医院综合改革、乡村一体化管理、教育体制机制改革。

(三)善作善成,民生事业持续改善。

社会事业协调发展。加大民生投入力度,全县民生类财政支出15.2亿元,占财政总支出的73.7%;召开全县民族大会,出台民族扶持政策"新十条",深垟、李宝、马坑、东弄列入首批全国少数民族特色村寨名录,畲族服饰得到大力推广;成功举办30周年县庆暨2014中国畲乡三月三活动和首届全国畲族发展论坛,畲族婚俗入选国家级非遗名录,第三次荣获"中国民间文化艺术之乡"称号;创办启文中学,鹤溪小学投入使用,高考文理科第一批上线49人,本科上线率60%,均创历史新高,国家级义务教育基本均衡县通过评估验收;深入实施科技创新驱动发展战略,推动产业结构转型升级;开展省级医疗合作,建立郑树森院士工作站,提升医疗服务能力;稳步实施"单独二孩"政策,严格控制违法生育;中心菜市场成功创建省级放心市场,完成"个转企"、农村应急广播体系建设任务;完成第二届政府质量奖评选工作;十件民生实事基本完成预定目标。

社会保障更趋完善。全面启动城乡居民医疗保险市级统筹,县域报销比例提升到75%;城乡居民养老保险基础养老金提高到每月100元,企业退休人员基本养老金人均增资241元;出台被征地农民与职工养老保险的衔接政策;政策性农村住房和政策性农业保险全年分别理赔132万元和137万元;新增城镇就业岗位1958个,城镇登记失业率控制在3.07%;调处劳资纠纷266起,挽回务工群众经济损失668万元;建成保障性住房70套,基本建成192套,新开工72套,入住40户;落实大中型水库移民后期扶持资金1606万元。

社会环境和谐稳定。深化"平安景宁"建设,实施"三年平安计划",成功获得"平安银鼎",有望实现平安县"十连冠";创新社会治理,强化矛盾纠纷排查化解,加强专业性调解组织建设,深入开展疑难复杂问题县领导包案化解工作;始终保持对违法犯罪的高压态势,社会治安持续良好;安全生产形势稳定,全县各类事故起数、死亡人数、亿元GDP死亡率分别下降8%、40%、9%;平稳推进新一轮食品药品监管体制机制改革,未发生食品药品安全事故。

国防动员、双拥、人防、宗教、侨务、外事、物价、统计、邮政、档案、供销、地方志、慈善、工会、红十字会等各项工作取得新成效。

(四)凝心聚力,政府建设不断加强。

全面推进依法行政。认真执行县人大及其常委会决议,依法向县人大常委会报告工作,定期向县政协通报情况,办理代表建议、委员提案166件，办复率100%；普遍建立行政规范性文件合法性审查机制，清理行政规范性文件411件，废止或宣布失效18件；办理行政复议、应诉案件17件，行政机关负责人出庭应诉率达100%；畅通政府信息依申请公开渠道，主动公开政府信息11937条。

切实加强勤政廉政建设。认真落实党风廉政建设责任制，扎实开展党的群众路线教育实践活动，认真查摆“四风”问题，完善作风建设常态化机制，抓好整改落实；发挥审计监督作用，全年审计政府投资建设项目125个，核减金额5512万元；创新预算管理机制，提升财政资金使用绩效和透明度，削减“三公”经费31%并全部用于“治水”；加强农村财务管理，被评为省农村集体“三资”管理规范县。

各位代表，一年来，我们较好地完成了县八届人大三次会议确立的主要预期目标和各项任务。成绩的取得，离不开上级党委、政府的特殊关爱，离不开县委的正确领导和县人大及其常委会、县政协的监督与支持，更离不开畲汉各族群众的同心协力、实干图强。在此，我谨代表县人民政府，向各位代表和委员，向奋战在全县各条战线的干部群众，向驻景部队官兵、离退休老干部，向所有关心支持景宁发展的各界人士表示衷心的感谢和崇高的敬意！

我们也清醒认识到，全县社会经济发展仍存在着不少问题：主要指标运行呈现趋缓态势，投资后劲亟待增强；产业化水平不高，内生发展动力不足；农民增收渠道不广，群众关注的部分热点、难点问题还没有得到根本解决；一些干部担当意识、依法行政意识不够，执行力和操作力有待提升，对此，我们将采取更加得力、更加有效的措施，认真加以解决。

二、2015年工作总体要求和主要目标

2015年是全面深化改革的关键之年、全面推进依法治国的开局之年，也是完成“十二五”规划、研究制定“十三五”规划的承启之年。当前，我国经济发展进入新常态，经济运行水平将保持在合理区间，转方式、调结构也将摆在更加突出的位置。综合研判形势，我们必须保持定力、精准发力，集中精力把生态潜力、民族优势转化为推动畲乡发展的内生动力。

2015年政府工作的总体要求是：坚持以党的十八大和十八届三中、四中全会精神为指引，认真贯彻落实中央、省、市的相关决策部署，紧扣“三个走在前列”目标，围绕“中国畲乡、小县名城”蓝图，继续以“工作落实年”为主基调，突出内生动力培育和文化引领，坚定不移地走“绿水青山就是金山银山”绿色发展之路，努力在美丽城乡建设、生态产业培育、生态文明建设、扩大有效投资、民生保障上取得新突破。

综合各因素，建议2015年经济社会发展的主要预期指标为：地区生产总值增长7.5%；全社会固定资产投资增长15%；财政总收入和地方财政收入各增长5%；城镇和农村常住居民人均可支配收入分别名义增长8%、10%；规上工业产值和增加值均增长5%；外贸进出口总额与上年持平；社会消费品零售总额增长13%；城镇新增就业岗位900个；城镇登记失业率控制在4%以内；人口自然增长率、节能减排指标达到市委、市政府确定的要求。

三、2015年主要工作任务

根据上述目标，2015年，我们必须着重抓好以下七个方面的主要工作：

（一）围绕发展抓项目，扩大有效投资，增强经济发展动力。

强化项目建设。坚持以项目建设为总抓手，强化项目要素保障，突出协调破解难题，确保年度固定资产投资实现47亿元以上。完成畲乡滨水休闲长廊、汇田大桥—溪口段公路、交通客运中心和站前广场等一批建设项目；加快推进凤凰古镇、外舍大酒店、外舍污水处理系统、畲族博物馆提升工程、张山岙—张村通景公路等一批续建项目；开工建设52省道溪口—澄照段改造工程、体育健身中心（游泳馆）、民族医院、外舍小学、县福利中心（老年公寓）等一批民生项目；启动体育场复建工程、城市商业综合体、鹤溪老城保护开发、外舍新城人防工程（三月三广场）、集中式畲文化体验中心、畲族集中安置特色小区、农民创业园“万人下山转移安置小区”、际头水库、大漈—雁溪公路等一批建设项目。

强化项目谋划。统筹抓好“十三五”发展规划纲要及专项规划编制，立足当前、着眼长远，谋划一批重大项目和重大工程；加强民族总部经济园项目对接，加快溧阳至宁德高速公路景宁至泰顺段、大漈—何庄—高演联网公路、国际小水电培训中心、东宫水库备用水源、移民商贸综合体、山哈大剧院、成人教育中心、中心粮库迁建工程等项目前期。

突出招商引资。突出园区招商和部门招商，组建专业招商团队，构建“大招商”格局，引进一批大项目、好项目。实施县领导“挂图作战”“重大项目领衔破难”工程，健全招商引资考核机制和项目落地服务机制，提高项目履约率和资金到位率，建立一二三产互联互通的产业清单，完善招商引资项目库，确保项目库规模保持在200亿以上；鼓励和引导社会资本进入公共设施建设领域，不断提高民间投资在固定资产投资中的占比。

（二）围绕转型抓产业，增强内生动力，加快富民强县步伐。

走“农业增效、农民增收”的生态农业新路子。围绕“山水林田湖”生命共同体，加快发展现代生态农业，推进农业产业示范带建设。坚持守红线、保底线，完善粮食安全责任制，稳定粮食生产总量和面积，全力实施垦造水田，力争新增耕地202.7公顷；加快建设“大东景”现代农业综合区、沙湾山地蔬菜精品园，积极谋划沙川、千峡湖农业综合区；大力实施惠明茶产业提升工程，加快惠明茶博览园项目建设，举办“金奖惠明”百年纪念活动；培育毛竹精品园200公顷，新开发香榧基地200公顷，稳步提升食用菌、高山蔬菜等区域性优势产业；推进农村土地适度规模流转，壮大农业经营主体，建成无公害产品基地333.3公顷，新增生态精品农业示范基地3个；加强“院地合作”，建成浙西南山区彩色苗木示范基地；深入推进农村产权制度改革，盘活产权资源，激活农村金融市场，助推绿色生态产业发展。

走“转型升级、绿色发展”的生态工业新路子。大力推进工业化、信息化“两化”深度融合，深入实施“四换三名”工程，加快“低小散”产业转型升级，努力实现县域生态工业扩量提质；全面推进农民创业园配套基础设施建设，以绿色生态加工、生命健康、民族文化为重点，提前谋划招商工作；全力抓好丽景民族工业园选商引资，力争引进大项目3个以上，出让工业用地20公顷以上，力争实现产值3亿元以上；加强城北110工业区块与王金垟复合产业区入园企业监管，鼓励企业实行技术改造和转型升级；加大企业扶持力度，为企业健康发展提供良好环境。

走“释放活力、挖掘潜力”的生态服务业新路子。坚持把旅游业作为战略支柱产业，增强生态文化和民族文化影响力，争创国家级水利风景区、省级特色小镇，争取民族风情旅游省级专项改革试点；运用新兴媒体开展旅游宣传营销，力争全年旅游接待人数、旅游总收入增长20%以上；大力发展生态休闲养生（养老）产业，推进畲族风情旅游度假区、千峡湖等重点景区开发，抓好云中大漈、大均畲乡之窗等景区提升工作，启动“五馆共建”工程，加快游艇俱乐部、千峡人家汽车旅馆、水隅仙境、梦幻畲乡养生园等项目落地；积极发展乡村旅游，培育环敕木山民族风情环线和“大东景”生态环线旅游产品，探索建立畲寨产业发展联盟；强化品牌和规模建设，做大民族总部经济；在淘宝网开设景宁特色馆，新建一批“E邮柜”，推进农村电子商务经济快速发展；继续推进商贸物流、文化产业等现代服务业发展。

（三）围绕美丽抓建设，提升文化品位，促进城乡统筹协调发展。

打造美丽县城。以省级重点生态功能区小城市培育试点为契机，立足城市发展定位，深化文化引领，坚持让文化走进生活、让城市留下文化烙印的个性化理念，把县城作为AAAAA景区来打造，深入挖掘古街、古镇、古风文化，让城市建设唤起民族记忆，留得住身影、记得住乡愁。启动景城融合的城市综合特色规划编制工作；启动环城西路路面和景观改造、城北新区道路网、万春路、老小区改造、公共自行车服务站等项目建设，完成环城西路、人民路沿街建筑立面改造、鹤溪河桥系改造工程；精心打造城市特色小品，深化凤凰山公园、双坑口大桥（千熙桥）、菖蒲湾住宅区、江滨路景观带、金垟路、外舍路等项目前期，着力把外舍新城打造成集总部经济、动漫创意、文化产业为一体的城市综合体；着眼“最洁净县城”建设，强化小区物业管理，改革城市管理机制，推进依法管城、依法治城；全面加强道德建设，提升市民文明素养。

培育美丽集镇。以省、市中心镇为重点，加大财政支持力度，推进管理和服务重心下移，赋予强镇发展、便民服务、综合执法等方面的管理权限，逐步建立“小政府、大服务”的管理体制和运行机制；加快沙湾七里等安置新区建设，推进镇中村改造，提升农业产业基础，规划沙湾风情小镇智慧旅游综合体；提升东坑绿化、美化、亮化工程，打造马坑“爱情小镇”，推进白鹤旅游集散中心项目谋划；全面完成交叶线工程，打通西南交通大动脉，为英川片区产业发展和人口集聚注入新活力；进一步提升渤海基本公共服务水平，加快下山移民安置点建设，打造梅坑“畲乡第一渔村”。

建设美丽乡村。深入实施“六边三化三美”专项行动，提升环城线和“大东景”线美丽乡村建设，全力创建省级美丽乡村先进县；有序推进渤海、沙湾、英川等片区沿线中心村、古村落和农家乐综合体建设，打造重点民宿聚集区5个，建设农家乐综合体2个，创建“花样农家”500户；加快推进第二轮特扶项目建设，基本消除人均年收入4600元以下贫困现象，转化经济薄弱村21个；加快农民异地转移安置小区建设，计划实施农民异地转移1500人；大力推进水利项目建设，全面实施小型农田水利重点县建设、农村河道综合治理、小流域水土流失治理等项目。

（四）围绕文明抓生态，加快绿色发展，建设幸福美好新家园。

深入推进“五水共治”。深化“河长制”，实行县、乡、村三级网格化治水管理模式，加大城乡内河综合整治力度，巩固“清三河”成果；加快实施22个“五水共治”项目，计划完成投资7.3亿元；加快鹤溪河源头治理和饮用水源保护，全面改善城市水环境；加快推进农业面源污染整治，加强养殖业监管；加速推进企业污染治理，以壮士断腕的决心彻底整治不锈钢、阀门铸造行业；开展排污权有偿使用和交易，加大竹木加工企业排污排气监管力度；坚持“水岸同治”长效化，实施城乡河岸一体化保洁机制，继续保持跨行政区域交界断面水质达标率100%，实现城乡生活垃圾“日产日清”。

统筹推进环境整治。持续深化“三改一拆”行动，严厉整治农村“一户多宅”，狠抓“无违建县”创建工作；切实强化违法建筑联动处置，推进城乡管理一体化；结合老城区综合改造，不断加快“三改”工作，强化规划的监管和执行，健全违法建筑处置长效工作机制，进一步提升依法管理能力；深化交通治堵工作，坚持公交优先，进一步规范城区停车秩序；加大城市环境卫生整治力度，大力推广使用预拌混凝土，努力减少城区建筑垃圾、粉尘和噪音，促进城区环境改善。

创新推进生态文明建设。全力推进国家主体功能区建设试点示范工作，积极探索县域经济科学发展、绿色发展新路径；加大山水生态优势的挖掘和保护力度，积极争取生态环境财政补偿机制；完成国家级生态县技术评估，确保创建工作如期通过考核验收；积极推进国家湿地公园建设；深化大气污染治理，全面完成黄标车淘汰目标任务；加大环境执法力度，严厉打击环境违法行为，切实维护生态环境安全。

（五）围绕热点抓民生，促进社会公平，提高群众幸福指数。

均衡发展社会事业。全面落实民族扶持政策“新十条”，加快畲族人口集聚，大力培育民族产业经济，促进少数民族群众增收，实行少数民族学生十五年基础教育免费制度；召开文化大会，全力打造全国畲族文化总部，推动“文化引领”新发展。大力传承和发展民间文化，开展文化名乡、文化名村创建工作，加强文物和非遗保护，重视非遗传承人培养。举办2015中国畲乡三月三活动，启动第五届全国少数民族文艺会演畲族音乐剧编排工作。深化公共文化体育服务体系建设，举办第五届健身大会，继续抓好文化礼堂建设，完成“一综一区一示”创建工作；继续实施科技创新驱动发展战略，深化与丽水学院全面战略合作关系；推进省级教育现代化县创建工作，落实高考改革新方案，加强教育管理，强化教师队伍建设，实施学前教育第二轮行动计划，力争各类教育质量有新突破；全面开展省级卫生强县、省级卫生应急示范县创建工作，启动分级诊疗试点，稳步推进医疗卫生体制改革，加强医疗卫生人才队伍建设，推进畲医畲药产业发展；坚持计划生育基本国策，严格实行一票否决制；不断完善农村便民服务中心功能，推进“村档乡管”工作，加快社区建设，全面完成农村应急广播体系建设。

切实增强社会保障。全力推进就业和社保基层服务网点建设，建立更加公平可持续的社会保障制度，扩大社会保险覆盖面，实施城乡居民社会保险费代扣代缴，全面推进社会保险全民参保登记工作；进一步加强就业援助和帮扶，多渠道开发就业岗位，促进高校毕业生等各类群体实现就业；着力构建大监察体系，完善建筑业企业工资保证金和项目登记制度，深入推进“双爱”活动，构建和谐劳动关系；建立健全社会养老服务体系，大力推进城乡居家养老照料服务中心建设；加强住房保障工作，有序推进公租房四期工程建设；启动气象灾害监测预警全覆盖县创建工作。

全力维护社会稳定。继续深化“平安景宁”建设，深入实施“三年平安计划”，推进全省平安建设信息系统与“网格化管理、组团式服务”两网融合，不断提高人民群众安全感。落实维稳工作十项机制，加强重大不稳定问题排查化解；加大市场监管力度，健全价格调控监管机制，强化食品药品安全专项整治，防止重大食品药品安全事故发生；强化安全生产“红线”意识，夯实基层基础，努力实现安全生产形势持续平稳；加大特种设备质量安全监管，确保全县质量安全；完善应急预案体系，扎实开展应急实战演练，组建社会综合服务指挥中心，打造全域覆盖、整体联动的应急处置体系。

继续抓好国防动员、双拥、宗教、侨务、外事、物价、统计、地方志、慈善、工会、红十字会等工作。

（六）围绕服务抓改革，保持发展活力，提升政府执行力和公信力。

推进法治政府建设。深入落实十八届四中全会精神，全面推进依法行政，用法治思维和法治方式履行职责，规范行政行为；健全依法决策机制，推行政府法律顾问制度；自觉接受人大依法监督和政协民主监督，坚持重大决策报告和协商制度；更加重视司法监督、舆论监督和社会公众监督；加大普法宣传力度，提高公民法治意识；坚持以公开为常态、不公开为例外，全面推进政务公开；强化行政问责，着力解决行政不作为、慢作为和乱作为问题。

加快政府职能转变。深化“四张清单一张网”建设，完善行政审批和便民服务事项的网上申报、办理功能；推进政府机构改革，完成市场监管、质监、卫生、计生等部门的机构和职能整合；发挥市场机制作用，推进政府向社会力量购买服务工作；贯彻落实新预算法，清理压缩财政结余结转资金，加强政府性债务管理，完善财政资金绩效考核机制，全面完成乡镇公共财政服务平台建设。

优化干净干事环境。全面巩固党的群众路线教育实践活动成果，落实作风建设长效机制，持续开展“正风肃纪”专项行动，切实改进工作作风；认真落实党风廉政建设主体责任和“一岗双责”,加强审计监督和行政监督,对顶风违规违纪行为实行“零容忍”;加强政务督查,探索实施督查事项限期完成承诺制和进度情况公示制,不断提升政府工作执行力;严格执行公务接待管理规定,严控“三公”经费支出,完成机关单位公车改革任务。

(七)围绕惠民抓落实,强化责任意识,努力增进民生福祉。

在新的一年里,我们本着解决群众最关心、最直接、最现实利益问题的工作宗旨,继续为人民群众办好十件实事:一是实施城区污水管网改造工程;二是完成100个行政村农村生活污水治理工程;三是建成示范性居家养老服务照料中心5个;四是建成残疾人康复中心;五是建成县食品药品检验检测中心;六是建成鹤溪南路步行街;七是实施中小学寄宿生“暖心工程”;八是完善“康庄小巴”运营管理机制,进一步解决偏远地区群众的出行难问题;九是实施低收入农户小额贴息贷款,年度贷款规模达到1亿元;十是加强农村饮用水管理,改善农村居民饮用水条件。

各位代表,自治县走过了改革发展的三十年,当前,又站在了全新的发展起点,志不求易、事不避难,让我们在县委的坚强领导下,坚定信心,开拓进取,全力推动“两美浙江”发展战略和“绿水青山就是金山银山”绿色发展理念在景宁的生动实践,为打造“中国畲乡、小县名城”而努力奋斗!

景宁畲族自治县人大常委会工作报告

2015年3月25日在景宁畲族自治县第八届人民代表大会第四次会议上

景宁畲族自治县人大常委会主任　蓝良兴

一、2014年的主要工作

2014年是全面深化改革、推动经济社会持续健康发展的重要一年。一年来，在县委的领导下，县人大常委会坚持以党的十八大及十八届三中和四中全会精神为统领，紧紧围绕县委八届五次、六次全会确定的目标任务，认真履行宪法和法律赋予的职责，求真务实，锐意进取，不断开创人大工作新局面。一年来，共召开常委会会议6次，主任会议16次，听取和审议“一府两院”专项工作报告26项，作出决议决定15项，提出审议、视察意见9项，为全面深化改革，推进全县民主法制建设，打造“中国畲乡、小县名城”作出了积极贡献。

（一）以推动科学发展为己任，认真履行法定职责

一年来，常委会始终站在全局的高度，在推动科学发展上找准定位，把握着力点，依法行使法定职权，为推动经济社会发展主动作为。

着眼于推动发展，依法决定重大事项。听取和审议了县人民政府关于2013年财政决算和2014年上半年预算执行情况、2013年度财政预算执行和其他财政收支情况的审计工作报告，提出了“优化财源结构、深化财政预决算、加强专项资金监管和增强预决算严肃性”等审议意见，并依法批准了2013年财政决算和2014年度县级公共预算调整方案，促进了财政预算的有效执行。常委会还对主任会议、县人民政府提出的议案进行了审议，依法作出了关于部分乡镇行政区划调整后人大工作有关事项的决定、关于加快推进“全国畲族文化总部”建设的决议，推动了相关工作开展。

着眼于经济建设，依法履行监督职能。听取和审议了县人民政府关于全县“十二五”规划纲要中期评估报告审议意见落实情况，以及2014年上半年国民经济和社会发展计划执行情况的报告。组织常委会组成人员和部分县人大代表，对全县“十件实事”和重点项目建设工作进行了视察，提出了“加大工作力度、优化发展环境、加强规划管理、完善服务保障”等视察意见，推动解决了全县项目建设过程中一些薄弱环节和突出问题。在深化县发改局和农业局预算编制及执行监督的基础上，听取和审查通过了县科技局、人力社保局的年度预算编制，提出了审议意见并跟踪监督预算执行情况，不断推进政府部门预算工作的规范化和精细化。

着眼于干事创业，依法任免国家干部。坚

持党管干部和依法任免的有机统一，进一步规范任前法律知识考试、任前考察、投票表决、颁发任命书、任职表态发言和任后监督等任免制度和办法，保证了人事任免工作依法、规范运行。一年来，常委会共依法任免国家机关工作人员 49 人次（其中任职 36 人次、免职 13 人次），保证了县委人事安排方案的顺利实现，为地方国家机关的正常运转提供了组织和人力保证。同时，根据县人民政府的议案，常委会作出了关于授予卢健国同志景宁畲族自治县“人民好公仆”荣誉称号的决定，努力引导全社会树立实干氛围。

着眼于服务大局，积极参与中心工作。牢固树立大局意识，积极参与党的群众路线教育实践活动、生态休闲养生（养老）经济发展、金山垟畲族集中安置特色小区建设、人民中路立面改造、农民创业园、“三改一拆”、“五水共治”、1000 千伏浙福特高压输电线路等全县中心工作，有力助推党委、政府重大决策部署和重要举措的贯彻落实。扎实做好老干部服务和联系乡（镇）、村、重点项目、企业等工作，为企业、基层和群众办实事办好事，受到基层和群众的好评。

（二）以推进社会和谐为重点，强化热点难点监督

一年来，常委会始终坚持为民履职，从维护社会和谐稳定入手，围绕人民群众高度关注的热点、难点等问题开展监督，为推进和谐社会建设尽职尽责。

紧盯热点，合力推进“五水共治”工作。围绕省委“五水共治”战略部署和省人大常委会具体要求，上下联动，部署实施了“发挥人大职能、推动五水共治”系列行动，先后开展了“一线走亲”当好治水指导员、防洪排涝和“五水共治”专项工作监督、国家级生态县创建视察、“检验‘五水共治’成果，申报可游泳河段”、饮用水水源保护执法检查审议意见整改落实情况跟踪监督等活动，专题听取了县人民政府有关工作报告，审议提出了“科学编制治水规划、加大重点区域治水、推进工程项目建设、落实长效管护机制”等意见建议，作出了《关于确认景宁畲族自治县相关河段水质达“游泳区”标准的决议》，监督推动县人民政府切实解决工作中存在的问题和困难，全县“五水共治”工作得到了有力推进。

紧盯重点，加快民族经济社会发展。围绕“共同团结奋斗、共同繁荣发展”主题，积极参与新时期民族工作扶持政策研究，助推党委、政府出台《关于进一步加强新形势下民族工作 深化少数民族经济社会发展扶持工作的若干意见》，为下阶段具体帮扶措施的出台奠定了基础。发扬钉钉子精神，跟踪监督畲族风情旅游度假区视察意见落实；连续四年开展扶持少数民族经济社会发展情况专项监督，在听取县人民政府有关工作报告的基础上，针对性提出了“加强政策宣传、落实‘新十条’、抓好产业规划、弘扬民族文化、强化资金监管”等意见建议，推动全县民族工作氛围日益浓厚，成效不断显现。

紧盯难点，深化行政审批制度改革。为推进行政审批制度改革，加快政府职能转变，常委会调研组深入乡镇（街道）、社区和职能部门进行调研，通过召开人大代表和企业负责人座谈会、走访企业等方式，全面了解深化行

政审批制度改革工作情况，听取建议，找准问题。在此基础上，常委会听取了县人民政府关于深化行政审批制度改革工作的报告，经过认真审议，提出了“转变行政理念、深化‘两集中两到位’改革、加快信息化建设、完善长效监管机制、加强干部队伍建设”等意见。县人民政府重视审议意见的落实，通过采取审批代办制和模拟审批，推广使用浙江政务服务网等措施，进一步精简行政审批事项和程序，全县行政审批提速率达到93.39%。

紧盯焦点，健全完善社会保障体系。为深化医药卫生体制改革，加快形成人民群众“病有所医”的制度保障，常委会对全县基层医药卫生工作进行深入调研，在听取县人民政府专项工作报告的基础上，审议提出了“严格医保支出预算管理、促进分级诊疗制度建立、建立健全补偿和绩效考核机制、加快医疗卫生信息化建设、宣传普及健康卫生知识”等五方面意见，督促解决了一些关系城乡群众医药卫生的实际问题。围绕人口老龄化趋势，常委会调研组深入乡镇(街道)居家养老照料中心和单位部门，全面了解全县养老服务体系建设工作情况和存在的困难及问题，并提出审议意见，推动县人民政府出台了《社会养老设施布局专项规划(2014—2020年)》和《关于加快发展养老服务业的实施意见》，同时不断健全机构设置，加大财政资金投入，推进居家养老照料中心建设，以积极的行动应对人口老龄化。

(三)以民主法治建设为根本，扎实推进依法治县

一年来，常委会坚持以法治建设为抓手，深入推进科学立法、民主立法，支持和督促“一府两院”依法行政、公正司法，全县法治环境得到不断优化。

重视民族立法，推动城市管理法治进程。常委会高度重视地方民族立法工作，连续四年协调指导《景宁畲族自治县城市管理条例(草案)》起草工作。在专题听取县人民政府起草情况说明的基础上，常委会通过书面、网络、座谈会等途径，认真做好法规草案提交人民代表大会审议前的协调、论证、征求意见和修改等工作，确保制定的法规符合实际、切实可行。一年来，草案文本先后作了十余次大的修改，并多次征询省人大常委会法工委等相关机构的意见建议，现形成条例草案提请本次大会审议。条例颁布实施后，我县城市管理工作将有明确的法律定位和行为规范，这既对推进我县民主法治建设进程，又对“中国畲乡、小县名城”建设具有重大而长远的意义。

加强司法监督，切实维护社会公平正义。在2013年开展刑事审判工作监督的基础上，常委会抓好审议意见落实的跟踪监督，审议了县人民法院关于常委会审议意见落实情况的工作报告，推动县人民法院进一步优化了刑事审判司法环境，提升了刑事审判综合效果，提高了法官的审判能力和水平。同时，常委会会同县人民政府及有关部门开展“六五”法制宣传教育，为推进“六五”普法工作进程发挥了积极的作用。

坚持跟踪问效，保证法律法规正确实施。在2013年开展档案法执法检查的基础上，听取和审议了县人民政府关于常委会审议意见落实情况的工作报告，从工作氛围营造、人员

队伍建设、工程档案管理、信息化建设等方面，有力助推了全县档案工作规范化发展。省、市、县人大常委会三级联动，连续两年对食品安全法执法检查审议意见落实情况进行跟踪监督，推动县人民政府建立了新的监管体系，完善监管机制，明确监管职责，全县食品安全工作取得了阶段性成效。根据省人大常委会统一部署，积极组织全县各级人大代表参与“查找不适应全面深化改革要求的法律法规条文”主题活动，先后对《浙江省少数民族权益保障条例》等法律法规提出修改意见30余条，推动了法律法规“立、改、废”，确保重大改革于法有据、顺利推进。

督办信访案件，做好规范性文件备案审查。常委会坚持把加强信访工作作为联系群众、服务百姓的重要抓手，认真落实常委会主任信访接待日制度，努力健全人大信访工作机制，采取批办、交办、督办等方式，认真处理群众来信来访，一年来共受理群众来信59件，接待群众来访200多人次，解决和化解了一些关系群众切身利益的问题和矛盾，维护了人民群众的合法权益。常委会按照监督法和规范性文件备案审查办法的规定，加强与政府及相关部门的联系对接，一年来共备案审查规范性文件30件，维护了国家法制统一。

此外，我们认真配合省人大常委会做好《浙江省社会养老促进条例(草案)》等7部地方性法规的意见征集工作，提出修改意见12条，有的修改意见得到了重视和采纳；同时，积极做好沟通衔接，推动大均乡成为省人大常委会立法基层联系点，使基层群众和社会组织能够直接参与上级立法，推进了基层民主法制建设。

(四)以深化代表服务为主体，充分发挥代表作用

一年来，常委会始终把密切联系代表、发挥代表作用作为重要的基础工作，支持和保障代表依法履行职责，努力增强代表工作实效。

密切联系代表，拓宽知情知政渠道。在坚持接待走访代表、定期向代表寄送常委会会刊等行之有效做法的基础上，建立了常委会组成人员联系县人大代表、县人大代表联系人民群众制度，进一步畅通社情民意反映和表达渠道。在日常调研视察等工作中，常委会注重邀请当地代表参与，认真听取代表对县人大常委会和“一府两院”工作的意见和建议，对代表提出的意见和建议，进行梳理归类和交办、督办。坚持邀请代表列席常委会会议制度，全年共邀请30多名县人大代表列席常委会会议，进一步畅通了代表知情知政渠道。认真做好闭会期间的代表服务工作，通过组织代表开展会前视察、履职培训和跨县交流学习，不断丰富活动载体、提高服务实效。

搭建履职平台，激发代表履职活力。根据省、市人大常委会的统一部署，积极争取县委支持，常委会出台《关于开展人大代表联络站建设的实施意见》，按照“全覆盖、制度化、常活动”的总要求，在全县21个乡镇、街道都设立了人大代表联络站，落实工作经费，统一站点建设，明确责任要求，努力把人大代表联络站建设成各级人大代表履行职责的平台。继续做好“浙江人大代表履职服务平台”推广应用工作，完成21个人大代表联络站网上站点建设，进一步方便各级人大代表反映民情、知

情知政。深化“关心母亲河溪、查找水污染源、恪尽代表职责”主题活动，充分发动、引导各级人大代表在“五水共治”中做好表率，积极助推全县“五水共治”工作。

加强建议督办，提高建议办理成效。县八届人大三次会议后，常委会及时将会议期间代表提出的62件建议、批评和意见，以及代表和列席人员审议提出的100余条口头意见建议转交给县人民政府办理。进一步完善建议督办机制，在以往人代会后分解落实、年终问效的基础上，首次在新闻媒体上设立代表建议追踪栏目，向社会公开部分办理质量高、社会效果好的代表建议，不断增强代表建议办理的透明度，强化承办单位的责任意识。对一些涉及全局、影响较大的重点建议，由常委会主任、副主任领衔督办；对个别建议还进行了现场视察，并提出视察意见，努力提高建议的办结率和满意率。坚持听取和审议县人民政府关于代表建议办理情况的报告，提出办理工作整改意见。县人民政府及时对办理工作进行了整改和完善，保证了全部代表建议在规定的期限内办理和答复完毕，代表的满意度逐年提高。

（五）以加强自身建设为抓手，努力提高履职水平

一年来，常委会始终坚持高标准、严要求，切实加强自身建设，不断提高履职的能力和水平。

抓作风建设，提高工作效能。根据县委统一部署，扎实开展党的群众路线教育实践活动，引导常委会党组、机关干部树立和发扬优良作风，坚定理想信念。坚持以问题为导向，在深入开展“一线走亲”和“四进四当”等活动广泛征求意见建议的基础上，常委会党组和机关干部认真参与县委“三问三思、三破三立”“‘三严三实’弘扬焦裕禄精神”等专题研讨活动，深入查摆自身存在的“四风”问题，认真撰写、修改对照检查材料，明确整改时间表和路线图，以整风精神开展批评和自我批评。通过整改，常委会党组和机关干部党的宗旨意识全面提升，“四风”问题逐步得到解决，党群干群关系进一步密切，“一线”精神和“一线”作为得到进一步发挥。积极参与机关党员志愿服务活动，人大机关荣获2014年度机关党员志愿者广场服务活动先进集体，机关党员先锋模范作用进一步发挥。

抓宣传工作，强化对外交流。重视发挥新闻媒体作用，认真落实人大信息宣传工作考评及奖励办法，切实加强人大制度和人大工作的宣传。一年来，被市级以上新闻媒体采用的宣传稿件达200余篇次，县人大网站录用基层人大稿件100余篇次，人大工作的社会知晓面和影响力进一步扩大。完成全县首部人民代表大会专业志——《景宁畲族自治县人大志》出版发行工作，部署开展“人大制度在景宁生动实践”主题征文、人大知识竞赛、座谈会等人大制度建立60周年纪念活动，全县人大工作氛围不断浓厚。组织参加全国部分少数民族自治县（旗）人大工作联席会，进一步加深兄弟县（旗）人大工作交流，增进相互间的友谊。

抓基层指导，形成良性互动。重视乡镇（街道）人大建设，坚持和完善常委会负责人联系指导基层人大工作、基层人大负责人列

席常委会会议制度，加强与基层人大的联系沟通，通过组织召开全县乡镇（街道）人大工作会议和人大干部培训班、参加全市乡镇（街道）人大主席（主任）培训班等方式，积极指导基层人大开展监督工作，增强工作实效。各乡镇（街道）人大在党委的领导下，在政府的配合下，积极开展代表联络站建设、人大代表补选等工作，与县人大常委会工作形成了良性互动，有力推动了基层政权组织建设，提升了全县人大整体工作水平。

各位代表，县人大常委会工作取得的成绩和进展，是县委正确领导和上级人大精心指导，常委会组成人员和全体人大代表共同努力的结果，也是“一府两院”和乡镇人大积极协同配合，全县人民以及社会各界大力支持的结果。在此，我代表县人大常委会表示衷心感谢！

我们清醒地认识到，常委会工作离县委的要求、代表的希望、人民的期待还有一些差距和不足。干部思想还需要进一步解放，立法和监督工作成效还有待提升，代表作用发挥还不够明显，联系指导基层人大工作还不够深入，自身建设还需要进一步加强。我们将自觉接受人大代表和人民群众的监督，虚心听取各方面意见建议，不断加强和改进人大工作，更好地依法行使职权、开展工作。

二、2015 年主要工作

各位代表，2015 年既是全面深化改革、推进依法治国十分重要的一年，也是经济社会发展五年规划承上启下之年，做好今年的人大工作意义重大，影响深远。常委会今年工作的指导思想是：全面贯彻落实党的十八大、十八届三中、四中全会精神和习近平总书记系列重要讲话精神，坚持党的领导、人民当家作主、依法治国有机统一，在县委的坚强领导下，紧紧围绕全县工作大局，坚持“抓重点、议大事、求实效”的工作理念，勇于担当，积极作为，依法履行各项职责，充分发挥民族自治地方国家权力机关职能作用，为全面推进深化改革、建设法治畲乡作出新的贡献。

按照上述指导思想，2015 年常委会工作的主要任务是：

（一）围绕大局，积极履职，更加注重推进科学发展

坚持把人大工作放在全县工作大局中来谋划，把服务科学发展贯穿于依法履职的全过程。加大对全县经济社会发展中重要领域的监督力度，在监督的形式上有所创新，监督的内容上有所拓展。在听取和审议县人民政府关于计划、预决算等工作报告的基础上，以全面贯彻实施新修改的预算法为契机，结合部门经济责任审计，重点对县交通局、计生局、公路管理局的预算及其执行情况进行审查监督，进一步增强预算的透明度和刚性约束。加强国有资产监管，开展国有资产管理及运行情况监督，推进国有资产管理体制改革，确保国有资产保值增值。继续支持和督促审计机关依法开展审计工作，加大审计问题整改的督查力度。围绕经济社会发展的重大事项，依法适时作出决议、决定。依法行使人事任免权，为推进全县经济社会科学发展提供组织保证和人力支撑。开展全县“十件实事”和重点项目建设工作视察，继续做好联系乡（镇）、村、重点项目、企业等工作，在“三改一

拆”“五水共治”、生态休闲养生(养老)经济发展、金山垟畲族集中安置特色小区建设、人民路立面改造、城市商业综合体等党委和政府重点工作中,更多的发出人大的声音、拿出人大的动作、展现人大的作为,推动人大紧扣党委全局履行职责。

(二)突出重点,讲求实效,更加注重推进依法治县

按照党的十八届四中全会提出的全面推进依法治国总目标的要求,坚持需求导向、问题导向,紧紧围绕经济社会发展的难点、党委决策的焦点、人民群众关心的热点,不断调整和完善立法调研项目库,切实发挥立法在民族经济社会发展中的引领和推动作用。积极争取上级人大支持,及时将县人民代表大会审议通过的《景宁畲族自治县城市管理条例》报请省人大常委会批准,并颁布施行。认真做好《浙江省保障景宁畲族自治县发展条例》制定前的各项准备工作,努力为争取更高层次的法制保障打好基础。深入推进科学立法、民主立法,完善立法项目征集和论证制度,发挥人大立法主导作用,健全社会各方有序参与立法的途径和方式,加强立法宣传工作,更多发挥人大代表参与起草和修改自治法规的作用。继续做好“六五”法制宣传教育和规范性文件备案审查工作,积极协助和配合省、市人大常委会开展有关法律的监督检查,以及法规草案的立法调研和意见征求等工作,切实维护国家法制统一。

(三)以人为本,关注民生,更加注重推进社会和谐

适应经济发展新常态,围绕医药卫生、少数民族经济社会发展、美丽乡村建设等人民群众最关心、最直接、最现实的利益问题,通过调研、视察、审议、跟踪督办和代表建议办理等形式,促进问题解决,让改革和发展成果更多更公平惠及全县人民。围绕“五水共治”战略部署,继续督促政府全力抓好污水治理、防洪排涝、饮用水水源保护等工作;省、市、县人大常委会三级联动,开展大气污染防治情况专项监督,不断提升人民群众生活质量,促进生态文明建设。适应全面推进依法治国新形势,加强对司法活动的监督,上下联动开展法官、检察官履职工作评议;参照党委巡视工作的做法,探索对司法机关进行巡视检查,监督支持“两院”积极稳妥推进司法改革,督促司法机关提高执法能力,保障人民权益,维护司法公信力。抓好常委会审议意见的跟踪督办,继续听取和审议养老服务体系建设报告审议意见的落实情况,确保常委会监督工作一抓到底、抓出实效。加强信访工作,认真受理人民群众来信来访,努力化解社会矛盾,对涉法涉诉的信访,引导群众运用法律武器维护自己的合法权益。

(四)完善平台,强化服务,更加注重推进代表工作

在坚持和完善代表列席常委会会议、集中视察、执法检查、专题调研、政情通报、常委会组成人员联系代表等制度的基础上,进一步拓宽切实有效的代表联系渠道,大力推进代表联络站等代表联络阵地建设,进一步用好代表履职服务平台,激发代表履职热情,实现联系服务代表和群众的网络化、便捷化,努力推动人大代表联系群众经常化、制度化。加

强代表学习培训，通过部署开展学习宪法主题活动等形式，进一步增强全县各级人大代表的宪法和法律意识。加大代表建议的督办力度，在坚持政府领导领办、人大常委会组成人员督办，以及开展代表面商和公开办理情况等做法的基础上，进一步完善建议办理机制，积极稳妥推进代表建议和办理结果公开，不断提高办理质量，切实解决人民群众关注的热点难点问题。适时举行人大代表集中视察活动，使人大代表深入了解全县经济和社会发展情况。进一步重视发挥乡镇(街道)人大作用，加强联系指导，完善重大活动上下联动机制，通过举办乡镇(街道)人大主席(主任)培训班等形式，共同推动全县人大工作的深入开展。

(五)内强素质，外树形象，更加注重推进自身建设

加强学习型机关和学习型组织建设，深入学习党的十八届四中全会、习近平总书记在全国人民代表大会成立60周年庆祝大会上的重要讲话，学习法律及人大业务知识，着力提高依法履职能力。巩固党的群众路线教育实践活动成果，完善人大组织制度、工作制度和议事程序，促进常委会工作的制度化和规范化建设。认真落实中央反对“四风”和“八项规定”等要求，务实、高效、节俭办会，精简文件简报，坚持走群众路线，切实改进会风、文风和作风。认真贯彻落实省委人大工作会议精神，协助县委适时召开全县人大工作会议，进一步凸显人大“一线”的地位与作用，巩固和发展人大工作良好局面。积极开展老干部服务工作，努力发挥好老干部队伍的优势和作用。重视人大理论研究与宣传工作，拓宽宣传渠道，深化宣传内容，推动人大宣传工作不断发展。

各位代表、同志们，过去的一年，成绩来之不易；未来的一年，任务光荣艰巨。让我们在县委的坚强领导下，团结和依靠全体代表和全县人民，振奋精神，改革创新，开拓进取，扎实工作，为深入推进“四个新区”建设，打造“中国畲乡、小县名城”而继续努力奋斗！

中国人民政治协商会议
第八届景宁畲族自治县委员会常务委员会工作报告

2015年3月22日在政协第八届景宁畲族自治县委员会第四次会议上

政协景宁畲族自治县委员会主席　严轶华

一、2014年工作回顾

一年来，在中共景宁畲族自治县委的正确领导下，县政协常委会认真学习贯彻中共十八届三中、四中全会和习近平总书记系列重要讲话精神，牢固树立"绿水青山就是金山银山"绿色生态发展理念，坚持团结和民主两大主题，团结和带领广大政协委员，强化作风建设，认真履行职能，完成了年初确定的各项工作任务，为景宁的经济社会和谐稳定发展做出了积极贡献。

(一)坚定理想信念，提高政治把握能力

坚持把学习放在政协工作的首位，不断坚定理想信念，统一思想、凝聚共识。

认真学习习近平总书记系列重要讲话精神，深刻把握政协履职新常态。把深入学习中共十八届三中、四中全会精神和习近平总书记系列重要讲话精神作为首要政治任务，做到深学细悟、积极践行。以县政协主席会议、常委会议、机关例会为载体，开展庄式学习、专题研讨、座谈交流等多种形式的学习，深刻认识人民政协面临的新常态，准确把握政协履职方向和重点。

精心组织庆祝人民政协成立65周年专题活动，广泛宣传协商民主新理论。为全面贯彻落实习近平总书记在庆祝人民政协成立65周年大会上作出的协商民主重要论述和部署，及时举办近百人参与的人民政协知识竞赛，并将竞赛情况在电视、网络上进行实况转播，广泛宣传人民政协协商民主理论。同时，组织发动委员和机关干部参与省市政协关于协商民主理论的研讨交流、征文比赛等活动，掀起宣传和学习协商民主理论的新高潮。

积极协助县委开好全县政协工作会议，全面贯彻民主监督新要求。在认真学习贯彻省市政协工作会议精神的基础上，深入研究探讨我县政协工作面临的新常态、新要求，为县委胜利召开全县政协工作会议充分发挥参谋助手作用。会后及时组织各层面贯彻落实林康书记"适应新常态，落实新要求"的重要讲话精神和县委下发的《关于加强人民政协民主监督工作的实施意见》，积极谋划和创新民主监督工作的新载体和新方式。

(二)致力改革发展，推进政协协商民主

选择事关全县发展的重大问题和各界关

注的热点问题，开展多层次、多形式的协商，为推动全县经济社会发展汇聚智慧和力量。

围绕中心工作，开展重点协商。锁定“新山区”建设重点调研课题，历时3个月的努力，形成1个总报告和5个子报告。并于7月份举办2014县政协“新山区”建设论坛，省农办副主任邵峰等专家前来传经送宝，委员们就“新山区”建设，面对面向县委、县政府领导建言献策。在此基础上，常委会综合各方意见形成建议案，提出“强化以人为本理念，坚持生态立县、产业富县战略，完善资金管理、土地流转、乡镇管理机制”的建议，为我县出台《关于加快新山区建设的若干意见》提供了积极参考。

关注产业发展，组织界别协商。突出政协界别的特色和优势，组织经济界、工商界人士与金融机构围绕“拓宽景商融资平台”课题开展协商，探讨和寻求解决中小企业融资难问题，形成12条意见建议供县委、县政府决策参考。组织农业界人士围绕“生态产业开发与利用”课题开展专题调研，与农、林、环保等相关部门进行积极协商，为我县走绿色生态发展之路献计献策。

选择热点课题，推进专题协商。关注我县美丽乡村建设，聚焦垃圾集中清运问题与相关部门、乡镇(街道)开展专题协商，共同研究和完善管理办法和工作机制，多数意见纳入我县出台的《农村生活垃圾集中处理实施方案》。此外，全年还围绕外舍新区建设、非物质文化遗产保护与传承、防汛防涝、老城区保护与利用等课题开展了专题视察，共向县委、县政府提出意见建议42条，对促进我县经济社会发展起到积极的推动作用。

(三)坚持履职为民，倾力服务民生改善

围绕人民群众最关心、最直接、最现实的利益问题，深化“系列民生”履职工作，有效推动民计民生的改善。

突出民生提案的办理落实。县政协八届三次会议以来，共收到104件提案，其中涉及民生事业的86件，体现了政协提案为民代言的特点。首次运用电视媒体开展6期“提案追踪”专题报道，通过媒体的监督，有力地促进了民生提案的办理和落实。以民生为导向，继续开展提案办理双向民主评议、重点提案交由县政府领导领办、县政协领导督办，加快了农村生活污水治理、公共文化设施建设等工作进度，推动了社会民生事业的发展。

强化社情民意的了解反映。首次将反映社情民意信息工作纳入各乡镇部门年度目标考核内容，有效激发积极性。重视民意诉求，通过定任务、给题目，拓宽信息来源。鼓励政协委员、信息联络员深入基层、深入群众，及时反映社会各界人士意见建议和利益诉求。通过努力，全年共收到各类社情民意信息132篇，其中上报87篇，被省市政协采用14篇，均为历年之最，为保障民生、维护民利发挥积极作用。

注重民生需求的服务导向。准确把握民生工作的新趋势，先后组织多批次40余名浙一医院及市、县有关医院专家、医生，赴大漈乡、标溪乡等乡镇开展“送医下乡”活动，并举办“健康在你手中”卫生知识科普讲座，赠送医药用品，让老百姓在家门口就能享受到优质医疗服务。此外，还支持鼓励委员利用自身优势积极服务社会，如叶华杰、叶丽斌等委员积极开展慈善助学公益活动。

(四)把握两大主题，凝聚各界智慧力量

以政协文化理念为引领，努力做好联谊交流、协调关系工作，为建设畲乡景宁凝心聚力。

广泛开展联谊交流。精心指导上海、杭州、温州等地景宁同乡联谊会开展换届、联谊交流等工作，积极走访各地商会并邀请商会人士参加“景商回归创业创新”会议等活动。广泛团结乡贤，积极为齐丽成、陈景景等景商回景投资牵线搭桥，促成注册资金达1个亿的景商投资公司的成立和景南旅游接待中心等项目的引进。

做好文史征编工作。以惠明茶荣获旧金山万国博览会一等大奖100周年为契机，与县茶文化研究会联合征编文史资料《金奖惠明茶》，以弘扬惠明茶文化，助推茶产业发展。同时，积极配合省、市政协做好相关文史资料的选稿和征编工作，选送的12篇文史资料全部被市政协《水利建设史》采用，发挥了政协文史资料“存史资政、团结育人”作用。

倡导政协文化新风。以社会主义核心价值观为引领，发挥县政协诗书画摄之友社、艺术团及茶文化研究会等文化建设平台作用，开展主题采风、茶道培训等活动。并组织参加省、市政协系统摄影比赛、书画作品联展、乒乓球联谊赛等。举办“品位政协”文化论坛，使政协文化与传统文化进一步融合，更加充分地发挥文化引领风尚、教育人民、服务社会、推动发展的作用。继续加强《景宁政协》征编和门户网站建设力度，广泛传播政协文化新能量。

(五)牢固靠前意识，积极投身重点工作

把围绕中心、服务大局作为自觉行动，始终与党委、政府同频共振，合力推进重点项目、重点工程建设。

全力助推“五水共治”行动。主动对接全县“五水共治”工作部署，积极参与和指导东坑、家地、秋炉、大地等乡镇的治水工作，并向县委、县政府提出意见建议32条。响应省政协“三级政协联动，万名委员同行，助推五水共治”民主监督行动，组织300多名人员在梅岐乡开展“千人同行、饮水护源”系列活动。支持县工商业联合会，发动各地商会及委员企业认捐249万元，为打好“五水共治”攻坚战作出积极贡献。

勇于担当“委托交办”重任。坚决落实县委部署，支持2名班子成员，分别担任澄照农民创业园、城西立面改造工作负责人，5名专委主任分别从事教育实践活动督导、年度综合目标考核及相关政策处理等具体工作。他们以高度的责任感和使命感，兼顾两头，保质保量开展工作。其中澄照农民创业园平整土地94公顷，完成投资3.6亿元；城西立面改造签订协议103幢，开工60幢，完工15幢，均超额完成县委委托交办的目标任务。

尽心履行“结对联系”承诺。结合教育实践活动和“五水共治”“三改一拆”等重点工作，广泛深入联系点指导谋划发展思路，努力协调和帮助解决“一线走亲”中梳理出的困难和问题12个。如为岭北村双坑小区市政工程二期建设争取390万元建设资金；为家地乡谢坑、石碧等村引进光彩事业项目3个，提供发展资金30万元。积极走访30余家结对企业，帮助协调解决厂房建设、资金周转等实际问题。包案处理了竹林道建设政策处理纠纷等信访件11个。同时，做好民族医院、外舍污水处理系统工程等重点工程的联系指导工作，做到既主动服务又建言献策。

(六)加强自身建设，不断提升履职水平

切实把政协自身建设摆上重要位置，按照“三严三实”要求，切实推进机关及委站建设，着力提升履职能力水平。

扎实开展教育实践活动。按照县委的统一部署和要求，县政协党组深入委员和群众开展“走亲连心”，坚持开门纳言，认真查摆出“四风”方面的问题76条次。召开民主生活会，以整风精神认真严肃地开展批评与自我批评，以“钉钉子”精神认真抓好整改，建立健全制度10余项。各类会议得到精简，“三公”经费明显下降，作风进一步优化。

强化委员服务管理。重视委员主体作用的发挥，搭好履职舞台，在继续发挥好政协全会等平台作用的同时，组织委员参政议政、建言立论。优化联系服务，主动关心委员工作站生活，班子成员及各专委会走访委员380余人次，倾听委员心声，激发委员履职热情。抓管理服务提升凝聚力，建立委员履职数据库，更加科学合理地考评委员履职情况，对先进典型予以表彰激励，不断强化委员主体责任意识。

发挥委站基础作用。继续推进政协工作向基层延伸，各工作站(室)全年提交大会发言6件，开展活动21次，收集社情民意信息32条，帮助当地群众解决实事64件。支持各专委会结合对口职能开展履职活动，一年来，各专委会共提交大会发言10件，调研视察报告12份，反映社情民意信息82条，充分发挥了政协履职基础作用。

各位委员，同志们！

过去一年工作成绩的取得，主要得益于县委的正确领导和县政府的大力支持；得益于广大政协委员、工商联和社会各界人士的共同参与。在此，我代表八届县政协常委会向所有关心支持政协工作的各级领导、有关部门、广大委员和各界人士表示崇高的敬意和衷心的感谢！

回顾一年来的工作，我们也清醒地看到，与党和人民的要求相比，与新时期人民政协肩负的历史使命相比，我们的工作尚有差距和不足。主要表现为：协商民主的机制有待进一步完善；民主监督的形式有待进一步探索；委员主体作用有待进一步发挥；提案、大会发言、民主评议等协商议政成果的跟踪反馈和转化落实有待进一步加强等等。对此，真诚希望广大委员和会议列席同志对常委会工作提出批评和建议，常委会将高度重视并在今后工作中认真研究，加以改进。

二、2015年工作思路

2015年县政协常委会工作的指导思想是：以十八大、十八届三中、四中全会精神为指导，深刻领会习近平总书记关于政协工作的重要论述，以巩固提升为工作主基调，认真贯彻落实省、市、县委政协工作会议精神，适应新常态，落实新要求，坚持“绿水青山就是金山银山”绿色生态发展理念，突出团结民主两大主题，紧紧围绕县委八届七次全会精神，扎实履行政治协商、民主监督、参政议政职能，为打造“中国畲乡、小县名城”贡献智慧和力量。

(一)切实增强“三个意识”，正确把握政协履职方向

牢固树立政治意识，始终坚定党的领导。始终把正确政治方向摆在第一位，认真组织广大政协委员深入学习贯彻习近平总书记在庆祝人民政协成立65周年大会上的重要讲话精神，坚定对中国特色社会主义的道路自信、理论自信和制度自信。把深入学习贯彻习近平总书记系列重要讲话精神与学习贯彻省、市、县委政协工作会议精神、与县委重大决策部署紧密结合起来，始终与县委保持思想上同心同德、目标上同心同向、行动上同心同行。

牢固树立协商意识，服务全县工作大局。不断健全完善协商民主制度，自觉把政协协商民主工作放到全县工作大局中去思考谋划，提炼出协商民主的着眼点和着力点，及时制定年度协商计划，做到县委、政府中心工作推进到哪里，政协协商民主工作就要跟进到哪里、“正能量”就要传递到哪里。同时，主动加强与县委、县政府相互之间的信息交流，提升政协履职的针对性和有效性。

牢固树立民本意识，提高为民服务水平。积极践行依法治国、以人为本理念，引导委员培育民主意识、服务民生改善、关注民权保障，真实反映各界群众关注的民生热点难点问题，帮助弱势群体利用合理合法渠道维护自身利益，促进社会公平正义。

(二)着力建设“三个政协”，助推经济社会改革发展

关注重点，着力建设有为政协。以建设“生态保护、生态经济发展”双示范区等事关我县全局性、战略性的工作作为履职的重点，着重关注畲乡传统文化传承和弘扬，民族风情度假区建设等方面的课题，通过重点调研、论坛建言、专题视察等方式，深入挖掘畲乡民间文化、大力弘扬中国优秀传统文化，推进文化与旅游的深度结合献计出力。

深入一线，努力构建和谐政协。继续推进政协工作向基层延伸，引导委员深入基层一线，使政协提案更加关注民生、社情民意更加体察民情。加强与各界的交流联谊，对“民间组织作用的发挥”问题进行专题视察，积极探索民间组织在改进民生、服务民生方面发挥作用的渠道和路径，为促进社会更加和谐稳定作出应有贡献。

弘扬正气，大力倡导品位政协。坚持邀请高层次专家学者开展易经等中国传统文化方面的讲座，加强文史资料征编工作，不断强化政协刊物、网站建设，进一步完善政协之友社工作机制，继续开展诗书画摄之友社艺术采风活动。积极推进“琴、棋、书、画，诗、摄、茶、健”等多元文化建设，推进传统优秀文化的传承弘扬和法治道德观念的培育塑造，不断提升政协人的品位内涵。

(三)不断提升“三个能力”，推进政协履职能力现代化

提高调查研究能力。进一步重视政协所提意见建议的前瞻性和可操作性。在长远问题上，能经得起时间的考验和实践的检验；在当下的热点难点问题上，能够直接进入党委政府决策程序，产生实实在在的效果。同时，加强与省、市政协之间的联动和合作，实现资

源共享，提高政协建言质量。

提高合作共事能力。自觉把凝聚人心、汇聚力量摆到政协工作更加重要位置，加强与工商联和各人民团体的联系，加强与在外景商和海外侨胞及其眷属的联络联谊，开展“景商小超市转型升级”视察，为服务壮大景宁人经济发挥参谋助手作用，不断提升合作共事能力。

提高服务管理能力。争取设立委员工委，进一步做好委员服务与管理工作，切实增强委员履职的责任感和使命感。创新培训模式，增加委员培训次数和针对性，提升委员履职能力。健全考评机制，推进信息化管理，完善委员动态管理考评办法，激发委员履职活力。

具体而言就是要抓好“一二三四”工作，即“围绕一条主线、举办两个论坛、提高三个质量、抓好四项落实”：

围绕一条主线。将习近平总书记系列重要讲话精神，特别是在庆祝人民政协成立65周年大会上的讲话精神，以及省、市、县委政协工作会议精神贯穿融通到政协工作全过程。

举办两个论坛。一是重点课题论坛。初定以厚重景宁历史文化为年度重点调研课题，继续采取先调研后论坛方式，通过举办“弘扬传统文化，彰显畲乡特色”主题论坛集思广益，凝聚共识，形成建议案，向县委、县政府提出意见建议。二是政协文化论坛。邀请知名学者专家前来作优秀传统文化和法治建设方面的讲座交流，进一步提升广大干部群众的文化自信和法治观念。

提高三个质量。一是以改进建言方式为突破，提高政治协商质量。优化全会日程安排，让大会发言与常委会工作报告、提案工作报告在同次会议里进行，以提高大会发言实效。同时积极探索对口协商、专题协商等新途径，使政治协商工作更灵活、更有成效。二是以贯彻县委文件为抓手，提高民主监督质量。重点抓好县委《关于加强人民政协民主监督的实施意见》，继续开展民主评议部门乡镇(街道)等工作。三是以专题视察为重点，提高参政议政质量。紧扣重点热点难点问题，统筹安排城区污水管网改造工程、环敕木山风情旅游区建设、民间组织作用的发挥、超市转型升级等五个主席会议专题视察，为推进重点工作和重点项目建设宣传造势、建言献策。

抓好四项落实。一是强化“提案追踪”督办，进一步提高提案办理实效。二是畅通民情反映渠道，继续抓好反映社情民意信息工作。三是以联系群众、促进和谐为重点，加强团结联谊工作。四是以设立委员工委为契机，提升委员服务管理质量。

各位委员、同志们！

全面深化改革的新形势和新任务，对人民政协工作提出了新要求，也为政协委员履行职责、发挥作用提供了更加广阔的舞台。让我们在中共景宁畲族自治县委的坚强领导下，以高度的政治责任感和历史使命感，以更加坚定的信念、更加扎实的举措、更加务实的作风，不断开创政协工作新局面，为打造“中国畲乡、小县名城”作出新的更大的贡献！

专　辑

2015中国畲乡三月三暨惠明茶荣获巴拿马万国博览会金奖100周年纪念活动

【概况】 2015中国畲乡三月三暨惠明茶荣获巴拿马万国博览会金奖100周年纪念活动于4月21—22日在中国畲乡景宁举行。活动由中共景宁畲族自治县委、景宁畲族自治县人民政府主办，2015中国畲乡三月三暨惠明茶荣获巴拿马万国博览会金奖100周年纪念活动组委会办公室承办。活动围绕“三县并举”发展战略，按照建设“全国畲族文化总部”的目标，以三月三传统节日为平台，宣传百年金奖惠明茶。以少数民族工艺品设计制作大赛为载体，融入传统与现代元素，开展少数民族文化交流，弘扬传统民族文化，增进各民族大团结。全方位、多角度宣传提升中国畲乡景宁知名度和美誉度，为“努力推动科学发展、促进社会和谐、增进民族团结上走在全国民族自治县前列”营造浓厚的社会舆论氛围。整个活动由13项子活动组成，即开幕式暨中国少数民族工艺品设计制作大赛颁奖晚会、中国少数民族工艺品设计制作大赛、中国少数民族工艺品设计制作大赛作品展、“畲乡茶礼 茗香福溢”祭茶大典、“千年惠明 百年名茶”民族茶艺大赛、第九届畲乡传统体育节暨民族体育一条街活动、微茶楼走进中国畲乡三月三、茶博馆开工典礼、“千年惠明 百年荣耀”茶成果展、中国畲族民歌节、“畲乡三月三”网上共庆活动、乡镇系列活动、“畲家霓裳精华展”——历届获奖畲族服饰展示活动。内容涉及茶产业推广、工艺传播、民俗展示、文化交流、旅游观光等涵盖经济社会发展的各个方面。活动主题突出，活动方式推陈出新，内容丰富，形式多样，氛围浓厚热烈，全方位、多角度地宣传景宁、宣传金奖惠明茶，进一步提升了景宁的知名度和金奖惠明茶的美誉度。“中国畲乡三月三”的品牌效应得到了显现，政府主导，企业支持，文化搭台，经济唱戏的模式步入正常化。节庆旅游经济喜人，4月21—22日，全县各旅行社、宾馆、景点、农家乐、专业市场接待中外游客5万多人次，旅游收入 2000 多万元。

【开幕式与文艺晚会】 2015 中国畲乡三月三暨惠明茶荣获巴拿马万国博览会金奖 100 周年纪念活动开幕式于 4 月 21 日晚在景宁影城举行。景宁畲族自治县人民政府县长蓝伶俐主持，中共景宁畲族自治县委书记致辞，中共丽水市委常委、统战部长廖思红宣布活动开幕。中共中华全国供销社杭州茶叶研究院党委书记郑国建，中共浙江省委派景宁督查组组长孙旭东及督查组成员，浙江省台办副主任陈正仁、民宗委副主任吴彩星、农业厅副厅长刘嫔珺、文化厅副厅长杨越光、旅游局副局长杨建武、水利厅副巡视员王晓阳，丽水市副市长葛学斌、人大常委会副主任刘国安、政协副主席何赤峰，台湾南投县信义乡参访团团长史强及参访团成员，国外“茶亲团”成员，全国各地的民族文化、茶文化、工艺美术等方面专家学者及茶商代表，中央、省、市新闻媒体记者，景宁畲族自治县人大常委会主任蓝良兴、县委副书记程巧琴及四大班子有关领导出席开幕式。

开幕式结束，举行中国少数民族工艺品设计制作大赛颁奖仪式。为畲族饰品、畲族陶艺、畲族旅游工艺品、畲族装饰纹样设计图案等四大类 74 项获奖作品分别颁发金、银、铜奖。随后举行大型文艺晚会。晚会由浙江歌舞剧院、浙西南歌舞团、丽水学院和浙江畲族歌舞团联合演出。紧紧围绕“兴百年金奖惠明扬千年畲族文化”主题，注重畲族地方传统文化、畲族茶文化和现代时尚元素的结合，突出金奖惠明茶的文化内涵。采取视频秀、情景讲述、舞蹈、民族器乐演奏及畲族风情展示等多种艺术表现形式，充满强烈的艺术感染力和视觉冲击力。

【“畲乡茶礼 茗香福溢”祭茶大典】 “畲乡茶礼 茗香福溢”祭茶大典于 2015 年 4 月 21 日下午在景宁惠明寺举行。中共景宁畲族自治县委书记、中共中华全国供销社杭州茶叶研究院党委书记为金奖惠明茶奖章雕塑揭牌。中共浙江省民宗委党委副书记、副主任吴彩星，景宁畲族自治县领导蓝良兴、潘伟、郑建强、王益、王宏波等出席。祭茶大典在古韵悠扬的乐曲声中进行。主祭人先后向茶神像敬上高香，恭献三牲、五谷、山珍果品、鲜花、美酒等祭品，举行请茶神、立神位、献贡品，敬谢天地，祭山神土地和“敬贡新茶”“新茶开光加持”“新茶首泡”“奉茶敬神”等仪式。参加祭祀者虔诚上香、敬酒、鞠躬、叩首，寄托祈求平安，祷告风调雨顺、茶叶丰收、国泰民安的美好愿望。接着恭读祭文，全体参祭人员庄严肃立，向茶神像行鞠躬礼。最后，24 名身着古装的演员伴着音乐翩翩起舞，向嘉宾和观众赠送“茶福”。祭祀活动再现绵延千年的古风古韵，倾情演绎魅力无穷的惠明茶文化和神秘多彩的畲族文化。

【畲家霓裳精华展——历届获奖畲族服饰展】 于 2015 年 4 月 22 日上午在景宁鹤溪河府前桥至晋仙桥河段举行。参展服饰集浙江、福建、广东、江西等地的畲族服饰特色，分 5 个系列，每个系列 8 套，分别由 8 位时装模特在 4 张竹筏上演展。竹筏沿河道缓缓划行，每 1 系列展示8–10分钟。4张竹筏中间有一主竹筏，载着清韵丝竹民乐队演员随行演奏经典民族乐器作品《绿野》《拉丁风情》《春江花月夜》《琵琶语》《江南春早》《牧民新歌》《春思》等。其中，演奏笛、箫的是中国竹笛专业委员会理事，青年笛子演奏家钟香海（景宁人）。同时，在临时搭建的水上舞台还举行了《雾溪排影》《八部合音》《畲山族谣》《我们都是一家人》等歌舞表演。活动期间，沿河两岸人头攒动，河面模特光彩夺目，乐声、歌声回荡，各类参展服饰纷纷亮相，山水与华裳相映，充满强烈的艺术感染力和视觉冲击力。

【“千年惠明 百年名茶”民族茶艺大赛】 于2015年4月22日在鹤溪街道人民南路（茶叶市场）举行。这次大赛由2015中国畲乡三月三暨惠明茶荣获巴拿马万国博览会金奖100周年纪念活动组委会办公室主办，景宁畲族自治县农业局、浙江农林大学茶文化学院承办，景宁畲族自治县民族宗教事务局、电力局、茶文化研究会协办。经过层层筛选，从全国各地参赛队伍中选拔出浙江农林大学中国茶谣茶礼队、西安茶艺学校、韩山师范学院、四川省茶艺学校、昆明学院农学院、四川宜宾醒世会馆、云南农业大学、武汉体育学院、景宁微茶楼、景宁惠明茶业、景宁职业高中茶艺社、景宁九曲惠明等12支茶艺队参加比赛。其内容既有独特的纳西族人民茶俗文化表演和颇具国际视角的《四国茶礼》茶艺表演、赏心悦目的《相约畲乡 凤凰传情》特色茶艺表演及茯茶文化、汉藏一家酥油茶情、府城茶事等一系列主题茶艺表演。最后由专家组评出一、二、三等奖和6个单项奖。《惠明迎客茶》获一等奖，《四国茶礼》《纳西人家》获二等奖，《香格里拉茶情》《凤凰之约》《汉藏一家 酥油茶情》获三等奖。6个单项奖分别是最佳创意奖、最佳表演奖、最佳茶服奖、最佳茶席奖、最佳理念奖、最佳个人风采奖。大赛组委会分别为获奖者颁发获奖证书与奖杯。

【惠明茶文化博物馆开工典礼暨招商引资项目签约仪式】 于2015年4月22日下午在红星街道掌岸举行。中共景宁畲族自治县委副书记程巧琴致辞，县领导潘伟、诸葛洋、吴昌亮、郑建强、尚建基，北京张一元茶叶有限公司董事长王秀兰参加并为惠明茶文化博物馆项目奠基培土。仪式上，景宁畲族自治县人民政府与北京张一元茶叶有限公司举行农业重点招商项目签约。景宁畲族自治县人民政府与景宁惠明茶业有限公司就全县茶叶企业、茶场和个体经营户，在茶叶商品上永久共享“惠明”商标签约。

【第九届畲乡传统体育节暨民族体育一条街活动】 于2015年4月22日下午在景宁红星街道复兴西路开幕。丽水市体育局副局长何鲜飞、台湾南投县信义参访团团长史强等出席开幕式。开幕仪式结束后，受邀前来的台湾高山族同胞与景宁畲族同胞进行锯木、负重接力等友谊赛。接着，来自全县各系统、乡镇（街道）的十二支代表队举行千人押加、摇锅、操石磉、采柿子、锯木等5个传统体育项目比赛。各项目均角逐出前六名。其中，关注度最高的押加项目，上届冠军鹤溪街道队成功卫冕。

【第七届中国畲族民歌节暨“廊桥茶韵·畲家飘歌”大型茶歌会】 于2015年4月22日晚在鹤溪街道永定廊桥旁举行。茶歌会在“畲山歌会”的优美旋律中拉开序幕。歌会分“茶之源”“茶之韵”“茶之魂”3幕，全景式展现惠明茶厚重文化。来自全国的知名畲族茶歌手及演员在依桥傍水、山水为幕的敞开式实景舞台上，唱茶歌、秀茶舞、赛茶艺、品茶香，让观众在民族经典茶歌和艺术美感中感悟茶乡、桥乡、畲乡独特的文化魅力。最后，歌会在《远方的客人请你留下来》的欢快歌声中落下帷幕。 （徐永娟）

大　事　记

1月

6日　中共丽水市委副书记朱晨到景宁调研美丽城乡建设和“六边三化三美”、农村生活污水治理等工作。

9日　全市督查工作交流会在景宁举行。省政协副主席、省委赴丽水市督查组组长陈艳华出席会议，市委整改办、省委赴丽水各县(市、区)的9个督查组全体成员参加会议，中共景宁畲族自治县委书记、组织部长参加会议。

13日　中共景宁畲族自治县委理论学习中心组(扩大)学习会在县行政中心2号楼一楼报告厅举行。会议特别邀请《全国畲族文化总部发展规划》编制组组长张跃西作专题讲座。县委理论学习中心组成员出席。

14日　中共云和县委书记张建明带领考察团一行到景宁考察城市建设工作。

28日　全县领导干部会议在县行政中心2号楼一楼报告厅召开，市考核组听取景宁畲族自治县2014年度干部选拔任用工作情况的报告。县四套班子领导等出席会议。

2月

3日　景宁畲族自治县四套班子整改落实工作汇报会召开。中共浙江省委督查组组长、中国美术学院党委委员、纪委书记孙旭东，副组长、丽水市安监局调研员傅保国以及督查组成员列席会议。县四套班子领导汇报党的群众路线教育实践活动整改落实情况、存在问题和下步打算。

5日　中共丽水市委书记、检查组组长王永康率第一检查组对景宁落实党风廉政建设责任制情况进行检查考核。市人大常委会副主任、市委秘书长徐岳明，县四套领导班子参加汇报及反馈会。

同日　中共丽水市委书记王永康专题在景宁召开污染企业治理工作现场会。市领导胡侠、方向、徐岳明、陈重，景宁畲族自治县四套领导班子以及其他县(市、区)委书记参加现场会。

26日　浙江省政协副主席张泽熙到景宁开展“上下同欲抓落实、齐心助力开门红”调研活动。市领导方向、何赤峰等陪同。

3月

4日 浙江省发改委副主任翁建荣率省重点生态功能区小城市培育试点考核组到景宁考核小城市培育试点工作。

12日 中共丽水市委副书记、市长黄志平到景宁调研指导工作。

22—25日 中国人民政治协商会议第八届景宁畲族自治县委员会第四次会议在红星街道召开，选举增补县政协八届委员会副主席、秘书长及常务委员。以无记名投票的方式选举叶金堂为政协第八届景宁畲族自治县委员会副主席，付明明为政协第八届景宁畲族自治县委员会秘书长，盛奎华、徐关水、雷晓东为政协第八届景宁畲族自治县委员会常务委员。

23—26日 景宁畲族自治县第八届人民代表大会第四次会议在红星街道召开。大会以举手表决形式，通过《景宁畲族自治县城市管理条例》《关于景宁畲族自治县人民政府工作报告的决议》《关于景宁畲族自治县2014年国民经济和社会发展计划执行情况及2015年国民经济和社会发展计划的决议》《关于景宁畲族自治县2014年预算执行情况和2015年预算的决议》《关于景宁畲族自治县人大常委会工作报告的决议》《关于景宁畲族自治县人民法院工作报告的决议》《关于景宁畲族自治县人民检察院工作报告的决议》。

24日 丽水市人民政府副市长陈重带领市检查组到景宁调研指导工作。

31日 中共丽水市委常委、宣传部长陈建波到景宁督导畲族博物馆提升工程工作。

4月

1—2日 中共浙江省委常委、公安厅长刘力伟到景宁调研指导工作。市委常委、公安局长卫中强陪同。

2日 浙江省政协副主席、省委统战部部长孙文友带领统战部相关处室负责人一行到景宁调研中国畲族博物馆提升工程工作。市委常委、统战部长廖思红陪同。

9日 中共浙江省委书记夏宝龙到景宁调研，并考察了中国畲族博物馆。中共丽水市委书记王永康陪同。

同日 智利塔尔卡市副市长比斯托索带领代表团到景宁考察。

13日 中共景宁畲族自治县委召开全县领导干部会议，专题学习贯彻省委书记夏宝龙在景宁调研时的重要指示精神，并就抓好贯彻落实进行安排部署。县四套领导班子参加会议。

15—16日 浙江省人大常委会副主任毛光烈到景宁调研民族宗教工作。省人大民族华侨委员会副主任委员张宝贵、省人大常委会外事工作委员会副主任何新国陪同。

16日 全市老干部重点工作交流暨“四个行动”部署会在景宁召开。中共景宁畲族自治县委书记、组织部长出席会议。

同日 中共景宁畲族自治县委理论学习中心组(扩大)学习会举行。会议特别邀请浙江农林大学党委副书记、校长周国模作《全球气候变化与碳汇林业建设》专题讲座。县委理论学习中心组成员出席。

20 日 “首届中国少数民族工艺品设计制作大赛作品展”开展仪式在县文化中心举行。省工艺美术行业协会副会长陈小甫，县领导蓝伶俐、程巧琴、陈晓敏、季建标、罗德伟、尚建基等出席开幕仪式。

21 日 以“兴百年金奖惠明，扬千年畲族文化”为主题的2015中国畲乡三月三暨惠明茶荣获巴拿马万国博览会金奖100周年纪念活动在影城开幕。中华全国供销社杭州茶叶研究院党委书记郑国建、省委派景宁督查组组长孙旭东、省台办副主任陈正仁、省民宗委副主任吴彩星、省农业厅副厅长刘嫔珺、省文化厅副厅长杨越光、省旅游局副局长杨建武、省水利厅副巡视员王晓阳，市委常委统战部部长廖思红、市人大常委会副主任刘国安、副市长葛学斌、市政协副主席何赤峰，台湾南投县信义乡参访团团长史强，县领导蓝伶俐、蓝良兴、程巧琴等出席开幕式。

同日 2015中国畲乡三月三暨惠明茶荣获巴拿马万国博览会金奖100周年纪念活动——“畲乡茶礼·茗香福溢”祭茶大典在景宁惠明寺举行。中华全国供销社杭州茶叶研究院党委书记郑国建，省民宗委党委副书记、副主任吴彩星，县领导蓝良兴、潘伟、郑建强、王益、王宏波等出席典礼。

22 日 2015中国畲乡三月三活动子项目——百项非遗技艺大比武活动在畲族文化中心举行。省文化厅副厅长杨越光为景宁获中国民间文化艺术之乡(2014—2016)授牌。县领导蓝良兴、蒋璟璟、余晓军、沈秀慧参加开幕式。

同日 第七届中国畲族民歌节暨“廊桥茶韵·畲家飘歌”大型茶歌会在永定廊桥旁举行。省文化厅副厅长杨越光，县领导程巧琴、陈晓敏、季建标、蓝跃军、罗德伟、余晓军、叶金堂、沈秀慧等出席开幕式。

同日 《金奖惠明茶》文史资料发行仪式在景宁鹤溪街道人民南路茶叶市场举行。省委派景宁督查组组长孙旭东，县领导蓝良兴、朱丽军、雷应江、叶金堂出席。

同日 “千年惠明·百年金奖”民族茶艺大赛开幕式在景宁鹤溪街道人民南路茶叶市场举行。中华全国供销社杭州茶叶研究院党委书记郑国建，省民宗委副主任吴彩星、农业厅副厅长刘嫔珺、浙江农林大学文化学院院长王旭烽，市委常委、统战部长廖思红，县领导蓝伶俐、诸葛洋、蓝跃军、夏培玲、郑建强、王益等出席开幕式。

23 日 县民族医院（浙江大学医学院附属第一医院民族分院）建设项目举行开工仪式。浙医一院副院长顾国煜，县领导蓝伶俐、蓝良兴、季建标、余晓军、尚建基等出席。

24 日 余姚市委副书记、市长奚明带领余姚市考察团到景宁考察美丽城乡建设工作。

29—30 日 赞比亚奇邦博地区委员会主席考文特带领奇邦博代表团到景宁考察。

5月

12 日 浙江省政协主席乔传秀到景宁调研。

19 日 丽水市人大常委会主任虞红鸣视察景宁鹤溪河“五水共治”工作。

20 日 景宁畲族自治县人民政府县长蓝伶俐率党政领导干部考察团赴龙泉市、云和县进行实地考察。蓝良兴、严铁华、程巧琴等县领导和县相关部门主要负责人、乡镇(街道)党委(党工委)书记60余人参加考察活动。

21—22日 环境保护部生态司副司长邱启文带领环保部国家级生态县技术评估组对景宁创建国家生态县进行技术评估。经过为期两天的检查验收，同意景宁通过国家级生态县创建技术评估。

21—22日 福建省宁德市政协副主席雷仕庆带领调研组到景宁调研畲族文化传承和弘扬、畲医畲药、畲族村寨发展等工作，市政协副主席李江波陪同。

22—24日 首届中国非官方组织达沃斯模式中小企业创新发展合作论坛在景宁举行。来自全国各地的百余位中小企业家参加。景宁畲族自治县人民政府县长蓝伶俐出席开幕式并致辞。

24日 中共庆元县委书记杜光旻，县委副书记、县长叶青带领党政考察团到景宁考察美丽城乡建设工作。

25日 中共遂昌县委副书记、县长何卫宁带领党政考察团到景宁考察美丽城乡建设工作。

25—26日 中共丽水市委常委、纪委书记方向带领市督查组一行到景宁督查美丽城乡建设工作。

26日 中共新疆新和县委副书记、丽水援疆指挥部指挥长王军率领党政代表团到景宁考察调研。

同日 丽水市人大常委会副主任武昌到景宁视察美丽城乡建设工作。

同日 中共青田县委副书记、县长戴邦和带领党政考察团到景宁考察美丽城乡建设工作。

27日 浙江省第十二届人民代表大会常务委员会第20次会议满票批准《景宁畲族自治县城市管理条例》。

30—31日 中共丽水市委书记王永康带领市委组织部、市农办和建设(规划)局负责人到景宁检查调研美丽城乡工作。

6月

1日 浙江省第一批省级特色小镇创建名单正式公布，景宁“畲乡小镇”作为旅游产业类特色小镇上榜。

1—3日 中共浙江省委常委、宣传部长葛慧君到丽水市调研基层宣传思想文化工作。期间，到景宁大均乡、梧桐乡文化礼堂、畲族博物馆和畲山凤民族工艺品公司等地进行调研。中共丽水市委书记王永康，市委常委、宣传部长陈建波陪同。

3日 程巧琴带领由部分乡镇、农办、旅游、六边办等部门单位相关人员组成的考察团到遂昌考察学习“六边三化三美”工作。

4日 中共松阳县委书记钟昌明，县委副书记、县长王峻带领党政考察团到景宁考察美丽县城建设工作。

11日 中共龙泉市委常委、市委办主任叶新亚带领考察团到景宁考察美丽城乡建设工作。

12日 中共丽水市委常委、常务副市长毛子荣带领督查组到景宁督查重点区域火灾隐患整改情况。

16日 中共缙云县委副书记、县长吴筱琳带领党政考察团到景宁考察美丽城乡建设工作。

19日 中共景宁畲族自治县委理论学习中心组（扩大）学习会举行。会议邀请省纪委第八纪检监察室副主任石生宝做《践行“三严三实”，做清正廉洁的表率》专题讲座。蓝伶俐、蓝良兴、程巧琴等县委理论学习中心组成员出席。

同日 望东垟高山湿地自然保护区被中国科学技术协会命名为2015—2019年度全国科普教育基地。

20日 意大利拉斯佩齐亚省民主党主席、萨尔扎纳市市长卡凡拉带领代表团到景宁考察。

23日 中共丽水市委书记王永康到景宁梅岐乡、毛垟乡、秋炉乡、鸬鹚乡、英川镇检查美丽乡村建设、美丽经济发展工作。市委常委、纪委书记方向陪同。

30日 全市“六边三化三美”工作第七次点评会在景宁召开。中共丽水市委副书记朱晨，景宁县领导蓝伶俐、程巧琴、陈晓敏、郑建强、王益参加会议。

7月

3日 景宁畲族自治县城乡规划委员会2015年第2次会议召开。会议组织审查《正明大酒店项目》《景宁外舍•翠涛居居住项目规划建筑设计方案》《丽水产业集聚区生态产业低丘缓坡开发项目景宁组团配套区块安置居住区工程》《景宁畲族自治县渤海镇总体规划》《景宁畲族自治县渤海镇镇区控制性详细规划》《景宁畲族自治县毛垟乡规划》《景宁畲族自治县福利中心方案设计》《景宁畲族自治县澄照创业园学校方案设计》《景宁畲族自治县城北中学综合体艺楼项目》《农村农民建房建筑设计通用图》《景宁畲族自治县公共租赁房（四期）项目》。

16日 浙江省人民政府副省长熊建平到景宁调研。

8月

1日 《景宁畲族自治县城市管理条例》公布实施。

5日 全国人大代表浙江中心组第四小组到景宁考察调研城市规划建设工作。市委书记王永康，市人大常委会主任虞红鸣，市委常委、常务副市长毛子荣陪同，景宁畲族自治县人民政府县长蓝伶俐以全国人大代表身份参加调研活动。

10日 中共丽水市委书记王永康到景宁检查灾情指导灾后恢复重建工作。市委常委、纪委书记方向陪同。

18日 中共浙江省委第三巡视组巡视景宁工作动员会召开。巡视组组长徐定安作动员讲话。省委巡视工作领导小组办公室副主任邱志明及巡视组全体成员，中共丽水市委常委、纪委书记方向，景宁县四套班子领导参加会议。

同日 新华社、中新社、浙江日报、浙江经视等12家中央和省级主流媒体记者到景宁集中采访报道美丽城乡建设成果。

19日 由中国人民解放军南京陆军指挥学院政治部、景宁畲族自治县文化广电新闻出版局主办的“仁者大德——刘仁通先生‘桑梓情’书画展暨忠孝传承·文化回归系列活动”在畲族博物馆一楼展厅举行。刘仁通，景宁鸬鹚乡人，国家一级美术师，中国名家书画院一级书画师，原南京陆军指挥学院教授。被中国文化艺术创作协会授予“中华当代杰出功勋艺术家”称号，被世界教科文组织授予“首批特殊贡献专家金色勋章”。

20日 中共莲都区委副书记、区长杨秀清带领考察团到景宁考察美丽城乡建设工作。

20—21日 浙江省农办副主任严杰带领省考核组对景宁创建省级美丽乡村先进县工作进行考核验收。

21日 中共开化县委书记鲍秀英带领党政考察团到景宁考察学习美丽县城建设工作。

24日 举行52省道岚头岭至汇田大桥段改建公路通车仪式。县委书记、人大主任、政协主席等出席仪式。岚头岭至汇田大桥改建公路历时4年多，投资2.52亿元。

25日 国家民委副主任、党组副书记李昭带领调研组到景宁调研民族工作。省民宗委副主任陈振华，市委常委、统战部长廖思红，副市长陈景飞陪同。

9月

2日 景宁畲族自治县消防安全教育培训基地举行开馆仪式。丽水市消防支队长林海波、县领导蓝伶俐、潘伟、叶利东参加。

7日 丽水市政协主席陈瑞商到景宁调研美丽乡村建设工作。

10日 景宁畲族自治县城乡规划委员会2015年第3次会议召开。县人民政府副县长王益参加会议。会议组织审查了《景宁畲族自治县澄照农民创业园幼儿园方案设计》《景宁外舍凤凰学校方案设计》《景宁畲族博物馆主体建筑扩建工程(建筑及景观)方案设计》《金丘蓝氏文化村基础设施建设工程》《景宁畲族自治县游艇俱乐部规划设计方案》5个方案。

15日 丽水市人民政府政府副秘书长钟建安带领市考核组对景宁“清三河”达标县创建工作进行考核验收。

17日 丽水市人民政府政府副市长林亮带队到景宁开展商务工作专项督查。

28日 丽水市人民政府政府副市长林亮率市督查组到景宁专项督查国庆期间安全生产部署落实情况。

29日 全市特色小镇规划建设工作现场会在景宁召开。省发改委副主任、省特色小镇规划建设工作联席会议办公室常务副主任翁建荣，市委常委、常务副市长毛子荣，县领导蓝伶俐、潘伟参加会议。

10月

11日 由中国少数民族作家学会，浙江省作家协会，中国作协民族文学杂志社，中共景宁畲族自治县委、县人民政府联合举办的首届全国“山哈杯”畲族文学创作大赛评奖暨全国知名作家深入景宁采风活动启动仪式在景宁举行。中国作协原党组副书记、中国散文学会会长王巨才，景宁县领导严铁华、季建标出席仪式。

同日,“云中大漈”进士府启户仪式暨状元及第首演活动在大漈乡举行。县领导严铁华、夏培玲、余晓军出席。

12 日 《畲乡霓裳》首发式在中国畲族博物馆举行,余晓军参加。《畲乡霓裳》一书由上海纺织博物馆联合畲族服饰的有关专家,对之前举办的“绚彩中华——中国畲族服饰展”的展览内容及馆藏进行整理、筛选和研究而成,为“中国少数民族服饰文化系列丛书”的开山之作。书中内容包括畲族文化概述、畲族古代服饰文化等,着重对畲族服装、鞋帽、饰物进行讲解。

21 日 举行畲乡绿道揭牌仪式暨“畲乡绿道健康行”活动,县四套班子领导参加。

22 日 景宁被中国茶叶流通协会授予“2015 年度全国十大生态产茶县”称号。

26 日 浙江省人大常委会党组书记、副主任茅临生到景宁调研中共中央转发的《中共全国人大常委会党组关于加强县乡人大工作和建设的若干意见》贯彻落实以及畲乡经济社会发展等情况,并听取基层代表、群众对全省转型升级十大组合拳落实情况进代表联络站的意见建议。市人大常委会党组书记、主任虞红鸣陪同。

30 日 “景宁•中共第一党支部党史陈列馆”开馆仪式在梅岐乡桂远村举行。县委书记、政协主席等县领导出席开馆仪式。

11 月

2—3 日 浙江省发改委验收组到景宁验收上标水电站工程,并召开竣工验收会,同意上标水电站通过竣工验收。

7 日 中共浙江省委常委、温州市委书记陈一新到景宁张村村调研工作。

12 日 英川镇英川村凭借“菇民戏”,被省文化厅列入第二批浙江省传统戏剧特色村。

15 日 国家民委国际交流司司长倖兰到景宁调研民族特色村寨建设工作。

16 日 畲族题材音乐剧《畲娘》作品研讨会在丽水举行。中国少数民族戏剧学会会长、中国艺术研究院研究员谭志湘,中央歌剧院研究员、著名剧评人蒋力,中央民族大学作曲于洋,中央民族歌舞团创研室作曲道尔吉,浙江交响乐团副团长史染朱,上海歌剧院艺术室主任、歌剧杂志主编游暐之,浙江艺术职业学院音乐系主任郭义江等专家学者,与《畲娘》的主创人员进行研究和讨论。省民宗委副书记、副主任吴彩星,副市长陈景飞,县领导蓝伶俐、季建标、蓝跃军、金伟、余晓军等参加研讨会。

同日 景宁以综合考评第一的成绩在全省美丽乡村和农村精神文明建设现场会上荣获“省级美丽乡村创建先进县”称号。

17 日 景宁畲族自治县城乡规划委员会 2015 年第 4 次会议召开。县领导吴昌亮、王益、尤建平参加会议。会议组织审查《千年山哈宫项目规划》《景宁畲族自治县集中安置特色小区(金山垟)项目设计》《景宁畲族自治县瑞丰园地块建筑设计方案》《景宁畲族自治县体育公园一期暨体育场复建工程建筑方案设计》《景宁畲族自治县中心粮库迁建工程规划》。

18 日 丽水市人大常委会主任虞红鸣到

景宁调研人大工作。

同日 宁波市人民政府副市长李关定带领市政府代表团到景宁考察“山海协作”工程相关情况。

20日 2015年景宁畲族自治县扩大有效投资“百日攻坚”项目集中开工暨招商引资签约仪式举行。汇龙游艇俱乐部综合体、大漈至雁溪公路工程等8个项目进行集中开工；水性生态纺织品深加工、能源开发投资项目、商贸物流产业园等9个项目进行集中签约。蓝伶俐、严轶华、程巧琴、潘伟等县领导出席仪式。

同日 由浙江省民族宗教事务委员会和景宁畲族自治县民族宗教事务局联合承办的“畲族风情馆”首次亮相2015浙江农业博览会。

27日 中共浙江省委巡视组巡视情况通报会召开。巡视组组长徐定安向中共景宁畲族自治县委书记反馈巡视情况。省委巡视工作领导小组办公室副主任洪国良传达省委夏宝龙书记关于巡视工作讲话精神。中共丽水市委常委、纪委书记方向参加反馈会。

同日 国家卫计委督查组到景宁督查城乡医院对口支援工作。中共浙大一院党委书记顾国煜陪同。

29日 晚11时许，景宁警方110余名警力集结丽水市区，在市公安局的统一指挥下成功摧毁一特大贩毒团伙，成功斩断一条流入景宁的贩毒渠道。共抓获涉毒嫌疑人23名。其中，刑事拘留8人，行政拘留15人。缴获毒资1.2万元，查扣车辆2台，查获管制刀具2把。

12月

3日 浙江省政协副主席、民建省委会主委陈小平到景宁调研小流域治理工作。副市长任淑女、市政协副主席齐育华陪同。

10日 举行浙江大学医学院附属第一医院与景宁落实省委省政府“精准扶贫”工作签约暨启动仪式。浙大一院院长王伟林、中共浙大一院党委书记顾国煜、中共景宁畲族自治县委书记、县人民政府县长等出席仪式。

15日 浙江省核查组视察景宁4600元以下贫困人口脱贫情况工作会议召开。县委书记、政协主席等县领导参加会议。

15—17日 浙江省政协办公厅副主任袁伟盛带领省核查组到景宁东坑镇、景南乡、大漈乡视察4600元以下贫困人口脱贫情况。

18日 2015年“侨商回家·走进景宁”暨招商推介会召开。来自西班牙、意大利、柬埔寨等30多个国家的54名侨界精英和省侨联副主席、市侨联主席项芳云，县委常委、统战部部长蓝跃军参加会议。

21日 省卫生和计划生育委员会、省教育厅、省民政厅、省体育局联合发文(浙卫发〔2015〕48号)公布景宁畲族自治县为“浙江省慢性非传染性疾病综合防控示范区”。

22日 景宁畲族自治县不动产登记局和不动产登记服务中心挂牌成立。

23—26日 中共景宁畲族自治县委书记、县人民政府县长带领党政领导干部考察团到温州市的泰顺县、苍南县、平阳县、文成县和福建省宁德市的福安市、蕉城区、霞浦县等地进行为期三天半的考察。部分县领导和县相关部门主要负责人、各乡镇长(街道办主任)等80余人参加考察活动。

24日 省卫生和计划生育委员会(浙卫发〔2015〕90号)文件,公布景宁畲族自治县为“浙江省卫生应急工作示范县”。

28日 千年山哈宫项目正式启动。县委书记、县人民政府县长、人大主任、政协主席等县领导参加启动仪式。

同日 刘鸿亮院士浙江瑞丰环保院士专家工作站揭牌仪式在景昌商务大楼一楼举行。中国工程院院士刘鸿亮,中共景宁畲族自治县委书记、县人民政府县长等县领导出席仪式。

31日 上海瑞金医院高血压研究所与景宁县卫生计生局基层医疗卫生机构“动态血压远程诊断报告系统”帮扶项目签约仪式在景宁鹤溪卫生服务中心举行。上海瑞金医院党组书记杨伟国和高血压研究所所长王继光和专家,县领导蓝伶俐、余晓军出席签约仪式。

县情概况

地理环境

【地理位置】 景宁畲族自治县位于浙江省南部，介于北纬27°39′—28°11′和东经119°14′—119°58′之间。东邻青田县和文成县，南接泰顺县和福建省寿宁县，西连庆元县和龙泉市，北毗云和县，东北靠莲都区。境域东西直线距离73.3千米，南北直线距离58.8千米，面积1949.98平方千米。县人民政府驻红星街道府前西路19号。县城距杭州259千米、距丽水市区75千米。

【地形地貌】 景宁地域为洞宫山脉中段，地貌以深切割山地为主。发源于洞宫山脉的瓯江支流小溪，自西南向东北贯穿，将县境分为南北两半，形成狭长的溪谷代陷地带，构成“两山夹一水，众壑闹飞流”的地貌格局。有山地、台地和谷地3种类型。山地面积19.11万公顷，占全县总面积98%。全县海拔1000米以上山峰779座。（县史志办）

【气候特征】 景宁畲族自治县地处浙江省南端，地属中亚热带季风气候，温暖湿润，雨量充沛，四季分明，冬夏长，春秋短，山清水秀，气候宜人，热量资源丰富。冬季主要受干冷的极地冷高压控制，夏季主要受副热带高压控制，因此冬季多干冷、晴朗少雨天气，夏季湿热，多雷暴、阵雨天气。据气象史料记载，截止到2014年，景宁曾出现过以下极端天气：县城极端最高气温41.6℃，出现在2003年7月25日；县城极端最低气温-7.6℃，出现在1999年12月23日；年降水量最多2163.5毫米，出现在2010年；最大月降水量573.6毫米，出现在1998年6月；最大积雪深度11厘米，出现在2010年2月17日。景宁因地形复杂，海拔高低悬殊，气候随海拔高度呈垂直分布。（吴耀健）

自然资源

【土地资源】 据2015年度土地变更调查显示，全县土地总面积193883.69公顷。其中耕地面积18560.68公顷，占全县总面积的9.57%；园地面积2494.45公顷，占全县总面积的1.29%；林地面积157683.69公顷，占全县总面积81.33%；草地面积1798.59公顷，占全县总面积的0.93%；城镇村及工矿用地

2143.96公顷，占全县总面积的1.11%；交通运输用地1261.64公顷，占全县总面积的0.65%；水域及水利设施用地5344.18公顷，占全县总面积2.76%；其他土地4596.5公顷，占全县土地总面积的2.37%。（蓝　天）

【森林资源】 景宁地处浙南山区，是浙江省9个重点林区县之一，也是全国重要集体林区。全县土地面积193883.69公顷，其中林地面积161870.27公顷（地类认定标准与土地变更调查不一致）、竹林面积16251.73公顷。活立木蓄积量987.92万立方米，森林覆盖率78.2%。全县共有古树名木8305株，其中：一级保护260株、二级保护1034株、三级保护7010株，名木1株。2012年末，全县累计建成生态公益林86135.2公顷，其中公益优质林60000公顷；香榧基地133.3公顷；红豆杉基地30.47公顷。（许元科　陈英）

【矿产资源】 景宁畲族自治县境内矿产资源较为丰富，已探明的矿产有铁、钼、铅锌、铜、金、银、叶蜡石、萤石、高岭土、大理石等20多种，矿产地近百处，以矿种多规模小为特点。主要矿产为铁、钼、铅锌、叶蜡石、花岗岩等。2015年，全县持证矿山有6家（规模均为小型）。其中，钼矿1家，铁矿2家，叶蜡石矿1家，萤石矿1家，建筑石料1家。除石料矿山和萤石矿外，其余4家矿山因市场萧条于是年3月前后均停产。从业人员200人，矿石开采总量2万吨，矿业产值约300万元。（蓝　天）

【水力资源】 景宁畲族自治县雨量充沛，水资源极其丰富，属瓯江、飞云江两大水系。据2015年丽水市水利局编制的《丽水市水资源公报》表明：县域多年平均降水量1688.5毫米，约为34.3113亿立方米，多年平均总水资源量为28.2012亿立方米，人均拥有水资源量26480立方米。属水资源丰富地区，但县域内径流量年际变化大，年内季节分配不均。全县水资源理论蕴藏量66.62万千瓦时，可开发装机容量53.04万千瓦时，占浙江省水力资源可开发量的1/10。至2015年年底，已累计开发36.8万千瓦时。（县水利局）

【溪流湖泊】 景宁畲族自治县（以下简称景宁县）分属瓯江、飞云江两大水系，为飞云江源头、瓯江上游，有大小河道662条（其中县级河道54条），总长1863千米，水域面积7133.33公顷（含千峡湖）。

瓯江最大支流——小溪，发源于庆元县大毛峰山麓，自西向东北流经景宁县的毛垟、沙湾、标溪、梧桐、大均，汇入滩坑水库，贯穿景宁全县，在九龙乡岳口村进入青田县，在景宁县境内干流长124.6千米，流域面积1725.56平方千米，占全县总面积的88.5%。小溪在沙湾以上交见圩分为两支，主支毛垟港，其中景宁县境内面积227.2平方千米，港长30.0千米；另一支为英川港，境内流域面积391.4平方千米，港长54.4千米；主要支流有英川溪、标溪、梧桐坑、大赤坑、鹤溪、炉西坑、大顺源等。

飞云江发源于景宁景南乡境内海拔1611米高的白云尖北谷，流经景南、白鹤、东坑等乡镇进入泰顺县，景宁境内流长31.9千米，流域面积224.42平方千米，占全县总面积的11.5%。（县水利局）

千峡湖(滩坑电站水库)位于景宁小溪下游,库区横跨景宁、青田两县,是浙江省第二大人工湖,正常蓄水位160米,相应库容41.55亿立方米,相应水域面积70.93平方千米,其中景宁县境内36.11平方千米。于2008年4月29日下闸蓄水。因其近80千米长的干线两旁有着无数个形态各异的大小峡湾而得名,是一个典型的峡湾型景区,湖区水质良好、水体清澈,波光粼粼,具有很强的观赏性。 (县移民办)

【动植物资源】 景宁动植物资源丰富,已知无脊椎动物昆虫纲19目186科1520种;脊椎动物5纲52目470种,其中鱼纲10目21科95种,两栖纲2目7科32种,爬行纲3目10科49种,鸟纲19目49科236种,哺乳纲22科59种。国家一级保护动物有黑麂、云豹、金钱豹、黄腹角雉、白颈长尾雉、金雕、东方白鹳、鼋等10种。植物以苔藓、蕨类、种子类为主体,木本占主导地位,种类丰富,起源古老,并有复杂多样的地域特点。已知苔藓类58科253种,蕨类41科305种,种子植物166科2163种,中草药68科124属356种。国家濒危植物有水杉、鹅掌楸、金钱松等22种,国家和省级重点保护植物有南方红豆杉、伯乐树、香果树、福建柏、银杏、长叶榧、浙江樟、短萼黄连、八角莲、银钟树、天目木兰、凹叶厚朴、南方铁杉、黄山木兰、景宁木兰。

景宁木兰,是浙江省林业调查规划设计院专家裘宝林、陈征海1984年在景宁畲族自治县草鱼塘林场发现的木兰科新种,于1989年在《植物分类学报》上发表并命名为景宁木兰(magnolia sinostellata p.l.chiu et z.h.zhen)。景宁木兰属中国亚热带特有品种,自然分布区狭窄,种群数量极其稀少,为濒危物种。2012年(浙政发〔2012〕30号)列入浙江省人民政府为第一批重点保护植物名录。 (许元科 陈 英)

历史沿革

【概况】 景宁县在西周以前属古扬州之域。西周、春秋时期属越。战国时越亡属楚。秦属闽中郡。汉初属东瓯国,隶会稽郡。汉昭帝始元二年(前85年)属回浦县。东汉章和元年(87年)属章安县(回浦县改称)。自建安八年(203年)章安县析置松阳县后,属松阳县,历三国(吴)、东晋、南朝近四百年未变。隋开皇九年(589年)置处州及括苍县后,属括苍县。唐景云二年(711年)置青田县后,历五代、两宋及元,均属青田县。

明景泰三年(1452年)兵部尚书孙原贞,以"青田县西南五百余里,山谷险远,矿徒啸聚"为由,奏析青田县柔远乡之仙上里、仙下里、连云里和鸣鹤乡之曳练里、真固里、在下里、在上里、升天东里、升天西里置景宁县,属处州府、隶浙江承宣布政使司;清顺治元年(1644年),属处州府、隶浙江省;宣统三年(1911年)辛亥革命后,属处州军政分府,隶浙江军政府;民国元年(1912年),直属浙江省都督府;民国3年属瓯海道;民国16年直属浙江省;民国21年6月属第十二行政督察区;同年10月改属第三特区;民国24年6月改属丽水行政督察区;民国25年4月属第九行政督察区;民国37年4月属第六行政督察区,7月属第七行政督察区。

1949年5月11日,景宁解放后,属第七专区；中华人民共和国成立后，景宁县属丽水专区；1960年1月，撤销景宁县建制，并入丽水县，属温州专区；1962年6月，划云和县，景宁县地复置云和县，属温州专区；1963年5月，属丽水专区；1978年9月，改属丽水地区。1984年6月30日，国务院批准以原景宁县地域建景宁畲族自治县，仍属丽水地区。2000年10月，丽水地区改丽水市，随属丽水市。（县史志办）

行政区划

【概况】 景宁畲族自治县，于1984年6月30日经国务院批准成立，全县下辖5个区，1个镇，35个乡。1992年5月，根据浙江省人民政府部署，进行撤区扩镇并乡，经撤区扩镇并乡后，全县下辖5个镇、19个乡、283个行政村。2007年6月，经省政府批准，对滩坑电站库区乡镇区划进行调整，撤销外舍、金钟2个乡，并入鹤溪镇；撤销大顺、陈村2个乡，建立九龙乡。2008年，设立外舍社区居委会。2011年10月撤销鹤溪镇，设立红星、鹤溪2个街道。2012年，将原城西社区居委会分设，增设金仙寺社区居委会。2013年9月，撤销葛山乡，葛山村、印章村、金岱村、西山村、林胡村、坳根村划至鸬鹚乡管辖；岭头村、岗头村、粗砻村划至英川镇管辖。2015年年底，全县下辖4个镇，2个街道，15个乡，6个社区，5个居委会，254个村委会。（吴先礼）

2015年景宁畲族自治县行政区划一览表

表1

乡镇（街道）	面积（平方千米）	行政村（个）	社区/居委会（个）	村民小组（个）	行政村、社区、居委会名称
全县总计	1950	254	11	1724	—
红星街道	194.9	12	4	164	红星、仙童、外舍、金仙寺4个社区；城北、王金垟、岗石、岭北、坑山后、岚头、杨绿湖、岭根源、潘坑、小金州、金包山、大吴山12个行政村
鹤溪街道	98.1	16	2	76	城西、城南2个社区；鹤溪、扫口、城西、包凤、浮丘、周湖、双后岗、张村、严村、旱塔、惠明寺、敕木山、三枝树、东弄、滩岭、王木坑16个行政村
渤海镇	108.4	8	1	67	渤海1个居委会；鲍山头、梅坑、安亭、石塘山、旦水、后砻、大都、东湖8个行政村
东坑镇	173.2	18	1	91	东坑1个居委会；罗山、马坑、东坑、何村、竹埠、章坑、徐砻、北山、杨斜、深垟、桃源、白鹤、根底岘、汤北、方徐、吴山头、大张坑、茗源18个行政村
英川镇	134.6	28	1	209	英川1个居委会；英川、王宅、跃洋、叶坪头、董川、坑洋、梅漈、新村、底洋、黄洋口、隆川、白坦、隆上、凤垟、张川、寨后、金林、木岱口、茶园、温堆、鲍岱、石漈、黄谢圩、湖后、外处坳、岭头、岗头、粗砻28个行政村

续表1

乡镇（街道）	面积（平方千米）	行政村（个）	社区/居委会（个）	村民小组（个）	行政村、社区、居委会名称
沙湾镇	122.7	26	1	178	沙湾1个居委会；沙湾、坑头、蔡湖、张庄、季庄、林斜、毛山头、七里、仙姑、陈司坑、道化、水井、严坑、莲川、旺水、小地、上处垟、赤岩、本岱、叶桥、林坑、何处、李处、流坑、东堡、陈村26个行政村
大均乡	81.7	9	—	70	大均、伏叶、泉坑、垟坑、李宝、梅山、新庄、三格、大赤坑9个行政村
澄照乡	84.8	15	—	99	三石、金丘、四格、东畔、东升、米岩山、漈头、张后山、炉西岭、仙山、白沙岱、东岱、梅枫、朱坑、朱排15个行政村
梅岐乡	86.8	9	—	49	梅岐、竹山、栋头、岗楼、高门、潘坪、留钱、鹤崇、桂远9个行政村
郑坑乡	33.5	5	—	45	郑坑、柳山、吴布、张坑下、羊角岗5个行政村
大漈乡	56.6	8	—	35	西一、西二、潘宅、彭村、垟心、茶林、小佐、琴山8个行政村
景南乡	95.0	8	—	56	忠溪、东塘、程田、缪坑、东垟、西垟、上标垟、鱼漈8个行政村
雁溪乡	36.8	8	—	43	雁溪、上东山、黄桐、浮亭岗、石梯、大丘田、梅坞、柘塆8个行政村
鸬鹚乡	57.8	15	—	114	鸬鹚、仁字坑、南坑下、夏山头、徐崇、茶亭、黄桑南、山下、驮戥、葛山、印章、金岱、西山、林胡、坳根15个行政村
梧桐乡	71.0	11	—	80	梧桐、丘兰、金兰、李庄、角耳塆、山前、梧桐坑、高演、东源、王山头、林进11个行政村
标溪乡	51.6	9	—	48	标溪、预章、枫林口、何庄、东车、叶谢、马山、岱头、处基9个行政村
毛垟乡	57.3	7	—	57	毛垟、库头、燕安、上坑头、沙垟、炉西、陈坪7个行政村
秋炉乡	54.2	9	—	50	秋炉、半山、后坑、第一坑、新塘垟、下圩、伏岩、坑边、山头9个行政村
大地乡	95.9	13	—	70	大地、驮垟、柳山头、粗垟、叶坑下、桃垟、净水、董岭、张坑、郑公垟、余公岱、蔡放、水溪13个行政村
家地乡	49.6	6	—	25	家地、梅山头、谢坑、石碧、坪坑、�岱6个行政村
九龙乡	205.2	14	1	98	龙湾1个居委会；王塆、高沈、半岭、高岩、岭里、库坪、鲍岸、顺利、后坪、鹤口、金山、大顺、田坑、徐垟14个行政村

人口与民族

【人口概况】 2015年年末，全县户籍人口171928人，比上年年末净减1403人。全县出生1858人，出生率10.8‰；死亡962人，死亡率5.9‰；人口自然增长率5.2‰。在总人口中，少数民族19685人，比上年年末增加179人。总户数61532户，平均每户家庭人口2.79人。是年年末，全县常住人口10.65万人，城镇化率48.9%。

（景宁统计年鉴2015年度转载）

【民族概况】 2015年年底，景宁畲族自治县有汉族、畲族、苗族、水族、侗族、布依族、拉祜族、佤族、土家族、彝族、壮族、哈尼族、蒙古族、傣族、满族、仫佬族、瑶族、白族、回族、黎族、藏族、纳西族、维吾尔族、朝鲜族、傈僳族、羌族、布朗族、京族、高山族29个民族，总人口171928人。其中，少数民族人口19685人，占总人口的11.3%。少数民族干部499人，占全县干部总数的8.6%。其中，实职副科以上领导干部56人（正科23人），占全县科局级干部的10%。全县民族工作重点区域有鹤溪街道、红星街道、大均乡、东坑镇、澄照乡、梧桐乡、郑坑乡7个乡镇（街道）。全县有46个民族村，163个民族聚居自然村。（雷　靓）

国民经济和社会发展

【概况】 2015年，面对错综复杂的国际形势和经济稳定发展任务，全县上下认真贯彻上级和县委、县政府决策部署，坚持"绿水青山就是金山银山"绿色生态发展理念，主动适应引领新常态，以新理念指导新实践，加快推进转型升级，加大固定资产投资力度，努力化解五水共治、三改一拆以及强力推进污染企业整治阵痛等压力，大力推进第三产业加快发展，全县经济持续平稳健康发展，社会保持和谐稳定。全县实现生产总值44.4亿元，按可比价格计算，比上年增长6.7%。其中，第一产业增加值6.6亿元，增长2.2%；第二产业增加值12.9亿元，下降0.4%；第三产业增加值24.9亿元，增长12.4%。在第三产业中，金融保险业增长4.8%，批发和零售贸易业增长0.2%，房地产业增长15.3%。全县人均生产总值（按常住人口计算）为41756元（按年平均汇率折算为6704美元），增长6.5%。年末全县从业人员6.07万人，其中，第一产业3.33万人，第二产业0.90万人，第三产业1.84万人。年末城镇实有登记失业人员495人，城镇登记失业率3.1%。全年财政总收入106574万元，可比增长5.9%，其中，一般公共预算收入54514万元，增长7.4%。在一般公共预算收入中，增值税收入6111万元，下降2.5%；营业税收入10878万元，增长2.2%；企业所得税收入3899万元，增长16.1%；个人所得税收入11628万元，增长8.9%。一般公共预算支出261269万元，增长21.9%。

【农业】 种植业稳定增长。全年粮食播种面积7779.87公顷；粮食总产量41543吨（含马铃薯），其中：谷物播种面积4725.2公顷，产量31061吨。食用菌产量3498吨。蔬菜播种面积5303.33公顷，总产量98527吨，增加1442吨。水果总产量11329吨，其中柑橘产量3471

吨。茶叶生产规模扩大，并继续向名、优、高方向发展，总产量2402吨。油料总产量555吨。药材种植面积925公顷。

林业生产总体稳定。全年造林367公顷；封山育林86187公顷。木材采伐量47232立方米；毛竹采伐量86.4万根；板栗产量1524吨。

畜牧业生产有所恢复。年末生猪存栏3.39万头，年内出栏4.75万头；山羊存栏1.46万只，出栏1.86万只；家禽存栏21.54万只，增加1.01万只，出栏31.78万只，减少2.09万只；兔出栏7.3万只，增加0.7万只；牛存栏5248头，增加170头。全年肉类总产量5918吨，增加46吨，其中：猪肉4506吨，增加9吨。

农业生产条件继续改善。全年农业化肥施用量(折纯)4689吨。农村用电量2670万千瓦时。

【工业和建筑业】 全年实现工业增加值7.4亿元，下降9.0%。其中，规模以上的工业增加值3.6亿元，下降2.2%；规模以下工业完成增加值3.8亿元，下降14.7%。规模以上工业中，高新技术产业增加值9101万元，装备制造业增加值5708万元。全年发电量101200万千瓦时。

工业经济效益基本稳定。据23家规模以上工业企业统计，全年实现工业销售产值10.9亿元，现价产品销售率95.0%，实现利税总额20182万元，其中实现利润总额16045万元；从业人员年平均人数1863人。

建筑业生产经营稳定，经济效益继续提高。全年实现建筑业增加值55241万元，增长15.8%。全县具有资质等级的建筑企业15家，房屋建筑施工面积52万平方米，从业人员年平均4087 人，实现利润总额7158万元。

【固定资产投资】 全年完成固定资产投资46.6亿元，同比增长17.3%。从构成上看，项目投资39.8亿元，增长22.8%；房地产开发投资6.7亿元，下降7%；工业投资5.4亿元，下降9.4%，其中，工业技改投资1.9亿元，增长38.5%。从投资主体上看，国有投资26.1亿元，增长24.9%；民间投资20.5亿元，增长8.9%。从产业情况来看，第一产业投资1.6亿元，增长94.2%；第二产业投资5.5亿元，下降7.7%；第三产业投资39.5亿元，增长19.9%。全年商品房销售面积7.4万平方米，增长189.1%。

【交通、邮电业和旅游】 全年交通运输、仓储和邮政业完成增加值9075万元，比上年增长3.0%。

交通运输状况进一步改善。全年各种运输方式完成货物周转量13006万吨千米，其中，公路货物周转量12925万吨千米；各种运输方式完成旅客周转量6915万人千米，其中，公路运输完成旅客周转量6915万人千米。县内公路总里程(等级公路)1908千米(包括高速)。其中高速12千米，省道公路72千米，县道公路366千米，乡道公路193千米，村道公路1265千米。年末全县民用汽车拥有量11699辆，其中私人汽车10658辆，摩托车19901辆。

邮政和电信业稳定发展。全年完成邮政行业业务收入2828万元(包含快递业务收入1440万元)，电信业务收入7552万元，下降4.9%。年末全县有固定电话用户14607户，比上年末减少2124户，其中，城市电话用户10788户；农村电话用户3320户。住宅电话年末用户数7340户。年末全县移动电话用户

151553户。固定互联网宽带用户数24019户，比上年末增加761户。移动互联网用户数79452户，比上年末增加14402户。订销报刊杂志累计260.2万份。

旅游业蓬勃发展。全年实现旅游总收入达30.6亿元，增长29.1%。旅游总人数692.0万人次，增长24.4%。

【内外贸易】 消费品市场销售稳定增长。全年实现社会消费品零售总额24.9亿元，比上年增长13.0%。分地区看，城镇实现消费品零售总额18.8亿元，增长11.2%；乡村实现消费品零售总额6.1亿元，增长11.8%。按消费形态分，商品零售额22.0亿元，增长11.0%；餐饮收入2.9亿元，增长13.4%。年末有超亿元商品交易市场2个。

全年外贸进出口8690万美元，比上年增长14.6%。其中：自营出口8308万美元，增长14.1%。当年实际使用外资额850万美元。

【金融和保险业】 金融运行形势良好，信贷业务增加较快。年末全县金融机构各项存款余额为828153万元，比年初增加59380万元，增长7.7%。其中，住户存款余额364906万元，增长16.4%；非金融企业存款余额81994万元。年末金融机构各项贷款余额644483万元，比年初增加75665万元，增长13.3%，其中，住户贷款505041万元，比年初增加75937万元，比年初增长17.7%；非金融企业及机关团体贷款余额139442万元，比年初增加4682万元，增长3.5%。

保险业保持较快发展。全年保险业保费收入11692万元，比上年增长10.4%，其中：财产险5945万元，人身险5747万元。保险业赔款、给付3637万元，增长15.0%。其中，财产险2536万元，人身险1101万元。

【教育和科学技术】 教育事业稳定发展，教育资源进一步优化。全县普通高中1所，在校学生1468人。职业高中1所，在校学生1392人。普通初中5所，在校学生4042人，初中毕业升入高中阶段的比例为98%。小学17所，在校学生9159人。有幼儿园30所，在园幼儿3633人。学校教职工数1812人，其中学校专任教师数1407人。

全年研究和发展（R&D）经费支出0.13亿元，相当于地区生产总值的0.29%，其中企业R&D经费支出257万元。全年专利申请受理170项，专利申请授权143项，其中发明5项。

【文化、卫生和体育】 文化艺术、广播影视、新闻出版等各项事业稳定发展。全县有剧场、影剧院数2个。公共图书馆1个，藏书106千册。有线电视台1座，数字电视用户3.36万户，电视人口覆盖率100%，广播人口覆盖率100%，有线电视入户率60%，订销报刊杂志累计份数2602千份。

城乡卫生事业稳定发展，医疗卫生条件继续改善。2015年末有卫生机构106个（含村卫生室、诊所、卫生所、医务室），其中乡镇卫生院23个，村卫生室54个，诊所、卫生所、医务室18个。卫生机构床位541张，卫生技术人员806人，其中，医生（执业医师+执业助理医师）344人，注册护士254人。

体育事业稳定发展，积极开展各种体育健身活动。2015年，积极开展篮球、乒乓球、羽毛球、田径等多种比赛活动。举办2015中国畲乡三月三传统体育一条街活动,3000余人参加。参加丽水市中小学生田径运动会,获得15个冠军;参加丽水市青少年乒乓球锦标赛,获得男子第二,女子第三的优异成绩。参加丽水市首届中学生排球联赛,获得高中组第一、初中男组第二,初中女组第二。积极开展各项体育活动,产生了较好的社会效益。

【资源、环境和安全生产】 2015年,全县平均降水量为2090毫米,水资源量总量为28.2亿立方米,日照时数1356小时。县城烟控区面积2.48平方千米,环境噪声达标区面积2.48平方千米,一般工业固体废物综合利用率99.3%,空气质量达到及好于二级的天数337天,污水处理厂集中处理率80%,生活垃圾无害化处理率100%。加强土地资源管理取得成效。建成区绿化覆盖面积141公顷。县级以上自然保护区2个,面积3326公顷。全年发生生产安全事故10起,造成7人死亡,10人受伤,直接经济损失12万元。其中,发生交通事故9起,造成7人死亡,10人受伤,直接经济损失2.8万元。

全年能源消费总量114279吨标准煤,增长0.2%。全社会用电量15908万千瓦时,下降10.1%,其中工业用电量4556万千瓦时,下降36.1%。全县万元地区生产总值能耗下降6.2%。

【人口与人民生活】 全县年末户籍人口171928人,比上年末净减1403人。全县出生1858人,出生率10.8‰;死亡962人,死亡率5.9‰;人口自然增长率5.2‰。在总人口中,少数民族19685人,比上年末增加179人。总户数61532户,平均每户家庭人口2.79人。年末全县常住人口10.65万人,城镇化率48.9%。

城乡居民生活水平稳定提高。全县城镇集体(含规上私营企业)以上单位在岗职工工资总额12.8亿元,在岗职工年平均工资65882元。根据城乡一体化住户调查,全县常住居民人均可支配收入20189元,比上年名义增长9.1%,扣除价格因素实际增长7.8%。按常住地分,城镇常住居民人均可支配收入28296元,比上年增长8.2%,扣除价格因素实际增长6.9%;农村常住居民人均可支配收入13663元,比上年增长9.9%,扣除价格因素实际增长8.6%。全县常住居民人均生活消费支出14730元,其中城镇常住居民人均消费支出19831元、农村常住居民人均生活消费支出10624元。

年末居民人均住房建筑面积44平方米,其中,城镇常住居民人均住房建筑面积37平方米,农村常住居民人均住房建筑面积50平方米。

社会保险事业进一步发展。年末有城镇职工基本养老保险参保人数32126人,城镇职工基本医疗保险参保人数21337人,城乡居民养老保险参保人数60746人,城乡居民基本医疗保险参保人数132369人,失业保险参保人数11845人,工伤保险参保人数25212人,生育保险参保人数14355人。

社会福利事业稳定发展。2015年末有社会福利院9个,社会福利院床位913张,社区服务设施28个。有6203人享受城乡居民最低生活保障,其中城镇居民566人。(县统计局)

说明:生产总值及各行业增加值绝对数按现价计算,增长速度按可比价计算。

国民经济主要指标一览表

表2

	单位	2014年	2015年
年末总人口数(户籍)	人	173331	171928
其中:少数民族人口	人	19506	19685
城镇人口	人	—	34810
常住人口	万人	10.63	10.65
其中:城镇人口	万人	5.02	5.21
城市化率	%	47.2	48.9
地区生产总值	万元	419983	444581
其中:第一产业	万元	64443	66097
第二产业	万元	134173	129107
第三产业	万元	221367	249077
常住人口人均GDP	元	39546	41756
GDP比重:第一产业	%	15.4	14.9
第二产业	%	31.9	29.0
第三产业	%	52.7	56.1
农业总产值	万元	100674	103364
工业总产值	万元	400062	221296
固定资产投资额	万元	397104	465881
社会消费品零售总额	万元	223398	248649
进出口总额	万美元	7558	8690
其中:自营出口	万美元	7257	8308
财政总收入	万元	97841	106574
一般公共预算收入	万元	47961	54514
一般公共预算支出	万元	206842	261269
金融机构年末存款余额	万元	768773	828153
其中:住户存款	万元	—	364906
金融机构年末贷款余额	万元	568818	644483
保费收入	万元	10588	11692
旅游总人数	万人	556.5	692.0
旅游总收入	亿元	23.75	30.65
全社会用电量	万度	17692	15908
其中:工业用电量	万度	7130	4556
农村常住居民人均可支配收入	元	12432	13663
城镇常住居民人均可支配收入	元	26152	28296

体制改革

【概况】 2015年，景宁畲族自治县重大改革试点工作有序推进。低坵缓坡综合开发利用试点(农民创业园)完成一期场地平整100公顷，累计完成投资5亿元，其中2015年1—11月完成投资1.1亿元。丽景民族工业园完成土地报批286公顷，场地平整180公顷，累计完成投资4.02亿元，其中2015年投资1.24亿元，道路网框架全面拉开，绿化景观等配套工程全面实施，供水、排水、排污、电力管道等基础设施同步建成。扶贫开发实验区改革试点，出台《关于加快支农资金拨付进度加强支农资金管理的意见》，有效实现特扶资金就地监管，充分发挥特扶资金使用效力。基本建立农村改革试验的工作机制和运行管理机制，积极推进金融扶贫、产业扶贫、社会扶贫机制改革创新试验，继续实施低收入农户贴息贷款政策(由县信用联社、邮政储蓄银行、银座村镇银行实施贷款，县农办负责贴息)，发放第二轮扶贫贴息贷款2744笔，贷款余额1.4596亿元。县农办新增贷款指标3000万元，用于4600元以下低收入农户发展种养、加工销售等短平快项目。

行政体制改革逐步深化，政府机构改革方案批准实施。成功组建县卫生和计划生育局、县行政执法综合局，将原在县政府办公室挂牌的县外事办公室调整为与县政府办公室合署办公。改革后，设置县政府工作部门24个。规范机构设置，设立县社会综合服务指挥中心，整合食品药品检验检测资源，设立食品药品检验检测中心，加强基层国土资源所和财政所建设。进一步完善机构编制工作规则，制定出台《景宁畲族自治县机构编制委员会工作规则》《景宁畲族自治县机关事业单位控编减编方案》，探索编制备案制管理，对县属公立医院试行备案制管理。全面开展不动产登记整合工作，将房屋、土地、林地、山塘水库等不动产登记职责整合划入县国土资源局，增设不动产登记局，负责指导监督全县土地、房屋、林地、农村土地承包经营权等不动产登记和房屋交易工作。在全市率先将山塘水库登记职责纳入不动产统一登记范围。进一步理清不动产登记、交易、审批管理的职责边界、明确职责分工，避免职责交叉。组建全县统一的不动产登记服务中心，具体承担全县不动产登记及房屋交易工作，实现不动产登记“一站式”服务。实现资源共享，县国土资源局负责牵头建立不动产登记信息管理平台，整合各类不动产登记信息数据、档案资料等；建立登记信息、档案以及测绘成果备案等不动产登记相关事项的共享制度，保证各部门之间可通过数据交换接口、数据抄送等方式，实现实时共享审批、交易和登记信息。深化行政审批制度改革，全力推进浙江政务服务网建设，全县共有32个单位部门发布行政审批事项426项，实现统一认证事项354项，实现统一认证事项占比88.28%；实现统一申报页面风格事项342项，实现统一申报页面风格事项占比85.29%；接入办件库事项380项，接入办件库事项占比90.05%。不断完善远程异地评标系统和电子辅助评标系统，切实规范公共资源进场交易服务工作。

国家主体功能区建设试点示范试点实施方案经批准实施。建立“河长制”,实行 河长巡查制度,重点项目协调推进制度,投诉举报受理制度,督查指导制度,例会和报告制度,上下游协调制度等六大工作机制。继续实施城乡河岸一体化保洁机制,印发《景宁畲族自治县农村生活垃圾分类处理试点工作方案》,完善垃圾清运预约联系单制度,在伏叶村和毛垟村先行垃圾分类试点。继续加强环保公安联动执法,探索建立环保执法与司法监督、公众监督、舆论监督相结合的环境监管机制,推进环境监察网格化和精细化管理,国家级生态县创建通过技术评估。开展特色小镇建设。2015 年 7 月 28 日,《景宁畲族自治县人民政府办公室关于成立特色小镇规划建设工作领导小组的通知》(景政办发〔2015〕80 号),成立特色小镇规划建设工作领导小组,县长蓝伶俐任组长,常务副县长潘伟任常务副组长。在县发展和改革局设立办公室,并成立综合协调督查组、畲族文化体验小镇工作推进组、畲乡小镇工作推进组、畲乡生态创业小镇工作推进组、爱情小镇工作推进组等五个工作推进组。省特镇办 2015 年 6 月 1 日《关于公布第一批省级特色小镇创建名单的通知》(浙特镇办〔2015〕2 号),景宁畲乡小镇入围全省首批 37 个省级特色小镇创建之列。按照省、市、县三级联动部署,畲族文化体验小镇、畲乡生态创业小镇列为市级培育,东坑爱情小镇列为县级培育。是年 9 月 17 日,根据《关于开展特色小镇规划建设统计检测工作的通知》(浙特镇办〔2015〕7 号)文件要求,建立特色小镇数据信息监测直报平台系统,按时间节点报送季报、半年报、年报等数据信息。景宁畲乡小镇全年累计完成固定资产投资20.87亿元(核减商品房及商业综合体项目 1.95 亿元,完成投资 18.92 亿元),投资额居全省第五、全市第一,完成了第一年 10 亿元,加快发展县 6 亿元的任务。景宁畲乡小镇建设 2015 年年度考核结果良好。启动县域经济体制综合改革,着手编制《景宁畲族自治县域经济体制综合改革实施方案》,全面建立资源要素差别化配置机制、全面推进产业转型升级的体制创新和城乡一体化发展体制机制创新、建立健全鼓励和吸引民间资本进入公共设施建设领域的体制机制、全面建立企业投资项目高效审批制度。开展农村金融改革试点,推进完善农村产权融资体系建设,持续深化农村信用体系建设,农村金融基础设施和服务进一步完善;深化以“三权”抵押贷款为核心的信贷支农工程,全面完成“三权”抵押贷款年度目标任务;继续深化以助农取款服务为核心的支付便农工程,实现“银行卡助农取款服务”所有行政村全覆盖,所有取款点均实现联网通用。积极开展“金融服务创新示范村”建设,建成示范村 12 个。

社会领域改革不断推进。景宁畲族自治县被列入丽水市临时救助试点,出台《景宁畲族自治县城乡居民临时救助试点工作实施方案》和《景宁畲族自治县城乡居民临时救助实施办法》,对遭遇突发事件、意外伤害、重大疾病或其他特殊原因导致基本生活陷入困境,其他社会救助制度暂时无法覆盖或救助之后基本生活暂时仍有严重困难的家庭或个人给予应急性、过渡性救助。启动机关事业单位养老保险制度改革。继续深化教育改革，积极探索教育教学评价制度建设，开展“美丽学校”创建活动，不断优化教育布局。着力推进分级诊疗改革试点工作，拟定《景宁县分级诊疗工作实施方案》上报县政府。公立医院改革继续深入推进，县人民医院成立首届院务监督委员会。进一步深化文化体制改革，强化“文化引领”，不断增加投入，完善文化设施，完善免费开放机制，保障文化权益，积极推进公共文化服务体系示范区建设。

有序推进小城市培育试点。以美丽县城建设为载体，开展省级重点生态功能区小城市培育试点工作，全县安排落实2015年度小城市培育专项资金2500万元和2014年小城市考核奖励资金380万元（主要安排鹤溪南路改造步行街工程、外舍古城主题公路景观走廊工程（棚洞工程）、客运中心站前广场工程、金垟路工程及旅游集散中心等5个项目），2015年小城市培育工作考核结果良好。出台《关于促进社会资本进入公共设施建设领域的实施意见（试行）》，鼓励和引导社会资本进入公共设施建设领域，不断提高民间投资在固定资产投资中的占比。加快农村改革发展，围绕“农业增效、农民增收、农业转型、农民发展”的总目标，着重在标准化生产、品牌化经营、电商化营销上下功夫。全力推进生态精品现代农业发展，制定出台《景宁县种粮补贴实施方案》。稳步实施质监“两创”工作，启动省级农产品质量安全放心示范县创建，完成农产品质量安全追溯体系建设示范县工作。推进农村产权制度改革和村经济合作社股份制改革，至是年年底全县254个行政村全部完成。中心镇建设稳步推进，2015年5月11日，县发展和改革局《关于印发2015年景宁畲族自治县中心镇发展改革工作要点的通知》（景发改体改〔2015〕3号），对全县中心镇发展改革工作提出指导意见。2015年度沙湾镇考核结果为优秀，东坑镇考核结果为良好（丽委办发〔2016〕22号文件）。

【《国家主体功能区建设试点示范实施方案》批准实施】 《景宁畲族自治县国家主体功能区建设试点示范方案》于2015年3月10日经《国家发展改革委 环境保护部关于国家主体功能区建设试点示范方案的批复》（发改规划〔2015〕449号）文件批准实施。方案提出全面提升畲乡生态产品供给能力、积极培育畲族生态文化旅游经济、构建以民族总部经济为重点的生态产业体系、着力改善畲乡生态人居环境、不断提升畲乡基础设施支撑能力、切实加强民族地区民生保障水平、不断强化生态文明制度建设等七大重点任务和相应措施。

【《景宁畲族自治县城乡居民临时救助实施办法》出台】 2015年11月18日，景宁畲族自治县人民政府办公室印发《景宁畲族自治县临时救助实施办法的通知》（景政办发〔2015〕106号）。办法进一步完善社会救助制度，规范临时救助，发挥救助托底线，救急难作用，及时解决城乡困难群众突发性、紧迫性、临时性生活困难。对核定救助对象享受的范围，临时救助申请受理审核审批程序，以及准予核定救助方式与标准等做了明确规定。同时还规定临时救助所需资金以政府投入为主，社会筹集为辅，使用和管理相统一。要求健全工作机制，规范临时救助档案，向社会公开资金使用情况，自觉接受监督；加大救助政策宣传力度，引导社会公众理性看待和支持、参与临时救助，发挥部门合力。

【中心镇发展改革工作要点】 为了加快推进美丽城镇建设，2015 年 5 月 11 日，县发改局下发《关于印发 2015 年景宁畲族自治县中心镇发展改革工作要点的通知》（景发改体改〔2015〕3 号），对中心镇发展改革工作提出指导意见。要点提出中心镇发展改革工作的总体思路是：完善基础设施，发展生态产业，提升城镇品质，促进中心镇人口集中、产业集聚、功能集成、要素集约；主要目标是：经济实力不断增强、生态环境明显改善、发展活力不断激发、扩权强镇逐步实施。沙湾镇创新产业发展模式，建设莲川、叶桥高山蔬菜精品园，依托畲乡物流公司，继续打响"畲森山"高山蔬菜品牌。东坑镇依托生态文化、畲族风情、地理区位等优势，按照"一心、三带、三区、一批特色村"的发展思路，打响"畲山小镇、回味东坑"乡村旅游第一镇的旅游品牌。

【畲乡小镇建设】 2015 年 6 月 1 日，浙江省特色小镇规划建设工作联席会议办公室《关于公布第一批省级特色小镇创建名单的通知》（浙特镇办〔2015〕2 号），景宁畲乡小镇被列入全省首批 37 个省级创建特色小镇名单。是年，景宁畲乡小镇规划建设取得良好成绩，全年累计完成固定资产投资 18.92 亿元，投资额居全省第五、全市第一。其中特色产业累计完成投资 14.74 亿元，占比 77.9%。是年年度考核结果良好。 （向　坤）

中国共产党
景宁畲族自治县委员会

重要会议

【县委全会】 2月28日，县委八届七次全体(扩大)会议暨全县工作会议召开。县委书记代表县委常委会向大会做报告。全会认真贯彻落实中共十八大，十八届三中、四中全会精神，紧紧围绕中央、省、市系列重大会议决策部署，回顾总结2014年工作，安排部署2015年工作任务，动员全县上下，按照“一张蓝图管到底、一以贯之抓落实”的总要求，明确目标、突出重点、狠抓落实，继续为打造“中国畲乡·小县名城”而努力奋斗。

会议强调，2015年是“十二五”规划的收官之年，是全面推进依法治国的开局之年，是全面深化改革的关键之年，也是景宁“四个新区”建设深化落实之年，做好2015年的工作事关景宁长远发展、科学发展。因此，必须要牢牢把握“新常态”下的发展新机遇，切实增强发展底气和路径自信。一方面“绿水青山就是金山银山”的发展导向不断强化，消费需求更加趋向个性化、多样化，景宁生态和民族两大“金名片”的优势不断显现。另一方面景宁特色科学发展路径已深入人心，“四个新区”平台完成搭建，发展基础进一步夯实，为适应新常态打下了良好的基础。全县各族干部群众要进一步认清形势，把握大局，把思想统一到党中央、省、市的各项决策部署上来，统一到县委基于当前形势分析判断所做的安排部署上来，牢牢把握机遇，攻坚克难、锐意进取，努力开创景宁经济社会又好又快发展新局面。

8月31日，县委八届八次全体(扩大)会议暨县政府八届四次全体会议在县文化中心剧场举行。县委书记代表县委常委会作工作报告，并对《中共景宁畲族自治县委关于全面加强基层党组织和基层政权建设的实施意见(审议稿)》作说明。全会学习贯彻省委十三届七次全会、市委三届九次全会精神，审议通过《中共景宁畲族自治县委关于全面加强基层党组织和基层政权建设的实施意见》，总结上半年工作，部署下半年任务；县委副书记、县长蓝伶俐部署县政府工作；全会表决通过《中共景宁畲族自治县委员会关于免去和增补部分县委委员职务的决定》。

会议强调，全县上下要紧扣“一张蓝图管到底，一以贯之抓落实”主基调，围绕全县中心工作，做到既抓部署、又抓落实，在部署中出实招，在落实中求实效，努力在抓落实出成效上更进一步。2015年下半年工作的总体思路是：开好一个大会，编制好一份规划，抓好两个攻坚，坚守两条主线，实现“十二五”时期圆满收官，确保“十三五”时期良好开局，加快“四个新区”建设，全力谱写“中国畲乡·小县名城”建设新篇章。

【县委常委会会议】 1月9日，县委召开常委会（扩大）会议，传达学习全省民族工作会议精神，并研究部署下阶段重点工作。县委书记主持会议并讲话。会议强调，要全面贯彻落实全国、全省民族工作会议精神，坚定景宁科学发展路径，依托生态和民族优势，努力培育特色生态产业，增强内生发展动力，加快畲乡科学发展、跨越发展、协调发展，努力打造“中国畲乡·小县名城”；要加快推进项目建设，有效推进县域经济内生动力培育和发展，勇于攻坚克难，奋力争先进位，把智慧和力量集中到抓项目、促发展上，以项目建设推动各项工作实现新突破。

3月20日，县委召开常委会会议，传达十二届全国人大三次会议精神，听取“三月三”活动总体方案和活动筹备工作情况汇报，研究《关于落实党风廉政建设党委主体责任、纪委监督责任的实施办法》和《景宁畲族自治县农村（社区）困难党员关爱固定生活补助机制实施办法》。县委书记主持会议并讲话。会议强调，“三月三”组委会办公室要进一步完善、细化方案，抓紧做好各项筹备工作，要进一步明确建立“农村（社区）困难党员关爱基金”以及基金的经费来源、补助对象、发放形式和发放时间等，要求组织部门进一步细化方案，并做好政策的解释说明工作。

5月4日，县委召开常委会会议，听取全县宗教工作及“三改一拆”涉及宗教违法建筑处置工作情况汇报，研究分析第一季度经济运行形势和社会稳定形势，听取县党史（方志）工作情况汇报，研究《景宁畲族自治县落实市纪委党风廉政建设主体责任评议意见的整改方案》。县委书记主持会议并讲话。会议强调，要高度重视和采取切实有效的举措做好宗教工作；要统一思想，努力在项目建设、产业发展、美丽城乡建设、招商引资、民生事业上狠抓落实，争取为顺利实现全年目标打下坚实基础；要全力以赴抓好“平安景宁”建设、安全生产、基层基础等三方面工作，以良好的社会环境为经济发展保驾护航；县编办等相关部门要加强与上级部门的对接，尽快完善党史（方志）工作机构，落实人员调配，确保史志工作顺利开展。

5月8日，县委召开常委会会议，听取县不锈钢、阀门制造企业整治拆除工作情况汇报，研究《景宁畲族自治县城市商业综合体开发项目招商方案》《景宁畲族自治县国民经济和社会发展第十三个五年规划总体思路》《景宁畲族自治县“十三五”规划编制目录》《全县重点区域火灾等安全事故防控综合治理体系建设的实施意见》。县委书记主持会议并讲话。会议强调，要做好相关企业的后续服务工作，确保整治拆除工作有序推进；要抓紧和项目业主签订合同，加快土地征迁和报批的速度，加大宣传力度，营造良好氛围，争取项目早日开工建设；要本着对历史和人民负责的态度，认真编制好“十三五”发展规划。

6月22日，县委召开常委会会议，审议《关于2015年度全县综合考核工作的实施意见（送审稿）》《2015年党风廉政建设和反腐败工作组织领导与责任分工》《景宁畲族自治县党政领导班子成员履行“一岗双责”的实施意见》。县委书记主持会议并讲话。会议强调，考核办法在文字表述上要更加规范准确，要及早下发2015年度考核办法；原则同意《2015年党风廉政建设和反腐败工作组织领导与责任分工》《景宁畲族自治县党政领导班子成员履行“一岗双责”的实施意见》。

8月10日，县委召开常委会（扩大）会议，传达学习省委书记夏宝龙在省委常委上半年经济社会分析会上的讲话摘要和省委副书记、省长李强在省政府第六次全体会议暨全省深化“四张清单一张网”改革推进政府职能转变工作会议上的讲话要点。部署灾后恢复重建工作。会议强调，台风“苏迪罗”对全县经济社会平稳发展带来重大影响，要切实把灾后恢复重建作为头等大事，精心组织，全力以赴，抓好灾情核实、设施修复、生产恢复等工作。面对灾情，干部要进村入户，深入细致做好群众工作，帮助群众解决实际困难，指导群众积极生产自救。要组织力量，加快抢修水毁设施，加强要素保障，统筹整合各类资金，全力帮助群众恢复生产，减少损失。要坚持灾后重建和维护社会稳定两手抓、两手硬，稳信心、稳供应、稳秩序，切实维护正常的生产生活秩序。

8月28日，县委召开常委会会议，审议《县委八届八次全体（扩大）会议工作报告（送审稿）》《中共景宁畲族自治县委关于全面加强基层党组织和基层政权建设的实施意见（送审稿）》《景宁畲族自治县创建浙江省示范文明县城工作实施意见（送审稿）》。县委书记主持会议并讲话。会议原则同意《县委八届八次全体（扩大）会议工作报告》《全面加强基层党组织和基层政权建设的实施意见》《创建浙江省示范文明县城工作实施意见》。会议强调，工作报告和实施意见在文字表述上要更加规范准确；要进一步细化创建浙江省示范文明县城工作方案，全面落实创建责任，要全面动员、广泛发动、全民参与，营造良好的创建氛围。

10月14日，县委召开常委会会议，听取畲乡小镇相关项目情况汇报，研究分析第三季度社会稳定形势。县委书记主持会议并讲话。会议强调，要加快项目前期的谋划，在项目规划设计、土地征迁上要加速推进，使项目早日落地；要以改革的思维大力度推进项目建设，在立足实际的基础上，解放思想，大胆创新，采取多种形式加快项目推进步伐，使项目早见成效；既要开展好安全稳定“百日攻坚”活动，也要扎扎实实抓好“平安景宁”建设、安全生产、基层基础等工作，以良好的社会环境为经济发展保驾护航。

【全县领导干部会议】 1月28日，县委召开全县领导干部会议。县委书记代表县委做2014

年干部选拔任用情况、着力抓好新条例的贯彻执行以及铁腕落实超职数配备干部、违规兼职和“裸官”专项整治等方面工作情况报告。会上,市考核组听取了景宁2014年度干部选拔任用工作情况的报告，并现场进行民主测评和民主评议。

4月13日,县委召开全县领导干部会议,专题学习贯彻省委书记夏宝龙在景宁调研时的重要指示精神，并就抓好贯彻落实进行安排部署。县委书记主持会议并讲话。会议指出,全县上下要认真学习、深刻领会省委书记夏宝龙在景宁调研时的重要讲话精神，把夏宝龙对景宁工作的指示和要求作为今后一个时期全县工作总的指导方针,统一思想,振奋精神,扎实工作,把各项要求落实好,以更大的信心和勇气推进绿色生态发展。

会议强调，要深刻领会夏宝龙重要讲话精神,强化政治责任,狠抓工作落实,坚定“绿水青山就是金山银山”的绿色生态发展理念,切实抓好生态经济发展、美丽城乡建设、群众增收致富等工作。要正确处理发展经济与保护生态之间关系,始终坚守生态底线,坚定转型发展、绿色发展方向。要切实把夏宝龙关于保护生态环境及“五水共治”与“三改一拆”等指示要求落到实处,继续保持干事创业激情,讲担当、讲奉献、讲方法,脚踏实地、埋头苦干,确保全年目标任务圆满完成。

12月28日，县委召开全县领导干部会议。县委书记代表县委对全县2015年干部选拔任用工作情况作介绍说明，代表县委班子作2015年度工作总结;县委副书记、县长蓝伶俐代表县政府班子作2015年度工作总结。市考核组听取景宁2015年度干部选拔任用工作情况的报告，同时开展四套领导班子和领导干部年度考核等工作。

【全县乡镇工作例会】 4月27—28日，县委召开全县乡镇工作例会。会议通报一季度全县经济运行情况,听取各乡镇(街道)关于县委八届七次全体(扩大)会议暨全县工作会议精神落实情况、2015年工作安排以及“五水共治”“三改一拆”“六边三化三美”等重点工作落实情况的汇报；听取政府各口一季度工作开展情况以及下阶段工作汇报。会议强调,要充分认清和准确把握当前形势,脚踏实地,真抓实干,全力以赴抓好各项工作落实;要围绕项目抓进度,加大力度攻项目,重点抓项目开工、项目进度、项目前期和项目保障,全力以赴做好项目攻坚,确保项目建设顺利推进;要加快推进招商引资进度,整合招商队伍,形成招商合力,提高招商引资水平,同时要优化招商服务,注重招商实效,实现精准招商,不断提高投资吸引力;要紧绷安全生产工作的弦,集中开展专项整治,提高相关责任主体意识,紧盯近期防汛防火工作不放松,用铁的纪律,坚决落实好维护稳定的各项制度；要打好转型升级组合拳,借势造势抓整治优环境,狠抓“五水共治”“三改一拆”“六边三化三美”等工作,重点做好全省“美丽乡镇”现场会前期准备工作;要加强农田水利建设,推进土地开发整理,积极推进永久性基本农田划定工作,保护好良田沃土和绿色家园。

8月3日，县委召开全县乡镇工作例会。会议通报上半年全县经济运行情况，听取各乡镇（街道）上半年工作情况以及美丽经济、产业发展、“五水共治”“三改一拆”、信访维稳等重点工作落实情况的汇报；听取政府各口上半年工作开展情况以及下阶段工作汇报。会议强调，要加大力度攻项目，重点抓项目前期、项目开工、项目进度和项目保障，确保项目建设顺利推进；要全力以赴推进招商引资进度，抓住新机遇，谋划新项目，整合新力量，提高招商引资水平，不断增强投资吸引力；要扎实推进民生事业发展，借势造势抓整治优环境，狠抓低收入农户脱贫及“五水共治”“三改一拆”“六边三化三美”等工作，为群众提交满意答卷；要增强执政意识，加强基层党组织和基层政权建设，开展“学党章、守纪律、讲规矩”教育活动，不断强化党员意识。

11月9日，县委召开全县乡镇工作例会。会议听取各乡镇（街道）关于“一票否决”项目、美丽经济（产业发展）、基层党建、项目攻坚、农民增收及目前存在困难等工作汇报；听取政府各口前三季度工作开展情况以及下阶段工作打算。会议强调，要把学习好、宣传好、贯彻好中共十八届五中全会精神，作为当前和今后一个时期的重大政治任务，各乡镇（街道）和部门要联系实际，以贯彻落实全会精神为动力，围绕“规划、创新、发展、民生”四大关键词，紧盯发展目标，再接再厉、真抓实干，确保圆满完成“十二五”规划目标任务，为“十三五”发展奠定坚实基础。要高度重视作风建设，严格执行中央“八项规定”及其他相关规定，认真组织学习好新修订的《中国共产党廉洁自律准则》和《中国共产党纪律处分条例》，高度重视省委巡视组反馈意见，确保严格落实整改到位。要对照年初确定的目标任务和考核指标，做好查漏补缺工作，补短板、赶进度，咬紧牙关，全力冲刺，确保实现全年经济社会发展预期目标。

【县委务虚会】 12月30日至31日，县委召开务虚会，交流外出考察学习体会，回顾总结“十二五”工作，研究景宁经济社会发展状况，探讨谋划“十三五”发展目标及2016年工作思路。县委书记出席会议并讲话，县委副书记、县长蓝伶俐，县人大常委会党组书记蓝良兴、县政协主席严铁华等出席，县委副书记程巧琴主持会议。

会上，结合外出考察学习情况，县委、县政府班子成员和县人大、县政协主要领导分别做发言；县发改局、经济商务局、建设局、农业局、文化广电新闻出版（体育）局、旅游委员会等6个部门单位主要负责人结合外出考察学习体会，汇报交流2015年工作情况和2016年工作思路。

会议强调，2016年是“十三五”的开局之年，各项经济指标与“十三五”发展密切相关，要以地方生产总值、固定资产投资、社会消费品零售等主要指标，保障发展目标科学合理，确保“十三五”平稳开局。全县上下要深入学习贯彻党的十八届五中全会和省委十三届八次全会精神，坚定不移走山区民族县科学发展新路径，加快建设“中国畲乡•小县名城”，深刻领会“五大发展”理念，在增动力、促平衡、可持续、拓空间上下功夫，量力而行，尽力而为，力争与全省同步高水平建成全面小康社会。

县委办工作

【概况】 2015年，县委办公室围绕县委中心工作，做好“双服务、双支持”，办文、办会、新闻、信息、督查、考核等工作。全年发文462个，其中正式文件176个，内部明电124个，其他便签头、重要事项交办单、督查反馈等162个；收发办理上级来文来电1000余件；办理省市领导批示200余件，转办县领导批示266件；印发县领导一周活动安排50次1600份，分发《内参选编》等刊物6000余份。办理或协助办理各类大小会议包括全县工作会议、乡镇工作例会、县委务虚会、常委会会议、省市各类视频会议、各类协调会等127个。接待各级各类视察调研90余次，协调组织县领导大小活动近50次。

是年，《景宁将高山水果打造成富民产业果树下乐享生态红利》《“村晚”睦邻一家亲》《竹筒乌米饭，畲香飘四方》等新闻报道被《浙江日报》采用刊登；《跟凤凰一起飞》《景宁创富山区“标配”绿色引擎》《百年金奖惠明茶“古法”走上创新路》等新闻报道被《丽水日报》采用刊登。其中《跟凤凰一起飞》报道景宁美丽城乡建设情况，得到中共丽水市委书记王永康批示肯定。景宁信息工作全市排名第一。全年上报中共中央办公厅信息50余条，4条被采用。其中《景宁打造全国民族团结进步样板》再次被采用，并专门呈送中共中央总书记习近平。另有一条获得王岐山、赵洪祝、赵乐际等三位中央领导批示。被中共浙江省委办公厅采用信息75条；被《丽水信息》采用783条；被《丽水每日要情》采用1109条；被《丽水工作情况交流》采用3条；被《丽水信息专报》录用1条。全年编发《每日要情》343期，编辑刊发县内信息2500余条，编发《信息专报》3期。

做好县委领导批示交办工作，促进相关工作的落实和反馈。完成省委、市委督查室交办的示范村、精品村、特色小镇、农家乐综合体建设情况周报，《五水共治》月报，城市建设“六个一”月报以及省委书记夏宝龙交办任务的跟踪督查和市委领导批示件办理等工作。开展“五水共治”“三改一拆”以及“八项规定”落实情况、省委巡视组反馈意见的整改落实情况等专项督查，推动各项工作。做好党内拟发规范性文件的审核备案工作，对《关于创新基层社会治理的若干意见》《关于全面构建大信访格局的实施意见》两个规范性文件进行审核备案。在深入各单位调查研究，广泛征求意见的基础上，进一步完善考核方法，在做好对乡镇部门年度工作目标考核的同时做好市对县的年度考核工作，充分发挥考核工作的导向和激励作用。以景台交流为重点，推进对台工作的开展。凭借“三月三”等节庆活动平台，推动景台民族文化交流。承办第三届台湾青少年神州公益骑行景宁站活动。积极对台宣传景宁的经济、文化、旅游等发展情况，宣传景宁畲族特色文化和亮点，展示景宁“民族”和“生态”两张金名片。开展“对台服务月”活动，掌握台资台属企业情况，完成台企民商事纠纷情况的问卷调查。坚持对台工作原则性、严肃性，稳妥协调民间涉台活动，开展行前培训，观看教育片，确保赴台交流有序顺利。

【2015景台少数民族文化交流活动】 4月，台湾南投县信义乡少数民族参访团应邀参加“2015中国畲乡‘三月三’活动”。其间，信义乡布农文化协会选送24件工艺品参加首届中国少数民族工艺品设计制作大赛作品展，获大赛特别奖，展后6件作品赠予畲族博物馆；开展两地传统体育项目竞技交流，进行布依族锯木接力、负重接力等比赛；举办“舞动霓裳 情牵两岸”文艺表演。在双方的共同努力和协商下，信义乡布农文化协会与景宁畲族歌舞团结为交流合作关系，并签订合作意向，约定在“资讯互通、联情互动、务实交流”等方面开展合作与交流，为进一步深化两地少数民族文化交流奠定基础。 （郑利锋）

组织工作

【概况】 2015年底，全县共有基层党组织646个，其中党委39个，党总支10个，党支部597个；党员总数12001人，其中女党员2531人，大专以上学历党员3680人。是年，评选出35个先进基层党组织、33名优秀共产党员和9名百姓喜爱好支书。

是年，在全县范围内开展“学党章、守纪律、讲规矩”专题教育活动，创设举办一期党建知识竞赛，开展一次网上互动交流，在《畲乡报》开设“听老党员讲过去的故事”等“十八个一”活动载体丰富活动内容，增强活动实效。各基层党组织召开专题组织生活会，开展党员“党性体检、民主评议”，让党员普遍接受党性洗礼，强化政治定力，严肃组织纪律，规范组织生活。建立健全党建工作责任制，层层签订责任书，落实乡、村两级党组织书记抓党建责任制；对照标准，分解细化“两张清单”和省委20条要求具体内容，明确责任分工；县委书记带头抓3项党建项目，21个乡镇（街道）党（工）委书记共领衔69项党建难题，党员委员领办135项党建项目；每个村确定3项年度党建工作任务，推动各级党委落实主体责任、党委书记落实第一责任人、党委成员落实分管责任。严把党员“入口关”，制定下发《关于加强新形势下发展党员和党员管理工作的若干意见》，开展党员发展工作交叉检查，规范党员发展程序，全年发展党员195名；畅通党员“出口关”，开展党员先锋指数考评，签订党员“八要八不得”承诺书，梳理归纳不合格党员细化表现的十条红线，评出警示党员32名，不合格党员27名，其中劝退除名4名，限期整改23名。设立党员关爱基金，获得各级党组织和党员捐款24万元。出台《景宁畲族自治县农村（社区）特定困难党员固定生活补助机制实施办法》，财政每年投入100多万元为中华人民共和国成立后至1969年底入党的622名农村党员每月发放100—150元不等的定期生活补助。同时，在“四必到四必访”基础上，明确规定党员离世后，从县党员关爱基金中给其拨付500元关爱基金，所在党组织要协助家属料理后事。贯彻落实乡镇（街道）党（工）委书记党建工作专项述职制度。结合乡镇党代会年会，全面开展乡镇（街道）、村（社区）党组织书记“双向述职评议”，增强党组织负责人抓好党建工作的责任感。按照“可看可听可借鉴”的要求，建成市级党建示范点10个，县级党建示范点34个。围绕两项清单要求，专门设置13张表格，让各村对照表格落实清单内容。坚持“建管”并举，开展党建示范点工作专项督查，将督查结果与示范点建设补助金额相挂钩。选派65名县直机关优秀党员干部到“空心村”担任“第一书记”，发放“政策百宝库”，绘制“民情百家谱”，助推景宁农村经济社会均衡健康发展。全县组工干部实行一季度一主题培训、一季度一例会制度，全县各乡镇（街道）60余名组工干部参加为期3天的业务知识培训和闭卷测试。举办1期全县组工干部“技能大比拼”活动。

按照县委制定 的“优秀干部到基层去，领导干部从基层来”“吃苦者吃香，有为者有位”用人导向，大力选拔和培养“能破解难题、能操作到位、能有管用办法”的“三能型”领导干部，以实绩考评和人尽其用为出发点，优化干部队伍结构，激发干部队伍活力。全年调整干部5批次，涉及干部145人，其中提拔36人，转重要岗位14人。进一步优化县管后备干部队伍结构，通过单位推荐、书面考试等方式，调整县管后备干部103人，其中：女干部36人，少数民族干部16人，党外干部22人，30周岁以下40人。全力做好服务县委中心工作，抽调122名干部（其中科级39人）参与各类重点工程、重点项目建设。规范推进公务员、事业单位工作人员考试录用与选调工作。全年考试录用公务员67名，公开招聘事业单位工作人员86名，通过考试公开选调9人进入县直机关事业单位（9个岗位）工作。首次招考大学生选调生村干部（公务员）2名。继续开展公务员非领导职务任职工作。全年各单位上报公务员非领导职务任职申报对象54人，享受公务员待遇5人，32人得到任职审批（此项工作7月县以下机关建立公务员职务与职级并行制度后，因超职数配备非领导职数而暂停）。及时开展新录用公务员转正定级和公务员日常登记工作，全年新录用公务员转正定级23人，公务员日常登记30人，其中乡镇选任制干部录用公务员登记5人、2014年新录用公务员登记23人、调任公务员登记2人。做好省管、市管领导干部工资报批及发放，及时申报省管、市管领导干部工资调标和2015年正常晋升级别工资档次和晋升级别。做好公务员信息管理系统维护更新工作，2015年底全县公务员信息管理数据库中有在职人员1789人（含非公务员身份县管领导干部55人）。坚持“注重实际、注重实效、注重特色”的原则，不断更新培训理念、拓展培训渠道、改进培训方式，干部教育培训工作不断取得实效。全年举办主体班次43个，培训5200多人次。从严落实省委巡视组和市委选人用人检查组反馈问题的整改。扎实开展“违规办理和持有因私出国（境）证件”、干部“吃空饷”、领导干部违规兼职、“三龄两历”等系列专项整治活动。制定出台《关于对领导干部进行提醒、函询和诫勉的操作办法》（景组〔2015〕45号）、《景宁畲族自治县干部监督联席会议制度实施办法》（景组通〔2015〕35号）、《关于印发进一步完善领导干部个人重要事项报告清单的通知》（景委办发〔2015〕60号）、《关于严格落实组织工作重要事项请示报告制度的通知》（景组〔2015〕2号）。坚持和完善领导干部个人有关事项年度集中报告制度，2015年度全县635名县管干部（包括退二线）进行了个人有关事项年度报告，对32名考察人选的个人有关事项报告进行了全面核查；严格中层干部职数管理，规范任职审批工作，全年中层干部任职审核审批71个批次210人次。

改进人才工作考核办法，鼓励各部门单位结合本单位实际在考核项目之外创新性开展工作。改进“十三五”人才发展规划编制方式，将人才规划纳入社会事业总体规划。出台《景宁畲族自治县人才工作述职报告制度》，并于年初开始实施。全力抓好政府岗位津贴、住房保障、培养资助、成长基金、健康体检等人才政策的落实，全年发放人才专项资金550万元。根据人才的需求以及政策红利的最大化，出台《景宁畲族自治县人才服务“一卡通”（优才卡）实施意见》，进一步完善高层次人才服务的长效机制。坚持招商引资与招才引智同频共振、同步推进，最大限度地引进高端人才。是年，引进中国科学院博士赵瑞琳参与望东垟高山湿地伞菌资源调查和多样性研究；引进浙江工业大学贾建洪团队入选2015年度丽水“绿谷精英和创业创新团队引领计划”；邀请8名海外人才到景宁实地考察合作项目。进一步加强“助力畲乡·人才工作室”“省高层次人才与畲乡青年英才”帮扶结对等工作。柔性引进120余名省级以上高层次人才推进全县各个领域事业良性发展。大力推进院士工作站、博士工作站等人才平台的研究，刘鸿亮院士浙江瑞丰环保“院士专家工作站”挂牌成立。依托全国各地举办各类人才招聘活动平台，全年引进高层次人才和紧缺急需人才49人，其中硕士研究生10人。继续推进“才聚畲乡·系列人才品牌建设”计划，在切实抓好“畲乡大嫂、畲乡茶师、畲乡名医（名护士）、畲乡演艺、畲乡名师、畲乡传承”等人才品牌培育的基础上，牵头组织实施“畲乡经理”人才品牌建设。重视大学生村干部队伍建设，抓好2015年度大学生村干部选聘工作，组织开展任满两个聘期大学生村干部考核招聘转事业工作，创造条件引导36名大学生村干部有序流动。出台意见，开展大学生村干部服务农村电子商务，组织开展大学生村干部年度轮训，调整大学生村干部工作补贴标准，年人均增资1.3万元。

加强宣传调研工作，全年向中央、省、市上报信息50多篇，其中被市级以上采用20多篇。在各级刊物、网站、报纸等发表文章50多篇，其中国家级7篇，省级29篇。组织撰写调研文章45篇。撰写网评文章，积极应对网络涉组涉干舆情。对内宣传各乡镇（街道）的经验和做法，编辑并出版《畲乡党建交流》杂志5期；对“景宁组织工作网”进行升级改版，发布党建动态信息300余篇；更新维护“畲乡先锋”微信公众号和官方微博，累计发送党建动态信息106期510余条（官方微博同步发送）。 （陈伟龙）

【《关于全面加强基层党组织和基层政权建设的实施意见》出台】 2015年8月31日，县委出台《关于全面加强基层党组织和基层政权建设的实施意见》（景委发〔2015〕13号）文件。实施意见共分“全面加强基层党组织和基层政权建设的重大意义、总体要求和主要目标，强化基层党组织在基层的领导核心地位，加强乡镇政权建设”等10个方面内容。提出“切实强化基层党组织的政治引领功能、加强党组织对其他各类组织的领导、推进服务型乡镇政府建设、加大基层基础保障力度”等36项具体措施。实施意见的出台加强了全县基层党组织和基层政权建设工作的顶层设计，为推动“四个全面”战略布局在景宁的实践、推进治理体系和治理能力现代化、加强基层政权建设提供了重要遵循。（商伟青）

【“三严三实”专题教育活动】 2015年5月30日，召开全县“三严三实”“学党章、守纪律、讲规矩”主题活动专题党课暨工作部署会，县委书记作专题党课报告。按照要求，是年在全县37名副处级以上领导干部中全面开展“三严三实”（严以修身、严以用权、严以律己，谋事要实、创业要实、做人要实）专题教育活动。活动期间，创新学习方式，通过邀请专家讲学、中心组成员交流研学等方式，围绕中共中央总书记习近平系列讲话精神，开展“三严三实”专题集中学习25次；县委召开“严以修身、严以用权、严以律己”3个专题学习研讨会，强化理想信念、党风党纪和廉洁自律教育。利用微博、微信公众号、移动E管家、远程教育系统等学习途径，全面唱响“三严三实”学习主旋律；推出“党组织书记上党课”等模式，使教育活动精神深入基层。把专题教育与党员干部经常性学习教育有效结合，将专题内容融入“三会一课”“先锋指数考评”“党员关爱机制”“十个一”“十个好”等党建工作之中。敢于动真格，探索党员教育的常态化。（商伟青）

【“学党章、守纪律、讲规矩”专题教育活动】 2015年5—8月，在全县开展“学党章、守纪律、讲规矩”专题教育活动。全县86家乡科级单位（乡镇街道21家、机关部门65家），包括机关党支部、农村党支部、社区党支部、两新党组织在内的598个党支部11000余名党员参加专题教育活动。其间，创设举办一期党建知识竞赛，开展一次网上互动交流，在《畲乡报》开设一个“听老党员讲过去的故事”等“十八个一”活动载体丰富活动内容，增强活动实效。各基层党委组织党员集中上党课，各单位通过知识竞赛、专题讲座、网络互动交流、发送短信等形式组织党员学习党章，用生动易懂的方式增强学习的吸引力和实效性。各基层党组织召开专题组织生活会，开展党员“党性体检、民主评议”，让党员普遍接受党性洗礼，强化政治定力，严肃组织纪律，规范组织生活。（商伟青）

【干部档案专项审核】 2015年根据中组部的要求，全县从6月开始开展为期一年的干部档案专项审核工作。根据人事档案专项审核工作实施方案要求，从部门抽调6名业务骨干组成档案专项审核小组，对全县1530卷公务员档案中“三龄两历一身份”（干部出生时间、参加工作时间、入党时间、学历学位、工作经历、干部身份），家庭主要成员及重要社会关系等内容进行核查。坚持以档案记载为依据，逐份审查，仔细鉴别，除了审核干部的“三龄两历一身份”以外，尤其注意审核档案材料是否涂改造假、干部信息是否真实准确，重要原始依据材料是否完整等以往易忽略的问题，保障干部档案的完整、规范，为进一步从严管理干部提供事实依据。是年，审核干部档案980卷，发现出生年月、参加工作时间、工作经历等信息不一致350卷，收集补充材料1580多份，确保人事档案的完整性。

（王海芬）

【实施县以下机关公务员职务与职级并行制度】 2015年11月20日，景宁畲族自治县出台《中共景宁畲族自治县委办公室景宁畲族自治县人民政府办公室关于认真贯彻执行县以下机关建立公务员职务与职级并行制度的通知》（景委办发〔2015〕59号），标志着全县公务员职务与职级并行制度开始实施。县委组织部、县人力资源和社会保障局负责具体组织实施全县公务员职务与职级并行制度实施后职级晋升申报审批工作。是年，全县64个单位符合公务员职级晋升条件109人（含享受待遇人员），其中晋升正处级2人、副处级76人、正科级17人、副科级2人；原参照公务员制度管理事业单位工勤身份享受公务员待遇参照公务员提升享受正科级待遇12人。

（陈伟龙）

·“两新”党组织工作·

【概况】 2015年，继续开展以“小课堂、小建议、小活动、小竞赛、小关爱、小典型”为主要内容的“六小”工作法，促进党建开展、企业发展、员工利益有机统一、互融共进，实现小平台有大作为、小载体有大党建。举办“我心向党·创富畲乡”两新组织“五一”文艺晚会，开展迎接“七一”庆祝中国共产党成立94周年暨两新组织首届“党建强、发展强”微故事比赛等系列活动和志愿献血、结对鹤溪小学送书包、党员志愿服务等活动，不断浓厚两新党建工作氛围，激发两新组织党建活力。全年举办入党对象培训班2期，严把党员发展入口关。举办全县两新组织党组织书记和企业出资人培训班，开展两新党组织书记党建述职考评，切实增强两新组织党务工作者的履职能力和责任意识。完善两新工委工作机制，实行季度例会制，加强沟通联系，形成工作合力。

（杜丽燕）

·机关党建工作·

【概况】 2015年年底，县直机关党工委所辖党的基层组织259个，其中党（工）委19个，党总支8个，党支部232个（江西景宁商会党支部新成立），共有党员3423名。全年，举办入党积极分子培训班一期，137人参加培训学习。严格遵循“坚持标准、保证质量、改善结构、慎重发展”的方针，进一步规范机关党员发展工作，发展新党员37名。开展10期机关党员志愿服务活动，进一步密切党和人民群众的血肉联系，建立党员长期受教育、群众经常得实惠的长效机制。开展扶困助学慰问活动，组织机关党组织和党员干部向全县“党员关爱基金”专户捐款10万余元。全面开展党员先锋指数考评管理工作，制定出台《关于全面开展党员先锋指数考评管理工作的实施方案》，以先锋指数考评引导激励党员对党忠诚、为民服务、创业创新，切实提升党员队伍纯洁性和先进性。做好“两优一先”评选表彰工作，七一前夕共表彰先进基层党组织12个、优秀共产党员15名、优秀党务工作者5名。开展机关党建论文征集活动，提高党建理论研究水平，其中1篇论文获丽水市机关党建论文评比三等奖。深入开展“深改革、强规范、提能效”作风建设专项行动，推动机关党组织互相学习，共同发展，实现全县机关党建工作良性互动。开展机关党组织书记“双向述职”，即县直属机关党组织书记在向县机关党工委撰写述职报告的同时以召开述职报告会的形式向基层党组织和党员述职。是年，制定出台《驻外党建考核办法（试行）》，明确考核方法、考核内容和奖惩机制。（严梅冰）

宣传工作

【概况】 2015年，中共景宁畲族自治县委宣传部在岗人员31人。其中，在编人员为27人。下设办公室、文化科、新闻科、党教理论科等4个职能科室和文明办、外宣办、基地办、文联等4个下属单位。主要职责：贯彻执行中央、省、市委及县委、县府关于外宣、精神文明建设的方针、政策，指导、管理全县对外宣传、精神文明建设工作；负责指导理论学习、教育、宣传、研究工作，宏观管理新闻文化工作；负责规划、部署党员教育和农村、企业思想政治工作；管理精神文明建设委员会办公室；开展宣传思想文化工作调查研究，提出意识形态工作方针、政策，指导宣传文化系统制订政策、法规。

是年，组织开展第三届微型党课比赛、优秀党课教案评选等活动，使党的形势政策家喻户晓、深入人心。充实壮大基层宣讲力量。通过基层推荐、单位抽调、社会招募等方式，组建具有较高理论水平的县委“1+X”宣讲团和全县宣讲员队伍。并通过各单位主动筛选选择宣讲团的模式组织策划下基层“1+X”宣讲活动，开展形势政策宣讲200余场。全年组织县委理论中心组学习40次，累计学习20.5天。组织落实“三严三实”专题学习研讨会的各项工作。做好《之江新语》《党员读本》《习近平谈治国理政》等书籍的推荐和发放工作。完成全县9个省重点文化礼堂建设。并对全县文化礼堂开展活动等情况进行动态管理，在“景宁文化礼堂网站”及时发布相关情况。配合省市做好“网上文化礼堂”的资料收集及相关工作。完成“畲族韵味”专题片拍摄，并于2015年6月6日11点15分在浙江经视《自游自在》频道播出。

通过下发新闻宣传提示、电话告知等形式，指导县内各新闻媒体正确开展舆论宣传；做好“五水共治”、“三改一拆”、国家级生态县创建、“六边三化三美”、全县文化大会，法治宣传教育、省慢病防控综合示范区创建等重点工作的宣传策划。组织“2015中国畲乡三月三暨惠明茶荣获巴拿马万国博览会金奖100周年纪念活动”记者大联动活动。活动期间，人民日报、新华社、中央电视台、中国新闻社、中国民族报、浙江日报、浙江卫视等21家中央省市媒体近70位记者齐聚畲乡，聚焦中国畲乡三月三。据统计，各级各类新闻媒体刊播原创报道近100篇（条），微信公众号发布原创文章100条，相关微博用户发布原创微文近500条。2月13日，央视《新闻联播》头条播出“年味渐浓迎新年”系列节目，报道并配播了景宁东弄村“百村闹春•乡村春晚”的画面。组织实施“让网络空间清朗起来”学习讨论实践活动,加强对畲山风论坛、微博等互动栏目的管理,及时发现、及时分析研判、及时封堵和删除有害信息,保障网络信息安全。开展各类突发敏感事件的新闻报道、舆情研判、处置和引导工作,确保涉及景宁舆情的基本稳定。建成四级网评员梯队:核心网评员队伍。由网信工作人员、新闻网站技术人员、重点部门网评员、县内网络领袖(微博达人、论坛管理员、摄影爱好者)35 人组成。是年 10 月,在南京大学专门组织了全县核心网评员培训班。按照“每单位 1 名(基本由单位分管领导担当)”的原则组建新闻发言人队伍。全县有 96 个乡镇(街道)、部门和单位确定了新闻发言人。建立由各单位新闻发言人或办公室主任、政务微博(微信)管理员、网络舆情信息员等担任的网络发言人队伍。全县有 105 个乡镇(街道)和部门的网络发言人入驻 “问政直通车”平台,统一注册了官方认证账户开展问政工作。按照“分单位、分系统、重点单位适当多配备”的思路,面向全县公务人员组建了一支 250 人的基层网评员队伍。

开展“畲乡好人”评选活动。在景宁主流媒体上通过个人专访等形式开展对“畲乡好人”事迹的宣传,在全社会营造“学习好人、争当好人”的氛围。做好“浙江好人”“丽水好人”的推荐上报工作。有 2 人被列入“中国好人榜”候选人,有 5 人被列入“浙江好人榜”候选人,3 人被评为“浙江好人”。其中,张景芳姐弟事迹得到了中共丽市委书记王永康的批示。继续推进“景宁名人馆”建设,做好“景宁名人馆”名人资料的收集、整理工作、并在《畲乡报》、政府网等平台上进行公示。最后确定 13 人入馆。开展道德模范进基层巡讲活动。“浙江好人”任启年先后到各个单位进行巡讲展示。做好微信公众号“文明畲乡”的宣传推广,开展文明单位和文明窗口的申报和复评,举办第八届邻居节。开展创建“国家卫生县城”“浙江省示范文明县城”“最洁净县城”工作。建立城市管理“网格长负责制”和“全民清洁日”制度。开展“文明劝导”工作。做好“文明出行” 全省巡回演出活动在景宁举行的相关工作;组织文明志愿者服务队开展文明劝导 2 次;对城区重点区块、重点路段“文化墙”进行优化、美化提升;创作拍摄“文明畲乡”系列公益广告片。开展“六星文明户”创评工作。制定出台《关于在全县农村广泛开展“六星文明户”创建工作的实施方案》。立足农村,着力抓好文化素养充实、文化基础夯实、文化活动落实 3 项工作。利用文化礼堂、各类讲堂等设施,提高农民群众的文化素养,并在文艺素养上加强艺术培训,提高农民群众的艺术欣赏力。

【首届全国“山哈杯”畲族文学创作大赛在景宁揭晓】 2015 年 10 月 11 日,首届全国“山哈杯”畲族文学创作大赛”在景宁揭晓。该大赛历时 8 个月,从全国 236 位作者 884 篇作品中评出 16 篇获奖作品。其中,福建畲族女作家钟红英的长篇畲族叙事散文《无处不在的神灵》获得金奖;白一丁的《幽居的山哈》(组诗)、高上兴的《景宁三题》获得银奖;蓝明法的《畲山清韵》(组词)、张嘉丽的《回家的路,他走了 73 年》、钟建明的《横坑靛迹》获得铜奖;林隐君的《雨中景宁，一路随想而去》、俞胜的《畲望》、钟而赞的《写给景宁的情书》（外一组）、钟秀华的《寻找山哈》、雷良雨的《千年焕彩》、路志宽的《诗画景宁》（组诗）、江晨的《畲乡景宁》（组诗）、贾国勇的《惠明茶歌证本性》、蓝统栋的《回望造福搬迁的畲寨》、李岘闻的《渐远渐远的村落》获得佳作奖。（徐永娟）

统战工作

【概况】 2015 年，中共景宁畲族自治县委统战部（以下简称县委统战部）紧紧围绕“中国畲乡·小县名城”发展蓝图，调动党外知识分子、各民族群众、宗教界人士、非公经济人士的积极性和创造性，为实现“三县并举”战略，加快“四个新区”建设，推进县域经济社会在新常态下稳中求进、转型发展，提供广泛的力量支持。

县委常委会先后 2 次传达学习中央、省委、市委统战工作会议精神。按照“县委常委带头学、统战系统精细学、单位部门认真学”的要求，在全县兴起浓厚的学习贯彻《中国共产党统一战线工作条例（试行）》氛围。召开 2 次组织部门和统战部门联席会议，研究分析全县党外干部的培养、选拔、使用和管理等工作。举办党外干部培训班 1 期，并做好上级统战部门举办的党外干部培训班学员推荐工作。举办县工商联执委成员及“创二代”（父辈通过创业获取了一定的财富以及社会地位，而第二代选择脱离父辈的原始产业，重新自己创业的群体）培训班各 1 期。发挥党外人士智库作用。建立红星、鹤溪、东坑、渤海、沙湾和英川 6 个片区党外知识分子工作联络站及知联会景宁中学和县人民医院分会，全县实现知联会组织基层全覆盖。引导党外知识分子积极建言献策，县知联会 40 名理事在县政协全会上提出提案 30 件，提案占县政协会议提案总数的 28%。组织知联会成员前往乡镇实地开展技术指导、送温暖等活动。开展优秀知联会会员表彰活动。协助做好中国民主促进会会员推荐考察等工作。健全港澳台留学人员、海外留学归国人员、民营科技机构管理人员、新生代企业家、执业律师和新媒体从业人员数据库，为统战工作提供数据支持。

是年，成立全县民族工作领导小组，出台并实施《关于加强少数民族经济和社会事业发展扶持工作的意见》《景宁县少数民族发展专项资金使用管理办法》《景宁县农村 80 岁以上少数民族群众生活补助实施办法》。积极协调浙江省唯一赴京参加第五届全国少数民族文艺会演剧目畲族题材音乐剧《畲娘》全剧录制和首演工作。完成“中国少数民族工艺品设计制作大赛”和民族工艺品展览。组队参加第十届全国少数民族传统体育运动会，组团参加第 8 届中国义乌国际森林产品博览会、浙江省农业产品博览会。完成金山垟畲族集中安置小区建设项目立项、地质灾害风险评估、项目设计招投标等前期工作。举办县乡村各级民族干部培训班 3 期。做好参加上级民族干部培训班人员推荐工作。指导推进少数民族民生保障、新一轮“少数民族低收入群众增收帮扶行动计划”实施工作，开展“和谐寺观教堂”创建活动和“五水共治·五教同行”活动。

指导成立江西、绍兴和重庆3个异地商会，协助县人才办做好“畲乡经理”人才品牌培育工作。在非公有制企业、商会、行业协会、企业联合会中开展以守法诚信为重点的理想信念教育实践活动，引导非公有制经济人士健康成长和非公有制经济健康发展。各商会和企业为“五水共治”捐款86万元，帮困助学、党员关爱基金等捐款60余万元。

是年，接待回国探亲、商务考察的海外华侨10多批次，积极筹建在美“家乡促进会”，搭建在美同乡交流平台。在“三月三”传统民族节庆及纪念惠明茶荣获巴拿马万国博览会金奖100周年之际，邀请台湾南投县信义乡布农文化协会、14个国家20位茶文化爱好者到景宁开展文化交流活动。其间，浙江畲族歌舞团与台湾南投县信义布农文化协会签订合作交流意向书，建立长期密切合作交流联系。成立鹤溪、东坑、英川等3个基层侨联组织。做好省侨商会“十百千”(帮助10所农村学校改善生活设施、100户困难家庭脱困、1000个农村劳动力转移就业)帮扶对接联络工作。举办丽水市“侨商回家、走进景宁”暨招商推介会。

【举办中国少数民族工艺品设计制作大赛作品展】 “首届中国少数民族工艺品设计制作大赛作品展”于2015中国畲乡“三月三”节庆期间在中国畲族博物馆隆重开展。大赛期间，共收到海内外参赛作品1000余件，通过评比产生畲族饰品类、畲族陶艺类、畲族旅游工艺品类、畲族元素纹样设计类四个类别的金、银、铜奖36个及若干优秀奖。大赛作品展历时5个月。

【举办“侨商回家·走进景宁”暨招商推介会】 2015年12月18日，丽水市“侨商回家·走进景宁”暨招商推介会在景宁举行。省侨联副主席、市侨联主席项芳云，县委常委、统战部部长蓝跃军参加。来自西班牙、意大利、柬埔寨等30多个国家的54名侨界精英齐聚畲乡，共商合作，共谋发展。推介会重点向侨商介绍环敕木山畲族村寨旅游开发、总部经济企业、余山畲族风情旅游区开发、炉西峡景区开发等四个招商项目。（陈良娟）

信访工作

【概况】 2015年，全县共受理群众来信来访2221件(人)次，其中来信189件，来访474批2032人次(县领导批阅群众来信12件，“县长信箱”共受理群众来信82件)。共办理省市交办要信1件、重要网站留言1件、“省长信箱”43件、省市网上信访20件、省级挂牌信访积案3件、市级挂牌信访积案1件、县级挂牌信访积案30件。县人民政府共收到群众复查申请7件，作出不予复查意见书7件。全年共按时办结省委驻丽水巡视组交办信访件17件、省委驻景宁巡视组共接待信访群众181批次250余人次(包括来电10件、来信21件)。在全丽水市信访工作目标管理考核中，景宁畲族自治县获优秀县。

【领导干部大接访】 2015年5月13日，省委副秘书长、信访局长周维亮到景宁开展调研指导工作。2015年，县领导定点定期接待来访群众44批325人次；到各乡镇、各部门开展下访活动，接待群众118批1835人次。（陈云燕）

党校工作

【概况】 中共景宁畲族自治县委党校坐落于鹤溪街道环城南路敬山宫，占地6431平方米。前身为景宁干校，创办于1949年，校址在鹤溪镇学前村，1953年10月正式成立县委党校，1960年景宁并入丽水，县委党校撤销。1984年经国务院批准，设立景宁畲族自治县，1988年9月县委、县人民政府研究决定，在县城敬山宫筹建县委党校。景委〔1988〕27号文件决定成立中共景宁畲族自治县委党校筹建组，进行前期工作。1989年12月20日，中共景宁畲族自治县委党校成立。1992年1月20日，县人民政府景政〔1992〕7号文件将敬山宫部分房地产无偿划归县委党校使用。1992年10月省计委、省财政厅分别划拨15万元帮助新建综合楼。2015年争取到县财政专项资金30万元，装修食堂，新建校园电动伸缩门和教学楼公厕，改善了办学条件。是年年底，有教职员工14人，其中公务员7人（在岗5人，退居二线1人，行政关系挂靠1人），事业编制7人；中级职称5人，初级职称1人。

2015年，县委党校全体教师深入践行“精修一课、专攻一门、深入研究”的教学理念，以教学、科研、项目和基地为课程主导，运用“团队协作式”教研，实现“一师一专题，一课一精品”课程开发目标，全年累计开发或完善更新教学课程24个，课程更新率100%，新课率70.83%，多媒体使用率100%，基本建成以“基本理论、党性锻炼、综合知识、民风社情”为主要内容的课程体系。全年举办培训班29期，其中县管后备干部、中层干部、新录用工作人员、大学生村干部、入党积极分子、绿色生态发展暨清单制度建设、中小学校长书记等主体培训班22期；承办人民调解员业务、社会救助暨养老工作、村监会主任业务、后备专业技术人才、民族工作干部、关工委工作业务等部门培训班7期，累计培训近3500人次，培训班次和规模再创新高。全年开展校内学术研讨、专题调研、实地考察等学科组活动12次，促进校内教师的互助互学，提高理论研究素养和能力；承办全市党校系统南片区常务副校长座谈会、全市党校系统政治文化学科组研讨活动，增强各县（市、区）委党校的学术交流，提升攻关意识和科研水平。开展课程研究，推进科研“下基层、进机关、入社区、到企业”，积极与县内机关部门、乡镇农村、街道社区、微小企业对接找问题、立课题，把履行科研职能与服务畲乡发展紧密结合起来。全校教师撰写学术文章9篇，其中6篇在市委党校理论研讨会上交流，荣获一等奖1篇，三等奖2篇。课题获市级立项4个，县级6个。与县委组织部、联系乡合作开展“互联网+党建”“空心村党建研究”等课题研究。全年累计选派教师外出参训39人次，培训覆盖率100%；充分利用跟班培训的学习机会，选派教师外出学习考察13人次。全年完成县委党校网站程序功能升级2次，纠正修复补丁7次，新增、改进、修复或改变网站前后台功能94项，及时更新网站内容，全年刊发网文411篇，图片390张，视频12个。在市委党校网站刊发文章11篇，县电视台新闻报道15次。每月精选工作要闻编辑刊发《党校简讯》，累计出刊37期。全年邀请省委党校、市委党校、省内其他院校教授专家以及省、市、县领导到景宁党校授课57人次。（王增乐）

老干部工作

【概况】 县委老干部局的主要工作职能是：负责贯彻落实中央和省、市委关于老干部工作的方针、政策，抓好老干部的政治、生活待遇的落实，负责老干部工作的调查研究，指导全县老干部工作。2015年，县委老干部局坚持服务大局、以人为本、与时俱进“三大”理念，紧紧围绕“让党委放心，让老干部满意”的工作目标，创新工作方式，转变工作作风，着力落实老干部政治、生活待遇，在深化和提升“双高期”（高龄期、高发病期）老干部服务水平等方面取得了良好的成绩。2015年12月底，全县共有离休干部42人，其中属地管理37人，省部属单位4人，市内其他县安置在景宁1人。全县离休干部的平均年龄约为88.6岁，抗战时期入伍的离休干部有2人。

2015年4月，召开老干部读书会，组织全体离休干部学习党的方针路线。举办老干部“走基层、看变化、促发展”主题实践活动和“老干部球类比赛”“老干部棋类比赛”。组织暑期全县老干部理论学习暨离退休干部党支部书记培训会，县委常委、组织部长蒋璟璟出席会议并讲话。在老干部活动中心会议室召开了重阳节老干部座谈会，县委组织部副部长、县委老干部局局长刘梅玲向老干部通报老干部工作，传达县委、县政府领导对老干部节日的问候，并为90周岁的离休干部祝寿。2015年底县委副书记、县长蓝伶俐向离休干部通报2015年全县工作情况。继续巩固和完善离休干部“三个机制”，认真落实（浙组〔2011〕25号）文件和（浙组〔2012〕2号）文件，加强运行情况的监督力度。（杨必军）

景宁畲族自治县人民代表大会

概　述

【概况】 景宁畲族自治县人民代表大会（以下简称县人大）是景宁畲族自治县地方国家权力机关，县人民代表大会常务委员会（简称县人大常委会）是县人民代表大会的常设机关，由同级人民代表大会选举产生。2015年，依据宪法和法律赋予的权力，依法开展对“一府两院”工作的监督，召开常委会会议6次，主任会议15次，听取和审议“一府两院”专项工作报告44项，作出决议决定25项，提出审议、视察意见11项；依法任免国家机关工作人员47人次，其中任职29人次、免职18人次；接受县人大常委会主任、2位副主任、2位委员和16位县人大代表辞去职务，依法补选19名县人大代表；代表提出的112件建议如期办理完毕，代表对建议办理工作的满意度逐年提高；受理人民群众来信来访40件次，接待群众来访94人次，办结率98%。认真开展党的群众路线教育实践活动，参与“三问三思”“三破三立”“三严三实”等活动。先后通过开展调研和视察审议了全县“十二五”规划完成和“十三五”规划编制情况、大气污染防治、美丽乡村建设、县级公立医院改革、公检法司机关工作人员依法履职和公正执法、2014年度县科技局和人力社保局部门决算、2015年县交通局等3个单位预算编制方案、千峡湖库区（景宁区域）经济社会发展、养老服务体系建设、金山垟畲族集中安置特色小区建设、人民路立面改造等议题。跟踪监督“五水共治”、基层医药卫生工作、少数民族经济社会发展暨民族工作“新十条”等审议意见落实情况，针对存在的问题提出意见和建议，并对相关议题进行满意度测评。制定出台《景宁畲族自治县城市管理条例》，于2015年8月1日起施行。备案审查规范性文件44件。邀请县人大代表列席常委会会议和参加调研视察100余人次。

【代表联络站工作首次列入考核】 2015年，景宁畲族自治县首次将乡镇（街道）人大代表联络站工作列入年终综合考核。乡镇（街道）人大代表联络站，通过“代表接待日”的方式参与活动，是乡镇（街道）人大代表的履职平台。

【《景宁畲族自治县城市管理条例》施行】 2015年3月26日,县第八届人民代表大会第四次会议审议通过的《景宁畲族自治县城市管理条例》,经浙江省第十二届人民代表大会常务委员会第二十次会议批准,自2015年8月1日起施行。该条例共29条,对适用范围和基本原则、体制机制、城市风貌和色彩、违法建筑处置和物业管理、停车场和停车泊位管理、临时摊点设置和农产品自产自销摊位设置、占道经营、施工工地管理和城市车辆运输规范、烟花爆竹燃放、犬类管理,以及违反相应条款的法律责任等作出具体规定。

【加强国有资产监管】 2015年6月,县人大常委会调研组在副主任陈林生、杨唐珠的带领下,深入县国有资产投资经营有限公司等13家国有独资(控股)公司及主管部门,通过听取汇报、座谈、查阅相关资料、实地察看等方式,全面了解国有资产管理及运营现状。县八届人大常委会第23次会议听取和审议县人民政府《关于国有资产管理及运营情况的报告》(截至2014年12月,全县46家国有企业资产总额58.50亿元,负债总额23.22亿元,所有者权益35.28亿元,净利润负369万元,未分配利润负4890万元)。会议认为县国有资产监管工作较好地发挥了政府投融资职能,筹集了大量的建设资金,有力地促进景宁经济社会发展;但存在监管力量薄弱、考核(评)机制不健全、财务管理不够规范、企业用工不规范等问题;提出了"要健全和完善国有资产管理体制;建立有效的激励和约束机制;加强企业财务监管;加强国有企业用工管理"的审议意见。

【深化司(执)法监督】 2015年5月至7月,县人大常委会主任蓝良兴、副主任杨唐珠带领调研组,在听取县公检法司机关关于依法履职、公正司(执)法的自查情况汇报的基础上,通过动员大会、个别谈话、查阅资料等方式听取各方意见和建议。是年8月27日,县八届人大常委会第24次会议听取和审议县公、检、法、司的依法履职、公正司(执)法、廉洁司(执)法工作报告。会议认为县公检法司机关重视依法履职、公正司(执)法、廉洁司(执)法,各项工作取得较好成效,但也存在许多问题和困难。县人民法院法官审判压力大、审判能力有待提升、工作配合有待加强。县人民检察院法律监督有待加强、业务能力有待提升、队伍建设有待加强。县公安局侦查职能履行不到位、侦查能力有待提高、社会治安管理有待加强。县司法局法律服务队伍管理有待加强、法律援助工作有待规范、社区矫正工作有待加强、普法工作方式方法有待探索创新。会议提出了以下审议意见:县人民法院要进一步发挥独立审判的职能作用,审判资源向一线倾斜,进一步加强与司法行政机关的工作配合,落实"调解优先"原则;县人民检察院要进一步转变监督理念,增强监督责任感和使命感,加强队伍建设,增强法律监督能力,进一步加强职业道德建设,不断改进工作作风;县公安局要全面履行侦查职能,进一步提高侦查能力,加大社会治安管理力度,加强干部队伍教育;县司法局要进一步加强法律服务队伍的监管,规范法律援助工作,探索和加强社区矫正工作，加强法治宣传，提高普法实效。

【大气污染防治工作监督】 2015年7月，县人大常委会调研组在副主任吴昌亮的带领下，深入县环保局、交通局、建设局等10个部门，通过座谈会、走访群众、现场察看等方式，全面了解大气污染防治工作开展情况。是年8月27日，县八届人大常委会第24次会议听取和审议县人民政府《关于全县大气污染防治工作情况的报告》。会议认为县人民政府及相关部门在大气污染防治方面做了大量工作，也取得了一定的成绩，但存在大气污染防治意识仍然不强、大气污染防治部分领域问题仍然较为突出、大气污染防治执法监管还不够到位等问题。会议提出了“要提高思想意识，增强大气污染防治工作责任感；强化工作措施，加大重点领域大气污染防治综合整治力度；加强协调配合，提升大气污染防治监管能力”的审议意见。

【授予诸葛洋人民好公仆称号】 2015年8月28日，县人大常委会授予诸葛洋“人民好公仆”荣誉称号。诸葛洋，男，汉族，1973年7月生，浙江云和人，1996年8月参加工作，1994年11月加入中国共产党，农业推广专业硕士。2013年7月至2015年7月下派挂职任中共景宁畲族自治县委常委，县人民政府副县长。曾任浙江大学动物科学学院团委书记、学生政治辅导员，浙江大学宁波理工学院团委书记、党委副部长、党委委员，党委办公室主任，院长办公室主任。

【美丽乡村建设情况监督】 2015年9月至10月，县人大常委会副主任吴道法、夏培玲带领调研组，采取听取汇报、座谈走访等方式，到县农办、民宗局等14个部门和红星街道、东坑镇等8个乡镇（街道），就美丽乡村建设情况进行调研。是年10月22日，县八届人大常委会25次会议听取和审议县人民政府《关于美丽乡村建设情况工作报告》。会议认为美丽乡村建设工作优化了农村人居环境，促进农村经济发展，改善了农村公共服务设施，提升了农村文化品位。同时，也存在思想认识不高，整体合力形成有待加强；缺乏支撑产业，有待拓宽增收致富渠道；科学规划不够，文化挖掘保护有待加强；项目整合不够，长效管理机制有待完善等问题。会议提出了“要提高认识，进一步形成齐抓共管格局；要培育产业，进一步推进美丽经济发展；要完善规划，进一步挖掘提升文化内涵；要完善机制，进一步推动可持续发展”的审议意见。

【公立医院改革工作监督】 2015年9—10月，县人大常委会调研组在副主任罗德伟的带领下，深入县卫生局、人力社保局、县人民医院、东坑镇、英川镇等10个单位，通过听取汇报、走访座谈、实地察看等形式，听取各方面意见和建议。2015年10月22日，县八届人大常委会第25次会议听取和审议县人民政府《关于我县公立医院改革的报告》。会议认为县公立医院综合改革全面推进以后，增加财政投入，改变以药养医的传统体制，与“浙一”医院深度合作，加强内部机制管理，综合改革取得了一定成效。同时，也存在着城乡居民医保基金赤字明显增加、医疗费用较快增长、考核指标设定有待完善、相关配套措施跟进速度不够、改革力度不足、群众反映“看病贵”现象仍然存在等问题。提出了“要优化医疗资源配置；建立更加科学的县级公立医院考核监管机制；继续加大财政保障力度；加强医疗保险基金的监管使用；加大宣传教育力度”的审议意见。

【法官检察官履职评议】 2015年4—11月，县人大常委会调研组在副主任杨唐珠的带领下，首次对县人民法院、检察院的5名法官、检察官进行履职评议。评议内容主要有政治和业务学习、依法履职、廉政建设等。

【民族工作“新十条”实施情况跟踪监督】 2015年10月至12月，县人大常委会调研组在副主任吴道法带领下，深入部门和乡、镇(街道)、村，对景委发〔2014〕16号文件《关于进一步加强新形势下民族工作深化少数民族经济社会发展扶持工作的若干意见》(民族工作“新十条”)的实施情况进行跟踪监督和对接指导。县八届人大常委会第26次会议听取和审议县人民政府《关于民族工作“新十条”落实情况的报告》，提出了“要完善民族发展规划，精准对接政策的实施，全面引领产业发展，展示原真畲族文化，培养储备更多的民族人才”的审议意见。 (潘建军)

县人民代表大会会议

【八届人大四次会议】 2015年3月22日至26日在景宁县城召开。出席会议代表161人，列席会议同志和特邀人员177人，听会人员19人。会议听取和审议了县长蓝伶俐所做的《景宁畲族自治县人民政府工作报告》、县人大常委会主任蓝良兴所做的《景宁畲族自治县人大常委会工作报告》、县人民法院院长陈雪平所做的《景宁畲族自治县人民法院工作报告》、县人民检察院检察长夏逸敏所做的《景宁畲族自治县人民检察院工作报告》；会议审查了《景宁畲族自治县2014年国民经济和社会发展计划执行情况的报告》《2015年国民经济和社会发展计划》《2014年财政预算执行情况的报告》《2014年财政预算草案》。会议经过审议，作出决议，决定批准上述报告。会议收到议案98件。其中，农林水土类32件、工业交通类26件、社会保障类11件、城建环保类9件、教科文卫类7件、财政经济类7件、其他6件。收到建议、批评和意见14件，一并交有关机关、组织研究办理并负责答复代表。

县人大常委会会议

【八届人大常委会第20次会议】 于2015年1月30日召开，17名县人大常委会委员出席会议。会议征求《景宁畲族自治县人民政府工作报告》《景宁畲族自治县2014年国民经济和社会发展计划执行情况、2015年国民经济和社会发展计划(草案)的报告》《景宁畲族自治县2014年预算执行情况、2015年预算(草案)的报告》《景宁畲族自治县人民法院工作报告》《景宁畲族自治县人民检察院工作报告》《景宁畲族自治县人大常委会工作报告》

的意见。表决通过《关于召开景宁畲族自治县第八届人民代表大会第四次会议的决定（草案）》《景宁畲族自治县第八届人民代表大会第四次会议列席人员名单（草案）》《县人民政府关于2013年财政决算报告与2013年度财政预算执行和其他财政收支情况审计报告的审议意见落实情况的报告》《关于基层医药卫生工作情况报告的审议意见落实情况的报告》《关于深化行政审批制度改革工作报告的审议意见落实情况的报告》。传达了浙江省第十二届人民代表大会第三次会议有关精神。表决通过县人民政府提出的人事任免议案。

【八届人大常委会第21次会议】 于2015年3月13日召开，19名县人大常委会委员出席。会议听取和审议《景宁畲族自治县人民政府关于全县养老服务体系建设情况报告审议意见落实情况的报告》；县人大常委会关于《景宁畲族自治县城市管理条例（草案）》和《关于表彰2014年度县人大代表建议先进承办单位和代表优秀建议的决定（草案）》；审议提出景宁畲族自治县第八届人民代表大会第四次会议议程、日程、主席团和秘书长名单、主席团常务主席名单、计划预算审查委员会名单、自制法规委员会名单（草案）》提请县八届人大四次会议预备会议通过；审议提出景宁畲族自治县第八届人民代表大会第四次会议执行主席分组名单、副秘书长名单、各代表团团长和副团长建议名单、议案截止日期、选举办法、条例和决议决定表决方式的决定（草案）；审议县人大常委会代表资格审查委员会《关于代表资格变动情况的报告》《关于提请审议〈景宁畲族自治县城市管理条例（草案）〉的决定（草案）》。表决通过县人民政府、县人民法院提出的人事任免议案。

【八届人大常委会第22次会议】 于2015年4月29日召开，16名县人大常委会委员出席。会议听取和审议县人大常委会2015年监督工作计划；听取和审查县交通局、计生局、公路管理局2015年预算草案及县财政局关于县交通局、计生局、公路管理局2015年预算安排方案的说明。表决通过人事任免事项。

【八届人大常委会第23次会议】 于2015年6月29日召开，18名县人大常委会委员出席。会议听取和审议了县人民政府《关于国有资产管理及运营情况、全县“五水共治”工作情况报告的审议意见落实情况的报告》；会议做出外舍污水处理系统工程回购资金列入县本级财政预算的决定；表决通过人事任免事项。

【八届人大常委会第24次会议】 于2015年8月27—28日召开，18名县人大常委会委员出席。会议听取和审议了县科技局、人力资源和社会保障局关于2014年度部门决算的报告；关于全县2015年上半年国民经济和社会发展计划执行情况的报告，2014年财政决算和2015年上半年预算执行情况报告及审计工作报告；关于大气污染防治工作情况的报告；县公检法司四机关关于依法履职公正司

(执)法工作情况的报告。表决通过人事任免事项。

【八届人大常委会第25次会议】 于2015年10月22—23日召开，18名县人大常委会委员出席。会议听取和审议县人民政府《关于县级公立医院改革情况和基层医药卫生工作审议意见落实情况的报告》《关于美丽乡村建设工作情况的报告》《关于被评议的法官和检察官履职情况的报告》《关于全县养老服务体系建设情况报告的审议意见落实情况的报告》《关于我县国有资产管理及运营情况报告的审议意见落实情况的报告》。表决通过人事任免事项。

【八届人大常委会第26次会议】 于2015年12月28—29日召开，18名县人大常委会委员出席。会议听取和审议县人民政府《关于少数民族经济社会发展暨民族工作“新十条”落实情况的报告》《关于十件实事完成情况的报告》《关于县八届人大四次会议代表建议办理情况的报告》《关于2014年财政决算报告、2014年财政预算执行和其他财政收支情况审计工作报告的审议意见落实情况的报告》《关于全县大气污染防治工作情况报告的审议意见落实情况的报告》《县公检法司四机关关于依法履职、公正司(执)法工作情况报告的审议意见落实情况的报告》《关于调整2015年度一般公共预算的议案》《景宁鹤溪历史文化名镇保护规划的议案》《提请审议县交通客运中心项目给予资金补助的议案》《景宁畲族自治县国民经济和社会发展第十二个五年规划纲要终期评估报告》。表决通过人事任免议案。

(潘建军)

景宁畲族自治县人民政府

县政府全体会议

【八届县政府第四次全体会议】 2015年8月31日上午,县委八届八次全体(扩大)会议暨八届县政府第四次全体会议在县文化中心剧场举行。省委第三巡视组组长徐定安出席会议。中共景宁畲族自治县委书记代表县委常委会做工作报告,并对《中共景宁畲族自治县委关于全面加强基层党组织和基层政权建设的实施意见(审议稿)》作说明。中共景宁畲族自治县委副书记、县长蓝伶俐部署县政府下阶段工作。会议的主要任务是:认真学习贯彻省委十三届七次全会、市委三届九次全会精神,审议通过《中共景宁畲族自治县委关于全面加强基层党组织和基层政权建设的实施意见》;总结上半年工作,部署下半年任务;动员全县干部,全面贯彻“干在实处永无止境、走在前列要谋新篇”,夯实基层基础,提升治理能力,集中精力抓落实,攻坚克难求实效,为全力谱写“中国畲乡·小县名城”建设新篇章而努力奋斗。全会审议通过《中共景宁畲族自治县委关于全面加强基层党组织和基层政权建设的实施意见》。表决通过《中共景宁畲族自治县委员会关于免去和增补部分县委委员职务的决定》。县委委员、县委候补委员、县纪委委员、副县级以上领导干部、各乡镇(街道)书记、乡镇长(街道主任)、县直机关各单位主要负责人、担任过副县级以上实职的退休老干部、离休老干部代表参加会议。

县政府常务会议

【概况】 2015年,县政府召开常务会议7次。

1月29日上午,县长蓝伶俐主持召开第30次政府常务会议。中共景宁畲族自治县人民政府党组副书记潘伟、副县长诸葛洋、季建标、雷应江、王益、童巧隽、王宏波参加。会议审议《关于景宁畲族自治县2014年国民经济和社会发展计划执行情况、2015年国民经济和社会发展计划草案的报告(送审稿)》《2014年度财政预算执行情况和2015年县本级财政预算收支建议方案(送审稿)》《景宁畲族自治县金融部门支持县域经济发展考核奖励办法(送审稿)》《关于加快新山区建设的若干意见(送审稿)》《景宁畲族自治县党政机关办公用房清理整改实施方案（送审稿）》《政府工作报告（送审稿）》及十件实事。

3月30日下午，县长蓝伶俐主持召开第31次县政府常务会议。副县长潘伟、诸葛洋、郑建强、雷应江、王益、童巧隽、王宏波、余晓军参加。会议研究外舍古镇地下空间回购方案和《2015年度城乡居民基本医疗保险筹资标准调整方案》，审议《景宁畲族自治县国民经济和社会发展第十三个五年规划总体思路（送审稿）》《景宁畲族自治县“十三五”规划编制目录（送审稿）》《景宁畲族自治县学前教育第二轮三年行动计划（2015年—2017年）（送审稿）》《全县重点区域火灾等安全事故防控综合治理体系建设的实施意见（送审稿）》《民间博物馆园区（一期）项目招商方案（送审稿）》《景宁畲族博物馆提升工程项目土地房屋征收补偿方案（送审稿）》《景宁畲族自治县人民政府法律顾问工作规则（送审稿）》。

5月8日上午，县长蓝伶俐主持召开第32次政府常务会议。副县长潘伟、诸葛洋、雷应江、王益、童巧隽、余晓军，县领导吴积雷参加。会上组织学习新修改的《中华人民共和国行政诉讼法》；听取浙江明龙医药包装有限公司资产整体收购的情况汇报和移民信访工作情况汇报；审议《景宁畲族自治县关于进一步规范农村宅基地管理的实施意见（送审稿）》《景宁畲族自治县环境功能区划（送审稿）》《景宁畲族自治县工业企业违建拆除及污染整治工作方案（送审稿）》《景宁畲族自治县水利安全管理办法（试行）（送审稿）》。会议通报了《景宁畲族自治县城市商业综合体开发项目招商方案（修改稿）》。

7月1日下午，县长蓝伶俐主持召开第33次政府常务会议及县长办公会议，副县长潘伟、郑建强、雷应江、王益、童巧隽、余晓军、吴积雷参加。会议审议《景宁畲族自治县产业发展基金运作和管理办法》《景宁畲族自治县生态服务业发展基金实施方案》《景宁畲族自治县人民政府关于促进社会资本进入公共设施建设领域的实施意见（试行）》《景宁畲族自治县2015年度规划编制计划（送审稿）》《建设用地占用耕地耕作土剥离再利用工作实施方案》《通天门垃圾填埋场陈腐垃圾与岚头岭垃圾填埋场垃圾同步处理实施方案》《景宁畲族自治县全力打造“最洁净县城”实施方案》。

8月19日晚上，县长蓝伶俐主持召开第34次政府常务会议。县领导潘伟、金伟、郑建强、雷应江、王益、童巧隽、余晓军、吴积雷、黄米东参加。会议听取2015年上半年禁毒工作情况的汇报，审议了《景宁畲族自治县2015年扩大有效投资工作考核办法（送审稿）》《景宁畲族自治县畲族集中安置特色小区（金山垟）项目集体土地房屋征收补偿方案（送审稿）》《景宁畲族自治县山哈谷项目土地房屋征收补偿方案（送审稿）》《景宁畲族自治县创建浙江省示范文明县城工作实施意见（送审稿）》《景宁畲族自治县砂石料加工经营权创设出让管理方案（送审稿）》《景宁畲族自治县2015年上半年经济运行分析（送审稿）》。

10月30日，县长蓝伶俐主持召开县政府第35次常务会议暨县长办公会议。副县长潘伟，金伟、郑建强、雷应江、王益、童巧隽、余晓军、吴积雷、黄米东参加。会议审议《关于实施“文化引领”建设“文化高地”推动文化发展走在全国民族自治县前列的若干意见》《景宁畲族自治县重大非工项目招商工作实施意见（送审稿）》《景宁畲族自治县民族商贸物流产业园项目招商方案（送审稿）》《景宁畲族自治县城区限制燃放烟花爆竹管理规定方案》《景宁畲族自治县湿地保护规划（2014—2020年）》《景宁畲族自治县临时救助实施办法》《景宁畲族自治县城乡困难人员医疗救助实施办法》《关于实行森林消防责任追究的若干意见》《景宁畲族自治县食品生产加工小作坊改造提升补助方案（送审稿）》《关于促进景宁畲族自治县电子商务发展的实施意见》《景宁畲族自治县农村土地综合整治实施办法》《景宁畲族自治县不动产统一登记改革工作方案》《外舍新区人防工程、山哈大剧院建设投资模式实施方案（送审稿）》，研究了千年山哈宫项目设计单位及设计收费等相关事宜、公共场所免费无线局域网相关事宜，听取了交见圩至叶村公路工程路面工程地材调差和黄谢圩段二期实施情况的汇报。

12月13日晚上，县长蓝伶俐主持召开县政府第36次常务会议。副县长潘伟，金伟、郑建强、雷应江、王益、童巧隽、余晓军、吴积雷、黄米东参加会议。会议审议《景宁畲族自治县域经济体制综合改革实施方案（送审稿）》《体育场区块国有土地上房屋征收补偿方案（送审稿）》《千年山哈宫项目PC模式建设方案(送审稿)》《山哈谷项目指标调整及招商方案(送审稿)》《关于调整和完善乡镇财政管理体制的意见（送审稿）》《景宁畲族自治县被征地农民基本生活保障名额指标确定方案（送审稿）》《景宁畲族自治县村级报账员定期补助办法（送审稿）》《关于创办“景宁畲族自治县启文中学”的补充意见（送审稿）》《“畲乡之窗”景区经营权回收方案（送审稿）》。

县政府专题会议

【概况】 2015年，县政府召开专题会议37次。

1月4日，召开专题会议研究凤凰大厦项目人防工程易地建设费用相关事宜。12日，研究全县视频会议系统升级改造项目的相关事宜。14日，研究行政中心后勤保障用房家具采购相关事宜。19日，讨论沐鹤小区后续管理相关事宜。27日，研究“110来料加工服务中心”项目招投标相关事宜。29日，研究垦造耕地涉及公益林等相关工作。30日，研究上标电厂产权登记相关问题。

2月2日，研究浙西南彩色苗木基地项目建设相关事宜。3日，召开会议，专题研究鹤溪大酒店创四星等相关工作。5日，题研究全县农村土地承包经营权确权登记颁证工作相关事宜。6日，研究畲族集中安置特色小区（金山垟）项目设计单位选择相关事宜。

3月2日，研究体育场区块城市综合体建设涉及房屋征收相关工作。5日，研究人民北路延伸工程绿化景观提升项目相关问题。9日，召开会议，专题研究《景宁畲族自治县2015年度森林“增绿添彩”工作方案》中苗木采购相关事宜。

4月3日，召开立面改造工作领导小组联席会议，专题研究立面改造相关工作。13日，研究农村生活污水治理工程相关事宜。16日，研究农村应急广播体系建设相关事宜。23日，研究金格商贸城地下空间建设、鹤溪小区B区建设涉及产权确权等相关问题。

5月7日，召开会议，专题研究“六边三化三美”所涉及的养殖场拆除工作相关事宜。8日，研究全县政务网运行有关电路费用等相关事宜。11日，研究县第五届全国少数民族文艺会演工作相关事宜。

6月9日，召开会议，专题研究相关项目违法情况处置工作。同日，研究中国畲乡小镇建设相关问题。23日，研究滩坑水电站景宁县内移民安置房土地使用证和房屋所有权证办理相关事宜。25日，研究畲族博物馆主体建筑扩建工程设计的相关事宜。

7月23日，召开会议，专题研究县客运中心站前广场等项目推进相关问题。28日，研究农民创业园工程建设相关问题。

8月4日，召开会议，专题研究外舍凤凰古镇建设相关问题。14日，研究鹤溪中路立面改造增加工程量等相关问题。

11月4日，召开会议，专题研究通天门供水储水箱工程、外舍凤凰古镇项目、澄照农民创业园等城市建设项目招投标相关问题。13日，研究山哈谷项目房屋征迁中产权调换等相关问题。

12月1日，召开会议，专题研究畲族服饰秀《传奇凤凰装》相关事宜。2日，研究全县农村敬老院规范化管理工作相关事宜。3日，研究外舍凤凰古镇建设、外舍凤凰古镇产权分割、房产预售等相关问题。4日，研究旱改水工作相关问题。9日，研究人民北路、环城东路拆迁复建房违建处置相关问题。14日，研究溪口污水处理厂第三方管理相关问题。

政府工作会议

【全县“低、小、散”企业整治提升暨全面清理违法违规建设项目环保专项行动工作会议】 于2015年3月16日上午，在县行政中心2号楼五楼会议室召开。会议旨在全面贯彻实施新环保法，加快推进景宁“低、小、散”企业整治提升，全面清理违法违规建设项目。会议布置调查全县园区内外企业基本情况，全县环境保护大检查行动工作方案及全面清理违法违规建设项目环保专项行动任务。会上，各乡镇(街道)、部门签订了环境保护目标管理责任书。副县长雷应江参加会议。

【全县农村工作会议】 2015年3月22日下午，全县农村工作会议暨“五水共治”工作推进会在县行政中心2号楼一楼报告厅召开。县委书记出席会议并讲话，县委副书记、县长蓝伶俐做省级美丽乡村先进县创建工作动员讲话，县委副书记程巧琴主持会议，副县长郑建强做农村工作报告，副县长雷应江做“五水共治”工作报告。会议对2014年度农村产权制度改革暨金融创新、农村发展六大行动计划先进集体、群众致富奔小康、农村生活污水治理、美丽乡村建设、农民异地搬迁、洁净乡村创建等工作表现突出的部门单位、乡镇(街道)、个人予以表彰。各乡镇(街道)党委、政府主要领导和分管领导，县直机关有关单位主要负责人，部分农业龙头企业负责人参加会议。

【全县国家级生态县创建暨扩大有效投资和工业经济大会】 于 2015 年 4 月 1 日上午，在畲族文化中心报告厅召开。会议贯彻省、市相关会议精神，总结回顾 2014 年全县国家级生态县创建、扩大有效投资、生态工业、招商引资、政府质量等工作情况，部署 2015 年工作任务。县委书记讲话，县委副书记、县长蓝伶俐主持会议。县领导严轶华、潘伟、诸葛洋、雷应江参加。

【全县安全生产暨消防工作会议】 于 2015 年 4 月 7 日上午召开。县长蓝伶俐，副县长潘伟、诸葛洋参加会议。会议传达贯彻省、市相关会议精神，回顾总结全县 2014 年度安全生产和消防工作情况，并对 2015 年的工作任务作了具体部署，表彰了 2014 年度安全生产、消防工作先进单位和个人。与会各单位在会上签订了 2015 年安全生产目标管理责任书。全县各乡镇(街道)主要负责人和分管负责人，安全生产委员会成员单位和消防安全委员会成员单位主要负责人，安监局班子成员、各派出所所长、县消防大队防火中队全体人员，以及受表彰的先进单位代表和先进个人参加会议。

【全县大气污染防治、“五水共治”暨国家级生态县创建迎检工作会议】 于 2015 年 5 月 18 日下午召开。县领导蓝伶俐、陈晓敏、吴昌亮、雷应江出席会议。县长蓝伶俐要求各级、各部门要进一步提高思想认识，抓好工作落实，积极主动干事，以只争朝夕、奋发有为的精神，齐心协力推进大气污染防治、“五水共治”以及国家级生态县创建工作。与会各单位签订了 2015 年生态县建设责任书、大气污染防治目标责任书(2015—2017 年)。

【全县“十三五”规划工作动员会】 于 2015 年 5 月 29 日上午召开。县长蓝伶俐，常务副县长潘伟参加会议。会上学习传达国家、省、市相关会议精神，部署全县“十三五”规划编制下阶段工作任务。会议强调：做好“十三五”规划编制工作，责任重大、任务繁重。大家一定要以强烈的责任感、使命感和高度负责的精神，认真做好“十三五”规划编制工作，为实现全县“三个走在前列”的目标作出积极贡献。在具体的规划编制工作中，必须紧紧抓住规划编制的关键环节和重点领域，加强调查研究，规范编制程序要选准路径突出重点，努力提高“十三五”规划编制水平。同时，还要加强领导，确保“十三五”规划编制协调推进。会上，省发改委专家为各乡镇(街道)、各单位的参会人员做《山区“十三五”规划的若干问题》的专题讲座。

【全县 2015 年扩大有效投资“百日攻坚”活动动员大会】 于 2015 年 9 月 7 日上午，在县行政中心 2 号楼一楼报告厅召开。县委书记讲话，县委副书记、县长蓝伶俐主持会议，县政协主席严轶华、县委副书记程巧琴出席，县委常委、常务副县长潘伟做项目推进情况报告。

【全县“三城联创”工作动员大会】 2015 年 9 月 28 日上午，全县召开“三城联创”工作动员大会。县委书记在会上强调，开展“三城联创”是围绕“中国畲乡·小县名城”蓝图，加快打造“AAAAA 级景区”的一项重要举措，是惠及畲汉人民群众的民心工程。全县上下要团结一心，振奋精神，真抓实干，确保如期实现“三城联创”目标。县委副书记、县长蓝伶俐做动员报告，县政协主席严铁华出席，县委副书记程巧琴主持会议。会上，红星街道、鹤溪街道、县建设局、县卫生计生局、县市场监管局作表态发言。县委、县政府与各责任单位签订责任书。

【全县项目建设“百日攻坚”工作汇报会】 于2015 年 10 月 22 日上午，在县行政中心 1 号楼五楼会议室召开。会议研究分析当前项目工作中存在的主要问题，并对下阶段重点工作进行安排部署。县领导蓝伶俐、潘伟、金伟、王益、童巧隽、余晓军、吴积雷、黄米东出席会议。会上，县发改局汇报全县前三季度项目建设推进及百日攻坚情况；各项目攻坚组汇报深入项目一线开展百日攻坚活动推进和取得的实效等情况。大家共同梳理、探讨存在的问题，分析原因，有针对性地提出解决问题的举措，以更好地推进项目建设。

【全县文化大会】 于 2015 年 11 月 17 日上午，在县文化中心小剧场召开。会议总结全县文化事业发展情况，部署今后一个时期文化工作任务，动员全县上下坚定信心，鼓足干劲，全力推进文化发展走在全国民族自治县前列。县委书记讲话，县委副书记、县长蓝伶俐主持会议。省文化厅公共文化处负责人，市文广出版局负责人，县政协主席严铁华等参加会议。副县长余晓军代表县政府做工作报告。其他副县以上领导干部，担任过副县级以上实职的离退休老干部，各乡镇(街道)党委和政府主要负责人、分管文化副职、文化员，县直机关单位主要负责人，县文化服务体系协调小组成员单位分管副职，县文广出版局、电视台、畲乡报社全体班子成员，受表彰的先进个人和先进集体代表，文保员和非物质文化遗产传承人代表及县文化系统全体干部参加会议。

【全县消除“4600”工作会议】 2015 年 12 月 7 日上午，全县消除“4600”攻坚工作会议召开。县委书记出席并讲话，县委副书记、县长蓝伶俐主持会议，县政协主席严铁华，县人大常委会副主任陈林生，副县长郑建强出席会议。会议传达学习中央扶贫工作会议精神，对下阶段“消除家庭人均年收入 4600 元以下的贫困户”扫尾工作进行部署。会议要求，各部门单位认识要清，行动要快，责任要明，工作要细，精准细致掌握低收入农户信息，制定精准扶贫办法，真正帮助 4600 元以下低收入农户找到增收途径，实现持续增收。各乡镇(街道)要切实肩负起主体责任，各部门单位要根据结对帮扶“一户一策一干部”的要求开展帮扶工作，县人大和县政协要根据全省的统一部署，组织人大代表和政协委员对 4600 元以下低收入农户增收情况进行逐户逐人进行“地毯式”核查，确保做到不留一户一人，全面完成工作任务。各乡镇(街道)党委、政府主要负责人，县直机关各单位主要负责人，涉农部门分管负责人等参加会议。

县政府重大活动

【退役士兵职业技能教育培训基地挂牌】 2015年1月22日上午，县人民政府和县民政局在景宁广播电视大学举行退役士兵职业技能教育培训基地挂牌仪式。为推进退役士兵安置改革工作，结合新形势下退役士兵安置难的现状，县民政局决定以景宁广播电视大学为培训基地，打出“学历教育和非学历教育”相结合的“组合拳”。是年，退役士兵职业技能教育培训基地有学员106人，其培训费、技能鉴定费由政府与广播电视大学全额承担，免费为学员进行创业、就业培训。

【“中国作家协会民族文学景宁创作基地”和“浙江省作家协会景宁创作基地”挂牌成立】 2015年2月6日，“中国作家协会民族文学景宁创作基地”和“浙江省作家协会景宁创作基地”在浙江省景宁畲族自治县挂牌成立。《民族文学》副主编赵晏彪宣读中国作家协会书记处书记白庚胜和中国少数民族学会石柱创作基地、民族文学彭水创作基地分别发来的贺信，并向中共景宁畲族自治县委宣传部长潘晓泉授“民族文学景宁创作基地”牌匾。中共浙江省作协党组成员、秘书长王益军向中共景宁畲族自治县委宣传部长潘晓泉授“浙江省作家协会景宁创作基地”牌匾。

【全国“山哈杯”畲族文学大奖赛在景宁启动】 2015年2月6日，全国“山哈杯”畲族文学大奖赛在景宁举行启动仪式。中国少数民族作家学会常务副会长、中国作协主席团委员叶梅到会讲话并宣布：全国“山哈杯”畲族文学大奖赛正式启动。中共浙江省作协党组成员、秘书长王益军、《民族文学》副主编赵晏彪、中共景宁畲族自治县委宣传部长潘晓泉以及景宁畲族自治县文学爱好者和畲族作家等30余人参加启动仪式。

【首届中国少数民族工艺品设计制作大赛作品展】 2015年4月20日下午，“首届中国少数民族工艺品设计制作大赛作品展”开展仪式在县文化中心举行。县委书记出席仪式并宣布展览开幕，县委副书记、县长蓝伶俐主持。省工艺美术行业协会副会长陈小甫致辞，县领导程巧琴、陈晓敏、季建标、罗德伟、尚建基出席开展仪式。

“首届中国少数民族工艺品设计制作大赛”由浙江省工艺美术行业协会与景宁畲族自治县政府共同主办。大赛历时5个月，受到社会各界高度关注。据统计，大赛组委会共收到海内外参赛作品1000余件。通过前期专家评审，大赛产生畲族饰品类、畲族陶艺类、畲族旅游工艺品类、畲族元素纹样设计类四个类别的金、银、铜奖36个及若干优秀奖。此次在“三月三”节庆期间共展出优秀作品200余件，旨在让市民充分领略民族工艺品的独特魅力。

【县民族医院项目开工仪式】 2015年4月23日上午，县民族医院（浙江大学医学院附属第一医院民族分院）建设项目举行开工仪式。浙医一院副院长顾国煜，县领导蓝伶俐、蓝良兴、季建标、余晓军、尚建基出席。县委书记宣布项目开工。县民族医院（浙医一院民族分院）建设项目是景宁畲族自治县自主投资最大的民生项目，项目建设地点位于人民北路以东，凤凰路以北，鸭蛋坑路以南，总占地面积13.3公顷。医院按国家三级乙等综合性医院和GB—2008标准进行规划建设，拟建规模为800张床位，分两期建设。一期总用地面积68407.98平方米，总建筑面积为76697平方米，设550张床位，停车位600个。建设内容包含门诊楼、急诊楼、医技楼、住院楼、畲医畲药陈列馆、国际体检中心、污水处理中心及配套设施等，估算投资3.8695亿元，预计2017年投入使用。二期建设规模为30000平方米，设康复床位250张，估算投资1.925亿元。

【畲族织绣服饰展开幕】 2015年6月5日，由浙江省文化厅、浙江省文物局、景宁畲族自治县人民政府主办，中国丝绸博物馆、景宁畲族博物馆联合承办，景宁畲乡民俗博物馆协办的凤凰霓裳——畲族织绣服饰展在中国丝绸博物馆大厅开幕。浙江省文化厅副厅长、文物局局长陈瑶参加开幕式。在开幕仪式上，中国丝绸博物馆馆长赵丰和景宁畲族自治县人民政府县长蓝伶俐分别致辞。

【畲乡国学教育基地揭牌】 2015年6月16日上午，景宁畲族自治县人民政府在孔庙隆重举行2015年文化遗产月系列活动启动暨畲乡国学教育基地揭牌仪式。景宁县人民政府副县长余晓军致辞并宣布活动启动。市文广新局副局长许卫东，市文广新局、县委宣传部、县人大、县政协、县文广局、县教育局等有关领导，景宁非遗传承大师及徒弟、各级非遗传承人、诗词楹联学会的国学成员、实验一小部分学生、新闻媒体朋友等参加活动。

【52省道岚头岭至汇田大桥段改建公路通车仪式】 8月24日上午，举行52省道岚头岭至汇田大桥段改建公路通车仪式。县委书记出席并宣布公路通车，县领导蓝良兴、严轶华、潘伟、雷应江、黄米东等出席仪式。52省道岚头岭至汇田大桥段改建公路通车，是景宁畲族自治县继云景高速通车后交通区位改善的又一新突破。改建公路起点位于原52省道与沈北线交叉口南端，终点位于汇田大桥北侧桥头，路线全长6.705千米，总投资2.5亿元。其中，新建的岚头岭隧道比原隧道海拔降低72米，里程缩短2千米。整条路线的宽度、纵坡、平曲线半径等技术指标都得到了较大提升，极大改善行车安全性和舒适度。

【中国少数民族服饰文化系列丛书之《畲乡霓裳》首发仪式】 2015年10月12日上午，中国少数民族服饰文化系列丛书之《畲乡霓裳》景宁首发仪式在景宁畲族博物馆举行。上海纺织博物馆馆长蒋昌宁、上海纺织博物馆宣教展览部策划总监丁修勇、景宁畲族自治县人民政府副县长余晓军参加首发仪式。《畲乡霓裳》挖掘和整理了畲族服饰的发展变化情况，揭示了民族服饰发展变化的规律，对维护民族服饰文化发展具有重要的意义。

【畲乡滨水休闲长廊开通仪式】 于2015年10月21日上午举行。县领导、县直机关、水利(参建单位)和乡镇街道相关人员出席。县委书记和县长为绿道揭牌。休闲长廊起于鹤溪溪口，终点在大均畲乡AAAA级景区，总长13.14千米。他有效串起县城、外舍古镇、大均等区块，融合了沿途的山水生态资源和畲乡风土人情。

【2015年扩大有效投资“百日攻坚”项目集中开工暨招商引资签约仪式】 11月20日上午，景宁畲族自治县举行2015年扩大有效投资“百日攻坚”项目集中开工暨招商引资签约仪式。汇龙游艇俱乐部综合体、大漈至雁溪公路工程等8个项目进行集中开工；水性生态纺织品深加工、能源开发投资项目、商贸物流产业园等9个项目进行集中签约。县领导蓝伶俐、严铁华、程巧琴、潘伟等出席。

【大漈小佐至雁溪公路开工仪式】 2015年12月4日上午，大漈小佐至雁溪公路开工仪式在大漈乡小佐村举行。县委常委、纪委书记朱丽军出席，副县长雷应江主持仪式。大漈小佐至雁溪公路是景宁畲族自治县农村联网公路规划项目之一。该公路起点位于小佐村，路线总体走向沿小佐坑布线，经石银水库，终点位于雁溪乡茶塘湾，接“801”县道东桥线，全长10.33千米，采用四级公路技术标准，设计行车速度20千米/小时，路基宽4.5米，路面宽4米，桥梁3座共计139米，工程概算总投资约5400万元，工期为24个月。

【“千年山哈宫”项目启动仪式】 2015年12月28日上午，景宁畲族自治县人民政府举行“千年山哈宫”项目启动仪式。县委书记宣布“千年山哈宫”项目正式启动。蓝伶俐、蓝良兴、严铁华、程巧琴、陈晓敏、蓝跃军、金伟、王益等参加启动仪式，副县长余晓军主持启动仪式。“千年山哈宫”项目用地面积约15公顷，总投资约4.8亿元，主要建设内容有山哈广场、朝圣天梯、凤凰雕塑等，东西两侧有迁徙之路和生态之道。最终目标是把“千年山哈宫”打造成全国畲族朝圣问祖的殿堂。

山哈宫效果图　　(县委办公室 提供)

【与上海瑞金医院高血压研究所签订帮扶协议】 2015年12月31日上午，上海瑞金医院高血压研究所帮扶景宁畲族自治县基层医疗机构建立“动态血压远程诊断报告系统”，签约仪式在鹤溪社区卫生服务中心举行。中共上海瑞金医院党委书记杨伟国，中共景宁畲族自治县委副书记、县长蓝伶俐，上海高血压研究所相关负责人等出席签约仪式。仪式上，上海瑞金医院高血压研究所与景宁畲族自治县卫生计生局签约，并赠送基层医疗“动态血压远程诊断报告系统”设备以及高血压防治工具书。双方约定上海瑞金医院高血压研究所派出专业技术团队，培训景宁畲族自治县基层医疗卫生机构的人才，并接收基层医疗技术人员去上海进修。这既是有效提高基层医疗服务水平的有效载体，也是探索新医改模式的一个重要起点。

十件实事

【概况】 一是实施城区污水管网改造工程；二是完成100个行政村农村生活污水治理工程；三是建成示范性居家养老服务照料中心5个；四是建成残疾人康复中心；五是建成县食品药品检验检测中心；六是建成鹤溪南路步行街；七是实施中小学寄宿生“暖心工程”；八是完善“康庄小巴”运营管理机制，进一步解决偏远地区群众的出行难问题；九是实施低收入农户小额贴息贷款，年度贷款规模达到1亿元；十是加强农村饮用水管理，改善农村居民饮用水条件。

县政府办公室工作

【概况】 2015年共编写上报信息610条，被采用232条。其中：国务院办公厅采用7条，国务院领导批示3条；省政府办公厅《专报国办信息》采用13条，《选编信息》采用8条，《浙江政务信息（专报）》4条，省政府领导批示6条；丽水市人民政府办公室《丽水政务信息（上报）》采用39条，《丽水政务信息（要情）》采用157条，《丽水政务信息（专报）》采用23条，《丽水政务信息（政务工作交流）》采用1条，市领导批示6条。全县主动公开政府信息10657条，其中县本级主动公开政府信息1898条，乡镇和部门主动公开政府信息8759条，收到12例政府信息依申请公开并及时进行答复。全年没有发生涉及政府信息公开的行政复议和行政诉讼案件，没有有关政府信息公开举报投诉。全年组织或参与政务专项督查21次，编发各类督查与反馈材料35个，其中编发景政督函12份、《督查反馈》8期、《政务督查专报》15期。 （县府办）

应急工作

【概况】 2015年，编制出台《景宁畲族自治县突发公共事件预警信息发布管理办法》《景宁畲族自治县农村饮用水应急预案》《景宁畲族自治县金融突发公共事件应急预案》；修订了《景宁畲族自治县突发公共卫生事件应急预案》《景宁畲族自治县突发公共事件医疗卫生应急救援行动方案》《景宁畲族自治县地震应急预案》《景宁畲族自治县矿山事故应急预案》《景宁畲族自治县危险化学品事故应急预案》《景宁畲族自治县重特大生产安全事故应急预案》；印发了《关于进一步加强突发事件信息报告和处置工作的通知》。开展全面防灾宣教活动，筹建景宁畲族自治县社会综合服务指挥中心，完成乡镇视频会议系统的升级改造，制作全县应急联动单位通讯录，强化应急救援的动态管理，多次开展应急预案演练工作。是年11月13日，丽水莲都区里东发生山体滑坡，景宁畲族自治县政府根据应急预案，迅速组织人员前往救援。（县府办）

外事工作

【概况】 2015年，景宁畲族自治县的外事工作依托“畲族”和“生态”两张金名片，围绕共同发展的目标，通过走出去迎进来，考察学习国外先进经验，推介、宣传景宁，促进相互间的交流与合作。是年，县外事办办理参团出访手续6批10人次。其中，参加省市组团4人次。出国人员中，副处以上4人，副科以上5人，教师（事业人员）1人。分别出访法国、德国、意大利、英国、澳大利亚、新西兰等国家。县政府组团1个（5人），拜访法国蒙吕松市政府，举办招商引资说明会，走访巴黎中国商城（CIFA）；拜访德国威尔堡市政府，走访艾斯凯尔高科技产业园，为丽景民族工业园招商牵线搭桥；拜访意大利克雷莫纳市政府，推介景宁畲族自治县投资环境，签订经贸信息互换协议。拜访意大利中国商会，会见在意同胞，举办说明会，吸引华侨回乡创业。

县外事办接待外宾6批90人次。他们分别来自韩国、智利、赞比亚、意大利、巴西、法国等国家。其中，韩国丽水市议会议长一行11人，莅景宁体验畲族习俗，参加互动性活动；智利塔尔卡市代表团一行4人到景宁畲族风情十寨之一“吉寨”——金丘村封金山体验传统畲族民间婚嫁表演；来自巴西、法国等14个国家20人组成的“五洲茶亲”代表团到景宁参加“中国畲乡三月三”节庆活动，以茶联谊，共品“惠明”文化；37名签证官走进丽水活动，到景宁参观体验畲族服饰、畲族婚俗等；赞比亚国际水电中心代表团4人到景宁考察，双方签署《建立友好关系意向书》；意大利拉斯佩齐亚省民主党主席、萨尔扎纳市市长卡凡拉一行14人到景宁考察。（县府办）

政府审批服务工作

【概况】 2015年，景宁畲族自治县行政审批中心（以下简称审批“中心”）以2014年行政审批和招投标工作考核情况反馈内容为整改突破口，着力从提效率、促规范、强服务、倡廉洁方面下功夫，为群众、企业搭建优质高效的政务服务平台和公平、公正、公开的公共资源交易环境。全年窗口受理企业、个体申请事项120704件，其中即办件102879件，办结119915件，即办率85.23%，办结率99.35%。探索审批新模式，环保窗口按照“提早介入、优化审批”的思路，采用“模拟审批”方式，节省业主时间，加快项目推进速度；实现“一门受理、现场委托、多证联办”的“接力式”审批服务，加快审批速度，节约时间3/4；推行“代办式”服务，县代办服务中心承接项目37个(其中政府投资项目21个、企业投资项目4个、公司注册6个，农家乐工商注册6家)，涉及项目投资金额25.8亿元，实现市审批中心代办项目“业主不进城”“农民不出村”“职工不出企”的“三不”目标。是年，完成建设工程交易项目（含小额项目)260个，预算金额10.2488亿元，成交金额9.5132亿元，平均下浮率7.18%，节约资金7356万元；完成土地出让交易项目18宗，出让金额5727.1万元；完成产权交易项目3个，成交金额1657.88万元。全县政府采购项目584项(次)，财政预算6798.75万元，纳入政府采购5385.52万元，节约资金1413.23万元，节约率20.78%。开通24小时热线服务，接听热线电话25件次，及时答复20件次，及时转有关部门办理5件次，政府热线处置(答复、转办)率100%。

做好联系乡、联系村工作。2015年9月9日，中心领导带领相关科室工作人员前往慰问郑坑乡校老师，送去慰问金2500元；11月8日，中心领导与郑坑乡张坑下村(联系村)两委成员、党员座谈，共商农村经济发展思路，做好4600元以下低收入农户“一户一策一干部”结对帮扶工作，并走访慰问5户困难户，每户送去慰问金300元；12月7日，给张坑下扶持资金2.4万元；年底，拿出6000元慰问困难群众和老党员。是年，中心积极响应县委的号召，委派陈学敏担任张坑下村第一书记，协助村两委工作。

【浙江政务服务网景宁行政审批中心应用建设通过验收】 2015年6月30日，浙江政务服务网景宁行政审批中心应用建设通过验收。县行政审批中心32个部门发布行政审批事项426项，其中经审核不进行网上申报45项，不接入办件库24项，统一认证354项，统一认证率88.28%；统一申报页面风格342项，占比85.29%；接入办件库事项380项，占比90.05%；异常办件量为0。前三个事项占比均超出省验收组70%，异常数据占比小于0.02%的验收要求。（陈学敏）

机关事务管理

【概况】 景宁畲族自治县机关事务管理局(挂中共景宁畲族自治县委、景宁畲族自治县人民政府接待办公室牌子)。局机关设办公室、接待科、财务科、保卫科、公共机构节能管理科、资产管理科等6个科室，编制13名(其中：局长1名，副局长2名；股级领导职数7名)。下属两个纯公益类正股事业单位：后勤服务中心编制15名，编外用工15名，股级领导职数3名；机关车队编制12名，编外用工8名，股级职数3名。全局实际人数57人。

2015年，为提升膳食住宿保障能力，整合出一栋后勤综合大楼为异地县领导提供统一住宿。做好各项重大活动后勤保障，圆满完成“中国畲乡三月三”暨惠明茶荣获巴拿马万国博览会金奖100周年纪念活动和省委巡视组驻景宁期间的后勤服务保障任务。认真落实中央“八项”规定，规范和加强公务接待管理。

8月，印发《景宁畲族自治县党政机关国内公务接待管理办法》。统筹做好各项公务接待工作，全面完成县委、县政府各项重大活动（会议）及县领导外出考察的后勤保障任务。继续做好基础设施管理维护工作，开展机关大院停车位、多层卫生间、水管网、雨棚和办公楼外立面等改造和维护，巩固和完善免费网络（Wifi）建设，满足人们在各办公楼尤其是政府大院内公共场所的上网需求，推进智慧城市建设。（林凤海）

政协景宁畲族自治县委员会

概　　述

【概况】 2015 年,县政协常委会牢牢把握巩固提升主基调,坚持团结和民主两大主题,不断深化“有为政协、和谐政协、品位政协”建设,紧紧围绕县委、县政府中心工作,认真履行三大职能,为景宁的社会经济和谐稳定发展做出了积极贡献。一年来,坚持助推发展要务,积极探索协商民主新形式。7 月,举办“2015 县政协历史名人文化论坛”,向县委、县政府提出弘扬本地优秀传统文化、加快文化产业持续发展、提振地方文化自信等协商意见。提前选定老城保护与利用等 20 个课题,交由各专委组织调研并以大会发言的形式向县委、县政府提出意见建议。筛选出城区污水管网改造工程、饮用水水源保护、环敕木山风情旅游区建设、民间组织作用的发挥、超市转型升级等课题,组织开展专题视察和协商,有力地推动景宁社会经济的发展。坚持服务民生为本,扎实开展系列民生办实事。107 件提案全部得到及时办复,办复率100%,委员满意率 94.4%,住房补贴发放、食品加工小作坊整治等许多建议得到落实。全年共收到社情民意信息 76 篇,其中 1 篇被全国政协采用,6 篇被省政协采用,获全市政协反映社情民意信息工作一等奖。全力配合省政协到景宁开展“送教育下乡、两走进”活动,达成捐书、赠球、校际结对等一系列帮扶协议。发动景宁在外创业委员通过商会、联谊会等平台,开展扶贫结对 85 人,捐资40 余万元。坚持团结民主主题,努力打造凝心聚力新格局。首次邀请各地景宁商会、同乡联谊会会长、秘书长列席县“两会”,组织在外创业人士座谈会,为在外景商建睿智之言、献务实之策搭建平台。与县茶文化研究会联合征编第十六辑文史资料《金奖惠明茶》,为各界人士了解和认知惠明茶提供有益参考。坚持一线工作理念,全力助推重点工作促发展。开展“五水共治”长效机制建设和“六边三化三美”专项民主监督活动,通过调研视察、定期巡查、巡线进点等形式开展明察暗访。落实县委工作部署,履行好“河长”“路段长”等职责。全力配合省委消除 4600 元以下低收入农户督察核查工作。坚持严实作风要求,不断夯实工作基础强服务。深入开展“三严三实”、“学党章、守纪律、讲规矩”、“党章党规集中轮训”等教育实践活动。设立委员工作委员会，完善委员履职考评细则，运用末位淘汰机制不断激发委员履职活力。

【政协委员视察城市建设】 2015年3月22日下午，出席县政协八届四次会议的委员，先后视察廊桥、溪口至大均休闲长廊、凤凰古镇、畲族文化中心、城市展览馆等城市建设项目，听取鹤溪河桥系提升改造、人民路和环城西路立面改造、溪口至大均休闲长廊规划建设、外舍新城和凤凰古镇规划建设、城南文化带规划建设等情况介绍。

【文史资料《金奖惠明茶》第十六辑发行】 2015年4月22日下午，文史资料《金奖惠明茶》第十六辑发行仪式在县城人民南路茶叶市场举行。省委派景宁督查组组长孙旭东，县人大常委会主任蓝良兴，县委常委、纪委书记朱丽军，副县长雷应江，县政协副主席叶金堂出席。该书由县政协与县茶文化研究会历时2年共同编撰完成。全书分设惠明茶奖、惠明茶路、惠明茶缘、惠明茶文及附文、词联歌、选登四章十二节，收录文章60篇21万字，照片200余幅。图文并茂，以“三亲”的形式对“金奖惠明茶”在不同时期的获奖经历、发展历程、品牌打造以及茶文茶事等方面作了综合反映，让广大读者进一步认识和认知景宁惠明茶。

【省政协到景宁开展“送教育下乡”活动】 2015年5月11—12日，浙江省政协组织部分政协委员和在杭优秀教师到景宁畲族自治县开展送教育下乡活动。省政协主席乔传秀参加启动仪式，并到景宁民族小学观看学生专业足球训练，看望慰问浙大博士生服务团成员和科普大篷车工作人员，在大均乡小学召开乡村教师座谈会。活动期间，举办5场教育科技专题讲座，开展6场名师示范教学、同课异构和专题辅导，签订5个校际结对帮扶协议，建立2个名师工作室，2个“爱心书屋”，赠送图书3000册，赠送民族小学足球1000个、队服80套，2辆科普大篷车进校园，受惠师生3550人次。

【历史名人文化论坛】 2015年7月22日在景宁召开。本次论坛以“挖掘历史名人文化，助推文化名县建设”为主题，由政协景宁畲族自治县委员会主办。县领导蓝伶俐、严铁华、程巧琴，以及其他在景宁的副县以上领导，县政协常委会组成人员、各委站负责人、县政协历史名人文化重点课题调研组成员，各乡镇（街道）主要负责人，县直各机关单位主要负责人参加。其间，浙江省作家协会副主席、国家一级作家、浙江农林大学文化学院院长王旭烽作《文化浙江与景宁》专题讲座。县政协各重点课题调研小组代表分别就雷进裕、惠明禅师、严用光、梅元质、马氏天仙、汤夫人、何八公、汤思退、潘琴、浮丘伯、陈言等历史文化名人作调查发言。本次论坛紧紧抓住“三县并举”发展战略和“文化年”工作重点，为推进“文化名县”战略提供文化依据和对策建议，营造了良好的氛围。

县政协全体会议

【八届四次会议】 2015年3月22—25日在景宁举行。大会应到委员166名，实到委员157名。会议听取和讨论中共景宁畲族自治县委书记重要讲话；同意县政协主席严轶华所做的常委会工作报告和副主席沈秀慧所作的提案工作报告；选举增补叶金堂为政协第八届景宁畲族自治县委员会副主席，付明明为秘书长，盛奎华、徐关水、雷晓东为常务委员。

会议期间，全体与会人员列席景宁畲族自治县第八届人民代表大会第四次全体会议，听取并讨论蓝伶俐县长所作的《政府工作报告》和其他报告。与会同志认真开展协商，通过小组讨论、大会发言和提案等形式提出许多建设性的意见和建议。20篇大会发言(其中现场发言8篇)有9篇得到县领导的批示，委员提案91件，全部得到立案。会议表彰了县政协八届三次会议优秀大会发言、2014年度县政协先进专门委员会、委员工作站、先进委员、优秀提案、优秀社情民意信息、优秀信息员。

县政协常务委员会会议

【八届常委会第17次会议】 2015年1月28日下午在景宁召开。会议听取县政府《关于加快推进我县新山区建设的建议案办理落实情况》《关于2014年度政协提案办理落实情况》的通报；回顾县政协常委会2014年度工作，谋划2015年工作思路；审议通过《关于召开政协第八届景宁畲族自治县委员会第四次会议的决定》；审议通过有关人事事项。

【八届常委会第18次会议】 2015年2月12日下午在景宁召开。会议审议通过有关人事任免名单、增补委员名单及年度工作先进集体和个人名单。

【八届常委会第19次会议】 2015年3月12日下午在景宁召开。会议听取县政协八届四次会议筹备工作情况汇报；审议通过县政协八届四次会议日程；通报县政协八届四次会议大会执行主席分组及主持人名单、列席人员和特邀嘉宾名单、各讨论小组召集人名单和提案截止时间；审议通过县政协八届四次会议秘书长、副秘书长名单；审议通过《八届县政协常委会工作报告》和《提案工作报告》及报告人；审议通过关于授权主席会议审议县政协八届十九次常委会议未尽事宜的决定。

【八届常委会第20次会议】 2015年3月24日下午在景宁召开。会议听取县政协八届四次会议各分组讨论情况的汇报；审议通过政协第八届景宁畲族自治县委员会第四次会议《选举办法(草案)》；听取关于增补政协景宁畲族自治县第八届委员会副主席、秘书长、常务委员候选人建议名单的说明；审议副主席、秘书长、常务委员增补候选人建议名单；审议《县政协八届四次会议决议(草案)》。

【八届常委会第 21 次会议】 2015 年 3 月 25 日上午在景宁召开。会议听取县政协八届四次会议分组讨论情况的汇报；审议通过县政协八届四次会议《选举办法(草案)》，提请大会表决；审议通过增补的副主席、秘书长、常务委员候选人名单，提请大会选举；审议通过总监票人、监票人名单，提请大会表决；审议通过《县政协八届四次会议决议(草案)》，提请大会表决；审议通过《关于县政协八届四次会议提案审查情况的报告(草案)》，提请大会表决。

【八届常委会第 22 次会议】 2015 年 8 月 14 日上午在景宁召开。会议听取县政府关于景宁县上半年经济运行情况及下半年工作思路的通报；听取 2015 年县政协历史名人文化论坛情况的通报；审议通过《关于挖掘和利用我县历史名人文化的建议案》；听取县政协上半年工作情况的通报；审议通过《县政协开展“两路两侧”“四边三化”整治专项集体民主监督实施意见》；通报人事安排。

【八届常委会第 23 次会议】 2015 年 11 月 3 日下午在景宁召开。会议审议通过有关人事事项。

考察调研和重要建议

【“挖掘和利用历史名人文化”重点课题调研】 政协景宁畲族自治县委员会深入贯彻“文化名县”发展战略，紧紧围绕县委、县政府中心工作，于 2015 年 4 月启动，针对雷进裕、惠明禅师、严用光、梅元层、马氏天仙、汤夫人、何八公、汤思退、潘琴、浮丘伯、陈言等 11 位历史名人开展为期 3 个月的调查研究并形成调研报告。提出“成立历史名人研究机构，深度研究挖掘；挖掘历史名人特质内涵，形成文化品牌；加强造势宣传，强力扩大影响；加大资金投入，丰富运作形式”等建议，为县委、县政府提供决策参考。

【“两路两侧”“四边三化”整治专项民主监督活动】 根据省、市政协“两路两侧”“四边三化”专项集体民主监督活动的有关要求，县政协于 2015 年 8 月初，组织开展“两路两侧”“四边三化”专项集体民主监督活动，助推全县“六边三化三美”工作和美丽乡村建设。活动分两个阶段：第一阶段即 8 月中旬至 9 月 17 日，分别由县政协副主席叶金堂、尤建平、尚建基、沈秀慧带队，组织相关委员分组到 21 个乡镇(街道)开展“巡线进点”督查活动，掌握相关工作开展情况。第二阶段即 9 月 18—22 日，召开县政协主席会议，专题听取县六边办、县交通局关于“两路两侧”“四边三化”整治工作情况汇报以及各监督小组开展活动情况的汇报，并整理形成报告。提出“注重提高农村居住质量；进一步创新工作机制；进一步完善金融体制；引导村民在建设美丽乡村中主动作为”等意见建议。

【畲族风情旅游度假区建设专题考察】 为促进畲族风情旅游度假区建设，根据县政协主席会议安排，2015 年 12 月县政协副主席沈秀慧带领县政协农业农村和人资环委部分委员对畲族风情旅游度假区建设工作进行考察。视察组先后实地察看东坑镇大张坑村、澄照乡金丘村、鹤溪街道包凤村村庄整治、立面改造、民宿建设、污水处理等情况，并听取畲族风情旅游度假区建设情况的介绍。提出了“加快建设步伐，抢建畲族文化总都；分批推进十个畲寨建设，增强造血功能；以畲寨改造提升为依托，做好畲文化挖掘工作”等建议，提供县政府决策参考。

（县政协办公室）

中共景宁畲族自治县纪律检查委员会(县监察局)

【概况】 2015年，全县纪检监察机关深入推进“三转”(转职能、转方式、转作风)，领会新精神，适应新常态，探索新方法，践行新作风，力求新作为，不断强化监督执纪问责，严明纪律、严纠“四风”、严惩腐败。

推行两个责任“清单·台账”制度，压实党委主体责任、纪委监督责任和领导干部“一岗双责”，得到市委和市纪委主要领导的批示肯定。协助县委制定出台《关于落实党风廉政建设党委主体责任、纪委监督责任的实施意见》等制度，并抓好责任分解与落实。实行定期召开“一岗双责”汇报会制度，督促15位县党政班子领导向县委常委会汇报“一岗双责”履责情况，派员参加15个科级单位的“一岗双责”汇报会。推行主体责任“点评+质询”汇报制度和监督责任“述职+测评”报告制度，加强履责评议。

组织开展“一月一主题”廉政系列“微”活动，探索“争当廉内助”“小手拉大手”“正风肃纪回头看”等模式，提升廉政教育的针对性和实效性。开展“581”廉政账户宣传周系列活动。

加强基层监督体系建设，在学校、国企、医院、卫生院分别推进校务监督委员会、企务监督委员会和院务监督委员会建设。全县共建立校监会30个、企监会19个、院监会14个，基本实现基层监督体系全覆盖。

准时办结中央巡视组交办信访件20件，转立案4件。全面做好中共浙江省委巡视组巡视景宁期间的协调、配合和服务工作，提前办结中共浙江省委第三巡视组进驻丽水、景宁期间转交办件87件，转立案17件，并协助中共景宁畲族自治县委对巡视组反馈的问题逐一整改，责成存在问题的14家单位党(工)委(党组)召开专题民主生活会，开展专项问题排查、梳理和“回头看”等工作。

探索实践监督执纪“四种形态”，对一般性问题线索，通过谈话函询等方式进行处置，早提醒、早纠正，共诫勉科级领导干部5人，约谈8人。对问题较严重的作出党纪处分和组织处理，防止小错酿成大错。其中，党纪轻处分或组织处理21人，党纪重处分或作出重大职务调整28人。全年,县纪委机关共受理办结群众信访举报件284件次,其中,纪检监察范围内245件次;共处置线索71件,立案58件,结案48件,给予党纪处分43人,政纪处分9人,查处乡科级领导干部7人,为国家和集体挽回经济损失500余万元。

全面开展派驻机构统一管理改革,县本级党和国家机关共设置派驻机构14个(其中综合派驻10个,单独派驻4个),配备行政编制52名。派驻机构编制单列,专编专用,由县纪委统一管理,向县纪委负责并请示报告工作。同时,选送7名纪检干部参加中纪委组织的培训,2名干部参加省级培训。组织121名纪检干部分两批次进行专职专用培训。配合市纪委纪律检查工作,3名县纪委机关干部抽调市纪委协助纪律审查,36名基层纪检干部参与市纪委纪律审查陪护工作。

【纪委全会】 2015年2月13日,召开县纪委八届五次全会,县纪委委员17人出席。各乡镇(街道)党政正职、纪(工)委书记、纪(工)委专职副书记,县直机关各单位党政正职、纪检组长(纪委书记)、监察室主任,党风政风监督员及部分党代表列席会议。会议认真传达学习十八届中央纪委五次全会、省纪委十三届四次全会、市纪委三届四次全会精神,回顾总结2014年全县党风廉政建设和反腐败工作取得的成效,研究部署2015年工作任务。全会审议通过县委常委、纪委书记朱丽军代表县纪委常委会所做的《严明纪律、严纠四风、严惩腐败,坚定不移推进党风廉政建设和反腐败斗争》的工作报告。县委书记出席全会并做重要讲话。 (柳康康)

社会团体

工会工作

【概况】 景宁畲族自治县总工会第六届委员会,设委员21名,常委7名,(主席1人,副主席2人),党组书记1名(兼职),党组成员4名。2015年,县总工会机关共有干部职工18人,设置4个职能科室:综合办公室、经保法工部、组宣女工部、行政财务科和下属事业单位县工人文化宫、职工服务中心。

2015年,新建基层工会34家(其中机关事业单位27家,非公企业7家),发展工会会员1350人,15个乡镇(街道)工会进行换届。至年底,全县有基层工会252家(独立建会237家,其中非公企业99家,联合基层工会15家),基层工会涵盖单位756家(非公企业603家),职工15612人(非公企业职工8663人),会员15504人(非公企业会员8606人),职工入会率98%。是年,全县国有、集体及其控股企业职代会和厂务公开建制率100%,事业单位职代会和厂务公开建制率100%,独立建会的非公企业职代会建制率、厂务公开建制率92%。全县有职工医疗互助参保单位255家,参保职工7573人,同比增加6.38%,占全县职工人数41%。其中国有和集体企业33家1448人,非公企业10家234人,保障金收入378650元,个人出资比例21.56%。全年发放职工医疗互助保障金17.98万元,惠及职工236人次。全县有378家企业列入劳动保护分级管理,全部录入省总工会管理系统。县总工会筹集职工维权帮扶资金67.74万元,其中中央财政帮扶资金39.5万元,省财政和省总工会专项帮扶资金13.24万元,县财政帮扶资金15万元。在元旦、春节"送温暖"活动中,慰问困难职工179户,发放慰问金31.76万元。在炎夏高温期间,先后到环卫所、金林竹木制品公司等5家单位开展"送清凉"活动,为525名一线职工送去价值3.8万元防暑降温用品。全年"爱心透析"专项救助9人,发放帮扶资金4.05万元;"金秋助学"帮扶82人,发放助学金15.41万元。举办职工职业技能培训1期42人,培训支出3.63万元。办结职工司法救助案件15件,司法救助支出2.25万元。聘请5名劳动争议仲裁员开展劳动争议调解工作,成功调解劳动争议案件3件。签订女职工权益维护专项集体合同24份，签订率100%。集体合同数据库录入率100%。联合相关单位先后组织开展“我心向党•创富畲乡”为主题的庆“五一”文艺联欢晚会、庆“五一”万人健步走活动和全县职工第九套广播体操比赛、乒乓球赛、工篮球赛、气排球赛等活动。组织开展“中国梦、劳动美”送文化下基层巡回演出。全年创建省级职工书屋2家，建立市级农民工文化家园2家。继续做好机关事业单位工会经费财政划拨和非公企业国税代征工作，工会经费收入稳步增长。加强基层工会经费收支管理，认真贯彻落实中华全国总工会《关于加强基层工会经费收支管理的通知》（总工办发〔2014〕23号）、《关于〈关于加强基层工会经费收支管理的通知〉的补充通知》（工财发〔2014〕69号）和省总工会《浙江省总工会关于加强和规范基层工会经费收支管理的实施细则》（浙总工财字〔2015〕1号）文件精神，召集县财政、纪检监察、审计等单位召开座谈会，讨论规范基层工会经费收支管理工作，并在全县基层工会干部培训班上对工会经费收支管理工作进行培训。对所有乡镇（街道）开展工会经费审计工作调查，对6家基层工会经费收支情况进行审计。

是年，继续开展“当好主力军、建功十二五”劳动竞赛，先后举办了全县性的医疗卫生综合技能大赛、妇幼健康技能大赛。全县63家企业开展劳动竞赛活动（其中23家规模以上企业全部开展劳动竞赛、技能比武、岗位练兵和创建“工人先锋号”活动）。县国税局和县地税局办税服务大厅均被评为市级工人先锋号。组织外舍污水处理系统项目、民族医院建设一期项目参加“建设美丽幸福新丽水”重点工程立功竞赛活动。下发《2015年度“安康杯”竞赛活动实施意见》（景安赛办〔2015〕1号），广泛征集安全生产合理化建议。收到各基层工会合理化建议85条，选送10条上报市总工会，其中国网景宁畲族自治县供电公司职工李瑞的“安全守护卡”建议受到市总工会通报表彰。向市总工会选送电力安全应急演练视频和班组安全生产建设成果展示作品各1件。县电力公司吴云青工作室等5家高技能人才创新工作室积极开展技能改造、先进操作法等职工岗位技术创新。县农办、县实验一小教师吴月圆分别被市总工会授予“五一”劳动奖章，大均乡李宝村党支部书记雷刘东被评选为全国劳动模范。5月，县总工会别在县电视台和《畲乡报》开展劳模先进事迹宣传。是年，县总工会分组织11名各级劳模赴广西桂林、湖北武当山、云和仙宫湖等地疗休养。申请到省、市总工会补助金6.5万元，帮扶和慰问困难劳模9人。年终慰问劳模52人，发放慰问金5.2万元。52名劳模每人发放健康体检券500元。

【企业工资集体协商提质增效示范点建设】 2015年，县总工会分别在小水电行业和金林竹木制品有限公司按照相关规范要求开展行业、企业工资集体协商提质增效示范点建设。聘用1名工资集体协商专职指导员对该项工作进行专门指导，全县112家建会企业（包括行业）签订工资集体合同和工资集体协商合同，到期合同续签率100%。

【《景宁畲族自治县职工疗休养管理工作办法（试行）》出台】 2015年6月1日，县总工会联合县财政局、人力资源和社会保障局出台《景宁畲族自治县职工疗休养管理工作办法（试行）》（景总〔2015〕36号）文件，确定县内5家旅行社为2015年度职工疗养承办单位。是年，按照办法的相关规定，全年审批193批4429名职工参加疗休养。

【"两法"学习宣传月活动】 2015年，县总工会制定并印发开展《中华人民共和国工会法》《中华人民共和国劳动法》学习宣传月活动方案，成立"两法"学习宣传月领导小组，举办工会干部法律知识培训班2期137人参训。活动月期间，组织全体机关干部职工参加市总工会的"两法"考试，合格率100%；组织乡镇（园区）和重点企业工会干部138人参加"两法"考试，参考率98%；乡镇（园区）组织辖区所属企业职工进行普法考试。全县1177名职工参加浙江省职工法律知识竞赛。

【"六有工会"创建活动】 2015年9月29日，县总工会下发《关于开展职工有感的"六有工会"创建活动 进一步推进"职工之家"建设的实施意见》（景总〔2015〕89号），在全县基层工会开展"六有工会"（有依法选举的工会主席、有独立健全的组织机构、有服务职工的活动载体、有健全完善的制度机制、有自主管理的工会经费、有会员满意的工作绩效）创建活动。经创建评估，有123家基层工会达到合格标准。中信公司被评为全国模范职工之家，10家基层工会被评为市级先进职工之家。

（陈建成）

共青团工作

【概况】 2015年，全县有乡镇（街道）团（工）委21个，书记21名，委员642名；机关团组织433个，书记433名。全县团干部平均年龄26.6岁。共产主义青年团景宁畲族自治县委员会（以下简称团县委）按照"学习、服务、创新、发展"的工作方针，稳步推进共青团各项工作，组织动员广大团员青年为建设"中国畲乡·小县名城"贡献青春和力量。是年，团县委在全县建设100个青少年综合服务点；在澄照、东坑、大均、梧桐等15个乡（镇）建立青少年综合服务平台。全年组织各类志愿服务活动20次，参与志愿者600余人，捐赠物资8910件，惠及群众1.5万人次。全县在册志愿者4729人，是年新增1152人。开通景宁共青团官方微信订阅号，发起"一起来秀家乡美"活动，参与者近7000人，促进全县青少年主动关注研判网络舆情、加强理性思考能力。景宁作为全国第二批重点青少年服务管理和预防犯罪工作推进县通过中央综治委、团中央、团省委督导组检查验收。实现全县25所中小学校少先队活动课进课表，并成为全市唯一实现活动课用书课程全覆盖县。建成全国120个少数民族自治县中首个淘宝地方馆——畲乡景宁馆。开展"流动青少年宫"进农村（社区）活动10期，覆盖青少年3万人次。继续为青年就业创业提供资金支持和技术服务。全年举办农村电子商务创业培训班12期，培训青年580人次。组织开展第二届全县青年网商年会暨“互联网+”畲乡情系列活动，通过“牛眼看电商”“淘拍畲乡”视觉大赛、“助力微时代”互动大赛、十大网商评选等活动，为全县互联网创业青年搭建交流和展示平台，形成浓厚的网创氛围。实施“赶街”农村电子商务进万村工程，建立60个“赶街”农村电子商务服务点，建设村级站点100个，为村民节省资金86.8万元，服务群众4.8万人次，全年实现网上销售额1.72亿元。与其他单位(企业)合作举办创业培训班9期640人次。组织青年交流创业经验，宣传创业成功经验和先进典型，鼓励更多青年投身创业实践。加大资金扶持力度，深化“团银”合作机制。县农村信用合作联社为大学生村干部网上创业授信1000万元，工商银行景宁支行为农村青年创业授信1000万元，实施农村青年创业小额贷款，信贷扶持297人991.9万元。落实青年见习项目，组织青年见习岗位127个。是年，全县各级团组织、青年群体和团员青年获得团省委及有关部门表彰16项次、团市委及有关部门表彰98项次。其中，团县委获2015年度浙江省共青团信息工作优秀典型单位和2015年度全县考核先进单位，县少工委被评为2015年度全省先进少工委，景宁民族青少年宫获丽水市第二届中小学“绿谷之光”科技大赛团体三等奖。

【“精品网格”创建】 2015年6月，团县委组织21个乡镇(街道)团(工)委书记、网格长在澄照乡青少年综合服务站召开全县“精品网格”创建暨基层团建工作推进会。通过交流，了解各乡镇(街道)团建情况，解读市级第二批“精品网格”创建要求与评判标准。把全县“精品网格”创建工作分成四批，分区块逐步推进。至11月底，全县11个网格通过市级验收。澄照乡、东坑镇被评为全市基层团建示范单位。

【“暖冬行动之——情满畲乡、温暖回家路”春运志愿者服务】 2015年1月25日，团县委通过景宁共青团网站、微信、志愿服务平台，公开发布“暖冬行动之——情满畲乡、温暖回家路”春运志愿者招募公告，招募志愿服务者30名。在春运期间，返乡旅客提供班车发车时间咨询、指路服务、引导安检、候车厅送开水、搬行李等服务。

【“淘宝网·特色中国·畲乡景宁馆”建成运营】 2015年1—3月，投入扶贫资金147万元建成“淘宝网·特色中国·畲乡景宁馆”，3月启动运营。11月，首次参与天猫双“11”活动，取得订单2318个，销售额15.9万元，居全市淘宝网地方馆销售额第一位。

【青少年校外教育】 2015年，开展“流动青少年宫”进农村(社区)活动10期，覆盖青少年3万人次。组织农民工子女与留守儿童开展“消防安全”暑期公益夏令营、“畲家娃娃海边乐”夏令营、“红领巾相约中国梦”少先队干部暨农民工子女“瓷之旅”公益夏令营、2015暑期公益夏令营东坑站、城南站、包凤点、七彩童年——走进西安夏令营等公益夏令营10期8000人次。举办少儿卡拉ok歌曲大奖赛、“最美的桥”绘画大赛等各类活动覆盖全县21个乡镇(街道),1.7万人次参与。先后开展“学做清明团子、传承文明习俗”亲子活动、“城乡少年儿童手拉手学做粽子”“红领巾走进敬老院”等活动,助推少年儿童传承传统、增强意识。在全市各项比赛中收获颇丰:景宁民族青少年宫获丽水市第二届中小学“绿谷之光”科技大赛团体三等奖,获“汽车总动员”竞赛一等奖2人、“跑道竞速” 一等奖1人、“五水共治小发明”三等奖1人、“冲浪纸飞机”团体三等奖 (5人),3名辅导老师被评为优秀指导老师。在2015年丽水市首届校外教育教师技能大赛中,景宁民族青少年宫苏浩杰获教育叙事二等奖、教学设计三等奖,叶丹丹获教学设计二等奖、教育叙事三等奖。

【关爱低收入农户青少年行动】 2015年,团县委通过精实助学、浙江希望工程在线网站等为景宁10名贫困大学新生圆大学梦。县希望工程办公室接受社会各界爱心助学及爱心物资(价值)33万元,结对帮扶贫困学生350余人。开展“心灵书屋”“暑期七彩课堂”“暑期公益夏令营”等关爱活动20余期,累计提供帮扶资金及爱心物资 (价值)20余万元,惠及3000多名农民工子女和留守儿童。先后4次到梅岐乡走访慰问贫困户,捐赠物资3万余元。 (陈炎萍)

妇女联合会工作

【概况】 2015年,县妇联落实省妇联“六大工程”及市妇联“美丽行动”三年计划,聚焦“美丽女性、美丽家园、美丽畲乡”三大重点,以“家”为核心,实施洁美、和美、惠美、富美“美丽行动”,弘扬畲乡女性文化,把妇女群众组织动员起来,投身美丽家园、社会文明建设,助力中国畲乡、小县名城发展战略,共建共享美丽幸福新畲乡。是年,全县有21个乡镇(街道)妇女联合会,30个机关妇委会,37个两新组织妇女组织 (23个非公企业妇委会、14个非公企业妇女工作小组)。鹤溪街道妇联、大均乡妇联、东坑镇妇联、国税局妇委会、公安局妇委会被评为2015年全县妇联工作先进集体,夏建美、陈 娟、尤凤丹、梅 芬、刘 颖被评为全县妇联工作先进个人,胡碧绿、蓝晶菁、雷松美被评为全县宣传信息先进个人。“巾帼文明岗”、巾帼志愿者队伍实行“行业化”“常态化”管理。中国邮政储蓄银行景宁县支行营业部创建为市级巾帼文明岗,景宁畲族自治县环境卫生管理所、人民医院急诊科、丽水市烟草公司景宁分公司财务科创建为县级巾帼文明岗。张茵、柳叶芸、陈海艳被评为景宁畲族自治县“巾帼建功标兵”。

是年,县妇联继续开展寻找“最美家庭”活动,向省妇联和省文明办推荐5户最美家庭。创建省级“绿色家庭”2户,市级绿色家庭2户,获省级文明家庭称号1户。开展“五好”评选活动,评选出“好家规家训、好家风故事、好家教案例”10个,“好丈夫”10名,“好妻子”10名。开展美丽庭院创建工作,发挥巾帼文明岗作用,以岗村结对送花卉、送花器等形式,扮靓美丽家园。是年,共评选出五水共治•巾帼同行“好主妇”县级261名,乡镇级1324名,村级2766名。全县成立巾帼治水志愿服务队21支,基层妇联干部任河段长4人,开展清河治水志愿活动42次2150人次。章美娟、潘欣根、林显清、雷延庆、陈发良、刘远槐、蓝小青、石正勇、吴丽娟、叶桂冰等10户被评为丽水市级美丽庭院示范户。

开展“两癌”(乳腺癌和宫颈癌)救助等妇女健康公益活动。网上填报“两癌”患者14例。其中,5位患者每人获得1万元救助金。县妇联拿出省专项资金的25%(2万元)补助10名患“两癌”贫困妇女。7月,郑坑乡校和沙湾镇小30名贫困留守儿童赴杭州参加省妇联组织的“爱心携手,关爱成长,快乐暑假”为主题的免费爱心夏令营活动,并与杭州保俶塔实验学校孩子结对。县妇联首次在义乌党校举办来料加工重点经纪人提升班,50人参加。是年8月,“悦基金”女性建康知识讲座走进畲乡,200多位妇女聆听讲座;“浙江省女性健康万里行”大型公益行动走进英川镇和鸬鹚乡,为200多名贫困妇女免费筛查“两癌”。县妇联专门针对家庭人均年收入4600元以下的76名从事来料加工的贫困者给予每人1000元的补助。县妇联在省专项资金中拨出1万元用于家庭教育。调整县家庭教育讲师团成员,18位讲师团成员各自负责课题,实行菜单式授课,在各学校开展讲座、咨询活动5次,1550位家长参加。全县21个乡镇街道开通远程教育的社区、村72个站点836位家长收看省妇联开设的“为了孩子,你我相约”——家庭教育大讲堂。9月,在景宁举办来料加工经纪人电子商务培训班1期50人。在鞋帮、服装等重点行业的加工企业实地培训加工者4批次200余人。联合法院、公安局、妇幼保健所等单位组织开展“三八”妇女维权周法律咨询、健康义诊、巾帼志愿者服务队等系列活动2次,发放平安家庭、防治两癌健康手册等资料3000份。发挥“12338”维权热线、法律援助机构等妇女维权网络的作用。接待来信来访14起,借助婚调委成功调解婚姻家庭纠纷1起,举办维权干部培训1期42人次。

【来料加工服务中心建成】 景宁来料加工服务中心建设项目于2015年年底竣工,总投资280万元(省二轮特扶资金)。该中心建筑面积700平方米,集产品展示、技能培训、业务洽谈为一体,为客商、经纪人、加工者提供服务平台。

【设立心理咨询工作室】 2015年5月,景宁畲族自治县妇女联合会设立全市首家婚姻家庭“心理咨询工作室”。工作室聘请6位咨询师担任婚姻家庭心理咨询工作,其中4位有心理咨询资格证,2位来自律师事务所和学校一线的心理咨询工作人员。心理咨询师于每月8日(逢休息日时间顺延)通过一对一、面对面的心理咨询辅导,协助广大女性排解工作、生活和家庭中遇到的不良情绪,提高女性身心健康水平,增强社会适应能力。

【三八妇女运动会】 2015年3月8日,县妇联举办“那些年我们玩过的游戏·庆祝三八妇女节”运动会。运动会设踢格子、跳橡皮筋、踢毽子和扔沙包4个项目。全县各条战线的妇女同胞组建63支代表队678名运动员参加比赛。县财税局、县发改局、县人民医院代表队获一等奖;县农业局、县行政审批中心、县水利局代表队获二等奖；县宣传部等57支代表队获三等奖。

【性别平等评估机制建立】 2015年5月，景宁畲族自治县妇联与县法制办公室建立咨询、评估地方政府制定政策、法规体现男女平等联席会议制度。该制度旨在从源头上保障妇女权益，增强性别平等理念。

【“五好”评选活动】 2015年，县妇联在全县范围内开展好家规家训、好家风故事、好家教案例、好丈夫、好妻子“五好”评选活动。经过推荐、筛选、公示，最终评选出“好家规家训、好家风故事、好家教案例”10个（李开寿、任周福 、钟海燕、何玉芬、叶有兴、叶汝森、商晓玲、刘奕春 、刘　颖、叶建军），“好丈夫”10名（吴永标、潘瑞龙、蓝小和、徐小云、杨良成、林明美、蓝小伟、何伟东、刘少林、陈琳），“好妻子”10名（余爱珠、李娟聪、何朝美、林燕珍、何关梅、张礼英、王根丹、赵思念、陈玉玲、蓝文聪）。（刘金花）

残疾人事业

【概况】 景宁畲族自治县残疾人联合会（以下简称县残联），其职责是履行“服务、代表、管理”全县残疾人事业。2015年年底，全县有持证残疾人6448人。其中，视力残疾1027人、肢体残疾3011人、智力残疾385人、听力残疾1166人、言语残疾58人、多重残疾499人、精神残疾302人。涉及全县1/5的家庭，80%在农村。各乡镇（街道）均建立残疾人联合会，配备专职理事长。184个村（社区）建立残疾人协会，选聘184名残疾人专职委员。

2015年，争取到福利彩票公益金32.5万元。继续实施残疾儿童抢救性康复项目，全县42名0—6周岁的持证残疾儿童得到康复训练。其中听力言语残疾儿童5人，脑瘫儿童6人，智力残疾儿童18人，孤独症儿童6人，“助听、助视”辅助器具适配7人。全年实施白内障复明手术114例，安装假肢7人，人工全髋关节置换手术4人，发放助听器100台。1962名持证重度残疾人享受基本生活保障。其中，列入低保232人，发补助金1730人。实施托（安）养451人，补贴无固定收入残疾人796人。全县年4600元以下的低收入农村残疾人1010户1099人。其中，纳入低保268户294人，“五保”21户21人，扶贫帮扶721户784人。为4725名69周岁以下持证残疾人投保人身意外伤害险。为17名患重大疾病、1名受自然灾害的残疾人解决生活困难。2704名残疾人参加城乡居民医疗保险个人缴费部分由县残联补贴50%。为126名从事个体经营的残疾人补贴基本养老保险费。601名重度残疾人养老保险费（年人均100元）由县残联直接支付县社保中心。全县有18名智力、脑瘫、自闭症儿童在智能学校接受特殊教育。全年资助残疾儿童或残疾人子女就读120人。其中，3名残疾儿童享受学前教育省级资金补助，视力残疾的蓝伟金被浙江特殊教育职业学院康复治疗技术专业录取。选送149名残疾人参加省、市、县残联举办的各类实用技术培训。其中，20人参加孵化基地残疾人淘宝网店创业培训。

开展残疾人求职登记、咨询、招聘等服务，多渠道、多方位安排残疾人就业。全年安置残疾人就业39人。其中，按政策性比例安排残疾人就业13人，公益性岗位安排3人，外地福利企业集中就业7人，淘宝网店居家就业8人，残疾人基地安排就业4人，个体就业4人。14位残疾人来料加工经纪人带动329名残疾人就业。帮扶7名残疾人发展种养业示范基地。对从事来料加工、家庭工业、农家乐及小店小摊服务业的93名残疾人给予就业创业资金补助。对从事种养、加工、服务业的68名残疾人给予贴息贷款扶持。对30名从事电子商务创业的残疾人给予每人每月补贴300元，房租全额补贴。

通过残疾人法律服务站，组织残疾人法律援助志愿者，开展残疾人法律援助服务。全年接待残疾人来访21批次95人次，来信3件。提供法律援助17起，结案率100%。对县外来访残疾人提供路费补助。

利用"爱耳日""全国助残日""特奥日""国际残疾人日"等节日举办知识讲座、文艺晚会、健康咨询宣传活动。全年编发信息68条，印发《畲乡助残信息》14期。其中，被省残联录用19条，市残联录用33条，县政府信息录用17条，上《丽水日报》专版1期。

【创办残疾人康复中心】 2015年，县委、县政府把残疾人康复中心建设作为年度十件实事之一。投资695.93万元将原县防疫站3幢占地852平方米，建筑面积1758平方米的旧楼房修缮加固后划拨县残联，用于创办残疾人康复中心。是年年底工程完工投入使用。康复中心招聘事业编制工作人员2人，编外(特教老师)3人，保育员3人，对0—7周岁智障儿童进行集中康复培训。 （王振生）

县工商业联合会工作

【概况】 2015年，全县新成立异地景宁商会3家，发展新会员363人，年底，共有行业商会2家，异地景宁商会15家，新生代企业家联合会1家，会员2288人。是年，县工商联(总商会)继续发挥桥梁纽带和教育引导职能，强化服务发展、服务会员、加强政策研究、引导县内外非公有制经济人士为畲乡发展建言献策，有序政治参与。开展非公经济理想信念教育实践活动，建立健全并及时更新"景商"数据库，动员景商回乡投资发展，引导商会及会员开展助学济困献爱心，全年捐款近60万元。与县委统战部联合举办县工商联执委暨非公经济代表人士培训班1期，县工商联全体干部职工，部分非公经济执委、县新生代企业家代表共50余人参加培训。1月4日，县工商联《整合景宁超市资源 建设总部经济——景宁超市转型升级发展调研报告》得到中共景宁畲族自治县委书记的重要批示："此建议甚好，请相关部门积极配合，为景宁超市转型发展提供各种便利和支持"。《"景宁超市"中国畲乡文明进程的发动机——景宁城乡居民异地创业情况统计调查与思考》，建议县委、县政府把落实扶持"景宁超市"产业政策，培育超市经济体发展壮大作为全县"一号工程"来抓，尽快成立专项工作领导小组办公室负责落实。《助推“景宁超市”成中国畲乡文明进程的强力引擎》成为全省工商联年度执委会11份市、县工作交流材料之一，并在会上得到省工商联书记李剑飞的充分肯定。认真牵头落实县八届人大四次会议第601号代表建议（“要求建立畲乡景宁超市集团与超市电商平台”），政协八届四次会议第61号（“关于申报中国超市之乡的建议”）、第104号（“关于设立专项资金为景宁外出创业人员购买法律服务的建议”）提案的办理和82号、90号、106号委员提案的会办工作。继续牵头异地景宁商会扩大与县农村信用合作联社、银座村镇银行合作，全年该两家金融机构为四川、西安、山东等景宁商会1478户（会员）发放贷款4.96亿元，实现银商合作双赢。“五好县级工商联”创建工作通过省工商联评估验收，县工商联首次获得2015年度“全省工商联系统先进单位”称号。

【承办“关爱景商2015新春茶话会”】 由县委、县政府主办，县工商联承办，以“凝聚景商力量、共谋畲乡发展”为主题的“关爱景商2015新春茶话会”于2015年2月25日在景宁畲乡鸿宾大酒店召开。县长主持会议、县委书记讲话，会上还为上年度积极参与“五水共治”捐款商会和企业颁发荣誉证书。县四套大班子主要领导，15个县外景宁商会会长、支部书记、秘书长及各地创业成功人士等50名景商应邀出席。

【主席办公（学习）会】 2015年3月21日，县工商联年度主席办公会议在县行政中心2号楼五楼会议室召开。会议由县委统战部副部长、工商联党组书记雷晓东主持。县委常委、统战部部长蓝跃军出席会议并作重要讲话。县政协副主席、工商联主席尤建平在会上做2014年工作报告。20位参会副主席畅所欲言，为工商联今后工作建言献策，提出工商联在新的经济形势下，职能作用应当转型升级，并表态全力参与支持县工商联（总商会）工作，使县工商联（总商会）在推进景宁经济发展、服务非公企业上发挥更大作用。

【四届五次执委会】 2015年6月11日，县工商联召开“守法诚信”理想信念教育动员部署会暨四届五次执委（扩大）会议。会议传达中央统战工作会议精神和中央统战部、全国工商联及省、市“守法诚信”理想信念教育活动部署会议精神。县委常委、统战部部长蓝跃军出席并讲话。县政协副主席、县工商联主席尤建平部署县工商联工作。县委统战部常务副部长蓝廷洪做会议小结。县委统战部副部长，县工商联党组书记、常务副主席雷晓东主持会议。县工商联在景宁全体执委、县食用菌商会、县新生代企业家联合会全体会长、副会长，县委统战部、县工商联全体机关干部共80多人参加会议。

【四届三次会长联席会议】 2015年8月4日，县工商联（总商会）四届三次会长联席会议在重庆市渝北区召开。会议由县委统战部副部长、工商联党组书记、常务副主席雷晓东主持，邀请县委常委、统战部部长蓝跃军出席会议并作重要讲话，共计70余人参加会议。

会上，县政协副主席、县工商联主席、总商会会长尤建平做工作报告。各商会代表就县建设局提交县政府审定的《关于外舍新区总部经济大楼（一期）建设招商办法（送审稿）》发表各自观点，提出意见建议，希望有关部门结合实际、换位思考，以更大诚意动员景商参与大楼投资建设，引导优势人、财、物等发展要素的积极回归。

【非公经济人士理想信念教育实践活动】 2015年，12名优秀企业家代表分别在县工商联执委会、商会成立大会、会长联席会、商会年会等大中型会议上，做“诚信立业”“创新进取”等主题宣讲8场次，会员听众1500余人次。通过电视台、报纸、网站、微博、微信，借助QQ、微信群等引导广大非公有制经济人士，把思想和行动统一到中央“四个全面”战略部署上来，汇聚理解改革、支持改革创新、参与经济和社会和谐发展的强大正能量。动员各地“景商”踊跃回归，推动家乡经济发展。期间，浙江飞达物流有限公司回乡成功签约民族商贸物流城的开发项目。组织杭州景宁商会理事会成员考察丽水景宁民族工业园，参观景宁娃哈哈饮料有限公司和丽水绿谷信息产业园山山商城网络科技股份有限公司等企业。开展“景商”助学、济困等回报社会活动，全年举办西安、云南、杭州等景宁商会结对助学活动4场次，捐助18.5万元，受益学生35人。上海景宁商会为景中学生蓝锦辉受伤治疗捐款1.5万元；宁波景宁商会走访秋炉乡等地向老人发放爱心红包3.7万元；江西景宁商会为县“党员关爱基金”捐款1.85万元；绍兴景宁商会为鸬鹚乡林胡等村受灾群众捐款2.58万元；宁波景宁商会通过总商会系统商会微信群，为渤海镇吴建锋患重病妻子募集捐款24.8361万元；总商会“走南闯北景宁人”及其他异地商会的微信群为林兴任家庭（车祸）捐款4.8568万元；2015年11月18日宁波、上海两地景宁商会组织全体会员为丽水里东灾区捐款近10万元。全年各商会和企业向县财政“五水共治”捐款86万元。

【江西浙江景宁商会成立】 2015年5月28日，中共江西景宁商会党支部、江西景宁商会成立大会在江西景德镇市紫晶宾馆会堂召开。县委常委诸葛洋、蒋璟璟、蓝跃军，县政协副主席尤建平等县领导亲临大会，各地景宁商会会长、秘书长等200多人参加会议。会议选举李景华担任会长、李卫东担任执行会长，常务副会长朱松海兼任商会党支部书记，李豪兼任秘书长。会间组织与会人员观看《信访条例》主题教育的动漫宣传片，并组织会员为县“党员关爱基金”捐款18000多元，其中捐款1000元以上有10人。

【绍兴景宁商会成立】 2015年6月25日，绍兴景宁商会第一次会员大会暨成立大会在绍兴市国际大酒店隆重召开。县委副书记、县长蓝伶俐亲临大会作重要讲话。县委常委、统战部部长蓝跃军，县政协副主席、工商联主席尤建平，县公安局政委季建伟等领导为当选理事会成员授牌匾。绍兴市袍江工业区万欣酒店有限公司董事长朱宗金当选商会首任会长。商会会员150人，县内外有关部门、金融单位、各兄弟商会代表230余人参加大会。景宁在绍兴移民及创业人员有3000多人，其中创业人员近1000人，创办各类经济实体200多家，涉及农牧、制造、批发和零售、住宿和餐饮、房地产、居民服务、文体娱乐业等近10个行业30多个领域。会上，蓝伶俐希望商会发挥团结帮助、桥梁纽带、教育引导职能，强化服务发展、服务会员、服务家乡，大力加强政策研究、加强学习提升、加强沟通联系，真正把商会建成“会员之家”“发展之家”，努力弘扬“景商”精神，体现”景商”力量，承担“景商”使命，打响“景商”品牌。大会期间，商会理事会在会员中发起为鸬鹚乡“4•5”森林火灾受灾群众捐款的倡议，募得善款22800元。

【重庆浙江景宁商会成立】 2015年8月3日，重庆浙江景宁商会成立大会暨第一次会员代表大会在重庆市渝北区欧瑞锦江大酒店隆重召开。县领导潘伟、蓝跃军、尤建平出席。景宁在重庆渝北创业会员代表132人和部分兼职县工商联副主席、各兄弟商会及县内相关金融单位嘉宾共180多人参加会议。这是继北京、天津、四川、云南、上海、山东、江西和兰州、西安及杭州、宁波、温州、绍兴、义乌之后，县工商联（总商会）指导筹建成立的第15个异地商会组织。

大会选举产生重庆浙江景宁商会一届理事会成员54名，理事会选举产生副会长17名、常务副会长14名，秘书长1名，重庆市昌海龙商贸有限公司董事长李仲成当选为会长。会上，常务副县长潘伟代表家乡县委、县政府致辞。会上组织学习《景宁县建设局关于外舍新区总部经济大楼（一期）建设招商办法（送审稿）》，号召景商踊跃参与总部经济大楼共建项目，回乡投资或创业发展。

【城乡居民外出创业调查统计结果揭晓】 2015年11月20日，景宁畲族自治县城乡居民外出创业调查统计结果揭晓发布。调查统计结果显示：景宁户籍外出人口47029人，加上外迁移民15972人，“景宁人”外出总人口为63001人，其中自主创业9455人。“景宁人”异地创办经营各类经济实体6417家，年总产值277.34亿元。其中，经营中小型超市、便利店4450家，门店总面积1863054平方米，年营业额190.5亿元。2015年4月17日，县委办传〔2015〕41号《关于开展城乡居民创业情况调查统计工作的通知》确定，由县工商联牵头组织指导各乡镇、异地景宁商会开展城乡居民外出创业调查统计。调查统计工作县内、县外两头同时进行，经数据相互比对验证统计汇总后发布。调查统计工作历时9个月完成。

【“五好县级工商联”通过评估验收】 2015年12月9日，省工商联副主席尹健组织带领由各地市工商联副主席参与联合成立第三检查评估工作小组到景宁现场评估验收“五好县级工商联”创建工作。评估小组一致认为景宁工商联是该次衢州、丽水一行中“五好县级工商联”建设最为规范单位，并对景宁工商联近年来凝聚人心、汇聚力量、用心谋事、尽心干事、创新务实的工作及其取得成效予以肯定。

（吴启伟）

人力资源和社会保障

概　　述

【概况】 景宁畲族自治县人力资源和社会保障局（以下简称县人力社保局）机关内设7个科室，分别为办公室、政策法规科（社会保险基金监督科）、公务员管理科（事业单位人事科）、工资福利科、社会保险科、人才开发科、劳动关系科。下属有10个事业单位（其中4个为参公单位），分别为劳动保障监察大队、县社会保险事业管理中心、县就业管理服务处、县人才管理服务处、县机关事业单位退休干部管理中心、县职业技能鉴定中心、县服务外出创业人员办公室、县人事劳动仲裁院、县人力社保信息中心（县社会保障卡管理服务中心）、人力资源市场服务中心。下属国有企业1个，为县新世纪人力资源开发有限公司。至2015年年底，全系统有编制79个，股级职数35个。实有人员74名，副科以上干部7名（含1名常驻北京人员），股级干部23名。另有编外用工人员8名，劳保员6名，见习生2名，国企人员2名，退休人员29名。

2015年，县人力社保局坚持“人尽其才、民享社保”的工作理念，坚持改革统揽、依法行政，稳中有进，狠抓落实，强化人才支撑，保障改善民生，促进社会和谐，统筹兼顾，为县域经济社会快速发展作出积极贡献，取得了较好成效。获得全县工作目标管理综合考核先进集体、全县党务政务信息工作先进单位、全县部门信访工作一等奖。　（章牡蓉　叶春燕）

机构编制

【概况】 2015年年底，全县设有行政机构40个，其中县委工作部门8个，县政府工作部门24个，其他机关8个。乡镇（街道）21个（其中2个街道，4个镇，15个乡）。党政群机关编制1395名，在职人员1377人，空编18名；事业单位336个，编制3985名，在职人员3756人，空编229名。

2015年，经市委、市政府批准《景宁畲族自治县人民政府职能转变和机构改革方案》启动实施。组建县卫生和计划生育局、县综合行政执法局。将原在县政府办公室挂牌的县外事办公室调整为与县政府办公室合署办公。改革后，设置县政府工作部门24个。

根据省政府、省编办等文件，在县国土资源

局增设内设机构不动产登记局，组建不动产登记服务中心。重新印发红星街道、鹤溪街道、社会保险事业管理局、卫生和计划生育局、市场监督管理局等单位“三定”规定。核定红星街道行政编制数31名，领导职数14名：其中街道办党工委书记1名，副书记2名（其中1名兼任街道办主任，1名兼任纪工委书记），政法委书记1名，党工委委员4名（其中1名兼任街道办常务副主任、1名兼任人武部长），人大工委主任1名，副主任1名，街道办主任1名，副主任5名，人武部长1名；股级领导职数10名。

核定鹤溪街道行政编制数35名，领导职数14名：其中街道办党工委书记1名，副书记2名（其中1名兼任街道办主任，1名兼任纪工委书记），政法委书记1名，党工委委员4名（其中1名兼任街道办常务副主任、1名兼任人武部长），人大工委主任1名，副主任1名，街道办主任1名，副主任5名，人武部长1名；股级领导职数10名。

核定县社会保险事业管理局参照公务员法管理事业编制27名。其中：局长1名（副科级），股级领导职数11名（含副局长3名）。

核定景宁畲族自治县卫生和计划生育局行政编制14名，后勤服务人员编制2名。其中：局长1名，副局长4名（其中1名兼任计生协会专职副会长），纪检组长4名；股级职数8名。设立县卫生财务核算中心，为县卫生和计划生育局下属股级公益一类事业单位。保留县卫生监督所，为县卫生和计划生育局下属股级承担行政职能的事业单位。保留县流动人口计划生育管理办公室，为县卫生和计划生育局下属股级公益一类事业单位。保留县疾病预防控制中心（挂县健康教育所、农村饮水安全工程水质检测中心），为县卫生和计划生育局下属股级公益一类事业单位。保留县医疗卫生服务中心，为县卫生和计划生育局下属股级公益一类事业单位。保留县爱国卫生运动委员会办公室，为县卫生和计划生育局下属股级公益一类事业单位。将原县妇幼保健所与县计划生育宣传技术指导站合并，组建县妇幼保健计划生育服务中心，为县卫生和计划生育局下属股级公益一类事业单位。县计划生育协会，为使用事业编制的社会团体，挂靠县卫生和计划生育局管理。

核定景宁畲族自治县市场监督管理局行政编制21名，后勤服务人员编制1名。市场监督管理所专项编制61名。其中：局长1名，副局长5名（其中1名兼任食品安全委员会办公室专职副主任），纪检组长1名，局机关股级职数14名。设立红星、鹤溪、沙湾、英川、渤海、东坑等6个乡镇（街道）市场监督管理所（挂工商行政管理所、食品药品监督管理所、质量技术监督所牌子），为县市场监督管理局的派出机构。设立县市场监督管理局稽查大队（挂经济检查大队牌子），为县市场监督管理局下属股级承担行政职能的事业单位。设立县食品药品检验检测中心（挂县农产品检验检测中心、县林产品检验检测中心、县水产品检验检测中心、县产品质量监督检验所、县药品不良反应（医疗器械不良事件）监测站牌子），为县市场监督管理局下属股级公益一类事业单位。保留县标准计量管理所，为县市场监督管理局下属股级公益一类事业单位。保留县消费者权益保护委员会，为县市场监督管理局下属股级公益一类事业单位。保留县个体私营企业协会，为县市场监督管理局下属股级公益二类事业单位。设立鹤溪、红星、东坑、沙湾、英川、渤海等6个国土资源所，在其他15个乡增挂国土资源所牌子。

根据《浙江省人民政府关于进一步加强乡镇财政建设的意见》(浙政发〔2011〕52号)文件精神，在澄照、鸬鹚、毛垟、大漈、景南、九龙6个乡设立财政管理办公室，与党政综合办公室合署办公。其余9个乡在党政综合办公室挂财政管理办公室牌子，人员编制内部调剂解决。整合县妇幼保健所和县计划生育指导站，设立县妇幼保健计划生育服务中心。设立县动物疫病预防控制和动物产品安全监测中心。重新调整乡镇卫生院(社区卫生服务中心)机构设置和人员编制。

是年，根据省、市机构编制工作有关规定，制定出台《景宁畲族自治县机构编制委员会工作规则》，明确议事范围、审批权限、会议制度和文件签批流程，将国资营运机构的设置、人员定额和用工审核等纳入机构编制管理。核增县水利发展有限公司人员定额2名，核定县环敕木山建设投资有限公司人员定额5名。核增县城市发展有限公司定员5名(核定定额25名)。核增县交通投资发展有限公司定员10名(核定定额17名)。

开展政府部门行政权力事项信息规范比对工作，规范比对行政权力事项4124项。开展乡镇(街道)权力清单延伸工作，梳理乡镇(街道)法定权力事项132项。导入浙江政务服务网法定事项122项，审核转报12项，委托下放26项。规范领导职数监督管理。通过单位自查，编办核对的方式，对全县机关事业单位及内设机构、下属事业单位领导职数配备情况进行调查摸底和核对，并逐一录入信息管理库，实行领导干部实名制管理。加强和组织部门的信息沟通，及时掌握领导职数增减和领导干部配备情况，及时动态调整更新领导职数管理信息库。定期开展领导职数配备情况专项监督检查，发现问题及时纠正。实行领导职数核准制度，全年股级职数任前审核271人次。严格执行出入编审批备案制度。在年度考核中，对未按规定办理机构编制实名制管理的3个部门酌情予以扣分。完成2015年度县事业单位141名编制使用计划审核及县机关事业单位、乡镇(街道)的编外用工计划审核工作。完成全县2016年度公务员招录计划83人，单位进出编登记745人次。印发《景宁畲族自治县机关事业单位控编减编方案》，对12家县级党政群机关的后勤服务人员编制21个空编数予以收回核销。对全县其他已使用的后勤服务人员编制按照“退一减一”的办法逐步收回核销。全县事业编制精简按省、市下达精简编制数，以部门下属事业单位编制总数的5%比例精简，全年精简事业编制78名。为解决编制总量控制与事业发展的增编需求矛盾，积极探索公益二类事业单位机构编制管理举措，对县属公立医院试行编制备案制。

是年，对具有法人资格的县属事业单位法人登记档案资料进行逐一查阅和全面梳理。将年度报告书中的数据与机构编制汇编和实名制系统数据相对照，将法人证书登记事项与年度报告书填写内容相对照，将资产负债表显示数据与填报财务收支情况相对照，严格把好受理关、审核关、核准关、确保登记事项真实有效。截至11月，完成130家事业单位年检工作，年检率83.3%。同时，对县属156家事业单位法人档案进行分类整理，规范数据库管理，安排专人负责网上登记光盘绑定和信息数据录入工作，并按规定程序对事业单位年检材料进行网上受理、审核、核准。开展中文域名注册和党政机关标识挂标工作，全年有39家单位中文域名注册、缴费和挂标。根据全省网站普查工作要求，把网络红页普查工作纳入普查范围，全县关闭未使用网络红页网站142家。

【组建县卫生和计划生育局】 2015年，报经市委、市政府批准《景宁畲族自治县人民政府职能转变和机构改革方案》启动实施。组建县卫生和计划生育局，将县卫生局除用人单位职业卫生监督检查等相关职责以外的职责、县人口和计划生育局的计划生育管理和服务职责，整合划入县卫生和计划生育局。并将县卫生局的用人单位职业卫生监督检查等相关职责划入县安全生产监督管理局；将县人口和计划生育局的研究拟订人口发展战略、规划及人口政策职责划入县发展和改革局。不再保留县卫生局、县人口和计划生育局。6月，印发县卫生和计划生育局“三定”规定，核定局机关内设8个职能科室，行政编制14名，后勤服务人员编制2名。其中：局长1名，副局长4名(其中1名兼任计生协会专职副会长)，纪检组长1名，股级职数8名。计划生育和卫生工作按新管理体制入轨运行。

【组建县综合行政执法局】 2015年，根据《浙江省人民政府关于深化行政执法体制改革全面推进综合行政执法的意见》(浙政发〔2015〕4号)和《关于推进综合行政执法改革工作的实施意见》(浙编办发〔2015〕21号)等精神，组建县综合行政执法局，为县政府工作部门，负责全县综合行政执法工作，挂综合行政执法大队牌子。

【增设不动产登记局和服务中心】 2015年，根据《浙江省人民政府办公厅关于加快推进全省不动产统一登记工作的通知》(浙政办发〔2015〕45号)和《浙江省机构编制委员会关于整合不动产登记职责的通知》(浙编〔2015〕6号)文件，将房屋、土地、林地、山塘水库等不动产登记职责整合划入县国土资源局。撤销县国土资源局下属的县土地登记中心和县住建局下属的县房地产管理处，其人员编制成建制划入县国土资源局新设立的不动产登记局和服务中心，具体承担全县不动产登记及房屋交易工作，实现不动产登记“一站式”服务。

【设立县妇幼保健计划生育服务中心】 2015年，整合县妇幼保健所和县计划生育指导站，设立县妇幼保健计划生育服务中心。核定全额拨款事业编制30名。所需编制从县妇幼保健所和县计划生育指导站调剂解决。

【设立县卫生财务核算中心】 2015年，整合县妇幼保健所和县计划生育指导站。设立县卫生财务核算中心。核定全额拨款事业编制5名，所需编制从县妇幼保健所和县计划生育指导站调剂解决。

【设立县动物疫病预防控制和动物产品安全监测中心】 2015年，设立县动物疫病预防控制和动物产品安全监测中心，为县畜牧兽医局下属股级公益一类事业单位，核定全额拨款事业编制2名，其中股级领导职数1名，所需人员编制从县经济作物总站调剂，同时县畜牧兽医局调剂2名人员编制到县农业行政综合执法大队，调整后，县经济作物总站人员编制13名，县农业行政综合执法大队人员编制10名，畜牧兽医局人员编制21名（其中局机关调整为9名）。

【重新调整乡镇卫生院机构设置和人员编制】

2015年，撤销鹤溪镇社区卫生服务中心，设立鹤溪社区卫生服务中心，为县卫生计生局下属股级公益二类事业单位，为独立法人机构；下设外舍分中心和城南、张春、城北、金钟等4个社区卫生服务站。撤销葛山乡卫生院，设立鸬鹚乡卫生院葛山分院，并增设澄照乡卫生院佃源分院。根据《关于进一步完善乡镇社区卫生服务机构设置的意见》（景编〔2010〕14号）精神，在原核定人员编制和股级职数不变的情况下，对各乡镇卫生院（社区卫生中心）的人员编制、股级职数进行重新核定，提升城乡医疗卫生服务水平。

【增设乡镇（街道）国土资源所】 2015年，根据浙江省国土资源厅、机构编制委员会办公室、人力资源和社会保障厅《关于进一步加强乡镇国土资源所建设的意见》（浙土资发〔2014〕45号）文件精神，设置鹤溪、红星、东坑、沙湾、英川、渤海等6个国土资源所，并在其余15个乡增挂国土资源所牌子。（张卫忠）

人力资源管理（人事、人才）

【概况】 2015年，县人力社保局持续实施人才强县战略，全县人才规模不断扩大、质量不断提高。稳慎推进机关事业单位工资制度及各项人事制度改革，全县机关事业单位工作人员工资收入大幅度提高，“阳光考录”机制更加健全，人事管理更加科学规范。是年，全县各级机关计划考试录用公务员77人（含少数民族8人），其中面向选聘到农村和社区工作两年以上的大学生村干部岗位10个，面向优秀村干部岗位2个，法官、检察官预备人选岗位8个，共计1237名考生报考，最终录用75人。全县公开选聘大学生村干部6人，41人报考，最终聘用4人。全县综合类事业（包括卫生事业）单位面向社会公开招聘工作人员（计划）86人（含少数民族9人），其中面向选聘到农村和社区工作两年以上的大学生村干部岗位8个，共计1106人报考，最终聘用76人。全县计划公开招聘中小学及幼儿园教师37人（含少数民族5人），共计197人报考，最终聘用30人。组织开展10场次机关事业单位编外用工和国有企业工作人员招考，涉及用人单位31家，共提供就业岗位137个，报名应聘662人次，其中大专以上学历的高校毕业生应聘率96%，录用率91%。全年接收应届高校毕业生档案472份，创历年新高。至是年年底，累计存档档案5340份（其中高校毕业生档案3876份，事业干部档案1342份，大学生村干部等档案93份），开具调档函71份，转出档案191份。继续完善事业单位绩效工资制度。是年5月，根据行政区划和学校布局调整，研究制定并组织实施《关于调整景宁畲族自治县农村教师任教补贴地区类别的通知》和《景宁畲族自治县人力资源和社会保障局等3部门关于农村特岗教师津贴的实施办法》。制定出台《关于调整大学生村干部工作补贴标准的通知》。全年组团赴省内外参加各类人才招聘会7场次，引进各类人才49名，其中柔性引进博士生4名(1名为法国籍食用真菌学专家，系法国农业科学院高级顾问，工程师)，硕士研究生10名，紧缺急需技能型人才35名(本科24名，专科10名，高级技师1名)。是年，取得初级专业技术任职资格208人，中级资格225人，高级资格56人。新增高技能人才164名，推荐申报丽水市首席技师4人，市技能大师工作室2个，市“五养”技能大师18人，“高技能人才优秀导师”2人。入选“市138人才工程”第一层次1人。享受2014年高层次人才政府岗位津贴290人，享受高层次人才专项房15人，享受畲乡人才成长基金55人，享受高层次人才培养平台资助、人才专项奖励4人。组织114人参加2015年新录用工作人员初任培训(其中公务员71人，事业干部69人，大学生村干部4人)。组织50名副科以上领导干部参加省人力社保厅免费为景宁举办的基层公务员“农村电子商务”专题培训。组织569人参加专业技术人员继续教育。组织57人参加后备专业技术人才培训班和77人参加中层干部培训。至是年年底，全县有机关事业单位退休干部职工2214人(其中公务员退休658人)。全年组织机关事业单位退休干部职工参加15项微型体育竞技赛、专项联合赛、“嘹亮的歌声”千人庆重阳、清明祭扫烈士墓、元旦迎新春文艺演出和中国人民抗日战争暨世界反法西斯战争胜利70周年主题书画展、内刊《红夕阳》“纪念抗战胜利特刊”征文等系列活动，丰富退休干部的文体娱乐生活。开展副科以上实职领导岗位退休干部的春节慰问和节日走访患病重症老同志工作。　(蓝　芳　柳　菁)

【工资收入分配制度改革】　2015年6月，根据(浙人社发〔2015〕55号)文件精神，组织实施机关事业单位离退休人员增加离退休费工作。全县126个机关事业单位2180位离退休人员从2014年10月1日起增加离退休费，月人均增资345元，2015年7月发放兑现到位。同年9月，根据(浙政办发〔2015〕78号)文件精神，研究制定景宁畲族自治县完善机关事业单位工资制度实施办法，报省人力社保厅、省财政厅批准实施。“办法”规定机关事业单位工作人员新的基本工资标准从2014年10月1日起执行。全县机关在职人员1802人，月人均增加基本工资1189元；事业单位在职人员3517人，月人均增加基本工资1191元。　(潘昌宝)

2014年9月30日前离退休(职)人员增加离退休费标准表

表3

<table>
<tr><th rowspan="2">类别</th><th colspan="8">行政管理人员</th></tr>
<tr><th>省部级正职及以上</th><th>省部级副职</th><th>厅局级正职</th><th>厅局级副职</th><th>县处级正职</th><th>县处级副职</th><th>乡科级</th><th>科员及办事员</th></tr>
<tr><td>离休</td><td>1400</td><td>1140</td><td>900</td><td>730</td><td>570</td><td>480</td><td colspan="2">400</td></tr>
<tr><td>退休</td><td colspan="2">1100</td><td colspan="2">700</td><td colspan="2">460</td><td>350</td><td>260</td></tr>
<tr><td>退职</td><td colspan="8">260</td></tr>
</table>

续表 3

<table>
<tr><td rowspan="2">类 别</td><td colspan="4">专业技术人员</td><td colspan="2">工 人</td><td rowspan="2">1934 年 9 月 30 日前出生再增加</td><td rowspan="2">1934 年 10 月 1 日至 1939 年 9 月 30 日期间出生再增加</td></tr>
<tr><td>教授及相当职务</td><td>副教授及相当职务</td><td>讲师级及相当职务</td><td>助教相当职务及以下</td><td>高级技师和技师</td><td>高级工以下及普通工</td></tr>
<tr><td>离 休</td><td>820</td><td>540</td><td colspan="2">400</td><td colspan="2">—</td><td rowspan="3">100</td><td rowspan="3">60</td></tr>
<tr><td>退 休</td><td>700</td><td>460</td><td>350</td><td>260</td><td>350</td><td>260</td></tr>
<tr><td>退 职</td><td colspan="6">260</td></tr>
</table>

公务员职务工资标准表

表 4

<table>
<tr><td colspan="3">职务工资</td></tr>
<tr><td rowspan="2">职 务</td><td colspan="2">工资标准</td></tr>
<tr><td>领导职务</td><td>非领导职务</td></tr>
<tr><td>省部级正职</td><td>3440</td><td></td></tr>
<tr><td>省部级副职</td><td>2720</td><td></td></tr>
<tr><td>厅局级正职</td><td>2130</td><td>1990</td></tr>
<tr><td>厅局级副职</td><td>1700</td><td>1590</td></tr>
<tr><td>县处级正职</td><td>1360</td><td>1270</td></tr>
<tr><td>县处级副职</td><td>1080</td><td>1010</td></tr>
<tr><td>乡科级正职</td><td>860</td><td>820</td></tr>
<tr><td>乡科级副职</td><td>720</td><td>690</td></tr>
<tr><td>科 员</td><td></td><td>600</td></tr>
<tr><td>办事员</td><td></td><td>510</td></tr>
</table>

公务员级别工资标准表

表 5

<table>
<tr><td colspan="15">级 别 工 资</td></tr>
<tr><td rowspan="2">级别</td><td colspan="14">档 次</td></tr>
<tr><td>1</td><td>2</td><td>3</td><td>4</td><td>5</td><td>6</td><td>7</td><td>8</td><td>9</td><td>10</td><td>11</td><td>12</td><td>13</td><td>14</td></tr>
<tr><td>一</td><td>6135</td><td>6604</td><td>7073</td><td>7542</td><td>8011</td><td>8480</td><td></td><td></td><td></td><td></td><td></td><td></td><td></td><td></td></tr>
<tr><td>二</td><td>5625</td><td>6029</td><td>6433</td><td>6837</td><td>7241</td><td>7645</td><td>8049</td><td></td><td></td><td></td><td></td><td></td><td></td><td></td></tr>
<tr><td>三</td><td>5160</td><td>5524</td><td>5888</td><td>6252</td><td>6616</td><td>6980</td><td>7344</td><td>7708</td><td></td><td></td><td></td><td></td><td></td><td></td></tr>
<tr><td>四</td><td>4721</td><td>5055</td><td>5389</td><td>5723</td><td>6057</td><td>6391</td><td>6725</td><td>7059</td><td>7393</td><td></td><td></td><td></td><td></td><td></td></tr>
<tr><td>五</td><td>4318</td><td>4632</td><td>4946</td><td>5260</td><td>5574</td><td>5888</td><td>6202</td><td>6516</td><td>6830</td><td>7144</td><td></td><td></td><td></td><td></td></tr>
<tr><td>六</td><td>3949</td><td>4243</td><td>4537</td><td>4831</td><td>5125</td><td>5419</td><td>5713</td><td>6007</td><td>6301</td><td>6595</td><td>6889</td><td></td><td></td><td></td></tr>
</table>

续表 5

级别工资

级别	档次													
	1	2	3	4	5	6	7	8	9	10	11	12	13	14
七	3622	3896	4170	4444	4718	4992	5266	5540	5814	6088	6362			
八	3336	3590	3844	4098	4352	4606	4860	5114	5368	5622	5876			
九	3079	3313	3547	3781	4015	4249	4483	4717	4951	5185	5419			
十	2841	3056	3271	3486	3701	3916	4131	4346	4561	4776	4991			
十一	2620	2818	3016	3214	3412	3610	3808	4006	4204	4402	4600	4798		
十二	2415	2598	2781	2964	3147	3330	3513	3696	3879	4062	4245	4428	4611	
十三	2225	2395	2565	2735	2905	3075	3245	3415	3585	3755	3925	4095	4265	4435
十四	2049	2207	2365	2523	2681	2839	2997	3155	3313	3471	3629	3787	3945	4103
十五	1887	2034	2181	2328	2475	2622	2769	2916	3063	3210	3357	3504	3651	3798
十六	1738	1874	2010	2146	2282	2418	2554	2690	2826	2962	3098	3234	3370	3506
十七	1602	1727	1852	1977	2102	2227	2352	2477	2602	2727	2852	2977	3102	
十八	1478	1593	1708	1823	1938	2053	2168	2283	2398	2513	2628	2743	2858	
十九	1365	1470	1575	1680	1785	1890	1995	2100	2205	2310	2415	2520		
二十	1263	1358	1453	1548	1643	1738	1833	1928	2023	2118	2213			
二十一	1171	1256	1341	1426	1511	1596	1681	1766	1851	1936				
二十二	1089	1164	1239	1314	1389	1464	1539	1614	1689					
二十三	1017	1082	1147	1212	1277	1342	1407	1472						
二十四	954	1010	1066	1122	1178	1234	1290	1346						
二十五	899	947	995	1043	1091	1139	1187							
二十六	851	893	935	977	1019	1061								
二十七	810	846	882	918	954	990								

机关技术工人岗位技术等级工资标准表

表 6

标准 \ 技术等级	岗位工资																		技术等级工资
	1	2	3	4	5	6	7	8	9	10	11	12	13	14	15	16	17	18	
高级技师	1558	1643	1728	1828	1928	2028	2143	2258	2373	2503	2633	2763	2908	3053	3198				1000
技师	1317	1387	1457	1527	1611	1695	1779	1878	1977	2076	2190	2304	2418	2548	2678				720
高级工	1128	1185	1242	1299	1367	1435	1503	1582	1661	1740	1832	1924	2016	2121	2226	2344	2462		585
中级工	1011	1057	1103	1149	1206	1263	1320	1388	1456	1524	1603	1682	1761	1852	1943	2046	2149	2252	475
初级工	920	956	992	1028	1074	1120	1166	1223	1280	1337	1404	1471	1538	1617	1696	1775	1866	1957	385

机关普通工人工资标准表

	1	2	3	4	5	6	7	8	9	10	11	12	13	14	15	16	17	18	19
普通工	1280	1312	1344	1380	1416	1462	1508	1565	1622	1690	1758	1838	1918	2009	2100	2202	2304	2406	2508

事业单位专业技术人员基本工资标准表

表7

薪级工资										岗位工资	
薪级	工资标准	薪级	工资标准	薪级	工资标准	薪级	工资标准	薪级	工资标准	岗位	工资标准
1	170	14	535	27	1275	40	2452	53	4026	一级	3810
2	188	15	577	28	1354	41	2559	54	4152	二级	2910
3	209	16	619	29	1433	42	2676	55	4278	三级	2650
4	230	17	666	30	1512	43	2793	56	4404	四级	2355
5	251	18	713	31	1597	44	2910	57	4530	五级	2060
6	275	19	765	32	1682	45	3027	58	4656	六级	1890
7	299	20	817	33	1767	46	3144	59	4782	七级	1760
8	327	21	874	34	1858	47	3270	60	4938	八级	1550
9	355	22	931	35	1949	48	3396	61	5094	九级	1475
10	387	23	993	36	2048	49	3522	62	5250	十级	1390
11	419	24	1061	37	2147	50	3648	63	5406	十一级	1280
12	456	25	1129	38	2246	51	3774	64	5562	十二级	1220
13	493	26	1202	39	2345	52	3900	65	5795	十三级	1150

事业单位管理人员基本工资标准表

表8

薪级工资										岗位工资	
薪级	工资标准	薪级	工资标准	薪级	工资标准	薪级	工资标准	薪级	工资标准	岗位	工资标准
1	170	14	535	27	1275	40	2452	53	4026	一级	3770
2	188	15	577	28	1354	41	2559	54	4152	二级	3140
3	209	16	619	29	1433	42	2676	55	4278	三级	2660
4	230	17	666	30	1512	43	2793	56	4404	四级	2200
5	251	18	713	31	1597	44	2910	57	4530	五级	1900
6	275	19	765	32	1682	45	3027	58	4656	六级	1660
7	299	20	817	33	1767	46	3144	59	4782	七级	1460
8	327	21	874	34	1858	47	3270	60	4938	八级	1320
9	355	22	931	35	1949	48	3396	61	5094	九级	1220
10	387	23	993	36	2048	49	3522	62	5250	十级	1150
11	419	24	1061	37	2147	50	3648	63	5406		
12	456	25	1129	38	2246	51	3774	64	5562		
13	493	26	1202	39	2345	52	3900	65	5795		

事业单位工人基本工资标准表

表 9

薪级工资								岗位工资	
薪级	工资标准	薪级	工资标准	薪级	工资标准	薪级	工资标准	岗位	工资标准
1	150	11	344	21	693	31	1246	技术工一级	1640
2	166	12	371	22	738	32	1310	技术工二级	1430
3	182	13	398	23	788	33	1374	技术工三级	1300
4	200	14	428	24	838	34	1438	技术工四级	1200
5	218	15	458	25	894	35	1507	技术工五级	1140
6	236	16	493	26	950	36	1576	普通工	1130
7	254	17	528	27	1006	37	1645		
8	275	18	568	28	1066	38	1714		
9	296	19	608	29	1126	39	1783		
10	320	20	648	30	1186	40	1855		

【规范津贴补贴】 根据(浙人社函〔2015〕100号)文件批复,从2014年10月1日起,景宁畲族自治县机关工作人员规范津贴补贴标准月人均增加294元。事业单位根据与机关大体相当的原则,按照绩效工资政策同步进行调整,执行全市统一的绩效工资职级标准,景宁畲族自治县事业单位绩效工资月人均增加769元。机关事业单位离退休人员的生活补贴标准按照现行政策同步跟进,月人均增加478元。 (潘昌宝)

景宁畲族自治县机关规范津贴补贴标准表

表 10

职级	标准	职级	标准
厅局级副职领导	6320	副股长	3550
厅局级副职非领导	6120	科员	3350
县处级正职领导	5770	办事员	3180
县处级正职非领导	5570	试用期	2200
县处级副职领导	5220	技师	4090
县处级副职非领导	5020	高级工	3320
乡科级正职领导	4670	中级工	3160
乡科级正职非领导	4470	初级工	2990
乡科级副职领导	4310	普工	2990
乡科级副职非领导	3910	见习期	2200
正股长	3750		

景宁畲族自治县机关离退休人员生活补贴标准表

表 11

职　级	离 休	退 休	职　级	离 休	退 休
厅局级副职领导	6120	5440	乡科级副职非领导	—	3360
厅局级副职非领导		5280	科　员	—	2880
县处级正职领导	5580	4960	办事员	—	2720
县处级正职非领导		4800	技　师	—	3520
县处级副职领导	5040	4480	高级工	—	2880
县处级副职非领导		4320	中级工	—	2720
乡科级正职领导	4500	4000	初级工	—	2560
乡科级正职非领导		3840	普　工	—	2560
乡科级副职领导	4140	3680			

景宁畲族自治县机关事业单位退休人员生活补贴标准表

表 12

职　级	标　准	职　级	标　准
正高级	5300	管理八级(非领导)	3360
副高级	4340	管理九级	2880
讲师级	3820	管理十级	2720
助教级	2880	技　师	3520
技术员	2720	高级工	2880
管理六级	4340	中级工	2720
管理七级	3980	初级工	2560
管理八级(领导)	3660	普　工	2560

景宁畲族自治县事业单位基础性绩效工资标准表

表 13

项　目		教育学校	其他事业单位
生活补贴		1355	
岗位津贴	正高级	2610	2070
	副高级	1880	1450
	讲师级	1500	1130
	助教级	1050	760
	技术员	790	550

续表 13

项	目	教育学校	其他事业单位
岗位津贴	生活补贴	1355	
	管理六级	1880	1450
	管理七级	1570	1190
	管理八级	1340	990
	管理九级	1050	760
	管理十级	790	550
	技术工二级	1300	950
	技术工三级	1050	760
	技术工四级	790	550
	技术工五级	750	510
	普通工	750	510
	见习期	474	330
工龄补贴	5 年及以下	95	95
	6—10 年	155	155
	11—15 年	215	215
	16—20 年	275	275
	21—25 年	335	335
	26—30 年	395	395
	31 年以上	455	455
班主任津贴		300	—

【企业职称自主评价】 2015 年，景宁畲族自治县在浙江景昌建设有限公司首次组织开展企业职称自主评价工作。该公司有 29 人通过评审取得企业工程中级专业技术任职资格，初步形成企业对人才的自主评价体系，为企业储备人才奠定基础。 （雷蔚美）

劳动与就业

【概况】 2015 年，全县城镇新增就业岗位 995 人，完成指标任务的 110.56%。下岗失业人员实现再就业 498 人，完成指标任务的 110.67%，其中就业困难人员 158 人，完成指标任务的 112.86%。大学生引领计划创业培训 15 人，完成年度目标（13 人）的 115.4%，实现创业 10 人，完成年度目标（9 人）的 111.1%。是年，共支出社会保险补贴 139.42 万元（其中“4050”灵活就业人员社保补贴 240 人 68.85 万元，家政服务业社保补贴 7 人 1.69 万元，福利企业“吸纳残疾人就业”社会保险补助 213 人 44.58 万元）。在畲乡人力资源网、人力资源市场大屏幕、景宁电视台人力市场信息专栏等公共服务平台的基础上，开通“景宁就业”微信公众号，及时发布最新就业优惠政策、失业保险政策、企业招聘、个人求职、各类招考、高校毕业生见习岗位、公益性岗位等信息。全年通过以上平台累计为150多家用人单位发布就业岗位5000多个，受到用人单位及求职者的青睐。

2015年，下发《景宁畲族自治县人民政府办公室关于转发进一步促进普通高等学校毕业生就业创业实施意见的通知》(景政办发〔2015〕13号)和《景宁畲族自治县人民政府办公室转发丽水市人民政府关于支持大众创业促进就业实施意见的通知》(景政办发明电〔2015〕52号)，做好新一轮高校毕业生就业创业政策与原有政策的衔接工作，不断开拓创新，促进充分就业。全年受理符合条件的高校毕业生享受就业、房租补贴政策扶持申请110人次(其中房租补贴95人，就业补贴15人)，支出补助资金23.08万元。开发大学生就业见习岗位71个，安排见习高校毕业生75人，发放见习补贴35.52万元，并全部为其缴纳综合商业保险。截至2015年底，全县累计建立大学生训练见习基地15家，提供见习岗位190个，安排221人参加见习，结束见习157人，发放见习补贴90.96万元。是年12月，与县财政局联合下发《关于扩大扶持范围进一步做好我县失业保险支持企业稳定岗位工作有关问题的通知》(景人社〔2015〕205号)，对采取不裁员、少裁员等有效措施稳定就业的企业实施稳岗补贴，并将对象扩大到所有符合条件的企业，促进在岗人员的就业稳定。是年，继续巩固123个充分就业村和6个充分就业社区的创建成果。实行劳动力信息系统动态管理，实现全省公共服务信息系统乡镇、社区、行政村全覆盖。为充实基层平台人才队伍建设，通过笔试、面试、体检、考察等程序招录10名高校毕业生到村(社区)专职从事就业和社会保障工作。同年12月，组织人员分组到各乡镇(街道、社区)采取查看台账记录、走访群众、听取分管领导评价等方法，对35名劳保员进行年度考核，结果：优秀7人，称职28人。全年发放基层劳动保障员岗位补贴和绩效工资等144.58万元，发放基层劳动保障站点兼职工作人员岗位补贴42.3万元。

2015年，成功建立“一园三库”(创业园、导师库、项目库、师资库)。其中“中国畲乡青年电子商务创业园”为浙江省第二批“省级创业孵化示范基地”(全市仅2个)，2名创业导师为市级创业导师、3个项目入选丽水市创业项目库目录,5人参加丽水市SYB创业师资培训。是年2月，举办“2015年春季人力资源招聘会”,67家县内外企业推出3500多个就业岗位,6000多人次进场咨询。其中，登记求职626人，达成就业意向439人。同时，根据企业的用人需求，组织13家企业参加丽水市2016届大学毕业生就业洽谈会、丽水市2015年冬季人力资源交流会暨首届电商专场招聘会等6场大型招聘会，招聘高校毕业生19名。全年先后举办导游、电焊工、计算机操作、超市营业员、家政及育婴员等职业技能和创业培训班12期707人次(其中创业培训149人次)。组织100余名超市营业员参加为期一个月的超市营业员职业技能培训，通过技能鉴定考核，有85人获得营业员初级职业资格证书。同时，先后2次赴丽水为入驻丽景工业园区的青风制冷有限公司送去高级维修电工培训服务，得到企业和员工的一致好评。全年共组织23期(场)考评，两次企业人才自主评价专门培训与鉴定，总计对1855人进行职业技能鉴定，有1590人获得国家职业资格等级证书(其中初级1014人、中级412人、高级164人)。

2015年，继续在全县范围选定60家大中小微企业的用工和失业动态监测，实行网上直报（每月规定时间在全省统一开放系统中自行上报企业生产经营状况、岗位增减情况、用工需求变化相关情况)，县就业部门与企业相关工作人员建立QQ群、电话等方式进行业务指导和培训。

【农村电商创业典型】 2015年11月，由省人力社保厅及《浙江经视》共同打造的“奇思妙想浙江行”栏目组一行走进景宁鸬鹚乡丽水绿农电子商务有限公司，专题拍摄何伟东租赁鸬鹚闲置粮站，改建成加工、包装、仓储、电商孵化基地的农村电商创业典型事迹。该期“奇思妙想浙江行”创业节目在浙江经视频道《我的十点档》播出。 (季卫娟　项东昱)

社会保障

【概况】 2015年，景宁畲族自治县全面完成全民参保登记工作，各乡镇(街道)做到“村不漏户，户不漏人，人不漏项”三不漏要求，及时登记入库未参保人员信息，全民参保登记率100%，入户调查率100%。此项工作获得省社保中心领导的好评，并奖励增加调剂金200万元。是年，全县新增职工养老保险4174人，累计26965人（其中在职21260人，离退休5705人）。对全县近200个机关事业单位经办人员进行培训，完成全部机关事业单位7895人的养老保险基础数据采集和申报审核工作，确保机关事业单位退休人员待遇转由社保局发放。全县正常参保机关事业单位191家，参保人数7464人(其中在职5194人，离退休2270人)。企业职工基本养老保险基金当年收入27381万元，支出15192万元，结余12189万元，累计结余42824万元；机关事业单位基本养老保险基金当年收入4309万元，支出3756万元，结余553万元，累计结余8602万元。城乡居民养老保险参保60652人，当年收入4751万元，支出4240万元，结余511万元，累计结余4554万元。参加被征地农民基本生活保障3330人，当年收入2031万元，支出6819万元，结余-4788万元，累计结余4065万元。全县城镇职工基本医疗保险净增参保1421人，累计参保21376人(其中在职16837人，退休4500人，离休人员38人，在乡二等乙级以上革命伤残军人1人)。职工基本医疗保险基金当年收入8357.12万元，支出6747.13万元，累计结存10299.13万元(其中：基本统筹基金收入5205.80万元，支出3946.49万元，当年结余6959.71万元；个人账户基金收入3151.31万元，支出2800.63万元，当年结余3339.41万元)。城乡居民医疗保险参保128101人，当年收入11402.29万元，支出11211.79万元，累计结存430.90万元。净增工伤保险参保人数4291人，累计参保

26042人。工伤保险基金当年收入627万元，支出491万元，结余136万元，累计结余1426万元。净增生育保险参保人数1220人，累计参保14739人。生育保险基金当年收入396万元，支出288万元，结余108万元，累计结余749万元。2015年，全县最低工资标准为1220元/月，失业保险金发放标准为1035元/月（调整前为915元）。全县净增失业保险参保人数501人，累计失业保险参保11845人，全年保费收入1205.28万元，支出失业保险金1450人次147.25万元，滚存结余5191.62万元。发放医疗补助金15.74万元。是年，组织开展城乡居民社会养老保险养老金领取人员和企事业单位离退休人员的待遇资格认定工作。查出冒领企业退休养老金待遇1人，冒领金额40063.6元；冒领城乡居民养老金443人，冒领金额15.9万元。至12月底，追回企业养老基金13670元，追回城乡居民养老基金20900元。是年，继续探索县级公立医院住院总额控费预算为主的医疗费用支付方式改革，精心测算县人民医院前三年基础数据，结合公立医院改革“一减一增一补贴”原则（对县级公立医院所有药品销售实行零差率，提高部分医疗服务价格，加大政府投入），分析调整后医疗费用变化，制定合理科学的控费预算方案。坚持“总额控制、弹性结算、节余共享、超支分担”的原则，建立风险共担，促进医疗机构强化自我管理、自我约束机制。至年底，县人民医院住院次均费用比上年同期增长3%，使过快增长的医疗费用得到一定控制。

【社会保障信息化建设】 2015年，景宁公共服务平台网上办事大厅上线，实现用人单位网上办理社保业务，个人信息查询等功能，同时使用“12333”短信平台接口提供短信服务。完成城乡居民养老、医疗系统整合，便于对城乡居民医保和城乡居民养老参保人员的参保、缴费、待遇发放等实现统一管理，真正做到城乡一体化。完成工伤综合管理系统建设，实现对工伤申请、认定、鉴定、工伤预防等全过程管理。社保卡发行人员实现全覆盖，申领社会保障卡167187人，占全县户籍人数的95%，发放社保卡141592人。

【提高社会保险待遇】 2015年，根据《关于2015年度调整企业退休人员基本养老金的通知》（浙人社发〔2015〕13号）文件精神，全县企业退休人员基本养老金月人均增资242元。根据《关于调整国有企业死亡职工遗属生活困难补助费等标准的通知》（浙人社发〔2015〕14号）文件精神，对相关人员待遇进行调整：（一）国有企业离休人员死亡后，凡1937年7月6日前参加革命工作的，其生前供养的配偶的生活困难补助费由每人每月1610元调整为每人每月1860元；抗战时期参加革命工作的，其生前供养的配偶的生活困难补助费由每人每月1360元调整为每人每月1570元；解放战争时期参加革命工作的，其生前供养的父母、配偶的生活困难补助费由每人每月1230元调整为每人每月1420元。（二）国有企业职工（含退休人员）因病或非因工死亡后，其符合供养条件的直系亲属生活困难补助费标准为：系非农业人口的，由每人每月

770元调整为每人每月870元；系农业人口的，由每人每月640元调整为每人每月720元。（三）调整因工死亡职工供养亲属抚恤金的标准。在2014年12月31日前已按规定享受因工死亡职工供养亲属抚恤金的人员，因工死亡职工供养亲属抚恤金每人每月增加130元。根据《关于调整城乡居民基本养老保险基础养老金最低标准的通知》（浙人社发〔2015〕16号）精神，城乡居民养老保险基础养老金由每人每月100元调整为120元。

【城乡居民医疗保险全面实行社保卡代扣代缴】 2015年10月开始，全面推行城乡居民医疗保险社保卡代扣代缴工作。广泛宣传2016年度城乡居民医疗保险已参保人持社保卡和足够的钱到社保卡绑定银行任何网点激活和存钱；对于新参保人员需先到户籍所在乡镇（街道）办理参保手续后再缴费；对行动不便的老年人、残疾人、重病人员等，由代理人到县内（除中国银行外）各大银行营业网点现金缴费，实现所有参保人员通过委托银行代扣代缴的方式缴费。（陈岩平）

劳动维权

【概况】 2015年，县人力社保局、总工会、经商局、工商联四家成员单位联合开展第三届大型“双爱”（企业关爱职工，职工热爱企业）宣传咨询及“送清凉送关爱”活动。确定浙江景宁银座村镇银行股份有限公司等4家企业为“双爱”试点企业，落实“六有六要”（劳动有合同、工资有增长、五险有保障、生产有安全、管理有民主、精神有关怀和工作要敬业、技能要提高、经营要关心、纪律要遵守、维权要理性、身心要健康）。组织各乡镇（街道）、丽水景宁民族工业园在辖区内开展“双爱”宣传及指导活动。开展劳动关系和谐指数调查。调查结果，2014年度景宁畲族自治县劳动关系和谐指数83.7，排名全市第六。根据县统计局提供的统计数据，确认2014年度全县在岗职工年平均工资（含私营经济单位，不含个体工商户）32268元。集体合同备案115份。依法对景宁娃哈哈饮料有限公司等4家单位作出特殊工时行政许可决定，涉及职工1764人。是年，开展农民工工资支付专项检查、企业欠薪隐患排查、整治非法用工打击违法犯罪专项检查、用人单位遵守劳动用工和社会保险法律法规情况专项检查、清理整顿人力资源市场秩序等专项检查4次；受理各类投诉案件38起，涉及职工431人，追回工资696.08万元（其中，通过诉调对接为117位民工追回劳动工资128.11万元）。书面审查用人单位894家；欠薪应急周转金300万元入专用账户，工资支付保证金建设领域收缴436万元。是年，调处劳动争议案件217起（其中工伤案件93起），总调解率为99.5%（立案149起，案外调解68起），涉及职工217人，为劳动者挽回经济损失554.26万元。（刘敏敏）

【丽景园劳动人事争议仲裁派出庭设立】 2015年8月，在丽水景宁民族工业园设立首个劳动人事争议仲裁派出庭。该庭有兼职仲裁员3人，隶属县劳动人事争议仲裁委员会，业务上受县劳动人事争议仲裁委员会办公室指导；

劳动人事争议仲裁案件由县劳动人事争议仲裁委员会“统一受理、统一指派、统一程序、统一归档”。其工作职责包括宣传国家劳动保障法律法规，开展政策法规咨询服务活动，指导帮助用人单位制定、完善劳动用工管理制度，开展丽水景宁民族工业园区内劳动争议调解工作和调解文书转换工作，为群众提供快捷高效的法律服务。（蓝紫嫣）

安全生产

【概况】 2015年，县安全生产监督管理局（以下简称县安监局）坚持“安全第一，预防为主，综合治理”的方针，以保障人民群众的生命财产安全为根本出发点，以减少人员伤亡和实现控制指标为重点，认真贯彻落实新《中华人民共和国安全生产法》，根据国务院、省、市关于加强安全生产工作的总体要求，严格落实安全生产“党政同责、一岗双责、齐抓共管”的要求，落实政府（部门）安全生产监管责任。

开展企业标准化创建和社会化服务的宣传，提高企业对标准化和社会化服务的认识，引导企业积极参与创建工作。帮助企业与中介服务机构签订服务协议，强化对中介服务机构的协调沟通和督导。通过“第三方”评估和确认，全县35家工贸规模以上企业全部达到三级标准，85%规下企业（23家）达到规范化标准。12家企业签约社会化服务。

是年，县安监局先后在全县开展道路交通、消防安全、非煤矿山、建筑施工、尾矿库、危险化学品、烟花爆竹等重点行业领域的安全生产大检查活动。全年，出动人员879人次，排查253家生产经营单位，查出隐患863处，发出各种整改通知书113份。全年，全县累计发生各类事故10起，死亡7人，直接经济损失11.96万元。与上年同期相比，事故起数减少1起，死亡人数增加1人（同比上升16%）。

【重点领域的专项安全生产大检查】 2015年8月19日，县委、县政府下发《关于落实省委、省政府安全生产工作紧急会议精神的通知》，要求在全县开展危险化学品、道路交通、建筑施工、消防等重点领域的专项安全生产大检查。县委书记、县长亲自抓，县委副书记和各分管副县长负责对各自领域的安全生产大检查工作落实情况进行督查。公安、安监、消防、交通、住建等部门组成联合检查执法小组，共检查企业27家，查出安全生产隐患133处，发出整改通知书18份，督促完成整改133处。

【增设职业卫生科】 2015年3月，经县编办同意，县安监局增设职业卫生科，核编1人。其工作职责是开展职业卫生执法检查。7月，开展职业卫生宣传周，深入企业开展宣传15次，共发放宣传手册530余份，张贴海报100余份。全年，共对17家企业开展职业卫生检查，查出隐患48处，全部整改到位。（马维静）

法　治

政法委与综治

【概况】 2015年，中共景宁畲族自治县委政法委（以下简称县委政法委），认真贯彻落实中央、省委、市委政法工作会议精神，按照县委政法信访工作会议的要求，紧紧围绕“中国畲乡，小县名城”发展战略，以法治为引领，深入推进平安景宁、法治畲乡、过硬政法队伍建设，全力维护社会和谐稳定。是年，县委政法委开展“信仰法治、守护公正”主题教育实践活动，通过政治轮训、法治宣讲、典型教育等活动，进一步增强委机关干部的法治意识和法治素养。开展绿色生态发展暨“清单”制度“全员轮训”工作，组织县管干部参加县里的专题学习报告会。认真组织委机关干部职工通过专题宣讲、集中观看课件、学习讨论、撰写心得体会和测试等形式进行全员轮训，提升委机关党员干部的生态文明素养。同年，开展纪律作风专项教育整改行动，持续抓好中央“八项规定”和省委“28条办法”“六个严禁”及县委实施意见的贯彻落实，保持正风肃纪高压态势，委机关纪律作风持续好转，全年无违法违纪案件发生。加强委班子建设，3名委班子成员进行提拔交流，提任2名中层干部。加强干部协管，对6批69人次政法系统中层干部的职务任免进行审核把关。是年3月，全面启动村规民约、社区公约制定修订工作，全年修订制定260个村规民约，完成率100%。全年举办基层人民调解委员会主任培训班2期220余人次。充分发挥“诉调”“检调”“警调”衔接机制的作用。县法院加强“诉调对接”工作，全年成功调解案件190起，办理调解协议司法确认案件180起；县检察院不断完善刑事和解和检调对接机制，成功促成4起案件的双方当事人达成和解；县人民调解中心成功调解64起疑难复杂纠纷。进一步加强劳动争议调解组织建设，共组建劳动基层调解组织97个，（其中乡镇、街道21个，社区17个，较大企业23个，部门单位10个，国有企业1个，小微企业25个）。全县21个乡镇（街道）和260个村（社区）全部建立了人民调解委员会，完善了1149名人民调解员信息库；建立行政调解组织39个，落实专、兼职行政调解员51人。形成县、乡、镇（街道）、村三级联动、部门参与的大调解工作格局。全年全县各类调解组织调处矛盾纠纷1241起，调处成功1218起，调处成功率98.14%。其中发生非正常死亡案件40起，均得到成功调解，调解成功率100%，有效预防群体性事件的发生。省挂牌督办重大矛盾纠纷3起，市挂牌督办案件1起，全部得到化解，化解率100%；县挂牌督办案件105起，化解91件，化解率87%。全县重大疑难复杂矛盾纠纷案件成功化解，有力地维护了社会和谐稳定。是年，县委政法委深入推进"一张网"建设，按照"属地性、整体性、适度性"的原则，把县域范围划分322个网格，(其中254个行政村划为268个网格，6个社区划为54个网格)。按照"一格一员一通"的标准确定信息员，网格信息员配备率100%，配备手机平安通304部，"平安通"手机推广率94.9%。出台信息采集"以奖代补"措施，全年采集信息2782条，是上年同期(265条)的10.5倍，发放"以奖代补"经费8.9万元。同年，县委政法委全面推行平安建设"双五工作法"[(县平安办每季度组织"一次督查、一次暗访、一次通报、一次回访、一次约谈"，各乡镇(街道)、县平安办各成员单位每月进行"一次自查、一次研判、一次整改、一次对接、一次报告")]。建立常态化督查考核和通报制度，并先后与松阳、云和等周边县市开展平安交叉暗访活动。

2015年，县委政法委投入宣传经费20余万元，通过公共场所海报、流动电影宣传、宣传车下乡、短信电话宣传等20多种宣传载体，开展平安综治宣传活动，并明确各个时段的宣传重点，采取日常宣传与集中宣传相结合，使宣传常态化、立体化、全员化，实现平安"四率"(群众安全感满意率、知晓率、参与率、满意度)逐年提高。是年，推进涉稳重点人员信息化管控，对摸排出来的14名涉稳重点对象，逐人落实"六个一"(一个重点对象、一名责任领导、一个责任单位、一个帮教小组、一个工作方案、一套工作档案)和"五包"(即包掌握情况、解决困难、教育转化、稳控管理、依法处理)措施，实施常态化分析、动态化管控，及时将动态信息录入"利益诉求群体中涉稳重点人员信息管控系统"，并对重点人员进行专案经营，注重相关证据的收集、固定，为依法打击奠定基础。是年5月，确定景宁畲族自治县纵横昌益咨询有限公司正式成为景宁首家社会稳定风险评估"第三方"中介机构,并挂牌成立"景宁畲族自治县重大决策社会稳定风险评估事务所"，并被市委维稳办列入第三方风险评估机构推荐名单。对全县33个重大决策项目进行社会稳定风险评估，其中第三方参与稳评项目5个。对摸排的30件各类社会风险隐患，按照要求逐件建立工作清单、落实包案领导、制订化解管控措施、明确化解时限，并成功化解9件，其余21件均落实了管控措施。全省群众安全感满意率抽样调查结果显示，2015年度景宁人民群众安全感满意率98.17%，知晓率89.30%，参与率60.4%，满意度98.3%，平安"四率"继续保持省、市前列，其中知晓率和满意度两项指标位居全市第一。首次实现年度杀人、故意伤害致人死亡案件零发生，系列意外死亡案件得到有效调解和处置，为畲乡经济发展营造和谐稳定的社会环境，实现平安建设"十一连冠"。2015年，景宁先后获得2014年度全市"综治优秀县"，

2014年度全省“平安县”。县委政法委荣获“2014年度全市党委政法委系统信息工作先进集体”“2014年度全县党务政务信息工作先进单位”等荣誉称号。

【县应急联动指挥中心成立】 2015年5月24日，景宁畲族自治县应急联动指挥中心挂牌成立。该中心办公地址设在县公安局指挥中心，核定人员编制14人，为县政府直属正科级事业单位。其职能是整合“110”社会联动服务中心、城市管理监督指挥中心、“96345”社会公共服务中心等信息资源，集治安防控、接警指派、应急处置、城市管理、公共服务、信息情报研判等于一体的社会综合服务指挥中心。

【重性精神病人救治管理】 2015年，县委政法委专门出台精神病人管制意见，对排查出的259名精神障碍患者，全部落实管控措施。42名重性精神障碍患者全部录入全国重性精神病人信息管理系统。其中，入院治疗19人，在家监护居住21人，治愈就业2人。是年，没有发生精神病人肇事肇祸案件。 （吴荣标）

法治政府建设

【概况】 2015年，县政府、县政府办公室出台行政规范性文件33件，制作行政规范性文件合法性审查意见书33份，均按规定向市政府、县人大常委会报送备案，并对部门及乡镇政府制定的17件行政规范文件进行登记编号、备案审查。组织开展行政规范性文件清理工作，全年清理县政府(办公室)281件行政规范性文件及部门、乡镇(街道)139件行政规范性文件。规范行政机关合同签订行为，严格按照《景宁畲族自治县行政机关合同管理实施办法》管理，全年收到行政机关合同备案116件。收到行政复议申请36件(其中受理26件，不予受理10件)。受理的行政复议申请均作出行政复议决定。其中，维持行政行为10件，驳回行政复议申请10件，行政复议终止6件。发生行政诉讼案件40件，行政机关负责人出庭应诉率100%。开展2015年度行政执法案卷评查工作，发出《行政执法监督通知书》3份。组织全县行政执法人员资格考试(189人)，通过率80%。全年受理行政调解2213件，调解成功2104件，调解成功率95.07%。开展行政调解乡镇试点工作，大均乡被市政府确定为全市行政调解试点乡(镇)。法制信息、法制微博均列全省前十名。全县75个单位统一聘请政府法律顾问，该项工作得到省、市法制系统的肯定和推广。是年，县公安局被命名为市级依法行政示范单位。 （县府办）

公 安

【概况】 2015年，景宁畲族自县下辖2个街道4个镇15个乡，户籍人口17.28万人，登记流动人口1.89万人。县公安局内设指挥中心(办公室)、政治处、纪检监察室、法制大队、警务保障室、国保大队、治安管理大队、刑事侦察大队、行政审批科、巡特警大队、交警大队、网警大队、禁毒大队、经侦大队等14个部门和鹤溪、红星、沙湾、东坑、渤海、英川、水上等

6个派出所及看守所共22个所、队、室。共有民警209人，职工19人，事业3人，公务员1人，协辅警110人。

是年，全县共立刑事案件517起，与上年同期（479起）相比上升7.93%；共破刑事案件250起（其中当年148起，年前102起），与上年同期（309起，其中当年246起，年前63起）相比下降了19.09%，破案率48.36%。全年刑事拘留60人，取保候审109人，逮捕41人，移送起诉138人。成功侦破“1•1”和“1•12”强奸幼女案、“10•15”破坏生产经营案等一系列重特大刑事案件。全年发生治安案件467起，查处466起，与上年同期（519起）相比下降10.21%；查处违法人员229人。

【摧毁特大贩毒团伙】 2015年11月29日，在丽水市公安局的统一指挥下，景宁畲族自治县公安局全警出动，在丽水市区成功摧毁一特大贩毒团伙。共抓获涉毒嫌疑人23名，其中刑事拘留8名，行政拘留15名、缴获冰毒244克、缴获毒资1.2万元、管制刀具2把、查扣车辆2台。这起公安部毒品目标案件的查破，有力地打击了涉毒违法犯罪分子的嚣张气焰。

【“10•15”破坏生产经营案告破】 2015年10月15日，景宁县鹤溪街道三支树村头的“景宁云山涧石蛙养殖专业合作社”内石蛙大量死亡。经初步调查，合作社内100多个蛙池中有84个蛙池的石蛙出现大量死亡，其中幼蛙损失70500只左右；石蛙蝌蚪损失69000只左右；种蛙损失18700只左右，直接经济损失（价值）近300余万元。案发后，景宁畲族自治公安局抽调治安、刑侦、辖区派出所的精干警力组成专案组对该案进行侦破。专案组通过30多个日日夜夜的坚苦侦查，在市局刑侦、技侦和温州市公安局相关部门的大力支持下，于2015年10月28日抓获犯罪嫌疑人张某某，通过审查，该张某某交代了由于与养殖场主刘成仁存在矛盾纠纷而将农药倒入云山涧石蛙养殖专业合作社水源头而致使石蛙死亡的犯罪事实。

【堵截抓获持刀抢劫犯罪嫌疑人】 2015年6月11日下午，景宁畲族自治县公安局指挥中心接市局指挥中心电话通知，设卡拦截一辆嫌疑车辆浙C2517U黑色本田雅阁，车上有2名持刀抢劫的犯罪嫌疑人。15时32分许，该局将警力布置到景宁汇田大桥等多个云和往景宁的路口设卡。嫌疑车辆逃窜至观察车所在位置时，嫌疑车辆仍执意冲卡，民警鸣枪警告，嫌疑车仍在逃窜，民警追出7千米后逼停嫌疑车，嫌疑人弃车往山上逃窜。15时46分许，2名嫌疑人在半山腰竹林中被民警成功抓获。

【摧毁重大山头赌博团伙】 景宁畲族自治县公安局经过细致排摸和精心策划，于2015年8月12日重拳出击一举捣毁了流动在东坑镇吴山头村的赌博窝点，摧毁了长期盘踞在景宁县城周围的山头赌博团伙。当场抓获涉赌人员25名，查扣赌资87000余元，车辆5辆。

【“天网”工程三期完工】 2015年9月25日，景宁畲族自治县公安局“天网”三期项目正式开工建设，历时两个多月，于是年12月7日圆满完成（上线图像488路，对原200余路图像的数字进行高清改造）。

【淘汰“黄标车”】 2015年，景宁畲族自治县交警大队认真贯彻落实县委、县政府及上级公安机关关于“黄标车”淘汰工作部署，始终将该项工作当成政治任务，主动作为，坚持抓细、抓实。淘汰“黄标车”674辆，完成目标任务的104.5%。“黄标车”淘汰率名列全市第二。

【景宁看守所通过等级评定】 2015年12月17日，省厅监管总队对景宁看守所（拘留所）进行三级看守所等级达标验收检查。验收检查组按照等级评定考核要求，对景宁看守所（拘留所）的医疗卫生建设、基础设施建设、在押人员的日常生活情况、民警执法规范情况等进行细致检查，对监控录像、监管信息系统内电子台账录入情况和看守所（拘留所）等级创建台账等进行仔细查阅，并对在押人员开展“三定位”等基本演练活动。评定景宁看守所符合三级看守所等级达标要求，予以验收通过。

【行政审批窗口连续取得30个“五星级窗口”称号】 景宁畲族自治县公安局行政审批科通过改善窗口环境、提升服务品质、提高工作效率、严格日常管理，并推出一系列便民利民服务措施，得到群众的广泛好评和行政服务中心的认可。2015年，办理审批事项106906件，群众满意率100%，2015年第四季度又被县行政审批中心评为“五星级窗口”，这是自2008年行政审批科入驻县行政审批中心以来连续第30个季度获得“五星级窗口”称号。

【反恐防暴应急处突装备增购】 2015年，景宁畲族自治县公安局投入100多万元，购置1辆39座大型运兵车和1辆反恐处突指挥车；投入30万元为水上派出所配备1艘巡逻艇；为一线单位配置移动警务车6辆、执法记录仪80台、移动警务终端1台；投入70万元为全局民警配备移动警务通。

【“萌警”漫画室成立】 2015年，景宁畲族自治县公安局成立“萌警”漫画室。该室由沙湾派出所民警钟舒音当任“萌主”，推出“萌警”预警漫画宣传安全防范系列漫画。是年6月1日，中共丽水市委书记王永康专程到沙湾派出所看望“萌警”钟舒音。

【县警察协会成立】 2015年11月23日，景宁畲族自治县警察协会成立。首批协会会员涵盖县公安局领导班子，各科所队民协警、职工60余人。警察协会作为景宁公安自己的社团组织，警察协会的成立，有利于发挥社会团体的优势，运用有别于行政机关的机制和方法，积极开展公安理论研究，维护公安机关的执法权威和公安民警的合法权益，促进对外交流与合作，推动警察公益事业发展。

【水上派出所成立】 2015年5月6日，景宁畲族自治县公安局水上派出所揭牌成立。该所设所长1名，副所长1名，在县千峡湖管理处的统一协调下，与渔政、航管等部门协同配

合，共同维护景宁畲族自治县水域的治安稳定和运行安全，打击各类违法犯罪活动，保一方碧水，护一库好鱼。（陈　峰）

【消防】 景宁畲族自治县消防大队（以下简称县消防大队）始建于1984年，位于红星街道人民北路119号，占地面积6500平方米，建筑面积3081.77平方。2015年向县政府争取业务经费497万元，其中147万元用于购买中型水罐车和举高云梯车各一辆（分3年付款，2014年始，2016年止）。至是年年底，装备各类消防车7辆（东风153水罐车、中联A类泡沫水罐车、东风153水罐泡沫消防车、抢险救援消防车、斯太尔举高喷射消防车各1辆，举高云梯车2辆）。主要担负着全县4个镇15个乡2个街道、1949.98平方公里的消防防火、灭火任务。

是年，县消防大队发送消防宣传知识累计2万余条，发放消防宣传资料和书籍25000余份（册），悬挂消防宣传横幅300余条，张贴宣传标语5000余张，利用公众微信、微博发送消防安全常识27500余条。检查社会单位1125家,发现火灾隐患或违法行为524处，督促整改火灾隐患或违法行为496处，下发责令改正通知书341份，责令“三停”13家（停工、停产、停止使用），行政拘留2人。火灾形势保持总体平稳。接警102次，其中火灾55起，出动车辆143辆，出动警力979人，抢救被困人员48人，疏散被困人员91人，抢救财产价值329.9万元。

是年，县消防大队被丽水市消防支队评为消防监督工作先进集体。在丽水市消防系统春季运动会大比武中取得团体第一名。被县政府防汛抗旱指挥部评为2015年度防汛抗旱工作先进集体。（严灵娟）

检　　察

【概况】 2015年，景宁畲族自治县人民检察院（以下简称县检察院）深入贯彻落实中共十八大以来各次会议精神，紧紧围绕“强化法律监督，维护公平正义”的检察工作主题和经济社会发展大局，着力提升运用法治思维和法治方式解决实际问题的能力，各项检察工作取得了新进展，为实现景宁经济社会的发展和构建“平安景宁”“法治畲乡”做出新的贡献。

全年审查逮捕犯罪嫌疑人45人，批准逮捕41人，同比下降32%；审查起诉147人，提起公诉166人，同比下降22.7%。其中，批准逮捕盗窃等侵财性犯罪嫌疑人7人，同比下降65%，提起公诉8人，同比下降80%；批准逮捕“黄赌毒”犯罪嫌疑人5人，提起公诉8人。积极回应群众对食品安全的深切关注，对4名生产“假里脊肉”“铝馒头”等有毒有害食品的犯罪嫌疑人提起公诉。依法妥善处理非法集资和电信诈骗等严重破坏金融秩序的犯罪案件，批准逮捕2人，提起公诉6人。常态化执行宽严相济刑事政策，慎捕慎诉。对犯罪情节轻微无逮捕必要或不需要追究刑事责任的，不批捕4人，不起诉28人（其中“醉驾”23人）。推行未成年人案件专人办理和未成年人犯罪记录封存制度，对涉嫌犯罪的未成年人，不批捕2人，不起诉1人，封存4名未成年人的犯罪记录。积极开展未成年人法制教育工作，联合县教育局在职业高中举办“模拟法庭”活动，并制作专题片在县电视台“平安畲乡”栏目播放。

进一步畅通群众信访渠道，运用法治思维和法治方式妥善处理各类信访案件。是年，办理群众来信来访69件，办理刑事申诉案件9起，经审查息诉5起，通过诉讼监督途径解决4起。在办案过程中，着力化解案件双方当事人之间的矛盾，促使3起轻微刑事案件当事人达成和解。对家庭确有困难的被害人或其近亲属发放司法救助金3万元。核查群众举报基层组织人员线索32件。与乡镇党委政府密切配合，在查清事实基础上，综合运用法律措施和行政手段解决4起缠访闹访案件。建成远程视频接访系统，试行上下一体的信访接待机制，上访群众在县检察院视频接待室可向上级人民检察院提出信访要求，上级检察院通过视频予以解释答复。基层检察室职能得到全面发挥，除提供法律咨询、开展职务犯罪预防和办理群众来信来访等工作以外，在职务犯罪查办和矛盾纠纷化解方面有了新突破，立案查办1起农村干部贪污案件，调解处理3起干群纠纷案。

严肃查办党委政府高度关注、社会反响强烈的大要案和发生在群众身边、损害群众利益的职务犯罪案件。密切与县纪律检查委员会、县审计局的联系，全年立案查办贪污贿赂案件13起16人，渎职侵权案件2起2人。其中，查办大案15人(科级干部3人)。开展农村养老领域职务犯罪专项整治活动，立案查办敬老院工作人员贪污养老资金案件2起2人。全年累计为国家挽回经济损失300余万元。

坚持一般预防与专项预防相结合的原则，从源头上预防职务犯罪。以省检察院部署的“百场案件剖析警示教育”和“百个重大工程项目专项预防”活动为抓手，结合办案，在全县11个乡镇和部门开展预防宣讲活动，800余名基层干部受到廉政警示教育。与县纪律检查委员会联合出台《关于加强涉农专项资金领域预防职务犯罪工作的意见》，建立起全县预防职务犯罪联动工作机制。会同县发改局、审计局和教育局等相关部门对外舍小学建设项目开展专项预防。全年累计受理行贿犯罪档案查询306次。

顺应诉讼制度改革的新要求，关切人民群众对公正司法的需求，以纠错防漏为切入点，稳步推进侦查监督工作。对应当立案而不立案的，依法督促侦查机关立案3件。其中，2人被判处有期徒刑。坚持实体和程序并重的原则，认真审查各类证据的合法性和客观性，对于违反程序和有瑕疵的证据予以排除补正。全年发出纠正违法通知书1份，排除非法证据1份，补正瑕疵证据6份。主动适应新常态，积极探索新形势下的民事和行政监督。是年，办理民事执行监督案件2起，对7起民事行政申诉案件，经审查认为事实清楚，适用法律正确，耐心向当事人做好释法说理工作，使其服判息诉。对行政执法行为合法性和合理性进行审查，发出检察建议12份。对认为有错误的刑事判决依法提出抗诉3起3人，经上级法院审理改判2起2人。认真履行对刑罚执行和监管活动的监督职责，向监管机关发出检察建议8份，办理财产刑执行监督3起。依法对适用强制措施进行监督，依据犯罪嫌疑人及其辩护人的申请，对9起案件开展羁押必要性审查，建议变更强制措施6人。依法开展对社区矫正人员交付执行和管理情况监督，提出纠正违法意见，1名罪犯被收监执行。

认真接受县人大常委会对检察工作和检察官“依法履职、公正司法”的专项审议。对常委会提出的意见，认真梳理，扎实整改，及时报告。开展规范司法行为专项整治活动，重点对案件同步录音录像、扣押冻结款物管理、保障律师依法执业和办案安全防范等专项检查。通过自我检查、上级督查和异地互查，开门听取意见建议，共查找出15个问题并及时予以整改。对扣押款物处理不当的，及时予以赔偿处理，并建立起涉案款物统一保管制度。对限制律师会见权问题，充分采纳意见，建立常态化律师会见保障机制。进一步发挥案件管理中心职能，实行案件统一管理，对所办案件进行质量评查，强化办案内部监督制约。

深化政治纪律、法治信仰教育和纪律作风管理，开展“学党章、守纪律、讲规矩”和“三严三实”主题教育实践活动，着力解决队伍思想、纪律和作风等方面存在的问题。开展全员轮训活动，组织干警到浙江大学法学院听取前沿理论讲座，拓宽检察人员的工作视野。加大人才培养和使用力度，促进队伍结构合理化，努力使队伍的知识构成、年龄结构和性别比例与检察机关的工作性质和目标任务相适应。是年，县检察院公诉科被市检察院记“集体三等功”一次。

（任艳艳）

法　　院

【概况】 景宁畲族自治县人民法院（以下简称县人民法院），下设办公室、政治处、立案庭、刑庭、民一庭、民二庭、行政庭、执行局、执监庭、审管办、审监庭、调解中心、法警队、司法行政科等部门。2015年年底，实有在职在编干警71人，比上年增加1人。

2015年，县人民法院共受理各类案件2855件，办结2590件，同比分别上升33.29%、28.41%。市中院15项考核指标，县人民法院位于全市前三的有10项，办案质量、效率、效果指标良好。是年，受理刑事案件93件，审结92件。其中，审结盗窃、抢夺、诈骗等多发性侵财型犯罪案件17件，判处罪犯34人；审结贪污、贿赂、渎职等职务犯罪案件2件，判处罪犯2人；审结危险驾驶犯罪案件31件，判处罪犯31人；审结销售有毒、有害食品类犯罪案件2件，判处罪犯2人；审结污染环境案件1件，判处罪犯2人。主动适应以审判为中心的刑事诉讼制度改革要求，全面贯彻证据裁判规则，强调证人出庭作证，审理首例证人出庭作证的职务犯罪案件。积极扩大指定辩护范围，指定辩护人数22人，其中为法定刑可能判处3年以上有期徒刑的被告人指定辩护率100%，最大限度地维护被告人的诉讼权利。受理民商事案件1714件，审结1643件，同比分别上升17.74%和19.84%。其中，妥善审理婚姻家庭、相邻关系等传统民事纠纷287件，倡导和谐的人际关系；依法审结机动车交通事故责任等损害赔偿纠纷80件，保护受害人的合法权益；稳妥审结劳务合同等劳资纠纷152件，兼顾保护劳动者合法权益和维护企业生产经营秩序；审结买卖、借贷、信用卡纠纷等商事案件539件，制裁违约失信行为，促进社会诚信。加强新行政诉讼法的宣传，行政庭庭长为县农业局、市场监督管理局等行政机关开展新行政诉讼法专题讲课5次。加大行政诉讼协调和解力度，妥善化解行政争议3件。依法审查非诉执行案件6件。对行政机关在具体行政行为中的违法不当行为及时提出司法建议，促进行政机关的依法行政水平。

是年，充分运用“执行五大系统”（征信、查控、惩戒、监督、保障），完善综合治理执行难工作机制。共办结各类执行案件917件，同比上升86%，执结标的金额2553.67万元。创新执行工作机制，与各地商会建立执行联络机制，建立在外“老赖”失信企业、个人黑名单，发送至各地商会，极大提高执行效率。加强执行威慑，对46名长期欠债不还、久执未结的被执行人在媒体上曝光，列入银行征信名单357人，列入失信人员名单529人，拘留被执行人19人，以拒执罪追究被执行人刑事责任1人。坚持执行备勤制度，利用全省布控平台，实行24小时备勤查控下落不明的被执行人或车辆。全年申请布控被执行人130人，布控车辆14辆，接到举报电话130余起，执结案件25件，执行到位标的185万元。开展涉农民工工资案件专项执行活动，顺利执结拖欠农民工工资案件44件，执行到位标的额41.94万元。加大对困难群众的帮扶力度，全年对确有困难的当事人缓、减、免交诉讼费4.55万元。继续抓好与县残疾人联合会、民政局、民宗局、总工会、关工委等部门的司法救助协作机制，拓宽司法救助渠道，向5起涉民生案件当事人发放司法救助金18.2万元。充分发挥大调解工作体系作用，诉前引导调解案件224件，调解成功222件，司法确认调解案件223件，诉前纠纷化解率15.74%，居省、市前列。积极延伸“诉调对接”调解平台，建立法院与社区联动调解机制，共调解物业纠纷21件。坚持“调解优先，案结事了”，一审民事调撤率59.14%，民事调解案件自动履行率68.4%，同比分别上升3.22%和3.35%。推进劳动争议案件调解和农民工维权工作，司法调解中心与劳动保障监察大队联合办理农民工讨薪案件134件，涉案金额128.19万元，切实解决农民工讨薪难。

2015年，坚持“面向群众、面向基层、面向实际”原则，稳步推进诉讼服务大厅、诉讼服务网、“12368”诉讼服务热线三位一体的诉讼服务中心建设。落实立案登记制，围绕以群众需求为导向的诉讼理念和一站式办理的工作思路，集中设立了立案服务、诉讼事务服务、诉讼费服务、信访接待、诉前纠纷化解五大功能区块，为人民群众提供多渠道、一站式、综合性的诉讼服务。

充分利用两微一站（微博、微信、官方网站）推进权利义务及重大事项、案件信息、裁判文书等公开工作。全年庭审录像率、一审普通程序陪审率100%，裁判文书上网率99.3%。定期举办“公众开放日”活动，邀请学生、记者等群体走进法院，增进人民群众对法院工作的理解与认同。社会各界对法院工作评价良好，在省高院组织的“千名律师评法院”测评中各项得分名列全市法院系统第一。完善新闻发布常态化机制，及时宣传工作成效和先进典型，全年有100余篇稿件被国家、省、市、县媒体采用。阳光司法成效显著，连续两年在社科院测评中进入全省前二十名，被评为“全省阳光司法先进法院”。同年，增设法官接待室、调解室、法律援助工作站、远程视频接访等多项前台服务机构，建立律师派驻机制，现场为当事人提供业务咨询和法律援助。开通电子档案查询功能，推行网点式跨区域异地办理档案查阅、信息查询、预约接访等诉讼事务，在浙江省范围内不再要求申请执行人提供法律文书生效证明，为当事人减轻诉累。积极推进巡回审判和审判延伸工作，进一步扩大诉调对接联络员、联络点在乡村的分布，巡回审判办结案件96件，接受群众法律咨询服务200余人次。庭审记录改革、简式裁判文书改革和审判权运行机制改革同步推进，共有214件案件采用庭审录音录像方式记录，当庭宣判188件，制作简式裁判文书366件。组织开展重大项目建设、“三改一拆”、中小微企业发展、金融改革等热点、难点涉法问题专题调研，形成调研报告3篇。其中以景宁涉林犯罪案件为样本形成的调研文章《关于涉林案件对生态环境保护的局限和出路》被县委主要领导批示肯定。开展对涉污染企业的矛盾纠纷专项排查活动，成立排查工作领导小组，共排查解决纠纷30余件，对受理的涉污染企业案件积极稳妥予以审理，共审结涉污染企业相关案件37件，涉案金额1746万元，保障污染企业的整治拆除工作顺利实施。积极关注中小微企业发展，加强金融风险防控工作，编发涉企专报3期。由院长联系企业助推企业转型升级，组织干警走访小微企业，通过走访调研、发放联系卡、开辟涉企案件诉讼绿色通道等积极构建风险防范平台，有效降低中小微企业在生产经营活动中的法律责任风险。加强对影响社会稳定重点人群的打击和管控，审结非法持有、买卖枪支、贩卖运输毒品刑事案件5件6人。协同推进社区矫正，全面落实未成年人犯罪记录封存工作，帮助上述人员有效回归社会。针对司法办案中发现的经济发展、社会治理中存在的隐患和问题，及时向党政机关和有关单位发出司法建议3份，被有效采纳并反馈3份，延伸了司法活动对优化公共决策和社会治理的影响力。加大矛盾纠纷和安全稳定隐患的排查调处力度，认真做好申诉信访工作，深化涉诉信访改革。

是年，县人民法院荣获“全省阳光司法优秀法院”“全省法院纪检监察工作先进集体”“丽水市综合治理执行难先进法院”等称号。个人荣立二等功1人次，三等功1人次。全省先进个人2人次，先进集体1个次。涌现出“全市最美法官”“全省法院审判监督工作先进个人”“全省法院司法技术管理工作先进个人”等先进典型。

【首用网拍执行标的物】 2015年，景宁畲族自治县人民法院启动“拍卖通”业务，坚持公开、透明处理执行标的物，通过淘宝司法网拍执行标的物29次15件，网拍率100%，成交额336.2万元，观众13.77万人次，平均溢价 20.09%，为竞买人节省佣金 13.71 万元。
(李　敏　刘　波)

司法行政

【概况】 2015 年，景宁畲族自治县司法行政工作以“抓基础强业务”为主基调，以“司法创新”为突破口，为建设“平安景宁、法治畲乡”做贡献。年初，县司法局提出“让普法宣传与校园文化、企业文化、广场文化、农家乐文化有机结合，利用多种媒体信息平台，多维度、立体化开展普法宣传，推进农村法制学校、普法农家院、畲乡书屋等法治文化阵地建设”的工作思路。全年投入 10 万余元，在县电视台开设《平安景宁》专栏；租用城区大型电子广告屏，开展法治宣传；利用“景宁百事通”微信平台，开辟“周周普法”专栏，扩大宣传面，改进普法手段，充实普法内容。创建市级民主法治村 1 个，市级诚信守法企业 1 个、市级普法农家院 1 家，县级以上“民主法治村”创建率 85%，“民主法治社区”创建率 100%。发放各类宣传资料 73000 余份，举办大型广场咨询活动 17 场次，文艺演出 11 场次，法制讲座 35 场次，展出各种宣传图板 232 幅，举办法律知识竞赛 4 次，顺利通过市考核组对“六五”普法考核验收。

完善城乡居民公共法律服务体系，全县有 500 多个基层调解组织，调解人员 1121 人。全县 21 个乡镇(街道)、55 个直属部门和事业单位全部聘请法律顾问。成立县政府法律顾问工作团，出台《景宁畲族自治县人民政府法律顾问工作规则》。县公证处办理各类公证 968 件，其中国内民事类公证 503 件，经济类公证 293 件，涉外协查 172 件。完善“诉调”“检调”“警调”等衔接机制，构建多元化矛盾纠纷解决机制。全年调解各类社会矛盾纠纷 1317 件，涉及金额 1973.21 万元，调解成功 1306 件，成功率 99.16%。调动公益律师的工作积极性，保证法律援助“零距离、零等待”。县司法局与县法院、县民宗局、县总工会、县残联等部门联合出台《关于加强少数民族法律援助和司法救助工作的规定》《加强职工法律援助的规定》《关于建立法律援助律师派驻诉讼服务中心工作机制的意见》等文件。全年受理法律援助 224 件，同比增长 35%。安排 16.5 万元对 13 户(社区矫正)自主创业对象进行帮扶，4.9 万元对 28 户(社区矫正)困难户进行补助，进一步解决矫正人员的实际生活困难。2015 年，在册社区矫正对象 160 人，其中有 51 人社区服刑人员在矫正期间表现良好，按期予以正常解矫，3 人符合特赦条件对象宣告特赦，14 人被警告，2 人被治安处罚，3 人被收监，无脱管漏管，无再犯新罪。有在册刑释解矫人员 586 人，安置率 100%，帮教率 100%，无重新犯罪。

是年，中心司法所业务用房、工作人员、业务装备、工作经费、机制建设五到位。完成沙湾司法所 4 星级规范化司法所的申报、验收工作。12 月 15 日，县司法局办公楼搬迁至府前西路二号一楼大厅及三楼（总建筑面积 1300 平方米，其他各层另外单位所用)。

【社区矫正指挥中心成立】 2015 年 9 月，社区矫正指挥中心成立，办公地点设在府前西路二号三楼，工作人员 4 人，毛北华任中心主任。社区矫正指挥中心工作职责是：处置社区矫正过程中的突发事件。

【社区矫正安置帮教劳动教育改造基地建立】 2015 年，县司法局争取省特扶资金 270 万元，在澄照乡三石村启动建立社区矫正安置帮教劳动教育改造基地。该基地规划建造一座 680 平方米多功能教育、管理用房，1000 多平方米活动场地，4.67 公顷劳动教育改造基地，计划 2016 年年底前交付使用。基地的建立为矫正归正人员提供一个集警示教育、公益劳动、技能培训为一体的平台。（毛昌立）

军　事

武装警察

【概况】　武警景宁畲族自治县中队（以下简称县中队）坚持以强军目标为统揽，深入学习贯彻国家主席习近平系列讲话精神，紧紧围绕军队改革的总体思路和支队党委总体工作部署，按照“鼓足干劲奋勇争先、紧盯问题狠抓落实、脚踏实地务求实效”的工作思路，狠抓各项工作落实，部队建设呈现出向上向好的发展态势。2015年，完成押解犯人15次32人，参加中国畲乡三月三等大型活动安全保卫工作10次，出动武警389人次。县中队先后6次被总队评为先进单位，连续30年执勤无事故，多次被丽水市委、市政府、市军分区联合表彰为拥政爱民先进单位。

【军事训练“八落实”】　2015年，县中队严格按照军事训练“八落实”的有关指示要求，掀起“训练有位、训练有为”的训练热潮。通过建立单位和个人军事训练档案，将训练工作量化，充分调动广大官兵参训积极性，收到较好的训练效果。中队在参加勤训轮换、创纪录军事竞赛和魔鬼周训练中，官兵能够发扬不怕苦、不怕累的精神，取得了较好的成绩。

【后勤保障】　2015年，县中队积极搞好炊事员、军械员、水电工等后勤人员的选拔、培养和管理。厨师李章奇厨艺精湛，责任心强，伙食保障得到中队官兵的普遍认同。因地制宜，大力开展农副业生产活动，丰富官兵“菜盘子”。开展“伙食精细管理年”活动，严格落实早餐“1126”和中晚餐“6211”的标准，将县中队做过的各种菜式制作成画册，发放到班，战士们可在画册上轻松“点菜”。定期开展心理辅导和卫生防病常识教育，落实防范措施，集中组织伤病人员、指定专人负责到地方医院就诊，并给予充分的关爱和照顾。加强后勤规范化建设。在财务管理上，管紧用好每次经费开支，坚持支部理财，落实经济民主组每月查账和公布经费开支制度。　（义雪英）

人民武装部

【概况】　2015年，景宁畲族自治县人民武装部（以下简称县人武部）以“统领、整顿、备战、改革、法治”的工作指导，扎实开展“三严三实”专题教育整顿活动，凝心聚力干事业、埋头苦干抓落实、从严治军促稳定，较好地完成民兵整组、兵役征集、军分区法治军营先行试点工作和国防动员委员会“实案带实兵”演习等各项任务。县人武部组织乡镇(街道)人武部长吴大余、柳忠芳、王黎伟、何盛洪、严华、林利伟、章卫荣参加军分区比武考核，获得团体综合成绩第一名，其中红星街道人武部长吴大余获个人综合成绩第二名，射击成绩第一名。县人武部被省军区表彰为“先进团单位”，被军分区政治部评为“新闻宣传先进单位”。

是年，县人武部严格依据《军事训练大纲》标准要求，落实军分区年度首长机关军事训练计划，开展“六会六能”(“六会”：会读、会记、会算、会写、会画、会传。“六能”：具有较强的信息获取能力、分析判断能力、出谋划策能力、组织协调能力、检查指导能力和研究创新能力）业务基本功训练。全年训练42天594小时(不含军地联合演习)，其中体能训练300小时。组织人武部干部参加军分区首长机关排名考核，综合成绩第二名。4次赴云和县靶场实弹射击训练，累计消耗步枪弹、手枪弹共计1600余发。是年4月21日(农历三月三)，是景宁畲族庆典日，为确保庆典活动安全顺利，鹤溪街道人武部申请出动民兵应急维稳分队20人，协助维持治安，圆满完成治安巡逻任务。6月6—17日，对全县39名专武干部进行为期12天的业务应用技能集训，提高专武干部军事素质、理论水平和组织指挥能力。6月24—29日，根据军分区年度工作计划，应急连进行成建制比武排名考核，县人武部按上级比武专业要求，组织红星街道应急排、鹤溪街道应急排及其他乡镇部分应急分队人员集中强化训练，在比武考核中获得第六名。11月4日，按照军分区统一计划，县人武部机关开展“实案带实兵”编组联训演练(按战时体制和指挥要素，设置联防分区指挥所、任务分队指挥组，模拟兵器装备库受敌潜特攻击，启动联防机制，首长机关按照战时指挥体制进行演练)。人武部机关指挥技能和军事素质进一步提升。

是年，县征兵办公室加大宣传力度，挖掘大学生兵员潜力，共发送征兵宣传短信12万余条次，发放征兵手册5000余册。县人武部协调地方出台相关政策，提高优待标准，提高应征人员参军积极性。圆满完成征兵任务，实现省军区提出的“三无”(无退兵、无换兵、无跑兵)目标。是年，把国防教育课程内容纳入县委中心组理论学习和县中青班培训；融入民兵整组、军事训练、学生军训，提高民众国防意识。结合“弘扬伟大抗战精神、同心共筑强大国防”和“强军路上兴武装”等教育活动，开展“五个一”(观看一部教育影片、组织一次国防知识竞赛、写一篇国防教育心得体会、参观一次驻军军营、听一场国防教育报告)宣传。持续抓好“大走访大慰问”“八一光荣榜”等工作。在“八一”建军节、全民国防教育日、征兵等重要时段，通过挂宣传横幅、发放传单、开展咨询、播放国防教育片、组织文艺演出等活动，形成全社会关心支持国防建设的良好氛围。通过县领导过“军事日”、领导干部国防形势报告会、学生军训等活动，增强国防意识。

【基层武装部规范化建设】 2015年，县人武部按照“平时服务、急时应急、战时应战”的总体要求，加大规范化建设力度。在原有的基础上再次投入资金20余万元对战备库室、办公楼及各类库室进行整治和规范，配置维稳处突、抢险救灾、森林防火等物资器材（帐篷5顶、雨衣150件、雨鞋150双、手电筒150只、救生绳6条、救生圈30只、铁镐60把、簸箕、扫把各30套），以满足多样化军事任务需要。规范作战室“八图一表”。各类制度均以图表形式上墙。

【民兵整组】 按照军分区统一部署，县人武部于2015年3月13—25日对全县基干民兵进行组织整顿。是年4月9日，军分区政治部主任张宝藏率工作组对该县民兵整组工作进行检查，拉动点验民兵应急连，人员按照时间节点到达县体育馆集中，人装配套参加点验，到点率96%，点到率100%。

【“法治军营”建设先行试点现场会在景宁召开】 2015年9月25日，丽水军分区“法治军营”建设先行试点现场会在景宁畲族自治县人武部召开。来自全市各县（市）区代表42人参加会议，军分区政治部主任张宝藏主持会议。会上军分区政委范金华做重要讲话，景宁畲族自治县人武部政委夏国章作经验介绍。年初，县人武部党委按照省军区、军分区党委统一部署，开展“法治军营”建设先行试点工作，加强组织领导，精心筹划部署，按照“八个依法”（举旗铸魂依法认同、能战能胜依法治训、履行职责依法规范、矛盾问题依法化解、公平正义依法彰显、党管武装依法强化、军民融合依法深入、作风建设依法推进）建设目标，注重法规学习教育，不断强化官兵法治素养；注重发挥驻地优势，推动军地法治融合发展；注重法治文化氛围营造；深厚法治文化熏陶；注重强化组织领导，夯实法治军营建设基础。县人武部根据自身实际积极探索，梳理出《人武部机关日、周、月、季工作流程图》和《人武部机关工作规范》，走出一条“法治军营”建设路子。

【民兵连红旗党支部建设全面推开】 2015年，县人武部认真落实省军区《民兵基层党组织工作规定》和市委组织部、军分区政治部《关于在全市民兵队伍中开展“红旗党支部”创建活动的实施意见》。在全县基干民兵队伍中的民兵应急连、供电分队、鹤溪村3个单位率先组建“红旗党支部”，并设立了专门办公室，配备有关书籍和办公用品，制定支部活动计划。是年年底，全县21个乡（镇、街道）全部建立“民兵红旗党支部”。

【财务大清查】 2015年6月，结合军分区开展“财务大清查”活动，县人武部党委狠抓财务规范，坚持党委理财，加强财务归口，集中统管，严格执行经费审批权限，规范财经管理。经过专项问题清理，共梳理整改经费开支中存在四大方面120个具体问题，涉及报销凭证620份，累计金额8.7万元，清退违规发放补助费8.6万元。　　（县人民武装部）

人民防空

【概况】 景宁畲族自治县人民防空办公室(以下简称县人防办)与县人民政府办公室合署办公，下设一个事业单位：人防工程管理所。现有干部职工5人，其中党员4人。2015年，坚持以科学发展观为指导，贯彻“长期准备，重点建设，平战结合”的人防建设方针，夯实人防建设基础，为经济建设提供坚实后盾。全年共开展1次防空防灾大型宣传活动、1次警报试鸣、1次人员应急疏散演练。

2015年3月，县人防办投资10万余元，对人防警报系统进行无线统一控制升级改造。5月12日下午，首次使用人防警报无线统一控制系统成功组织全县警报试鸣。全县7台警报器(县城4台)完好率100%，鸣响率100%。5月11日上午，在石印山公园组织“防空防灾”知识宣传，展出20块展板，发放资料1000份，便携应急包1000个，现场畲族舞蹈队载歌载舞，为人民防空防灾宣传增添色彩。6月4日上午，在红星街道外舍社区组织防空防灾应急疏散演练，15户社区居民和社区全体干部职工、人防志愿者等100余人参加，县应急办、县民政局领导应邀参加观摩。10月28日，浙江省民防协会会长徐富泉在市人防办主任汪帆陪同下，莅临景宁指导指挥所建设工作。 (县人防办)

农村　农业　气象

新农村建设

【概况】 2015年，县农办按照“绿水青山就是金山银山”的发展理念，深入实施“三县并举”发展战略，整合新农村建设资金4.18亿元，扎实推进“六边三化三美”（“六边”：山边、河边、公路边、村边、城边、景区边；“三化”：洁化、绿化、美化；“三美”：城美、村美、房美）、农村生活污水治理、美丽乡村、历史文化村落保护利用、农民异地搬迁、农家乐综合体、扶贫开发和特别扶持等项目建设。全年培育中心村55个；建成市级美丽乡村示范村11个、农家乐特色村9个；省级美丽宜居示范村2个、省级农家乐特色村6个（在建5个）、历史文化古村落13个（其中有4个为省级重点）。至是年年底，全县254个行政村均先后建成市级生态村；累计农村卫生厕所改造5.33万户，农村卫生户厕普及率达到100%。县财政每年投入1100万元，配备农村卫生保洁员642人，河道卫生保洁员512人，实现农村生活垃圾集中收集处理清运所有行政村全覆盖。景宁以全省综合考评第一的佳绩获“2015年度省级美丽乡村创建先进县”荣誉称号，省委书记夏宝龙为景宁颁奖。是年，县财政用于“六边三化三美”行动专项资金1500万元，开展绿化、洁净、美化和文化专项行动。丽水市“六边办”给景宁交办件427个，完成整改427个，按时完成率100%。自查自纠发现问题232个，完成整改232个，按时完成率100%。在市“攻坚奋战60天、迎接高铁新时代”专项整治行动中，景宁自查发现问题165个，完成整改165个，按时完成率100%。景宁“花样村庄”建设典型专题片，在全市“六边三化三美”工作第八次点评会上上播放，得到市委书记王永康的肯定。是年12月，在全市开展的农村居民对“六边三化三美”工作满意率调查中，全市的总体水平为86.6%，景宁为90.9%，全市最高。全县累计发展农家乐特色村（点）47个，从业农民1870人；创建农家乐综合体2个，农家乐民宿聚集区6个；省市级特色乡镇2个（其中省级特色乡镇1个）；省市县三级农家乐特色村5个（其中省级1个，市级2个，县级2个）；市级农家乐特色点3个；四星级农家乐经营户3户，三星级农家乐经营户45户；农家乐基础设施项目17个。2015年，通过农家乐综合体、聚集区民宿、特色点的创建，新建床位776张（其中农家乐集聚区民宿470），累计床位19900张。全县农家乐共接待游客182万人次，直接营业收入9023万元，分别比上年同期增长37.88%、36%。是年，东坑镇茗源村被列入省级历史文化重点村，景南乡东垟村、郑坑乡吴布村、沙湾镇季庄村被列入省级历史文化一般村。把农村生活污水治理列入政府年度“十大实事”之一，村均安排政策处理和工作经费3万元，开展农村生活污水治理116个村，投入资金8700余万元，受益农户11087户，景宁畲族自治县获评全省农村生活污水治理工作优胜县称号。2015年，计划实施特扶项目43个，计划投资63183.3万元，安排省特扶补助22621.4万元，市县财政配套19078万元，单位及农户自筹共19418.9万元。在项目实际推进过程中，43个项目开工率100%，完成率90%，完成投资63183.3万元。省特扶资金支出率90.4%，特扶资金到位、使用率100%。启动第二轮“政银保”小额贴息贷项目。是年，全县发放低收入农户贷款1.4596亿元，有2744户低收入农户得到金融扶持。县农办以服务新农村建设为宗旨，提高农民自身素质和就业创业技能为导向，多渠道、多层次、多形式地开展农村劳动力素质培训。全年培训6941人次，其中：农村实用人才培训1675人次（含新型职业农民），完成任务总数的128.8%；农民转移就业技能培训866人次，完成任务总数的123.7%；普及性培训4400人次，完成任务总数的122.2%。全年完成农民异地搬迁490户1555人，其中整村搬迁6个村201户705人，地质灾害避险搬迁215户725人，分别完成市下达计划任务的104%、157%、352%。投资2806.52万元，扩续建双坑口、双后降、七里、洪畈、仙菇、梅坑、畲斗湾、水碓洋、鸬鹚、梧桐坑、西山等11个安置小区，继续进行排水排污、道路硬化、绿化美化等基础设施建设。继续推进县城农民公寓和乡镇农民公寓和农民廉租房工程建设。结合民族政策，推进畲族群众集聚小区建设，金山洋畲族群众安置小区建设已启动前期工作。

【绿化专项行动】 2015年1—3月，开展绿化专项行动，全县组织开展植树造林100余次，1万多人参与，种植苗木200多万株，造林绿化1133.3公顷，投入资金近5000万元。

【洁净专项行动】 2015年4—6月，全县发动群众参与环境卫生整治3万余人次，治理违法广告3100多起，拆除违章搭建20万平方米，清理乱堆乱放3000多处，清运垃圾3万余吨。并将“六边三化三美”内容列入村规民约，建立起门前三包、网格负责、路段巡查等卫生管护长效机制。

【美化和文化行动】 2015年7—12月，全县开展农房外立面改造145万平方米，按照“洁化、硬化、绿化、亮化、美化、文化”的美丽乡村六次升级标准，有序推进70多个村的美丽项目建设。并以“六边三化三美”行动为契机，深挖文化内涵，以文化促旅游，带动农家乐、民宿、农产品等方面的发展，加快美丽环境向美丽经济的成果转化。

【第一批（2013）省级历史文化村落建设通过验收】 2015年，景宁第一批省级历史文化村落建设通过省验收组验收。2013年，景宁畲族自治县按照传统建筑现代化、现代建筑本土化、居住条件小康化以及“一年计划，两年建设，三年成品”的建设要求，启动东坑镇深垟村（重点村）、根底砚村，澄照乡漈头村，大均乡伏叶村（一般村）省级历史文化保护村建设。每个省级重点村投入700万元，一般村投入50万元,全面开展特色建筑的修复与置换、特色风貌的保持与延续、优秀传统文化的发掘与传承、村庄环境和基础设施的科学整治与建设，把历史文化村落培育成为与现代文明有机结合的美丽乡村。

【消除4600元以下低收入户】 根据低收入农户调查认定统计，2015年年初全县有低收入农户16362户，47740人。其中，家庭人均纯收入4600元以下的农户4501户，10512人（纳入低保、五保2658户，4335人，2015年度新增低保扩面358户，771人，纳入重残608户，638人）。是年年底，全面完成年度目标任务，消除家庭人均纯收入4600元以下4501户10512人，脱贫率100%。 （吴艳艳）

农　业

·概　述·

【概况】 全县农业工作紧紧围绕“农业增效、农民增收、农业转型、农民发展”总目标，坚持以工业理念抓农业，走“生态立农、改革活农、科技兴农、质量强农、依法治农”之路，着力在“稳粮、增收、保安全、强创新、优主体、可持续”上下功夫，开创山区农业发展新局面。2015年，实现农业总产值10.34亿元，同比增长6.19%；农村可支配收入13663元，同比增长9.9%。景宁畲族自治县是浙江省农村土地确权登记颁证试点县之一。通过“三会五关”（动员会、培训会、地块确认座谈会；政策关、宣传关、程序关、试点关、督查关）、“四表一图”（发包方调查表、承包方调查表、承包地块调查表、农村土地承包经营权证变更申请表，承包地块平面图）健全程序机制，强化技术支撑，顺利完成全县农村土地确权登记颁证试点工作。

·粮食作物·

【概况】 2015年，全县粮食播种面积7780公顷，粮食总产量41543吨。建设良种示范基地3个、超级水稻高产示范基地2个。引进中浙优8号等6个杂交水稻新品种试种，落实储备种子35吨。推广杂交水稻主导品种2080公顷，新增旱粮面积244公顷，分别完成任务的100.41%和101.67%。建立省级粮食高产创建千亩示范片3个、旱粮百亩示范方2个。推广“千斤粮万元钱”等稳粮增效模式1140公顷。建成马坑心田稻鱼共生、梅岐稻鳖共育等8个生态米示范基地45.3公顷。累计发放旱粮规模生产、水稻规模种粮、耕地地力保护等各类种粮补贴资金849.4万元，水稻种植保险4043公顷。

·经济作物·

【概况】 2015年，全县发展茶叶基地300公顷，低改133.3公顷，累计茶园面积4067

公顷。其中，采摘茶园3058公顷，茶叶产量2402吨，产值3.79亿元，同比分别增长5.4%和19%。其中名优茶产量1380吨，产值2.9亿元，同比产量增长8.4%，产值增长9.2%。在2015年中国茶叶经济年会上，景宁畲族自治县荣获全国十大生态产茶县称号。2015年，全县种植蔬菜5180公顷（包括果用瓜），产量12.47万吨，产值2.56亿元。其中，新增高山优质商品蔬菜基地72.3公顷，落实保障型蔬菜基地7.3公顷，优质商品蔬菜基地2753.3公顷。是年10月，鹤澄现代农业园区，引进播种流水线等，建成全县首个蔬菜育苗中心（育苗基地0.16公顷）。新增精品果园38.5公顷，改造低产果园68.7公顷，引进水果新品种12个（其中“东坑镇桃源水果沟”面积13.7公顷，品种10余个，从事水果生产的家庭农场5家）。新增无公害水果认证2家，完成金钟雪梨和英川红心李等地方优良品种繁育各5000株。全县水果种植面积1366.7公顷，产值2418万元。新增草本药材34.13公顷，草本药材生态精品示范基地7个，面积36.47公顷；引进草本药材何首乌等3个新品种和铁皮石斛“活树附生栽培”等2项新技术，创新药材高效种植模式2个。全县种植草本药材1146.7公顷，产量0.35万吨，产值0.75亿元，同比分别增长5.8%和6.3%。

2015年，沙湾蔬菜精品园、景东毛竹精品园、自强稻田生态种养示范区、红星板栗精品园通过验收。其中沙湾蔬菜精品园投入建设资金1039万元，完成计划投资的121.39%；沙川、千峡湖现代农业综合区建设规划编制完成。县级及21个乡镇（街道）农产品质量安全快速检测平台，免费对外开放。全年农产品快速检测7000多批次，同比增长130%；各种专项抽检275次，其中完成省级农产品例行抽检44批次，完成市、县联动抽检168批次；畜产品瘦肉精尿样随机定性抽检2450个批次，连续四年实现省级抽检合格率100%。

【金奖惠明茶走出国门】 2015年4月，为了进一步提升品牌影响力和国际市场竞争力，景宁畲族自治县把金奖惠明茶推荐到马来西亚2015国际书展活动中，作为指定用茶，得到省委书记夏宝龙的高度赞誉；5月，金奖惠明茶作为浙茶“五朵金花”之一跟随浙江农林大学文化学院“浙茶之美”茶文化巡礼团踏上美国茶文化交流之旅，百年荣耀再现美国；7月，金奖惠明茶成为（法国里尔）第100届世界语大会“茶与爱情”电影节现场会接待用茶，受到来自83个国家的国际友人的热烈追捧；8月，金奖惠明茶在德国威斯巴登、立陶宛、斯洛伐克、捷克等欧洲国家茶事活动中作为接待用茶。

【景宁张一元惠明茶业有限公司成立】 2014年12月，景宁张一元惠明茶业有限公司成立。该公司注册资金1200万元。投入建设资金1012万元，完成土地挂牌受让及惠明茶文化推广中心、茶文化博物馆设计等工作。规划惠明茶文化推广中心、茶文化博物馆占地面积约20451.42平方米，建筑面积约17727.72平方米。

【获“全国十大生态产茶县”称号】 景宁畲族自治县按照“生态、绿色、效益”的发展定位，大力推进生态茶、无公害茶、有机茶的开发种植。通过推广茶园病虫害统防统治、农药化肥减量使用、以草抑草、植树引鸟吃虫等立体生态循环模式，全力推进生态茶园示范基地建设取得了明显的成效。2015 年 10 月 20 日，在河南信阳召开的第十一届中国茶业经济年会上，景宁畲族自治县被评为“2015 年度全国十大生态产茶县”，成为浙江省唯一获此殊荣的县。

· 食用菌产业 ·

【概况】 2015年，景宁畲族自治县加快新品种新技术推广步伐，引进食用菌新品种 4 个，引进 GLP832 连栋大棚生产香菇和避雨栽培黑木耳等 2 项新技术，示范推广大球盖菇—单季稻、黑木耳—单季稻等“千斤粮、万元钱”种植模式 123.8 公顷。全县食用菌生产 6272 万袋(其中：袋料香菇 4710 万袋，袋料黑木耳 1230 万袋，珍稀食用菌 332 万袋)，同比增长 0.19%；食用菌鲜品总量 5.25 万吨，产值 3.07 亿元，同比增长 0.38%和 6.2%。

· 畜牧业 ·

【概况】 2015 年，生猪饲养量 8.96 万头，同比增长 7.43%，其中母猪存栏 2800 头；家禽饲养量 61.37 万羽，同比增长 6.95%；羊饲养量 4.1 万只，同比增长 3.80%；牛饲养量 9298 头，同比增长 8.12%；兔饲养量 12.72 万只，同比增长 2.50%。通过抓整治促转型，关停“生态环线”禁养区内养殖场 9 家，拆除栏舍 9461.43 平方米，补助资金 136.44 万元。完成 26 家 50 头以上规模养殖场排泄物综合利用改造，增加沼液利用量 0.53 万吨，增加生态消纳地 413.3 公顷。红星街道西坑村旺山生态养殖场推行“猪—沼液—梨”循环利用模式，完成畜禽排泄物综合利用示范点 1 个，面积 13.3 公顷。建成乡镇公共病死动物无害化处理池 21 个，处理病害猪 1246 头，全年没有发生病死动物监管不到位的安全事件。扶持县级农业特色产业项目 5 个，认证无公害基地产品 5 个，前三季度可比价增加值 3237 万元，在全市率先实现正增长(0.5%)。

【生猪屠宰及加工经营场所迁建】 2015 年，投入资金 1450 万元，完成生猪屠宰及加工经营场所(迁建)项目的土地挂牌、污水管道工程招标、无害化处理池、综合楼主体工程等项目建设。该项目位于鹤溪街道石牛路 108 号，占地面积 7601 平方米，建筑面积 4032 平方米。

· 农业机械管理 ·

【概况】 2015 年，购置农业机械 720 台，农机补贴资金 29.599 万元。全县农机总动力 94932 千瓦，农业机械原值 8945 万元，净值 7002 万元，农机作业面积 3547 公顷。全年排查安全隐患 5 起，整改率 100%，强制报废拖拉机 13 台，纠正违章 27 起。大均乡创建省级“平安农机示范乡”，增加农机安全示范村 5 个，开展农机安全咨询活动 3 次，发放宣传资料 320 份，举办新农机操作手、农机安全知识培训 2 期 220 人次。

·绿色农业建设·

【概况】 2015年,继续加大农产品"三品"认证服务与农产品质量安全工作力度,建成无公害产品基地421.27公顷,增加生态精品农业示范基地3个、无公害农产品19个、绿色有机农产品3个,农业标准化生产率61.56%。同时借"六边三化三美"之力,狠抓澄东现代农业景观带建设。投入311万元在大赤洋建成现代化文洛式连栋玻璃温室1575平方米,多功能育苗床683.5平方米,标准化蔬菜育苗中心播种车间239.9平方米,展示培训中心230平方米,完成生产设施改造、基地环境美化、文化展示、新品种试验示范等项目建设。该基地被评为丽水市"十佳现代化设施农业基地"。增加稻、鱼、蟹共生种养基地10公顷。其中,彩色稻示范区3.33公顷。建标准菇棚47322平方米,改造美化菇棚45248平方米,拆除废旧菇棚14815平方米。推广茭白田套养鲤鱼生态种养模式158.67公顷。建成大漈龙溪高山蔬菜农耕休闲体验园(3.33公顷)、8家农耕特色农家乐。大漈茭白节被评为2015年丽水"十佳农事节庆活动"。出台以奖代补政策建设桃源水果沟,投资331万元,建设休闲观光果园13.67公顷(其中避雨栽培葡萄4.67公顷,樱桃2.67公顷,猕猴桃3.4公顷,其他2.93公顷)。建成大东景高山花卉基地4公顷,产值286万元,实现从一品红到多肉植物、从竹制大棚到连栋钢架大棚的"花样经济"。该基地被评为2015年丽水市"十佳赏花田园"。推广测土配方施肥10120公顷。其中,水稻、茶叶、蔬菜、水干果等农作物配方施肥示范基地36个1426.7公顷。使用配方肥2509吨,推广商品有机肥4700吨,减少化肥用量149.7吨。完成全县21个乡镇(街道)306个农产品产地土壤质量普查点的土样采集工作。推行专业化病虫害统防统治,完成农作物病虫害专业化统防统治面积2666.7公顷、实施农药减量控害增效工程面积4346.7公顷、统防统治与绿色防控融合应用面积706.7公顷。减少化学农药使用量7.50吨,高效低毒低残留农药推广应用普及率85%。在澄照金坵村、三石村建成农药、化肥减量控害示范点,生态茶园基地200公顷。

·农业信息化建设·

【概况】 2015年,景宁农业信息网站累计发布农业信息3674条,累计浏览270万人次,并在浙江农业信息网公用模块上传信息1167条。全县有农民信箱注册用户8902户,应用农民信箱发送手机短信81万条、信件83万封,买卖信息603条,公共信息1047条。利用农民信箱短信发送"每日一助"信息166条,每月发送10条以上。农产品电子商务主体有22个上淘宝,累计农产品电子商务主体50家,省级以上示范合作社、市级以上农业龙头企业网上农产品营销普及率达70%,超额完成任务10%。抓好农民信箱村网站规范建设,全县村网站建站率100%,村网站的规范率亦达到100%,并有6个村网站获季度之星。推广掌上农民信箱,安装掌上农民信箱512人次,利用LED屏幕下乡宣传,共发放宣传资料500多份。

· 农村能源建设 ·

【概况】 2015年，全县继续推进以户用沼气为重点的“一池三改”建设，至年底，全县累计沼气用户3058户，年产沼气122.3万立方米。是年，全县增加畜禽养殖场沼气200立方米、农村生活污水净化沼气200立方米、太阳能热水器2000平方米，农作物秸秆综合利用率86.5%，农村清洁能源利用率60.2%，沼液利用量0.53万吨，沼肥利用面积100公顷。

· 农业产业化 ·

【概况】 2015年，农业综合招商引资到位资金1.02亿元，续建项目4个(景宁惠明茶老品种茶园垦复提升、生态蔬菜种植与配送、景宁箬寮山地蔬菜产业开发、景宁生态畜牧规模养殖)，签订农业招商引资协议1个，即《景宁特色生态农产品加工项目》，意向引资额5000万元，县内发展茶叶项目1个。第二轮群众增收致富奔小康特别扶持农业项目有序推进，完成景宁白茶标准化示范基地93.3公顷、澄照乡金坵村生态茶园示范基地66.7公顷、农产品加工包装服务中心项目阶段性投资200万元，投资170万元在上海开设金奖惠明茶专柜及惠明茶品牌宣传。

· 农产品营销 ·

【概况】 2015年4月，在县城人民南路建成茶叶一条街，17家茶叶经销商入驻开市，解决了县内茶叶交易场所，提升茶叶门店的档次；同时，在上海落实五家惠明茶专卖店，为惠明茶进军上海市场打下基础。是年，全县有农产品电子商务主体50余家，农产品主体淘宝店增加25家。全年举办农产品上淘宝培训班3期，举办淘宝景宁馆专场营销推介活动4场。龙头企业网上农产品营销普及率67%，农产品网上销售额1200多万元。全年组织企业外出参加展销会105家次，现场交易额250万元，销售合同金额1500多万元。在各类活动中，景宁农产品荣获6金2银3优的好成绩。是年，以惠明茶荣获巴拿马万国博览会金奖100周年为契机，成功举办金奖惠明百年庆典、“千年惠明 百年金奖”民族茶艺大赛、“品饮中国 五洲茶亲”活动、第三届金奖惠明茶斗茶会及手工炒茶能手大赛、茶产业成果展、惠明茶博园开工奠基仪式、“畲乡茶礼 茗香福溢”祭茶大典等系列活动。在新华网、搜狐网等媒体平台上发表文章30余篇，对景宁农产品进行宣传、报道；在“浙江农业”“丽水发布”“茶谣日志”等微信平台上策划发表农产品营销专题文章33篇。

· 农业科技服务 ·

【概况】 2015年，建立“领导+专家+基地+指导员+示范户”与基层农业公共服务中心相结合的覆盖全县的农技推广服务网络。推出五大产业12个主导品种和18项技术，筛选确定10个试验示范基地，800家科技示范户，70名农技指导员。全年组织各类农业技术培训12期360人次；组织基层农技人员（100人次）赴浙大、省农科院等地进行知识更新培训；制作《畲乡新农村》栏目专题13期，发放技术资料6000余份。是年，县农业局2人被评为县第三届拔尖人才，18人享受高层次人才政府津贴。引进硕士 2 人。

【农业产业技术创新与推广服务团队成立】2015 年 8 月，县农业局成立农业产业技术创新与推广服务团队。该团队由 53 名专家组成，其中省级专家 11 人、市级专家 11 人、县级专家 14 人、乡土专家 17 人。其职责是：为全县茶叶、粮油蔬菜、食用菌、畜牧业、水果等农业产业技术创新服务。是年，提供服务 4537 人次，为全县增加经济收入 18785 万元。

· 农业执法与安全监管 ·

【概况】 2015 年，组织出动执法人员 680 多人次，在春季、秋季"绿剑"行动中对全县 40 余家农药、种子、化肥、饲料、兽药等农资店进行检查,立案 10 起，结案 10 起，罚没款 9000 多元。全面开展高毒限用农药自律退市和农资监管，18 家农资店配齐设备纳入信息化管理。全县 21 个乡镇(街道)签订重大动物、植物疫情防控工作责任书，列入年终考核。扎实开展疫情普查、监测工作，全年监测规模养殖场户 1500 多个次，随机采样检测生猪、家禽、牛羊免疫抗体样本血清 3000 余头份，免疫抗体合格率达到国家标准。强化猪牛羊口蹄疫、猪瘟、猪蓝耳病、禽流感等免疫工作，规模养殖场免疫密度常年达到 100%，散养户免疫密度常年保持在 90%以上，重大动物免疫抗体合格率 80%以上。完善溯源体系建设，全县 23 个规模养猪场全部配备智能识读器，生猪佩戴耳标率 100%。全年检疫生猪 3.8 万头，查验家禽 500 多批次 28 万羽、牛羊 2.1 万余头，检疫屠宰猪肉 3000 多吨，规模养殖场产地检疫率 100%，屠宰检疫到位率 100%。全年没有因病死动物无害化处理不到位而引发安全事件。开展茶叶苗木、食用菌菌种、高山花卉等植物产地检疫 9 批次，出省调运检疫 1 批次。查处调运未经检疫种子案件 2 起、调运未经检疫苗木案件 1 起。开展全县重大农业植物疫情及外来有害生物普查，普查面 100%，梨树疫病发病株数比上年下降 38.93%，加拿大一枝黄花发生面积比上年下降 17.68%，没有发现水稻细菌性条斑病、甘薯茎腐病、黄瓜绿斑驳花叶病毒等重大农业植物疫情发生。通过给梨树疫病进行病株挖除、病枝修剪和化学防控，对加拿大一枝黄花进行喷药结合人工拔除等方法进行防除，实现防除面100%。

· 农村经营管理 ·

【概况】 2015 年，全县流转土地面积 2973.3 公顷，新增耕地流转面积 390 公顷，流转率 47.18%，新颁发土地流转经营权证 74 本。创办农村产权交易中心，建立农村产权交易专家库，聘请专家 20 人，建立 27 人的农村产权交易经纪人队伍，组织 5 人参加市级培训并获资格证。是年，登记土地流转交易 52 宗，开展农村产权评估 15 宗。2015 年，景宁畲族自治县被确定为浙江省农村土地确权登记颁证试点县，农村土地确权登记颁证完成率 61.36%。全县 21 个乡镇 101 个行政村 929 个村民小组 9977 户农户家庭土地承包合同面积 2174.5 公顷(建库 3581.86 公顷)，完成率 46.45%。县级试点景南乡、梅岐乡 17 个行政村 105 个村民小组 2046 户农户 853.27 公顷耕地确权登记（原承包合同面积为 373.27 公顷），完成率为 20.63%。外业调查 21 个乡镇 82 个行政村 724 个村民小组 7776 户农户承包土地 1957.75 公顷。全县 254 个村已完成股份制改革，股改率达 100%，量化资产总额 4752 万元，登记股东 154248 人（其中非社员股东 222 人）。创新农村“三资”监管机制，铁腕推进“四不准、七不得”，严把报销“关卡”，使村级非生产性支出大幅减少，招待费实现“零支出”，彻底解决“白条子”现象，得到省验收组的高度评价；通过政府购买服务方式，委托中介开展村级集体经济审计，按照“三年一轮审”要求，委托中介完成 85 个村级集体经济审计工作，及时处理 6 起涉嫌农民负担问题，维护农村稳定。（李芳菲）

气　象

【概况】 2013 年 6 月，景宁畲族自治县气象局按照浙江省气象局有关文件精神完成局机构调整，内设办公室（气象行政执法大队）、气象减灾科（行政许可科、人工影响天气办公室）、业务科（气象台）3 个科室；下设县气象服务中心、县防雷中心。2015 年年底，在岗人员 19 人，其中本科以上学历 6 人，专科 9 人。是年，继续巩固和完善“政府主导、部门联动、社会参与”的气象防灾减灾体系。21 个乡镇（街道）气象（工作）站，气象工作列入乡镇（街道）年度目标责任考核。完成 5 个气象防灾减灾重点单位认证和 3 个气象防灾减灾示范村创建。积极应对气候变化，做好人工影响天气工作。坚持长、中、短期、短时预报服务相结合，预报服务与实况服务相结合。不断完善周年气象服务方案，严密监测、精心分析、及时通过县电视台、“96121”、政府网站、电子显示屏、手机预警短信等渠道发布气象预警信息，为公众提供气象服务。认真履行防雷管理职能，进一步落实“平安景宁”防雷安全考核各项工作，加强与县平安办、安监局的合作，共同对重点单位的防雷安全工作进行监管，重点单位防雷检测率 100%。对全县新建项目实行监管和服务，对加油站、煤气站、炸药库等易燃易爆场所及居民区的移动基站实行年检制。与各企业签订《企业防雷安全主体责任承诺书》，全年开展 3 次防雷安全大检查，出具检测报告 240 余份、审核书 30 余份，及时发现问题并督促整改。是年，景宁国家地面气象观测场（站）正式纳入国家气象观测站序列，开展地面气象观测工作。完成景宁气象灾害监测预警中心整体搬迁和 6 个区域自动气象观测站建设（累计建成 42 个多要素自动气象站），全县有效监测地域气象监测设施密度 6.8 千米，构筑起覆盖全县的气象灾害监测预警网络。

【人工增雨】 2015 年 1 月 6 日和 13 日，分别组织在渤海鲍山头和梧桐隔溪村作业点实施人工增雨，共发射 16 枚火箭弹，两次作业受益区的增水量约为 240 万立方米。

【地面气象观测场（站）正式纳入国家气象观测站序列】 2015 年 1 月 1 日起，景宁国家地面气象观测场（站）正式纳入国家气象观测站序列，开展地面气象观测工作。

【新气象灾害监测预警中心正式运行】 2015年4月23日，景宁新气象灾害监测预警中心正式运行。该中心位于景宁城北区块，项目总投资为1198万元。总用地面积5269平方米，其中国家地面气象观测场占地面积900平方米，业务用房建筑总占地面积615.37平方米，总建筑面积3458.27平方米。

【气候评价】 2015年平均温度18.1℃，平均最高温度23.4℃，平均最低温度14.9℃，年极端最高温度37.3℃，出现在8月3日，年极端最低温度-3.2℃，出现在1月2日和2月10日；年降水量2090.1毫米，年日最大降水量180.4毫米，出现在8月9日；年日照时数为1355.5小时。本年平均气温比常年偏高0.5℃，年降水量比常年平均值偏多488.5毫米，即偏多31%，全年出现暴雨4天。

6月8日进入梅汛期降水集中期，月内强降水过程主要集中在上中旬，出现3轮降水过程，分别是2—5日、8—15日、19—24日。6月8—15日过程最大榅枫村，出现93.6毫米，全县共10个站点出现50毫米以上的降水。18—19日受高空低槽东移、切变线强度减弱影响，又有一次较明显的降水过程，18日傍晚受对流云团影响，部分地区出现短时强降水；19日白天全县阴有阵雨，局部中雨。

7月上旬(1—9日)先后受梅雨带南压和"莲花"台风倒槽影响，景宁县持续阴雨天气，气温异常偏低，旬平均气温接近历史同期最低纪录，旬最低气温为历年7月最低；雨量、雨日明显偏多。1日景宁城区的最高气温达35.1℃。7月下旬(21—30日)多午后雷阵雨天气，降水分布不匀，旬雨量接近常年，旬平均气温略偏低。21—24日受西风槽和副高边缘共同影响，午后到上半夜大部分地区有雷阵雨。27—29日受东风波和西南急流共同影响，午后到上半夜部分地区出现强对流天气，其中27日下午澄照出现短时强降水，小时雨量达52.0毫米，杨斜出现短时8级大风；27日夜里到28日共有4个站出现短时8级以上大风；29日下午库头出现短时强降水，累计雨量超过51.4毫米，景宁共有4个站出现短时8级以上大风，其中杨斜最大达20.3米/妙(8级)。25—29日各地普遍出现连续4—5天的高温天气。

8月7日开始受1513号台风"苏迪罗"严

景宁气象灾害监测预警中心大楼　　(县气象局 提供)

重影响，出现一次明显的风雨天气过程，其中8日白天到夜里全县普降大暴雨，局部特大暴雨，全县范围出现重大灾情。22—24日受1515号台风“天鹅”外围环流影响，有降水过程。28—29日受1521号台风“杜鹃”外围影响，有较明显的风雨天气，其中29日普降大到暴雨，局部大暴雨。

从全年气象资料数据表明，本年天气起伏变化大，异常天气出现多，并空间分布不均匀；年内气温略偏高，降水量偏多较明显，有利于中小型水电效益创新；年内以春暖花开、夏凉雨水较多旱情减少、冬暖雨水略偏少等气候特点；仪器自动观测年内出现轻微轻度雾霾天气33天，经订正为14天，较往年增多，空气质量变差，对人的身体健康有一定的负面影响。

（吴耀健）

林　　业

概　　述

【概况】 景宁地处浙南山区，是浙江重点林区县之一。全县土地面积19.5万公顷，林地面积16.18万公顷，森林面积为15.25万公顷，竹林面积20000公顷，重点公益林86133.33公顷，占林地面积的61.3%，森林覆盖率78.4%，森林蓄积量为1038.6万立方米。

2015年，景宁林业紧紧围绕“三县并举”发展战略，认真贯彻落实全县工作会议和省、市林业工作会议精神，进一步提高思想认识、明确目标、突出重点、改进作风、狠抓落实，以培育森林和保护林业资源为目标，以生态、富民为工作重点，紧扣绿色发展，努力在构筑林业三大体系上迈出坚实的步伐，为“新山区”建设持续发挥强有力的支撑作用。是年，景宁畲族自治县人民政府获丽水市松材线虫病考核优秀单位。县林业局获2014—2015年度浙闽赣毗连地区护林联防先进单位、2012—2014年禁种铲毒先进集体。县林业局局长朱小平获2011—2014年度省消防工作先进个人。《毛竹高效经营技术研究与推广》获丽水市第五届科技兴林三等奖。

林业生态建设

【概况】 2015年，景宁畲族自治县林业生态建设以“六边三化三美”、香榧南扩等项目建设为载体，以完善体制机制为抓手，以政策保障为支撑，强化宣传，广泛发动，全力开展春季绿化造林，形成全民植树的浓厚氛围。全年绿化造林853.3公顷，完成省林业厅计划600公顷的140%。其中，人工造林366.7公顷、迹地更新300公顷、封山育林186.7公顷。开展城镇、村庄、公路、河岸景观林带和经济片林建设，新增平原绿化面积13.3公顷，完成任务10公顷的133%。

是年，根据省市文件规定和要求，制定下发《景宁畲族自治县省级公益林扩面工作实施方案》，全面完成1.29万公顷的公益林区划界定工作。通过扩面，全县公益林建设规模为9.9万公顷，占林地61.3%。公益林优质林分达到7.07万公顷；全年发放损失性补偿面积9.9万公顷，补偿资金4456.59万元，完成98.1%，惠及农户23875户。修改、变更、过户资料超

2000余份。将发放资金名册在县政府网站、林业信息网和各乡镇(街道)及各行政村同时进行公示,真正做到公平、公正、公开。局机纪检组组成督查组对各乡镇、街道、行政村公益林补偿资金公示情况进行全程监督。完成公益林地籍信息系统建设,实现公益林信息化管理,完善公益林档案和数据库管理。从公益林区划界定书到管护合同,分乡镇、分类别存放,档案资料有专人负责。

林业产业建设

【概况】 2015年,争取上级资金2600万元。《景宁畲族自治县梅岐乡铁皮石斛林下生态化经营》列入浙江省林业产业类重大重点建设项目。《香榧轻基质无纺布容器育苗项目》列入省林业厅科技处推广项目。完成木本油料产业提升项目280.9公顷,其中:香榧201.8公顷,油茶79.1公顷。抚育油茶基地197公顷,建成高效竹林基地670.9公顷、竹林道132千米。全年实现林业第一产业产值6.1亿元。

是年,县林业局联合县民宗局,组织竹木加工等10家林业重点企业参加义乌森博会。其中,“畲族风情馆”获组委会颁发的最佳展台奖,景宁畲族自治县宏强竹制品有限公司、景宁畲艺坊服饰有限公司等单位旗下的多个产品获得博览会金奖和优质产品奖。森博会现场销售额达51万元,与上年同比增长56%。签下销售协议150万元,达成贸易意向客商27个,其中国外客商8个。通过积极服务,主动帮扶,提升全县林业相关企业和林产品的知名度,有效促进林产品加工业的发展。全年实现林业第二产业产值6亿元。

建设美丽森林,为森林旅游发展奠定基础。完成生态环线、县城周边“增绿添彩”53.5公顷,建成5个美丽森林节点和外舍通天门、梧桐上圩头等一批景观林精品工程。通过抚育间伐、劈山除灌、林木阔叶化改造等措施,改造通道沿线景观林241.3公顷,完成任务200公顷的121%。提升“六边”区域森林景观。完成澄照乡金丘村、梧桐乡梧桐村2个省级森林村庄建设和东坑镇白鹤村等4个市级森林村庄建设。赠送珍贵树种3.6万株、景观绿化大苗0.3万株,加快村庄绿化美化进程。通过林相改造、美丽村庄、美丽节点建设等,改善城乡森林景观,优化人居环境,促进以乡村旅游、生态旅游为主的旅游业发展。是年,根据丽水市《关于组织做好丽水市生态精品现代农业“361”工程创建项目申报工作的通知》(丽农生态办〔2015〕0001号)精神,全县申报示范企业2家,示范合作社3家,示范家庭农场4家,生态精品农产品创建项目4个。全年实现林业第三产业产值14.75亿元。

林权制度改革

【概况】 2015年,农村产权制度改革申请林权证变更的户数急剧增长,业务量突增,县林业局改进办证流程,做到集中办理,提高工作效率。全年办理林权变更登记552户(比上年增加177户)。新增林地流转813.3公顷,其中规模流转办证面积208公顷,分别完成任务数的122%和104%。是年,发放林权抵押贷款16024万元,惠及农户1064户,全面完成年初计划。实现林权抵押贷款余额4.24亿元，超额完成市政府下达4.1亿元任务，同比增长13.7%，惠及农户3044户，同比增长32.34%（其中小额循环贷款余额39670万元，惠及农户2927户，同比增长29.85%）。逐步改善农村金融服务，优化林业金融服务水平。全年申报森林资源资产抵押贴息贷款6891万元，应付利息485.2899万元，申请贴息113.4950万元。

【森林保险】 2015年，以生态公益林4500元/公顷、商品林1200元/公顷的标准向中国人民财产保险公司投保，将全县15.68万公顷林木进行火灾保险。同时推进政策性林木综合保险，为国有林场、合作造林及重点林业大户投保林木综合保险0.47万公顷。保持林地林木火灾保险全覆盖，两项投保面积16.15万公顷，给付保险费371022.6元。

【培育新型林业经营主体】 2015年，认定新型林业经营主体9家，其中香榧种植业2家，油茶种植业2家，中药材种植业2家，水果种植业1家，茶叶种植业1家，红豆杉种植业1家。加快林业从"自然人林业"向"法人林业"迈进，使林业经营主体日趋多元化发展。

平安林区创建

【森林消防】 2015年，编制和印发《景宁畲族自治县森林消防工作资料汇编》《景宁畲族自治县森林消防工作要点》至各有关单位，及时调整森林消防队伍，补充扑火人员，全县建成以水灭火队伍5支115人。完成浙江省南部重点火险区综合治理二期项目任务，并通过省林业厅组织的绩效审核，得到充分肯定。全县发生森林火灾6起，过火面积235.3公顷，受害森林46.8公顷，受害蓄积681立方米，幼树12.025万株。森林火灾受害率0.31‰，发生率3.96次/10万公顷，控制率7.8公顷/次。

【森林病虫害防治检疫】 2015年，编制完成《景宁县林业有害生物普查技术方案》，争取普查资金15万元，完成外业普查工作。制定《景宁县2015"绿剑护林"检疫执法专项行动实施方案》，成立领导小组，开展执法行动4次，检查涉木企业41家，签订承诺书13份，发放宣传资料41份。积极践行"百名森林医生进千村"活动，开展病虫害综合防治。全年完成古树名木复壮工程3个，有效救治濒临枯死古树5株，防治古树148株。完成春秋季疫情普查，疫情监测覆盖率100%。认真开展病虫测报与防治工作。全年累计调查森林病虫害面积15.33万公顷，发现发生病虫害面积613公顷，有效防治580公顷（预防作业面3620公顷）。加强检疫工作。有效开展产地检疫，完成春季造林、"六边三化三美"等造林用苗（20余万株）的复检，复检苗木质量合格率95.3%。苗圃苗木检疫10公顷397万株，产地检疫率100%。

【山林纠纷调处】 2015年，通过建立山林权属争议案件档案和台账（清册），研究纠纷化解和调处工作，总结纠纷化解经验，排查山林纠纷积案。经排查全县梳理出山林权属纠纷积案114起(其中省、市、县际山林权属纠纷积案16起,县内山林权属纠纷98起)。是年,对景南乡程田村山林权属纠纷等3起案件作出处理决定书,均未提出行政复议。协助东坑、大均、红星等乡镇、街道调处山林权属纠纷5起,调处争议面积达123.5公顷,避免滥砍、乱伐山林面积32余公顷,挽回经济损失150多万元。

【禁种铲毒】 2015年,出动执法人员58人次,发放、张贴各种宣传资料300余份,查处毒品原植物种植点5处,铲除罂粟2499株,刑事立案1起,治安案件2起,治安拘留1人,治安处罚1人。

【信访维稳】 2015年,县林业局调整信访工作领导小组,全面分析林业信访工作,把原县木材公司改制、林权纠纷调处作为信访工作重点,做好对信访重点人员的沟通交流和疏导工作,把矛盾化解在萌芽状态。全年受理信访件45件,接待来访群众500余人次,信访件办结率100%。

森林资源保护

【概况】 2015年,根据《浙江省林业行政处罚文书样式》,拟定货主与承运人为同一人的非法运输木材行政处罚案件文书草案,提高木材检查站的办案质量和办案效率。根据《浙江省行政许可文书参考样式》,拟定景宁畲族自治县林业局行政许可材料补正告知书、行政许可受理通知书、行政许可不受理通知书、行政许可不予受理决定书等文书草案,逐步规范林业行政许可行为。县林业局与各乡(镇)人民政府重新签订林木采伐许可委托书,再次明确林木采伐许可委托范围、权限、期限和其他相应要求。梳理上年林业行政权力清单在实践操作中出现的一些新情况,及时提出意见并予以修正,使林业行政权力事项不断得到完善。开展行政权力事项比对规范工作,将该部门的行政权力事项与省市县三级基本目录库进行比对、修正、保持一致。

是年,按照《景宁畲族自治县集体商品林改革试点方案》继续开展集体商品林采伐改革试点工作。改革试点取消集体商品林采伐限额和毛竹的采伐管理。林农采伐木材只要有申请,手续齐全就可以办理林木采伐许可证。特别是取消竹子的抚育采伐许可制度和竹子及产品的运输手续,减少林农办理采伐许可证和运输证的成本,该项工作将在全省进行推广。全年发放林木采伐许可证865份,林木蓄积6.9万立方米,合格率100%。全年办理征用林地7起7.3156公顷,征收森林植被恢复费765422元。

举办野生动物保护宣传月暨2015“爱鸟周”活动。发放宣传资料800余份,出动宣传车2次、悬挂横幅3条。开展禁猎、收缴野猪夹和打击各种破坏陆生野生动物资源专项行动。查处农贸市场、驯养繁殖、经营利用野生动物经营户10余家,救护放生猫头鹰、老鹰、菜鸟共5只。采取措施保护候鸟迁徙中临时栖息景宁鹤溪河的国家一级保护动物——东方白鹳,严厉查处2起伤害东方白鹳案件。加强野生动物疫病监测。贯彻落实《重大动物疫情应急条例》精神，制定应急预案，有效预防高致病性禽流感等野生动物疫源疫病传播。开展野生植物调查，首次发现国家二级保护植物——蛛网萼。

完成《景宁畲族自治县湿地保护规划(2014—2020年)》的编制；全面完成森林资源二类调查的前期准备工作并进入外业调查阶段。

【景宁首次发现国家二级保护植物——蛛网萼】 2015年4月2日，浙江省森林资源监测中心工程师张芬耀、景宁畲族自治县林业局技术员谢余森等在毛垟乡炉西坑发现300余株国家二级保护植物。

蛛网萼(platycrater argutasieb.et zucc.)虎耳草科蛛网萼属落叶灌木。中国仅分布于赣东、闽北、浙南及皖南的部分地区，在景宁属首次发现。

【东方白鹳首栖鹤溪河】 2015年11月下旬，1只东方白鹳活跃在景宁鹤溪河，吸引众多摄影爱好者和广大市民驻足观赏，一时间成为景宁的特大新闻。期间，县林业局组织安排护鸟队、开展爱鸟宣传等一系列保护措施并查处2起伤害东方白鹳案件，保护东方白鹳在鹤溪河安全栖息。

2015年11月24日，东方白鹳首栖鹤溪河 (潘少华 摄)

东方白鹳(ciconia boyciana)是一种大型涉禽、国家一级保护动物，属于鹳科鹳属。东方白鹳与白鹳是近亲，但体型比白鹳大，与白鹳不同的还有翅膀为黑色，眼睛周围还有一块红色的皮肤，虹膜为白色，喙部黑色。东方白鹳常在沼泽、湿地、塘边涉水觅食，主要以小鱼、蛙、昆虫等为食。性宁静而机警，飞行或步行时举止缓慢，休息时常单足站立。3月份开始繁殖，筑巢于高大乔木或建筑物上，每窝产卵3—5枚，白色，雌雄轮流孵卵，孵化期约30天。在东北中、北部繁殖；越冬于长江下游及以南地区。 (李 桥)

望东垟高山湿地自然保护区

【概况】 景宁畲族自治县望东垟高山湿地省级自然保护区管理局（以下简称望东垟管理局）。设局长1名，副局长2名，总工程师1名。内设综合科、科研宣教科、经营开发科、资源管理科、枫水垟保护站、白云保护站、渔际坑保护站7个管理科室。2015年年底，有职工37人，编外4人，退休职工18人，遗属21人，精减下放人员71人。其中，全额事业在职职工27人，高级职称1人，中级职称2人，初级职称22人；下属单位上标林场在职职工10人，退休人员15人，遗属21人，精减下放人员 71 人。其职责是管理省级自然保护区 1194.8 公顷（其中核心区面积 636.5 公顷，缓冲区 290.2 公顷，实验区面积 268.1 公顷）和下属单位上标林场 1008.47 公顷森林范围内的资产。

2015 年，望东垟管理局争取各类资金 691 万元。其中，(景财预〔2015〕1 号)文件，县财政安排预算资金 592 万元（其中县财政局(景财农〔2015〕190 号)(景财农〔2015〕214 号)文件，分配上标林场公益林补偿基金 87.2 万元)；省林业厅《2015 年第一批林业发展和资源保护工作任务的通知》(浙林计〔2015〕30 号)；省财政厅、林业厅《关于拨付 2015 年第一批省林业发展和资源保护专项资金的通知》(浙财农〔2015〕76 号)下达望东垟高山湿地省级自然保护区极小种群伯乐树野生资源保护(伯乐树大树王保护、异地幼苗保护、建设巡护步道、开展无性繁殖试验和种子育苗试验)专项科研资金 20 万元；省财政厅、省环保厅《关于下达 2015 年第一批省级环境保护专项资金的通知》(浙财建〔2015〕48 号)、《关于下达 2015 年省级环境保护(第二批)专项资金的通知》(浙财建〔2015〕183 号)经景宁畲族自治县环境保护局分配望东垟管理局 79 万元。2015 年，望东垟高山湿地自然保护区被中国科学技术协会命名为“全国科普教育基地”。在省环保厅、省国土资源厅、省林业厅、省海洋与渔业局联合下发《关于公布 2015 年省级以上自然保护区规范化建设评估结果的通知》(浙环函〔2015〕518 号)公示评估结果中，通过考核并被评为优秀。被省环保厅命名为“生态文明基地”、被省科技厅命名为“科普教育基地”。并入选丽水市“十佳天然氧吧”“十佳最美森林”。

是年，望东垟管理局完成保护区防火线维修 62 千米；建成保护区视频监测系统(重点区域设 7 路监控)；对保护区护林步道周围树木进行分类鉴定并悬挂科普树牌；在重点防火路段设置木质宣传牌；购置 3 台电动野外巡护车，加强巡护机动性，改善基层工作条件；植树节期间，成功移植国家一级保护植物伯乐树小苗 140 株，2800 余株闪光红山茶苗移进保护区苗圃。将 1 万多株红豆杉等珍贵树苗赠送保护区所在地上标村，支持美丽乡村建设。

【首次发现国家二级保护动物——鬣羚】 2015 年 4 月 27 日，在渔际坑保护站利用红外摄像机首次拍摄到国家二级保护动物——鬣羚，视频和照片保存于望东垟管理局。鬣羚也叫

国家二级保护动物——鬣羚 （望东垟高山湿地自然保护区 提供）

明鬃羊，牛科鬣羚属，典型林栖兽类，是亚洲东南部热带、亚热带地区典型动物之一，被《中国濒危动物红皮书》列为易危级(VU)国家二级保护动物。

是年，望东垟管理局先后投入40多台红外摄像机对野外保护动物进行监测。拍摄到野猪、豪猪、獾等多种动物，发现白颈长尾雉和黄腹角雉等国家一级保护动物数量有所增加。发现国家二级保护动物——细痣疣螈，为保护区“2015科研科普年”增加基础资料，为生物多样性保护提供科学依据。

【发现新种樱花】 2015年5月，动植物资源野外调查时，在枫水垟和白云保护站均发现浙江新纪录属——新种樱花。新种樱花蔷薇科樱属，灌木类。有关新种樱花的命名和论文在撰稿中。

【《浙江兰科新记录属——对叶兰属》论文发表】 2014年4月，在望东垟湿地科考时采集到兰科植物——对叶兰属Listerar。2015年，《浙江兰科新记录属——对叶兰属》论文在《亚热带植物科学》上发表，作者刘日林，梅中海等。对叶兰属(ListeraR. Br.)在浙江乃至华东区属首次发现，是浙江新纪录属种。对叶兰属常具两片叶，位于植株近中部，对生或近对生，本属植物均为小型地生兰，分布在海拔1000米以上的阔叶林下或湖畔。

【大型真菌资源调查研究】 2015年，邀请中国科学院微生物研究所博士赵瑞琳，启动保护区大型真菌资源调查，完成保护区大型菌类资源种类、菌类分布状况和经济与医药价值的三次野外调查，采集到菌类标本234份。 (李梦斐)

大仰湖湿地群省级自然保护区（林业总场）

【概况】 景宁畲族自治县大仰湖湿地群省级自然保护区管理局与景宁畲族自治县林业总场合署办公〔以下简称大仰湖保护区(林业总场)〕。主要承担管理大仰湖湿地群省级自然保护区2132.2公顷范围内的资源、资产；林业总场主要承担管理国有林场3773.6公顷范围内的资源、资产。设局长(场长)1名，副局长(副场长)3名，总工程师1名。2015年实际配备局长(场长)1名，副局长(副场长)2名，局长(场长)助理2名。内设办公室、科研宣教科、生产经营科、资源管理科、生态公益林(国家储备林)建设办公室、计划财务科6个职能科室；下设大仰、大际、草鱼塘、荒田湖、鹤溪5个分场和大仰湖、菖蒲湖、荒田湖3个保护站。2015年年底，全局(场)共有265人(其中在职在岗职工70人，退休149人，其他需要林业总场支付生活费的精减人员、遗属等46人)。中级职称10人，初级职称2人。是年，大仰湖保护区(林业总场)以林场+湿地保护的发展模式，创建“全国十佳林场”，推进畲乡生态样板建设，取得良好成效。完成普通造林11.4公顷（其中生物防火林带4.67公顷)；增绿添彩项目补植造林25.93公顷，用苗7030株；木材战略储备林建设(大径材培育)项目220公顷(是年完成106.13公顷)；防火线修理246千米。

全年，争取各类资金1112.87万元。其中，《浙江省财政厅 浙江省林业厅关于拨付2015年第一批省林业发展和资源保护专项资的通知》(浙财农〔2015〕76号)，编制大仰湖外连公路、景宁木兰保护、草鱼塘管护房改造等实施方案，争取省财政厅、省林业厅专项资金468万元(大仰湖外连公路107万元、景宁木兰保护20万元、草鱼塘管护房改造341万元)；向省林业厅争取木材战略储备林建设（大径材培育）资金351万元；重点生态公益林资金189.92万元，生态公益林管护资金18.26万元；省环保资金61万元；毛竹产业补助资金13.75万元，增绿添彩项目资金10.94万元。是年，完成大仰湖8.6千米外连公路、保护区入口门楼、夕阳坑哨卡，菖蒲保护站地基等项目建设。林业总场建成驮岙头林区道路3.02千米，完成草鱼塘管护房改造前期工作。启动大仰湖2.35千米游步道建设，该项目项目于是年5月6日完成招投标，总投资320万元。全年野外架设红外相机35台，拍摄野生动物照片3000余张，组织专家科考45人次，发表论文5篇。

【发现浙江省新记录科——霉草科】 2015年3月5日，省植物专家陈征海、李根有、张芬耀、谢文远等在景宁大仰湖保护区植物本底调查时发现浙江省分布新记录科——霉草科，含1新记录属(喜荫草属 Sciaphila)，2新记录种(大柱霉草 Sciaphila secundiflora、多枝霉草 S. ramose)。

霉草科(Triuridaceae)是种子植物中以菌根营养的腐生草本，全世界约有11属，50种，分布于热带和亚热带地区，中国仅有喜荫草属1属，7种，主要分布于华南，少数分布到华东(江西南部、福建中部)。浙江省属首次发现，丰富了景宁的植物种类。

【开展大型菌类调查】 2015年6月1—5日，大仰湖保护区与中国科学院联合，对保护区、林业总场大型菌类资源种类、菌类分布状况和经济与医药价值进行调查，为科研收集第一手资料。调查组由中国科学院赵瑞琳博士带队，深入保护区进行野外调查取样，共采集到菌类标本234份，并在草鱼塘森林公园采集到短链囊体蘑菇(Agaricus catenariocystidiosus R.C. Dai & R.L. Zhao, sp. Nov.)。短链囊体蘑菇根据其褶缘囊体为链状而命名，是一种珍稀大型真菌，单生、群生或散生于阔叶林。

【发现国家一级保护动物——黑麂】 2015年12月21日，在大仰湖保护区菖蒲湖保护站首次拍摄到国家一级保护动物——黑麂。大仰湖湿地群省级自然保护区位于景宁东南部，面积2131.2公顷，主要保护对象为溪源湿地生态系统、野生珍稀动植物资源、水源涵养林和天然林。保护区内珍稀动植物资源丰富，先后安放红外摄像机60余台，拍摄到勺鸡、白鹇、蛇鹰、黄麂、食蟹獴、野猪、豪猪、獾、黑麂等多种动物及鸟类，为保护区内的生物多样性保护提供了科学依据。 (季必浩)

水利　电力

水　利

【概况】 2015年，景宁畲族自治县水利局(以下简称县水利局)，下设办公室、规划建设科、水政渔科等3个科室，县防汛抗旱指挥部办公室、县水政渔政执法大队等两个参照公务员管理事业单位和县水农村水利管理站、县水利水电质量监督站、县河道管理所、县水电开发管理站、沙湾水文站、鹤溪水利管理站、沙湾水利管理站、英川水利管理站、东坑水利管理站、渤海水利管理站、县水产渔业管理站、县鱼种场等12个事业单位，编制79人。全年完成水利投资2.28亿元，建设9个项目，其中新建5个，续建4个。重点围绕防汛减灾、水资源管理、水生态建设、水环境提升等方面加大水利投入，实现水利稳固发展。

· 水利重点工程建设 ·

【概况】 2015年，七里溪山洪沟工程涉及沙湾镇、毛洋乡9个行政村，通过护岸整治提高沙湾、七里、大地桥、叶桥、流坑、七里汇、炉西村、毛垟、陈司坑等村防洪能力。项目投资1475.03万元，新建护岸总长1466.45米，新建固河堰坝186座，加固堤防875.18米,新建堤防332.59米,保护沿河人口10530人。是年，农村河道、农村河塘项目总投资1265万元。实施农村河道整治项目19个。其中，鹤溪河廊桥堰坝、景南乡景南村河道整治、澄照乡三石翁边村灌排河道整治、毛垟乡库头村库下护岸、英川镇隆川村桥下段护岸等7个工程完工验收。鹤溪街道东弄水毁修复、红星街道潘坑村李坑护岸、渤海镇梅坑村河道整治、鹤苑桥—寨山桥护堤、大地乡大地村河道整治(一期)、鹤溪街道城西村河道整治、英川镇英川村堰坝(一期)、红星街道金包山河道整治等12个项目完成主体工程施工。农村饮用水工程，全年投入资金775万元，完成雁溪乡东山等4村饮用水管网改造工程等14个农村饮用水提升项目，改善2.75万农村人口饮水条件。作为全市唯一一个引调水工程——际头水库项目，全年完成投资5180万元。

【畲乡绿道全线贯通并获国家水利风景区称号】 畲乡绿道是畲乡滨水休闲养生基地的子项目，其依托千峡湖库尾瓯江支流小溪沿线的山水人文资源，建设集生态旅游、文化体验、休闲健身为一体的生态综合空间。全长13.14千米，起点位于鹤溪溪口，终点位于大均畲乡之窗AAAA级景区。它有效串联起县城、外舍古镇、大均畲乡之窗AAAA景区等区块，使其成为一个有机的整体，是景宁生活旅游、休闲养生系统重要组成部分。该项目由县水利局组建项目建设现场指挥部并坐镇指挥建设。项目于2014年6月17日开工建设，并于2015年10月全线贯通，于是年10月21日，举行绿道揭牌仪式暨“畲乡绿道健康行”活动。

畲乡绿道　　（县水利局 提供）

是年12月3日，“畲乡绿廊”（畲乡绿道）被水利部公布为第十五批国家水利风景区。

·防　汛·

【概况】 2015年1月1日—11月28日，全县平均降雨量为1828.85毫米，与上年同期持平，最大降雨站点为景南乡东塘站2663.5毫米。8月8日，第十三号台风“苏迪罗”对景宁影响特别大，普降暴雨大暴雨，达到100年一遇。8月8日5时—10日10时，全县平均面雨量304毫米，其中全县有14个站点超过400毫米（最大站点为大际金牛坑水库站494毫米）。全县21个乡镇均不同程度受灾，直接经济损失8312.95万元（其中农林牧渔业损失2449.95万元，工业交通运输业损失4168.5万元，水利设施损失1664万元，其他损失30.5万元）。紧急转移安置4642人，全县无人员伤亡。倒塌房屋56间，2201人受灾。8月9日9时县城停水，经10个小时抢修，到10日22时县城恢复供水。

【基层防汛防台体系规范化建设通过省级考核验收】 2015年，景宁畲族自治县全面开展基层防汛防台体系规范化建设，提升科学防汛防台抗旱能力。全县投入经费100多万元，规范21个乡镇（街道）和260个行政村（社区）的基层防汛防台组织责任、应急预案、监测预警、安全避险、抢险救援、宣传培训和运行保障等体系建设，应急响应能力有较大提升。是年12月3日，通过省级考核验收。

【山洪灾害防治项目通过初步验收】 2015年，景宁畲族自治县投资689.82万元（含中央资金377万、省级128万元），开展13个乡镇60个沿河村落山洪灾害调查分析评价，11处自动水位雨量站、9个卫星通信监测站、18座小型水库水情监测站、11套无线预警广播、10个简易水尺桩安装建设。开发并完成新的县乡级山洪灾害监测预警平台，小型水库巡查管理系统。完善县、乡(镇、街道)、村三级山洪灾害防御预案。是年7月31日,通过专项验收;12月17日,该项目通过丽水市水利局初步验收。

· 水资源管理 ·

【概况】 2015年,编制完成水资源公报、水资源和水务管理年报、节约用水通报等专项年报编制工作。全年办理取水许可证换证2件、水土保持方案行政许可审批35件、水产苗种许可证1件。征收水资源费857.8529万元,水土保持补偿费236.5241万元,占用水域补偿费2.7108万元。6月,组织人员对全县2013—2014年水资源费征收管理工作进行清理、核查,追缴水资源费入库75.8277万元。

· 渔业与水政渔政 ·

【概况】 2015年,全县水产养殖2820公顷,水产品1430吨(比上年同期增长13.49%),产值2380万元。为推进生态精品现代农业发展,组织申报一个精品渔产品——千峡湖的鳙鱼和1家示范家庭渔场。是年,投资91.15万元,通过招投标采购相继在千峡湖(水库)、大均、梧桐、标溪、沙湾等乡、镇瓯江小支流放流鱼苗2097.88万尾。全年,渔政大队共出动执法车、执法艇135次,执法人员320余人次。查处渔业违法案件14起,水政案件7起。没收电捕工具9套、非法垂钓工具515支,大小型网具83件、地笼网45只,捣毁作案竹排25副,船外挂机1台,没收渔获物500余千克。教育、劝导游钓人员245人次,收缴罚款37000元。

是年11月2日,县水利局出台《景宁畲族自治县河道水库疏浚管理若干意见》,进一步规范全县河道水库疏浚管理,明确责任单位,细化操作程序。采取疏让分离模式,由河道所在乡镇属地管理公开招标,报县水利局核审后实施。确保河势稳定和行洪安全,避免国有资产流失。全年水土流失治理面积9.8公顷,审批开发建设项目水土保持方案34个,征收水土保持设施补偿费107.42万元,发放整改通知书2份。

小水电站建设

【概况】 2015年9月1日,出台全省首部农村水电县级层面管理办法《景宁县农村水电站安全管理办法(试行)》,解决全县水电产业盘子大、设施年久隐患多、行业管理欠科学问题。明确规定县财政每年预算安排50万元专项资金,用于奖励水电站安全生产考核先进集体或个人。通过重设计、建立行业运行规范,严奖罚、保障行业长效管理,助推县域农村水电站标准化运行管理,促进防洪水、保供水,切实巩固“五水共治”成效。 (商 敏)

千峡湖景宁段开发建设与管理

【概况】 2015年,千峡湖景宁畲族自治县开发建设管理处坚持以招商引资为主抓手,开发与保护并重为总原则,坚定不移走“绿水青山就是金山银山”的绿色生态发展之路,全力推进千峡湖库区开发建设和管理工作。招商工作取得新突破,全年签约招商项目3个(生态渔业养殖项目因故未实施)。库周环境保护工作持续推进,共查处废水排放3起,制止和拆除非法搭建 3 起，查处乱砍滥伐行为 5 起。拆除、修复库区沿线广告牌 43 块，并投入 4.74 万元增设和修复库区沿线的安全警示牌 16 块。产业扶持工作成效明显，全年共扶持补助、奖励库区产业项目 345 个，累计发放资金 292.50 万元。牵头水利局等相关部门开展渔业执法行动，共出动执法车、执法艇 135 次，执法人员 320 余人次。查处渔业违法案件 14 起，结案 9 起。没收船外挂机 1 台、电捕工具 12 套、大小型网具 83 件、非法垂钓工具 715 支，捣毁作案竹排 65 副。没收渔获物 500 余千克，教育、劝导游钓人员 245 人次，收缴罚款 3.70 万元。增殖放流花鲢、黄尾鲴、瓯江彩鲤 870 多万尾。

【《丽水市千峡湖区域保护开发建设管理办法》颁布实施】 2015 年 3 月 1 日，《丽水市千峡湖区域保护开发建设管理办法》颁布实施。该办法共十章四十九条，内容包括总则、规划编制管理、项目建设管理、渔业开发管理、水体保护治理、森林生态管理、行洪安全管理、港航管理、法律责任和附则。是年，景宁畲族自治县开发建设管理处印发至库区乡镇（街道）和有关部门 5000 余册。

【旅游招商两项目签约】 2015 年，景宁畲族自治县开发建设管理处与北京恒发超市有限公司和上海隅境投资发展有限公司分别签订游艇俱乐部综合体和水隅仙境综合体两个项目的投资协议，协议总投资 3.5 亿元。

【招商引资新媒体开通】 2015 年 10 月，景宁畲族自治县开发建设管理处制作“千峡湖 360 度虚拟全景游平台”。该平台通过网络全方位展示千峡湖库区景宁段全貌，直观地介绍千峡湖、九龙山、炉西峡、郑坑梯田、渤海安亭、杨山古居等（地）的自然风光和库区的民族民俗文化，并通过景宁畲族自治县政府网站、千峡湖官网链接播放。

【协助举办第一届渤海垂钓节】 2015 年年初，渤海镇在“两会”上提出要求建设渤海垂钓中心和打造“畲乡第一渔村”的建议，县领导高度重视，县委书记、县长等领导第一时间作出批示。景宁畲族自治县开发建设管理处，开展调研论证。是年 5 月 20 日，协助渤海镇政府成功举办第一届渤海钓鱼节和垂钓中心建设论坛。100 多名来自省内的垂钓爱好者前来参赛。赛事的举办扩大了影响，提高了千峡湖的知名度。

【邀请领导和专家考察千峡湖】 2015 年 5 月 6 日，景宁畲族自治县开发建设管理处邀请国家体育总局和全国钓鱼协会的领导和专家到千峡湖进行为期两天的考察，为千峡湖打造垂钓中心和水上运动中心打下基础。是年，完成项目初步规划设计文本。

【被评为 2014 年度先进基层党组织】 2014 年，景宁畲族自治县开发建设管理处深入学习中共十八大和十八届三中、四中全会精神，扎实开展党的群众路线教育实践活动，加强党组织思想作风、工作作风和精神文明建设，圆满完成各项党建目标任务，2015 年 7 月，该管理处机关党支部被评为 2014 年度先进基层党组织，受到县委的表彰。

【游艇俱乐部项目签约】 2015年11月20日，景宁畲族自治县招商引资（浙商回归）集中签约暨项目开工仪式在景宁畲族自治县游艇俱乐部项目所在地举行。本次仪式上集中签约项目9个，总投资人民币22亿元，集中开工项目8个。县委书记、县长等县四套班子领导，以及县政府办、县发改局、县招商局、丽景民族工业园、千峡湖景宁管理处、县开发区管委会、项目所在地红星街道等单位主要负责人，项目施工、监理单位负责人应邀参加开工仪式。

【千峡湖景宁区域获3个“十佳”】 丽水市“十佳”系列评选组委会主办的丽水市“十佳”系列评选活动于2015年12月初落下帷幕。本次评选内容包括山水类、自然类、林木类、田园类、历史类、文化类、体验类、休闲类、摄影类、服务类等10个方面58项内容。通过网络评选和专家现场评选，千峡湖景宁区域获“十佳春色观景点”，库区的炉西峡获“十佳峡谷”、九龙山获“十佳山峰”。 （蓝伟标）

电 力

【概况】 2015年，景宁畲族自治县电力工业局拥有全民制职工287人。下设7个职能部门、2个业务支撑机构、4个供配电营业所、2个供电服务站、2个集体企业。是年，全县全社会用电量由2014年的1.49亿千瓦时下降到1.36亿千瓦时；最高用电负荷由2014年的3.04万千瓦下降至2.84万千瓦；全年未发生电力安全考核事故，连续安全生产4847天。是年年底，景宁畲族自治县区域内有220千伏变电站1座，变电容量33万千伏安；110千伏变电站1座，变电容量6.3万千伏安；35千伏变电所10座，变电容量由2014年底的11.15万千伏安增至11.25万千伏安。35千伏线路21条，线路长度233.307千米；10千伏线路由2014年年底的60条增加至62条，线路长度由2014年年底的1293.168千米增至1348.946千米。

服务城乡建设发展，积极配合立面综合改造工程停电施工工作，完成52省道、人民路等市政工程电力设施迁建、改建等工程。为“三改一拆”“五水共治”“无违建县创建”“污染企业整治”等工程提供电力“绿色通道”。配备1台容量400千瓦的应急发电车，完成“两会”、中高考、中国畲乡三月三等12项重大活动（节庆）保供电任务。主动服务清洁能源项目并网，对接家庭式光伏电站4个，装机容量71.5千瓦。

【城农电网升级工程启动】 2015年6月，国家新一轮城镇和农村电网改造升级工程正式启动。景宁畲族自治县获得第一批、第二批城农网新增项目投资（中央财政投资）4180万元，改造升级项目14个。是年8月18日，县委书记、县长分别就第一轮“新增城农网”改造工程做出重要批示，县政府成立工作领导小组，明确要求乡镇街道做好政策处理属地化工作。至年底，全县完成“新增城农网”投资1940万元。 （周彩瑜）

工 业 经 济

概　　述

【概况】 2015年，景宁工业在经济发展新常态下，坚持“绿水青山就是金山银山”的发展理念，按照“保增长、促转型”的工作主基调，重拳出击拆除违建企业和整治污染企业，积极应对工业经济下行压力增大带来的严峻挑战，开展“低小散”企业整治和“小升规”，优化企业发展环境，破解企业发展难题，推进工业转型升级。

是年，全县实现工业总产值22.13亿元。23家规模(年产值2000万元)以上企业(受不锈钢、阀门行业调整，全县29家企业关停，其中规上企业15家)实现工业产值11.5亿元，同比下降32.3%。全年实现工业增加值7.4亿元，同比下降9%。其中，规模以上工业增加值3.6亿元，同比下降2.2%。　　(徐　慧)

【外舍王金垟复合产业区】 外舍王金垟复合产业工业区是“十一五”期间启动规划开发的工业区块之一，位于外舍新区东南侧，可向企业供地约23.33公顷。至2015年年底，通过挂牌出让土地11.07公顷，受让企业浙江福莱克铸造科技有限公司(原名:浙江海阳光伏有限公司)、浙江山正畲药药业有限公司、浙江金铭实业有限公司3家企业均入园，共计完成投资约1.74亿元。其中，浙江福莱克铸造科技有限公司项目总用地约3.6公顷，计划固定资产总投资1.07亿元，累计完成投资9389万元，实现部分投产。浙江山正畲药药业有限公司项目总用地2.04公顷，计划固定资产总投资5018万元(一期)，项目一期竣工，累计完成投资5000万元（由于年底资金链断裂，项目没有投产)。浙江金铭实业有限公司项目总用地约5.43公顷，计划固定资产总投资7360万元(由于资金链断裂股东重组，新股东投资意向不一，工程设计调整未完成，该项目处于停建中)。　　(孙发根)

【城北110千伏变电所工业区块】 城北110千伏变电所工业区块是在“十一五”期间启动规划开发的工业区块之一。该区块位于县城城北，与县城团结东路、环城东路等主要道路相连结，总面积约12公顷，实际可供建设用地面积约9.73公顷。至2015年年底，通过挂牌出让土地约8.73公顷，受让企业投资项目

11个。其中,10个项目累计完成投资约20040万元;1个来料加工项目由县国资公司受让承建,用地0.84公顷。

该区块以发展竹木制品加工特色产业为主。2015年年底,11个入园项目分别为富利达木制工艺品有限公司、金林竹木工艺厂、宏强竹制品有限公司、鹤林兴达木柄厂、东辉竹木制品厂、美杰竹木制品厂等6家竹木制品加工企业项目及乐源工艺品有限公司、通用机械配件厂、欧景自动化技术有限公司、渤海卫生用品有限公司、县国资公司等5家企业项目。除乐源工艺品有限公司项目尚处施工图纸设计外,其余10家企业均开工建设。10个开工建设项目中,浙江欧景自动化技术有限公司、浙江渤海卫生用品有限公司尚在建设中,鹤林兴达木柄厂、美杰竹木制品厂处于设备安装中,其余6个项目实现投产。来料加工项目——龙凤服饰、星天地电子等5家企业建成入驻。（孙发根）

【转型升级】 全县通过实施“四换三名”(腾笼换鸟、机器换人、空间换地、电商换市;名企、名品、名家)工程和企业“低小散”整治,进一步推进工业结构调整和经济提质增效。全年完成“低小散”企业整治50家,其中关停淘汰不锈钢管、阀门污染企业29家(15家为规上企业,占全县规上企业的52%)。整治后,规模以上企业23家,实现工业总产值14.2亿元,同比下降30.7%。工业投资完成5.39亿元,同比下降9.4%。其中工业技改投资完成1.89亿元,同比增长38.5%,用于设备工器具购置投资1.8亿元,同比增长10.9%。实施技术改造限上投资的企业9家,占全部规上企业的39%。入驻城北110千伏变电所工业区块10家企业,通过技改和更新生产设备等措施,减少能耗和物耗,提高企业生产效率和产品优质品率。（孙发根）

【工业节能】 景宁紧紧围绕“十二五”时期目标,完善节能工作机制,推动技术节能,淘汰落后产能,实施有序用电,全面推进各领域的节能降耗工作。2015年,全县能源消耗总量为11.4279万吨标煤,同比增长0.23%,单位GDP能耗同比下降6.2%,完成万元GDP能耗在2010年基础上累计下降10.1%的目标。（林 菁）

景宁经济开发区

【概况】 景宁经济开发区,成立于1991年10月。1994年8月,经浙江省人民政府批准为省级经济开发区,核准面积为1.01平方千米。2005年12月,国家发改委审核确认为省级经济开发区。2010年7月,浙江省人民政府批准《浙江景宁经济开发区整合提升工作方案》(浙政函〔2010〕114号),通过委托管理、授权开发、异地开发等体制创新,建成“一区一园多块”发展平台,即景宁经济开发区中心区块、澄照农民创业园区块、王金洋复合产业区块、城北110千伏变电所工业区块、滩坑库区休闲度假区块、梧桐工业区块、东坑工业区块、丽景民族工业园区块等各类园区8个,总面积16.39平方公里。

2015年,景宁经济开发区以整合优化提

升为主线，着力打造发展平台。坚持“招商引资一号工程”不动摇，按照招大引强选优原则，进一步优化完善招商体制，建立和完善工业项目、新经济招商的新机制。强化内外资并举、量质并举，大力实施精准招商、专业招商及浙商回归工程。根据国家、省产业发展导向，结合景宁实际，设立环保产业、食品加工等专业产业招商组。抓好项目投资信息的搜集和追踪，建好招商信息库和项目库。多次组织专业产业招商组前往上海、杭州、宁波等地，会见客商，洽谈跟踪重大项目，并与上海亚资实业有限公司、海宁啄木鸟皮具有限公司等十余家企业进行反复的深度项目洽谈。与一批在外景宁商人达成投资意向，并于是年 11 月举行项目集中签约仪式。分别与上海亚资实业有限公司、景宁三川能源有限公司和浙江博士园中药饮片有限公司签订（意向）协议。全年引进企业 6 家，新增注册资金 63000 万元。其中，工业企业 2 家。是年，景宁经济开发区销售收入 87 亿元（其中：总部经济企业 83.5 亿元，工业企业 3.5 亿元），比上年同期减少 17.8%。上交税费 61991 万元（其中总部经济企业 60701 万元，工业企业 1210 万元），比上年同期增加 9763 万元，同比增长 19%。实现工业总产值 66815 万元，同比减少 21%；外贸出口额 1084 万美元，同比减少 5.7%。是年，景宁经济开发区荣获 2015 年度全县综合考核工作进步奖，全县工业经济先进集体二等奖，全市经济开发区（工业园区）综合考核进步园区奖。

【畲乡生态创业小镇创建工作启动】 2015年，成立专门创建畲乡生态创业小镇工作小组，对县内的要素资源禀赋进行全面系统分析，并向专业的机构进行咨询，提炼出“生态为基、产业为根、特色为本”的畲乡生态创业小镇发展理念。明确“建设优美的、体现生态发展理念的城镇景观、地貌景观；形成体现产城融合的、复合型的城镇功能；培育具备较强内生性的主导产业，塑造主要产品原产地品牌形象”的创建目标。与规划设计单位共同编制完成景宁畲乡生态创业小镇概念规划。以提高土地利用效率为中心，在畲乡生态创业小镇谋划建设 6.67 公顷中小企业孵化基地。一期标准厂房（占地 0.2 公顷）完成项目概念设计和规划设计单位招投标。 （胡俊敏）

· 丽景民族工业园 ·

【概况】 2015 年，丽水经济开发区景宁民族工业园实现工业产值 1.8 亿元。完成固定资产投资 3.23 亿元。其中，企业投资 2 亿元，政府投资 1.23 亿元。合同利用市外内资 1.1 亿元，实际利用市外内资 1.9 亿元。招商引资项目一个：丽景植绒水性生态纺织品深加工项目。投产项目一个：景宁娃哈哈启力食品有限公司。丽水经济开发区景宁民族工业园管理委员会获全市进步园区奖、全县工业经济工作先进集体三等奖。是年，园区拆迁涉及里坑、金山、陈店、章巷等 4 个行政村 10 个自然村约 900 小户，拆迁总建筑面积约 16.5 万平方米。其中，里坑村及金山（横坑）村 7.7 万平方米房屋拆除完毕；陈店行政村房屋拆除率 95%；章巷行政村 76 大户（214 小户）签订拆迁协议，并启动房屋拆除工作。完成横坑安置房建设；里坑村安置房地基抽签分配到位。平台建设有序推进，完成政府投资1.23亿元，丽景园道路网配套工程（二期—Ⅳ）完成工程量的80%，南六路东段绿化景观工程全面竣工。园区道路网相关管线全面跟进并满足入园企业的需求。是年年底，园区有效用地253.3公顷，供地72.9公顷。建成市政道路5.2千米，以及给水、排水、排污、弱电、电力、交通标志等配套设施；完成绿化景观46000平方米。累计23家企业落户丽景园，其中商贸企业16家，实体企业7家（景宁娃哈哈饮料有限公司、浙江丽水丽景伊利酸奶物流有限公司、浙江青风环境股份有限公司、浙江天造环保科技有限公司、景宁泽宇电动车有限公司、景宁柏康电子科技有限公司、浙江英得利智能科技有限公司）。其中，浙江英得利智能科技有限公司LED半导体照明项目，由于项目业主与施工单位发生纠纷，处于停工状态。

【景宁娃哈哈饮料有限公司二期项目投产】 景宁娃哈哈启力食品有限公司（景宁娃哈哈饮料有限公司二期项目），总投资1亿元，占地面积1.54公顷，年产1.7亿瓶纯净水，2015年12月正式投产。

【引进丽景植绒水性生态纺织品深加工项目】 该项目由丽水经济开发区景宁民族工业园管理委员会与浙江丽景植绒有限公司于2015年9月1日签约，项目总投资10800万元，拟占地面积2.33公顷，项目建成投产后形成年产1200万米水性生态纺织品深加工产品的生产规模，计划年销售收入22800万元、年利润总额2087.86万元。

“生态纺织品”的概念源于1992年国际生态纺织品研究和检验协会颁布的“Oeko-Tex Standard 100”（生态纺织品标准100）。主要是指那些采用对周围环境无害或者少害的原料制成的并对人体健康无害的纺织产品，重点体现在对如有害染料、甲醛、重金属、整理剂、异味等有害物质的严格控制上，主要有生产生态性、消费生态性、处理生态性的特点。“水性生态纺织品深加工”是指在生产过程中使用水性树脂。水性树脂是一种以高分子树脂为基材，以水为溶剂的具有绿色、安全、作用方便的特点。（叶　群）

· 农民创业园 ·

【概况】 丽水产业集聚区生态产业低丘缓坡开发项目景宁组团（农民创业园）是国土资源部低丘缓坡综合开发利用试点子项目之一，试点面积94公顷，规划总面积347公顷，计划分3期开发。一期工程概算投资7.1亿元，规划占地109.58公顷（其中规划居住用地28.6公顷、工业用地59.12公顷、道路及防护等用地11.88公顷、保留用地9.98公顷）。项目主要涉及东畔、东升、四格、三石等4个行政村，需要搬迁500余人、规模企业3家。一期挖方量约1009.57万立方米、填方量约965.47万立方米，基本达到土石方平衡，工期为2012年11月—2014年12月。功能定位“万人下山转移安置小区”和产业集聚园区。产业定位为绿色农产品加工、民族特色医药、竹木加工业。2013年年初，启动一期基础工程“三通一平”。2014年，完成场地平整94公顷，项目供地8.67公顷，开始场地内道路管网和配套市政工程建设及边坡防护工程建设。启动供水项目和污水处理工程项目前期工作，完成自来水厂项目建议书、选址、环评、水土保持方案、土地预审、压覆矿证明、可行性研究报告批复及初步设计等项目前期。完成施工图设计和图纸审查；完成污水处理厂项目设计招投标、项目建议书批复、工程可行性报告审查、工程地质勘探。2015年9月，总投资5106万元的佃源万人下乡自来水厂项目开工建设。同年12月，总共92幢848直农民自建房工程和投资2000余万元的4幢120套安置公寓工程陆续开工建设。

【低丘缓坡综合开发利用试点子项目通过验收】 2015年12月7—9日，丽水产业集聚区生态产业低丘缓坡开发项目景宁组团(农民创业园)通过浙江省国土资源厅验收。 (陈力禾)

外舍防护工程

【概况】 景宁外舍防护工程是滩坑电站库区建设派生出来的一项水利防护和土地保护工程，属浙江省重点工程。工程位于瓯江支流小溪外舍圩河段，距县城约1千米。工程完成后，使防护堤内形成一片约3平方千米可开发建设用地，相当于再造一个景宁“新城”。该工程分三大子工程：河道改道1500米，建设2198米防护堤；建设2320米排洪渠（王金洋）；开挖连接新、老城区通道和防洪堤内侧低洼地土石方填筑。计划总工期8年，概算总投资约8亿元。工程于2006年2月22日开工，2009年4月28日完成外舍防护工程（一期）的新开河道、防护堤和排洪渠等项目建设。二期工程王金洋工业区块建设于2008年1月28开工，2009年1月27日全面完成其合同工程，2010年10月完成竣工验收。新区道路网一期土石方开挖于2009年12月开工，2011年12月完成合同工程。2012年,人民北路延伸低丘缓坡土石方开挖110万立方米。2013年10月，外舍防护工程建设指挥部根据县人民政府第9次常务会议〔2011〕9号纪要决定，对城北两座山体实施低丘缓坡开发。完成挖运土石方61.1万立方米，工程造价2069.34万元。2014年7月，外舍防护工程建设指挥部根据县人民政府第13次常务会议〔2013〕4号纪要决定，对外舍新区周边三处低丘缓坡山体实施开挖。完成外舍小学山体挖运土石方83万立方米，工程造价1467.5万元。2015年1月，外舍防护工程建设指挥部根据县人民政府第28次常务会议〔2014〕10号纪要决定，对通天门垃圾填埋场及山体实施开挖。完成垃圾搬运5.9万立方米，挖运土石41万立方米，完成投资3300万元。是年7月31日，外舍新区道路网一期工程（土石方工程）通过项目业主及相关部门竣工验收。

【外舍防护工程竣工验收】 根据《水利工程建设项目验收管理规定》(水利部令第30号)、《水利水电建设工程验收规程》(SL223—2008)、《浙江省政府投资项目管理办法》(省政府令第185号)及《浙江省重点建设项目管理办法》(省政府令第270号)有关规定，2015年9月23—24日省水利厅会同省发改委在景宁组织成立外舍防护工程竣工验收委员会。该委员会在工程现场检查、听取工作报告和审阅资料的基础上，经讨论形成《景宁外舍防护工程竣工验收鉴定书》。各参建单位根据会议要求修改完善工作报告，并补充相关资料。竣工验收委员会同意景宁外舍防护工程通过竣工验收。（朱玉建）

招商引资

【概况】 2015年，全县引进内资项目32个。其中，大项目7个，完成任务的175%。合同利用内资38.2亿元，完成任务的152.8%。实际利用内资23.27亿元，完成任务的193.9%。其中，浙商回归资金9.95亿元，完成任务的199%。引进的32个内资项目中，一产14个、二产5个、三产13个，合同利用内资分别为4.04亿元、14.38亿元、19.78亿元，比例为10.6:37.7:51.7。合同利用外资2097万美元，完成任务的246.7%。实际利用外资1200万美元，完成任务的141%。申报“省千人计划”1人（浙江省2009年1月实施的海外高层人才引进“千人计划”），成功申报“绿谷精英”1人。是年，景宁畲族自治县人民政府获丽水市人民政府招商引资二等奖。

【生态畜牧规模养殖项目】 该项目由景宁绿生源农业发展有限公司开发，总投资6000万元，是一家生猪养殖、配套梨园、有机肥经营、销售的农业企业。至2015年年底，土地挂牌受让、土建、设备等固定资产购置以及生猪养殖、环保设施、黄栀基地收购与管理、梨园管理、有机肥加工中心建设等完成投资约5700万元。

【三川能源项目】 该项目由三川能源有限公司开发，项目总投资7.63亿元。主要经营小水电、风电能源开发及经营管理。至2015年年底，收购华发、黄洋口、炉西坑、雁湖等电站，完成投资52539万元。

【正明水电项目】 该项目由浙江正明水电集团有限公司开发，项目总投资9378万元，用地0.1公顷。项目集餐饮服务、水电开发为一体。至2015年年底，到位资金5058万元。

【汇龙游艇项目】 该项目由景宁汇龙旅游发展有限公司开发，项目总投资2亿元，总用地约3.33公顷。主要建设游艇码头服务区、游艇维护配套区、度假养生娱乐区、产业人口居住区。2015年年底，项目一期工程结顶，二期工程土地挂牌受让，项目到位资金3000万元。

【金奖惠明茶产业园建设项目】 该项目由景宁张一元惠明茶业有限公司开发，项目总投资2亿元，用地面积约1.67公顷。主要建设惠明茶文化博物馆、惠明茶推广展示中心、休闲观光体验区及茶叶基地。至2015年年底，到位资金1410万元。

【水性生态纺织品深加工项目】 该项目由浙江丽景植绒有限公司开发，项目总投资10800万元，项目用土约2.33公顷。项目建成投产后形成年产1200万米水性生态纺织品深加工产品的生产规模。（潘海莉）

贸易流通

国内贸易

【概况】 2015年，景宁商贸流通工作以搞活市场流通、扩大社会消费为主线，以强化市场监管、完善工作机制为抓手，着力构建以城区市场为主导、农村市场为基础的一体化商品流通体系，繁荣城乡市场，推进商贸流通发展。全年实现社会消费品零售总额24.87亿元，比上年增长11.3%。其中，限上(年零售额500万元以上)企业消费品零售总额1.79411亿元，同比增长19.2%。完成网络零售总额6.94亿元。分地区看，城镇实现消费品零售总额18.8亿元，增长11.2%；乡村实现消费品零售总额6.1亿元，增长11.8%。按消费形态分，商品零售额22.0亿元，增长11.0%；餐饮收入2.9亿元，增长13.4%。年末有超亿元商品交易市场2个。 (柳素景)

· 电子商务 ·

【概况】 2015年，景宁电子商务工作紧紧围绕“大众创业，万众创新”工作思路，强势推进“电商换市”“电子商务进万村”等系列工程，加快电子商务应用的运用步伐，创新载体，完善举措，保持较快速的发展态势。全县共有各类活跃电子商务企业(网店)340多家(其中，年销售额100万元以上25家，2000万元以上2家)，从业人员810人。有1个县级电子商务公共服务中心、2个农村电子商务服务中心。新增村级电商务服务点100个(累计185个，村级电商务服务点覆盖率72.83%)和15个社区E邮柜投递终端。电子商务培训890多人次。建立并开通淘宝“特色中国•畲乡景宁馆”。根据省商务厅监测数据反映，全年实现网络零售额约6.94亿元，同比增长率全市第一。

【《关于进一步促进景宁畲族自治县电子商务发展实施意见(试行)出台》】 该意见于2015年12月出台实施。意见规定县财政每年安排专项资金500万元用于促进全县电子商务发展，并将电子商务发展工作纳入对乡镇年度综合考核。意见的出台实施，形成上下左右齐抓电商的氛围，促进了景宁电子商务网络零售额爆发式增长。

【淘宝特色中国·畲乡景宁馆上线】 淘宝特色中国·景宁馆于2015年11月11日(双11)前上线。该馆同时设有线下实体体验店,立足于“中国畲乡”名牌,挖掘民族文化元素,充分运用景宁丰富的生态绿色农特产和畲族文化创意商品等资源优势,进一步拓宽景宁农特产品与畲族文化创意商品的网络销售渠道。打响生态品牌、文化品牌,创意品牌,实现农副产品、民族工艺品和传统商品与民族文化、民族元素的有机统一。实现景宁特色产品的网络化和品牌化,推进景宁传统企业的转型升级,是营销景宁本地产品、引领民众创业的线上线下结合平台。至是年年底,淘宝“特色中国·畲乡景宁馆”入驻企业20多家,产品100多种。

【传统企业“电商换市”】 2015年,景宁组织电商“代运营”对接活动和电商人才企业对接活动3次,组织企业产品电商分销发布活动2次。1家传统企业与电商团队建立了“代运营”关系,5家企业产品实行电商分销。至是年年底,年零售额500万元以上的电商企业(网店)有50余家,80%的规上企业开展了电商业务。 (柳素景)

对外经济贸易

【概况】 2015年,景宁畲族自治县对外经济贸易工作围绕“优服务、促转型、保目标”的总体部署,培育主体,强化服务,深挖潜力,多措并举,全力促进外向型经济稳定发展。全县实现外贸进出口总额8690万美元,同比增长14.6%。其中,自营出口8308万美元,同比增长14.1%;进口382万美元,同比增长26.91%。

是年,全县新批外贸进出口经营权备案企业11家。新备案企业中有实绩企业6家,出口2006万美元,进口13万美元。引进、引导1家外贸企业在外订单回归景宁,出口额793万美元,约占全县出口总额9.5%,成为外贸出口的新增长点。 (彭振华)

【利用外资】 2015年,全县新批外商投资项目2个,投资总额1801.68万美元。全县合同利用外资1740万美元,同比增长117.5%;实际利用外资850万美元,同比增长21.4%。 (彭振华)

供销合作社联合社

【概况】 县供销合作社联合社系县政府直属参照公务员管理的事业单位,内设:办公室、财务(社有资产管理)科、业务(合作经济指导)科三个职能科室。人员编制10人,社属企业4家,5个基层供销社经营实体。

2015年年末,县供销社本级社有总资产1102万元。其中,流动资产623万元,长期股权投资356万元,固定资产原价182万元,房屋建筑面积1966平方米,土地面积460平方米。全县供销社系统社有总资产2380万元。其中,固定资产540万元,房屋建筑面积5147平方米,土地面积6735平方米。

是年,全系统实现经营收入38524.7万元。其中,连锁销售额4143.2万元(日用消费品连锁网点累计31个,实现连锁销售收入

2678 万元；农资现代经营连锁网点 35 个，实现销售额 1465.2 万元）。各类农民专业合作社 51 家,社员 3938 个，联系带动农户 19168 户，实现销售收入 17499.9 万元。农村综合服务社 20 家，实现销售收入 451.1 万元，服务收入 12.9 万元。

【“畲珍源”牌金奖惠明茶旗舰店成功上线】 2015 年 8 月，由县供销联社和下属企业香香茶叶专业合作社共同创建的“畲珍源”牌金奖惠明茶旗舰店在淘宝网成功上线，为金奖惠明茶的销售再拓新渠道。

【“金奖惠明茶”获金奖】 2015 年 5 月 15 日—18 日，在第十二届中国国家茶业博览会“2015 中国好茶叶”质量评选中，景宁畲族自治县供销合作社联合社所属企业——香香茶叶专业合作社的“金奖惠明茶”以其独特的生态优势、品质优势及加工技术获金奖。“2015 中国好茶叶”质量评选共产生 24 个金奖，“金奖惠明茶”以总分第二的好成绩位居前列，是丽水市唯一一个金奖。

【惠明系列红茶获奖】 2015 年 5 月，浙江省供销社和浙江省茶叶协会共同组织第三届“浙茶杯”红茶评比。景宁畲族自治县供销合作社联合社选送 12 支红茶茶样参评，有 10 支茶样榜上有名。其中，景宁慧明红实业发展有限公司的“慧明红”获金奖；浙江九曲农业开发有限公司的“九曲惠明”获银奖；景宁香香茶叶专业合作社的“畲珍源”、景宁惠明茶业有限公司的“惠明”、景宁六江源茶业有限公司的“六江源”等 8 支红茶品牌获优胜奖。（雷梦倩）

粮食储备

【概况】 县粮食储备公司的主要职能是宣传、贯彻、执行国家关于粮食流通和储备粮管理的法律、法规和方针政策；研究拟定全县粮食宏观调控、总量平衡预算；拟定和落实县级粮油储备规模及下达年度轮换计划；负责全县粮食流通行业管理；研究制定粮食购销网点、仓储、加工设施等中长期发展规划；指导国有粮食企业的改革和结构调整；组织国有粮食企业充分发挥流通主渠道作用，积极开展政策性粮食经营；做好辖区储备粮油管理；保障驻景部队的粮食供应；依照国家《粮食流通条例》对粮食市场进行监管；对粮食收购实施行政许可；拟定全县突发粮食事件应急预案，根据县政府指令，协调相关部门，适时启动预案，确保社会稳定。

调查显示 2015 年全县粮食总供给量为 5.03 万吨。其中，本年度生产 4.15 万吨，从县外购进 0.88 万吨。粮食消费为 4.56 万吨。其中，口粮消费 3.24 万吨、饲料用粮 0.98 万吨、工业用粮 0.20 万吨、种子用粮 0.14 万吨。是年年末，社会粮食库存 2.89 万吨。全县建立 3 个粮食价格监测点，21 个粮食应急供应点，3 家应急粮食加工企业。全年落实应急储备成品粮 80 吨，分别与县城环城粮油经营店等 2 家企业签订代储协议，每季定期进行库存总量检查，确保应急成品粮库存总量不低于 80 吨。是年，该县粮食储备任务（稻谷）7900 吨，比2014年4500吨增加3400吨（分两年完成，是年度实际增加1800吨）。地方最低周转粮2000吨(视同储备粮管理)，储备食用油15吨，储备粮油由县粮食收储有限公司负责管理。根据年度轮换计划报请县政府审批2015年轮出储备粮(早籼稻谷)1000吨、周转粮(早籼稻谷)1000吨；轮入储备粮(早籼稻谷)2300吨、(晚籼稻谷)500吨，周转粮（早籼稻谷）1000吨。全部轮换粮食均经中国粮食网公开竞价拍卖与购入。为确保粮油库存安全，县粮食收储公司做到每月自查、县发改局每季综合检查并经省粮食局抽查，做到账账相符、账实相符，储备粮油达到国家规定的质量标准。粮食仓储工作“一符四无”合格率达到95%以上。再次被市发改委授予“丽水市粮油仓储规范化管理优秀企业”称号。

【中心粮库迁建项目】 景宁畲族自治县中心粮库迁建项目位于澄照乡东畔村（南临澄业路、西临叶缴路、北临东畔路、东以用地红线为界)，规划设计三类粮食仓库，总仓容(稻谷)2.15万吨(折小麦2.93万吨)，总用地面积4公顷，建筑占地面积10536平方米，总建筑面积11790平方米，投资概算7797万元。2015年8月，省发改委、省粮食局《关于分解下达粮食仓储设施项目2015年第三批中央预算内投资计划的通知》(浙发改投资〔2015〕526号)安排景宁畲族自治县中心粮库迁建工程中央预算内投资416万元；是年12月，省发改委、省粮食局《关于下达2015年浙江省公共建设投资计划（待安排)》(浙发改投资〔2015〕858号)，安排景宁畲族自治县中心粮库迁建工程省公建投资150万元。（陈卫华）

烟草专卖

【概况】 县烟草专卖局是国家授权行使烟草专卖管理职责，组织烟草生产、经营活动，指导烟草行业质量管理的部门。内设办公室、业务科、专卖监督管理科、财务科4个职能科室。业务科下设市场部、送货部；专卖监督管理科下设专卖管理所、稽查中队。2015年，在职员工59人，离退休人员20人。县烟草专卖局(分公司)紧紧围绕“主动适应‘新常态’，立足新思路，谋划新举措”，积极开拓业务，推广省烟草专卖局(公司)立项的创新项目《基于风险管理视角的财务内部控制制度探索》，在品质控制研究(简称QC)成果中《提高数采日库存盘点完成率》获得全省烟草行业优秀成果三等奖；QC成果《提高机关办事公开民主管理专栏公开率》获省质协二等奖、市质协二等奖；获全市行业优秀QC课题二等奖1项，三等奖1项。

是年，销售卷烟5431.1箱，销售额1.93亿元，毛利5065.84万元，同比增长1.57%。单箱销售额3.55万元，同比增长6.75%。实现税利3962万元，同比增长1.69%。其中，税金958万元，同比增长2.24%。指导零售客户参与丽水地区“品牌陈列周”活动，全面加强零售终端陈列，提升终端陈列形象。选送2户零售客户3份作品参赛，景宁食足便利店“一格一世界”获一等奖；吴文金“香溢四座”、景宁食足便利店“云游四海”分别获三等奖。

全年查获1万元以上假烟、走私案件3

起，2 万元以上案件 2 起，5 万元以上案件 4 起，各类卷烟 2426 条，案值 37.15 万元。市场净化率 96.54%，位居全市第一。县烟草专卖局有 2 位员工获浙江省卷烟打假特殊贡献奖。

【“8•18”互联网销售假烟案告破】 根据 2014 年“12•13”互联网销假国标网络案提供的线索，2015 年，县烟草专卖局与县公安局专案组协同合作，顺藤摸瓜、追根溯源，通过网上数据判断、技术侦查以及五下广东等地调查取证，截至 11 月 15 日，景宁“8•18”互联网销售假烟网络案共抓获、逮捕犯罪嫌疑人 3 人，摧毁窝点 3 个，涉案卷烟 243.9 件，案值 273.2 万元。该案涉案 30 多人，涉及 20 余个省市，是一起典型的运用互联网购进、销售假烟的网络案件。 （李春霞）

盐务管理

【概况】 浙江省盐业集团景宁畲族自治县盐业有限公司（浙江省景宁畲族自治县盐务管理局），实行两块牌子一套班子。办公地址设在景宁环城西路 108 号，有职员 8 人。1990 年 2 月前，是景宁畲族自治县糖业烟酒公司兼营城镇居民食用盐和工业用盐，乡村居民生活用盐由当地供销社供应。是年 3 月，增设县盐业公司，主营全县居民食用盐和工业用盐。1996 年 1 月，景宁畲族自治县盐务管理局成立，与盐业公司合署办公。2014 年，县盐业公司由浙江省盐业集团整体下划归丽水市盐务管理局所有，由丽水市盐务管理局直属领导，兼具食盐专营管理与批发经营双重职能，为景宁畲族自治县唯一法定食盐专营单位，担负全县人民加碘使用盐及生产加工用盐的供应任务。

2015 年，县盐业公司销售食盐 543 吨，销售收入 222 万元，完成利税 21 万元。仓库库存量月平均保持在 100 吨左右。全县城区有 105 个销售网点，小包装碘盐直配直送零售店的比例达到 100%，乡镇村由乡下 4 个转批点进行配送，保障全县食盐安全有效供应。县盐业公司在经营食盐同时，开展“新郎酒”系列产品、澳滋莱德葡萄酒和盐化产品等非盐经营。是年，非盐销售额 19.6 万元。

是年，县盐务管理局联合公安、工商等部门开展定期不定期的盐业市场专项检查，打击非法贩卖私盐活动，整顿和规范盐业市场。盐政执法人员对全县各乡、村庄进行普遍巡查，全年不定期检查超市、学校和工厂的食堂、快餐店、酒店32 次。 （刘火翠）

石油贸易

【概况】 中国石化销售有限公司浙江丽水景宁石油支公司（下称“景宁石油支公司”），前身为景宁县石油公司。1998 年 8 月，与省内各级公司一同上划中国石油化工集团公司；2000 年 4 月，在中石化集团公司的统一部署下实施重组，主营业务、资产、人员等划归中国石油化工股份有限公司，更名为中国石油化工股份有限公司浙江丽水景宁石油支公司；2014 年 10 月，根据中石化集团公司混合所有制改革要求，划归中国石化销售有限公司，更名为现名。

景宁石油支公司共有加油站(石油商店)5座。分别为畲乡加油站、景宁加油站、东坑加油站、城东石油商店和标溪石油商店;IC卡营业厅1个、配送库1个。

2015年，景宁石油支公司有员工52人，成品油销量22424吨,比上年增加557吨,销售总额1.48亿元。其中,柴油销售12382吨，比上年减少1148吨；汽油销售10042吨,比上年增加1705吨；非油品销售319.59万元，同比增长22.41%。

景宁石油支公司物流实行专业化一级管理,会计核算实行全省系统统一核算、统一纳税、财务集中管理。加油站轻油直销、润滑油经营实行专业化两级管理。在用人机制上,加油站站长实行竞聘上岗,员工进行双向选择，实行优先组合。中层干部进行述职评议,优胜劣汰。在分配制度上,实行吨油工资和加油站安全、规范化服务、服务质量、内控管理相结合的绩效考核办法进行薪酬兑现。

是年,该公司进一步完善安全考核机制，对安全工作实行“一票否决”和“零容忍”。公司每月定期对各加油机出油量进行校验,计量检测部门每季度定期对加油站加油机进行检测，合格后铅封。每月月底对各站进行盘点,核销油品溢耗,执行一月一核销的管理制度。公司每年同各重点岗位负责人签订安全生产责任书,划分责任区,落实责任制。落实专人巡查和公司督察制度，定期对各消防安全重点岗位开展自查和互查。定期组织应急预案演练，联合消防部门开展消防安全大练兵,响应公安系统实行散装成品油登记制度。联合县直机关开展志愿者广场服务活动,普及油品知识。定期召开安全例会,开展案例剖析,学习省、分公司安全督查通报。开展安全技能培训,提高员工安全生产技能,开展“我为安全做诊断”，及时记录身边的安全隐患，并督促相关部门整改。严格安全专项考核,实行“通报制”和“淘汰制”。 (张　茜)

交 通

概 述

【概况】 2015年，全县交通基本建设项目累计投资3.314亿元共10个建设项目。其中，续建项目6个：S228（52省道）岚头岭至汇田大桥段改建工程正式通车、交见圩至叶村公路改建工程、汇田大桥至溪口段公路改建工程、张山岙至张村联网公路在建、客运中心、旅游集散中心。新建项目4个：大漈小佐至雁溪公路、外舍古城主题公园景观走廊工程，撤渡建桥、G235（原52省道）溪口至澄照段改建工程。是年年末，全县公路通车里程1908.07千米。其中，二级公路44.41千米，三级公路12.59千米，四级公路680.44千米，准四级公路1158.65千米。

重点工程

【概况】 2015年，全县重点工程项目9个。其中，新建项目3个、续建项目6个。新增项目有：外舍古城主题公园景观走廊工程，大漈至雁溪公路工程，新规划普通国道G235（原52省道）溪口至澄照段改建工程。续建工程：S228（原52）省道岚头岭至汇田大桥段改建工程建成通车；交见圩至叶村公路改建工程，全长29.8千米，工程概算4.3798亿元，于2010年12月开工，投标工期为36个月，2015年完成工程投资3610万元，累计完成投资44103万元；汇田大桥至溪口段公路改建工程，全长5.63千米，总投资9262.7万元，工期24个月，2013年3月3日开工建设，2015年完成项目投资1770万元，累计完成投资10160万元。张山岙至张村联网公路工程，全长29.88千米（其中蒲阳支线长1.83千米），概算投资1.9亿元，2014年9月28日开工建设，计划工期30个月。2015年完成投资5050万元，累计完成投资9130万元。客运中心（景宁交通综合大楼）于2011年12月16日动工建设，工程总占地面积38407平方米，建筑面积30016.4平方米（其中地上建筑面积23030.2平方米，地下建筑面积6986.2平方米），2015年完成投资2150万元，累计完成投资11119万元；县旅游集散中心及配套工程项目，概算总投资3310万元，用地面积14230平方米，总建筑面积3615平方米，于2014年9月30日开工建设，2015年追加投资1190万元，累计完成投资4500万元。

【S228省道岚头岭至汇田大桥段改建工程竣工通车】 2015年8月24日，S228（原52）省道岚头岭至汇田大桥段改建工程竣工通车。该工程起点位于S228省道与沈北线交叉口南侧沈庄村附近（桩号K10+999.391），终点为汇田大桥北侧桥头（桩号K17+704.264），全长6.71千米。其中，景宁段全长4.03千米，按二级公路标准建设，设计速度60千米/小时。全线有桥梁8座2.13千米，隧道1座2.64千米。工程项目于2011年3月25日开工，工程概算投资2.52亿元。

【外舍古城主题公园景观走廊工程】 该工程（棚洞工程）全长约1.43千米（汇田大桥至溪口段公路K3+011.667—K4+128.852）。主线高架布设棚洞1座（1117.2米）及匝道2条，设计时速60千米/小时，设计汽车荷载公路等级为II级。上部采用预应力混凝土T梁，下部采用方柱，路基宽度10米。工程需建造中小桥2座，涵洞3道，棚洞范围内挖石方量36834立方米，路基填石方量6425立方米。总投资10423.26万元。其中，建安费8495万元。该工程于2015年1月8日开工建设，至是年年底完成工程量的59.4%，完成投资5050万元。

【大漈小佐至雁溪联网公路工程】 该项目起点于景宁畲族自治县大漈乡小佐村口公路上（起点桩号为K0+000），路线盘山布设，经小佐溪、石银水库、小佐坑至雁溪乡茶塘湾附近（路线终点桩号K10+330），路线全长10.33千米。全线设中桥2座103.8米，小桥1座36.04米。采用《公路工程技术标准》（JTG B01—2014）规定的四级公路技术标准建设，设计时速20千米/小时。路基宽度4.5米，路面宽度4.0米，桥梁宽度7.5米，桥面净宽7.0米。桥涵设计汽车荷载：公路—II级。中桥设计洪水濒率1/50，小桥、涵洞及路基设计洪水濒率采用1/25，其余技术指标符合国家有关标准、规范的规定值。工程于2015年12月9日开工建设，工程概算5384万元，工期为24个月。至是年年底，完成投资2000万元。

【G235（原52省道）景宁溪口至澄照段改建工程】 景宁溪口至澄照三石段改建工程是新规划普通国道G235新沂—海丰线的组成部分，总投资约4.3亿元。改建工程起点与溪口2号桥桥头平交（起点桩号为K23+000，接52省道桩号）。路线由北向南沿老路布设，经过掌岸在白锄渡船头（K26+400）处，折向西南方向新建对面山隧道，至大赤水文站附近后往南面新建大赤大桥与黄驮尖隧道，于滩树岭脚电站附近跨至溪谷南侧，往东南方延伸经过石灰炉于澄照乡三石村与S228（原52）省道连接，终点桩号为K32+560。路线全长9.56千米。其中，老路改建段3.4千米，新建路段6.16千米，大桥5座1409米，中、小桥5座362.5米，涵洞14道，隧道2座3410米（其中对面山隧道2297米，黄驮尖隧道1113米），于2015年12月30日开工。

路政管理

【概况】 2015年，共出动路政巡查车520余辆次，上路巡查2974人次，发现和查处违章案件296起。其中，处理路政赔(补)偿案件19起，收取路产损坏赔(补)偿款31480元，处罚案件17起，收缴罚款20800元。案件查处率、结案率、索赔率均100%。同时，适时开展车辆超限运输和遗撒滴漏等违法行为的集中治理，全年共查处超限运输车辆15辆次，卸载超限部分货物328.38吨，收缴罚款15100元。

公路养护

【概况】 2015年，在建公路站房项目共3个，分别为局办公大楼与应急抢险中心，九龙公路站站房和鸬鹚公路站站房。其中，局办公楼与应急抢险中心并入县交通客运中心工程，由县交通运输局统一实施，是年年底，主体工程全部完成，进入楼内装修及附属工程施工阶段。鸬鹚公路站站房为站队合建项目，处于竣工验收审计阶段。九龙公路站站房主体工程完工，附属工程在建。

是年，全县农村公路路面大中修工程总长55.09千米，预算投资2934.4万元，于是年8月初开工建设，年底主体工程全部完工。农村公路安全保障工程86.86千米，预算投资1560.42万元，于是年8月初开工建设，年底全面完工(设钢质波形护栏48211米；修复水毁挡墙668延米，11064立方米)。农村公路等级提升改造(善)工程——张大线、金高线、景梅线、渤郑线共计60.05千米。工程计划投资1699万元，是年年底主体工程全部完成。

是年，在创建美丽公路工作中，公路部门投资6000多万元，投入人工3100多人次，机械设备330辆(台)次。完成公路边景观改造4处，实施路面大中修(预防性养护)29千米，修复水毁67处，清除卫生死角80多处，清理垃圾近200吨，种植绿化苗木52000多株(其中乔木50株，灌木2267株，藤本、地被等50500株)、草坪2000多平方米，增建景观点1处、特色花坛460平方米、绿化带边沟砌石1700多米，利用种植土2500立方米。拆除公路两侧违法建筑物1190平方米，拆除非公路标牌81块，整治公路污染源点7处，清除公路沿线各种堆积物17701立方米。

水上交通

【概况】 景宁畲族自治县滩坑电站库区景宁段有3个乡镇65个行政村399个自然村3.26万人口涉水出行。2015年年底，该县有通航水域面积36.72平方千米，码头32处，通航航道113千米。有渡船20艘，渡工54名。年渡运量92.33万人次，渡运车辆13.32万辆次。是年，港航续建和新建项目15个(其中完工10个，基本完工1个，变更1个，前期等待评审1个，因水位等原因未完工2个)，概算投资3383万余元，至年底完成建设投资2462.6万元。变更项目为：千峡湖(景宁段)金钟大桥，概算投资7500万元(交通部补助到位资金156万元），由于建设资金缺口大，大桥无法开工建设，经与省港航局沟通，将该项目补助资金变更为东坑镇白鹤村撤渡建桥项目。白鹤桥长210米，宽6米，项目投资569万元，交通部补助资金210万元(未开工)。完工项目为：雁溪乡雁溪桥，长93米，宽7.5米，项目预算投资248万元（交通部助补资金93万元）；雁溪乡大丘田桥，长76米，宽6米，项目预算投资186万元(交通部补助资金76万元)；毛洋乡沙垟大桥，长193.6米，宽7米，项目预算投资677.39万元（交通部补助资金193万元）；千峡湖(景宁段)示位标工程，预算投资8.89万元，审计价8.77万元，审计代理费0.12万元，最终结算价8.89万元；千峡湖(景宁段)码头护脚修缮工程，预算投资52.38万元，审计价47.98万元，工程质量检测费0.58万元，最终结算价48.56万元；千峡湖(景宁段）石步山码头土方清理工程，工程概算4.96万元，审计结算价3.50万元；渤海镇温州寮客运码头建设项目，概算投资466万元，省补资金192万元；九龙乡后坪村客运码头项目，概算投资319万元，省补资金192万元；千峡湖库区宣传标志标牌及航标维护工程，总投资15万元；海巡艇(浙海巡0729)修复工程，投资7.5万元。等待文本审查项目：千峡湖(景宁段)最美航道工程前期设计，设计费合同价16.25万元，完成设计文本，付设计费5万元。在建项目：大地乡金坑桥，项目预算投资339.66万元(交通部补助资金75万元)，该项目位于上标梯级电站水库中，水位居高不下，施工难度大，完成工程量的30%。县港航管理码头建设项目，概算投资517.64万元，建设资金由省港航局全额补助，该项目泵船部分建造完成，坡道工程完成50%。

【县农村渡运公交有限公司成立】 经县人民政府批准，景宁畲族自治县农村渡运公交有限公司，于2015年12月11日登记注册成立。该公司为独立法人(国有企业)，归口交通运输行业管理。由县国资公司全额出资，为过往车辆、行人提供免费渡运。

运 政

【概况】 2015年，全县道路客运量163万人次，周转量7953万人千米，货运量133万吨，周转量12925万吨千米。驾培行业培训学员1129人(合格率83%)。维修机动车23964辆次。是年，新增行政村客运线路2条，投放“康庄小巴”车2辆，全县254个行政村中有203个通客运，农村客运班车通达率79.92%。全年受理道路运输行政许可98件。客运车辆新增16辆（其中公交10辆)，货运许可业户新增31户，维修企业新增2家。车辆技术等级评定494次，车辆二级维护1324次。是年年底，全县有营运车辆521辆。其中，营运客车128辆，出租车23辆，营运货车370辆。全年开展各类执法检查1248人次，出动执法车295台次，联合专项检查5次，检查车辆1945辆次，查处各类违法行为74起(处罚35起，警告教育39起)，配合协查案件1起，发放宣传资料6000多份。办理县政协提案4件、人大议案3件，会办件4件，信访1件。受理“12328”各类举报投诉案件33起，办理“问政直通车”案件4起，做到投诉案件均有落实、有回复。

【客货运站场建设】 2015年，新建梧桐乡客运站和东坑、梧桐、九龙、红星等乡镇（街道）公路沿线80个港湾式停靠站（其中木制站亭15个，铁制站亭65个，超额完成60个港湾式停靠站的考核任务）。梧桐乡客运站为准四级客货运站，占地面积206.05平方米，建筑面积801.65平方米，总投资143万元。至是年年底，全县累计建成县级客运站1个、农村客货运一体站18个、农村货运网络配送站60个、港湾式停靠站304个。

【节能减排】 2015年，全县机动车维修行业共回收废机油14075升、废电池881只、废轮胎3840只、废配件15.4吨、废包装物8.3吨。

运输服务企业

【概况】 景宁畲族自治县汽车长途运输公司，是道路旅客运输、城市（城乡）公交、旅游包车、汽车维修、汽车加油、汽车驾培、客运快件和旅游服务综合性国有三级客运企业。2015年，有职工88人。其中，专业技术人员11人。经营客运班线29条（包括康庄小巴线路5条），营运客车55辆（其中高级客车21辆）。全年客运站发车4.73万班次，运送旅客72.8万人次，

县汇丰汽车运输有限公司，有职工76人，拥有客运车辆51辆（其中便捷巴士18辆），客运班线31条，日发车70班次，年客运量69.4万人次。

县联运出租车公司，有出租车29辆（其中桑塔纳轿车10辆、捷达牌轿车4辆、吉利轿车11辆，排量1.9L以下的小车20辆）。出租车主要对景宁城乡经营和对城市公交运力不足的补充。

【城市公交】 至2015年年底，全县累计开通城市公交线路4条，投放公交车14辆，城乡公交线路1条（景宁—岚头），投放城乡公交车1辆。

【物流企业】 2015年年底，全县有货运物流企业5家、危货企业1家，共有营运货车338辆，2186吨位；年货运量133万吨，货物周转量12925万吨千米。 （潘 洁）

邮政 通信

邮 政

【概况】 中国邮政集团公司浙江省景宁畲族自治县分公司（以下简称中国邮政景宁分公司）于1998年9月1日在景宁红星街道（原鹤溪镇）人民中路209号（行政区号331127，邮政编码323500）注册成立。是从事邮政通信和金融服务的公用性企业，主要负责区内邮政通信网建设、运行、经营与管理，受政府委托承担普遍服务和特殊服务义务。内设综合办公室和市场运营部两个管理部门，下设5个班组、3个县城代办网点和4个农村支局。2015年年底，全县共有邮政局（所）22个。其中，邮政支局5个，自办邮政所17个。从业人员106人。其中，合同用工58人，派遣制员工48人。退休、退养职工35人。邮政代理储蓄所6个。其中，县城网点3个，农村局（所）3个。邮路22条（无自办汽车邮路，委办汽车邮路21条，单程1341千米，其他邮路1条，单程2千米）。投递段道41条，单程860千米，其中城市投递段道8条，单程94千米；农村投递段道33条，单程766千米。建成电子化支局联网网点5个，电子汇兑网点23个，报刊亭3个，设置信筒信箱115个，服务人口17.3万人。

2015年，中国邮政景宁分公司除提供信函、包裹、汇兑、储蓄、报刊发行、集邮、特快专递等基础服务和物流配送、商函广告、代发工资、养老金、代办保险、代办电信、代售票务等业务外，顺应时代发展需要，依托网络优势，推出电子商务，在邮乐网上建成“景宁馆”。该馆分六个专区（畲乡特产、金奖惠明茶、慈善超市、家电超市、零食超市、服装商城），上架单品243个。同时，在“11185”客户服务中心开办各类业务咨询和受理服务，使客户足不出户即可办理票务代理、邮政礼仪、特快专递等业务。是年，业务收入1383.40万元，完成年计划的104.33%，同比增长9.57%。

【电商行业与景宁茶企结“茶亲”】 2015年4月22日，在中国畲乡“三月三”暨惠明茶荣获巴拿马国际金奖100周年纪念活动仪式上，中国邮政集团公司浙江省景宁畲族自治县分公司代表电商行业与景宁茶叶企业结成帮扶对子。利用邮政线上线下渠道为茶叶企业开拓“互联网+茶叶”产业时代。线上，在“邮乐景宁馆”开设金奖惠明茶专区，提高金奖惠明茶的知名度，扩大金奖惠明茶的销售渠道。线下，利用物流网络提供茶产品寄递服务。

【“邮善促民生”战略合作暨景宁邮政电商慈善超市项目启动】 2015年5月29日，“邮善促民生”战略合作暨景宁邮政电商慈善超市项目启动仪式在郑坑乡举行。本次活动由县民政局、中国邮政浙江景宁分公司主办，县慈善总会、郑坑乡人民政府承办。启动仪式上，县民政局与中国邮政浙江景宁分公司现场签约。双方以“优势互补、因地制宜、鼓励创新”为合作原则；以慈善超市建设为主体，以其他相关民政服务为补充，开展内容丰富的合作。

2015年5月29日，“邮善促民生”战略合作启动仪式

（景宁邮政分公司 提供）

【首家社区慈善联络站暨区域电子商务服务中心成立】 2015年9月25日，景宁首家社区慈善联络站暨区域电子商务服务中心在东坑镇挂牌成立。该中心以独特的农村电商运营模式（线上基于“邮乐网”和“邮掌柜”系统，线下依托邮政农村窗口资源、村邮乐购店等实体渠道）服务民生。

2015年9月25日，东坑社区慈善联络站挂牌成立 （景宁邮政分公司 提供）

【邮政农村普惠金融和农村电子商务有效对接】 2015年，中国邮政浙江景宁分公司把邮政农村普惠金融和农村电子商务结合起来，在农村开展助农取款，村邮代购等便民服务。是年10月21日，隶属世界银行的国际金融公司首席移动银行专家LowellCampbell（罗维尔）、高级投资官Mark Berryman（白马）、中国人民银行总行司洪超、中国人民银行丽水市中心支行副行长陈明亮等人莅临景宁邮政分公司三支树村邮站调研农村普惠金融及电子商务运营情况，期间，LowellCampbell（罗维尔）表示中国邮政这种“便民无缝隙，服务零距离”，贴心为农民考虑，为农民着想的理念是他们国外金融所不具备的，他为中国邮政这种担当精神所折服，对中国邮政将邮政农村普惠金融和农村电子商务的有效对接表示赞许。

【景宁邮政城中营业所“绿色健康小屋”揭牌开业】 2015年12月18日上午，全县首个

2015 年 12 月 18 日，城中营业所绿色健康小屋揭牌开业
（景宁邮政分公司 提供）

“绿色健康小屋”在中国邮政浙江景宁分公司城中营业所正式揭牌开业。县卫生计生局、县疾控中心、县邮政分公司等单位相关领导参加揭牌仪式。“绿色健康小屋”通过营业网点平台预约体检，为客户做好电子健康档案，为居民健康评估提供依据。（林景玲）

电　信

【概况】 景宁电信分公司紧紧围绕“一去两化新三者”（“一去”指去电信化，“两化”指市场化和差异化，“新三者”指电信将成为智能管道的主导者、综合平台的提供者、内容和应用的参与者）的战略指导思想，在“五化并举，五力齐驱”（“五化”指差异化、市场化、互联网化、精确化、人本化，“五力”指竞争力、内生力、创新力、运营力、执行力）的年度工作思路指导下，重点抓好 6 项指标（移动用户新增份额、4G 终端净增、宽带出账用户净增、50 兆以上宽带用户净增、ITV 出账用户净增、高清 ITV 用户净增），分别与销售部、政企部及 6 个支局，签订军令状。2015 年，景宁分公司先后承接县水利局河道监控及县人民政府视频会议系统建设项目，增加光纤电路 42 条；协助县人民政府建成总投资 1000 万元的“五合一”工程（社会治理综合指挥中心、“12345”政务咨询投诉举报中心、社会应急联动指挥中心、智慧城市管理指挥中心、“110”指挥中心、公共安全视频监控中心、情报信息研判中心、公共报务中心）。

是年，增加 C 网 7757 户（计划目标 7503 户），完成指标的 103.38%；增加宽带 2676 户（计划目标 1953 户），完成指标的 137%；增加 4G 智能机 3361 部（计划目标 5114 部），完成指标的 65.72%；电信高清电视增加1287 户（计划目标 1925 户），完成指标的 66%。全年组织营销宣传活动 43 场，累计增加大融合 224 户，宽带 278 户（其中他网回夺 182 户，C 网 654 户，智能机 355 台，百兆提速 745 户）。增加 50 兆以上宽带 2887 户。电信主营业务收入 2098 万元，完成年度指标的 92.27%，全市排名第二。

【获 10 城擂台比赛优秀奖】 2015 年 10 月 1 日至 12 月 31 日，全市电信系统开展百日冲刺业务比赛。全市 10 个经营单位不分大小 10 城联动，同场竞技。景宁分公司以总分 127.69 分获得全市唯一的优秀奖。

【“S1240”退网退铜】　2015年9月8日，景宁电信分公司举行“S1240”下电退网仪式（至此，1993年开通的S1240程控交换机，服务22年完成历史使命，下电退网，退出历史舞台）。是年10月，中心局三楼的ADSL设备下电拆除，在全市率先超额完成退网退铜指标。全年退铜价值27.2万元。每年能节省电费约25.3万元。　（叶一清）

联　通

【概况】　中国联合网络通信有限公司景宁分公司是中国联合网络通信有限公司丽水市分公司在景宁的分支机构。2015年年底，有员工20人，2个部门，1个中心，2家营业厅和38家社会代理门店。主要负责联通公司在景宁2G、3G、4G、固网等全业务经营，承担景宁县域有线无线网络建设及维护、客户的渠道建设与服务、用户拓展等工作。2015年，投入1000多万元用于无线网络建设和城区宽带固话接入工程及“光进铜退”工作。建成移动基站43个，累计141个。联通2、3、4网络信号覆盖每个乡镇及大部分行政村。是年年底联通用户达1.2万户。其中，宽带、固话用户2000多户。通信服务收入494万元，上缴税款22万元。

2015年，公司将宽带光改提速作为网络建设的主要工作，完成了所有小区的光改工作，为宽带提速提供有力保障。是年，公司加强企业宣传阵地建设，真正实现将联通企业文化“内化与心，外化与行”，全面提升公司整体形象。用户感知专项攻坚行动取得良好成效。通过常态化实施攻坚行动，聚焦五类重点问题，建立四类八项常态化攻坚机制，以问题为导向，倒逼内部运营管理水平的提升。以解决问题为目标，建立常态化改善长效机制，整体提高一线服务水平，赢得用户的口碑。继续开展“服务社会、服务用户、服务基层”系列活动。2月，通过“市级文明单位”复评考核。　（雷群玲）

移　动

【概况】　中国移动通信集团浙江有限公司景宁分公司（以下简称中国移动景宁分公司），下设市场经营部、政企客户部、网络部、综合部4个部门。2015年，中国移动景宁分公司投资6090万元，建成4G基站203个，实现行政村4G网覆盖94%，主要交通干道、大际风景区、大均风景区等区域覆盖率达到98%以上。建设本地传输网光缆534.54千米，建成2G基站36个，累计405个，覆盖243个行政村。投入376.5万元，完成75个行政村宽带建设，全县行政村宽带覆盖率53%。是年年底，有在册员工50人。其中，中共党员6人。是年，移动通话用户9.32万户，手机上网流量23534.56万兆；宽带用户1.10万户。运营收入5087.65万元，缴纳税金201.4422万元。

【公益帮扶】　2015年2月10日，中国移动景宁分公司到景南乡开展“春节送温暖，关爱暖人心”活动，走访并慰问程田村、马岭村，八际坑村老党员、老干部和生活困难户，为他们免费安装有线宽带，并送去宽带机顶盒、慰问品、扶助款及新春的祝福。

是年11月23日，该公司组织干部职工60余人为丽水市莲都区雅溪镇里东村灾民捐上“爱心款”3430元。

【党团志愿者服务活动】 2015年5月25日，中国移动景宁分公司组织党团志愿者参加“全民清洁日”活动，前往责任片区鹤溪小区及周边开展环境卫生专项清理。是年12月29日，组织青年员工无偿献血1800毫升。

【“天网三期”项目建成投入使用】 该项目于2015年12月17日建成投入使用。是年9月7日，中国移动景宁分公司与景宁畲族自治县公安局签署“天网三期”承建项目合作协议。议定在全县245个点位安装456路摄像头，并接通公安“天网”管理中心，总投资1057万元。

【通信网络应急抢修】 2015年8月8—9日，台风“苏迪罗”导致全县电力设施大量受损，前后有92个移动基站停电。中国移动景宁分公司从8月9日凌晨4时开始，组织出动应急保障专业抢险队伍12支79人，应急通信车10辆、其他车辆7辆，移动油机53台，发电机49台，分别前往大际、大地、家地、梅歧等地进行基站发电抢修工作。经过72小时的抢修，共有49个基站恢复发电运转，大部分传输线路得到恢复，保障了重点区域的通信畅通。

（严丽芬）

住房和城乡建设

城乡规划

【概况】 2015年，完成《景宁县城市地下空间开发利用规划》《景宁县城排水(雨水)防涝综合规划》《景宁县城市综合交通规划》《景宁畲族自治县农民建房建筑设计通用图》《景宁畲族自治县控规图集编制》《景宁畲族自治县渤海镇总体规划》《景宁畲族自治县渤海镇控制性详细规划》《景宁畲族自治县毛垟乡规划》等编制工作，并经县城乡规划委员会会议审查通过，提交正式成果。完成《景宁畲族自治县建成区改造提升规划设计》《景宁畲族自治县鹤溪历史文化名镇改造规划及改造设计》的编制和东坑镇黄山头村、大均乡伏叶村2个省级美丽宜居示范村的村庄规划以及大漈乡西一村、梧桐乡高演村2个传统村落的保护发展规划编制。

全年协助县人民政府组织召开城乡规划委员会会议4次，审议通过《景宁县人民路立面改造广告位设计方案》《景宁畲族自治县“生态环线”概念设计》等28个规划方案。组织召开专家成员项目设计方案审查会16次，审议项目50个。

按照“阳光规划”实施方案和农民建房管理办法要求，对县城规划区内的审批项目实行批前公示，重点公建项目实行批后现场公示。全年核发《建设工程选址意见书》40件，涉及用地面积214.58万平方米；核发建设工程用地规划许可证150件，批准用地面积138.08万平方米；核发建设工程规划许可证66件，批准建筑面积60.38万平方米；核发乡村建设规划许可证14件，批准建筑面积6691.24平方米；核发城市出让地块规划设计条件24件。建设工程竣工规划验收55件，库区移民和下山移民安置房面积核实984户。建设项目“一书两证”(建设项目选址意见书、建设项目用地规划许可证、建设工程规划许可证)办理率100%。

城乡建设

【概况】 2015年，县住房和城乡建设局根据县委、县人民政府对城乡建设工作的部署和把县城当作AAAAA级景区来建设的要求，积极组织推进城乡建设工作。全年实施中心城区基本建设项目25个(其中环城西路道路改扩建工程等续建项目5个，永定桥到凤凰桥污水主管改造工程等新建项目20个)。规划山哈剧院等重大前期工程项目6个。年度计划投资4.3054亿元，实际完成投资4.3985亿元，占年度投资计划的102.16%。是年年底，县城道路总长63.9千米、面积102.9万平方米，人均城市道路面积18.85平方米。安装道路照明灯3890盏，路灯道路63.9千米，城市照明装灯总功率675千瓦，总用电量288万千瓦时。绿化覆盖面积173.95公顷。其中，建成区141公顷。园林绿地面积171.95公顷。其中，建成区142.7公顷。公园面积102.6公顷，绿地率29.12%，人均公园绿地面积18.79平方米。县城建成区面积4.9平方千米。

是年，全县乡、镇、村新建各类建筑61481.48平方米，农村困难群众危旧房改造600户。组织新建、续建美丽宜居示范村试点7个。其中，周湖、三枝树、七里3个村为2013年试点村，2015年建成并通过省专家组验收；东垟、金丘2个村为2014年试点村，2015年全面组织实施；伏叶、黄山头2个村为2015年试点村，是年规划编制完成通过相关部门审查，并启动项目政策处理、设计等前期工作。

是年，景宁县城被中共丽水市委、市人民政府公布为丽水市“最美县城”。鹤溪滨溪景观公园被评为丽水市十佳休闲公园。大均乡李宝村被评为丽水市十佳美丽宜居示范村。大漈乡西一村被评为丽水市十佳传统古村落。

【环城西路道路改扩建工程调整】 该项目2014年启动，2015年建设内容调整为：房屋外墙立面改造109栋，面积21700平方米；道路改造全长4.14千米(含城市道路工程、排水工程、交通工程、景观工程、路灯工程等附属配套工程)。建设计划投资从9000万元调整为12700万元。是年底房屋立面改造完成98%，路面改造完成到加油站段。累计完成投资10280万元(其中2014年完成投资3020万元，2015年完成投资7260万元)，占总投资的80.94%。

【人民路道路改扩建工程】 该项目主要建设内容为沿街两侧建筑立面改造，路面、人行道改造，绿化、景观节点改造(道路改造总长2.2千米，沿街房屋外墙立面改造135幢，改造面积80000平方米)。项目于2014年启动，2015年总投资调整为19000万元。是年建设任务是基本完成沿街建筑立面改造，项目分8个标段实施。至年底完成工程量的87%。累计完成投资13765万元(其中2014年完成投资2800万元，2015年完成投资10965万元)，占项目总投资的72.5%。

【外舍污水处理系统工程】 该工程总用地面积4.9公顷，污水日处理能力1.5万吨，污水管网6.9千米，泵站3座。于2014年9月开工建设，至2015年底，开挖土石40万立方米，建设挡土墙及墙身砼1.2万立方米，场内砂夹石回填1.2万立方米，土建工程开始施工。项目概算总投资18370万元，2015年完成投资4960万元，累计完成投资10720万元，占总投资的58.35%。

【茶山公园工程】 该公园总面积7.25公顷。公园入口广场、门廊、景墙、少儿启智屋、景观小品、管理用房、道路、高架轨道、游戏设施以及停车场等建设用地面积1.13公顷，主要景观占地面积8730平方米。该项目受阻于政策处理，进展缓慢，处于停工状态。项目概算总投资3000万元，2015年完成投资105万元，累计完成投资1465万元，占项目总投资48.8%。

【城南区块污水管网工程】 该工程建设范围为环城南路以南至三枝树村区块，建设城南区块污水主管、区块内支管网以及已建设区块污水排水口的纳管工程等。一期实施鹤溪河右岸主管，总长度4597米（三枝树村至鹤川路段），沿鹤溪南路延伸道路布置，实行雨污分流，污水管管径采用D600—D800，雨水管管径采用D400—D600。2015年年底，鹤溪河右岸管网建设完工。2015年该项目总投资调整为4580万元，是年完成投资1390万元，累计完成投资2040万元，占总投资的44.5%。

【景宁客运中心站前广场工程】 该工程用地面积0.74公顷，建设内容为给排水、硬化、亮化、绿化以及园林小品等。项目概算总投资1170万元。由浙江省城乡规划设计研究院设计，浙江蟠龙工程管理有限公司监理，博大环境集团有限公司中标施工。2015年9月开工，是年年底完成排水沟、喷泉、公厕等工程。完成投资780万元，占项目总投资的66.67%。

【永定桥到凤凰桥污水主管改造工程】 该工程，建设管网7359米、井座170座、200吨沉砂池1座、150吨厌氧池1座。项目概算总投资2200万元。由浙江万基市政工程设计有限公司设计，浙江鑫润工程管理有限公司监理，丽水正达工程有限公司中标施工。2015年1月动工，是年年底完工，工程实际投资2230万元。

【鹤溪南路改造步行街工程】 鹤溪南路自鹤苑桥至永定桥改建步行街，道路长913米，宽15米（车行道5米，景观带10米）。项目概算总投资1130万元。项目由杭州市城市规划设计院设计，浙江蟠龙工程管理有限公司监理，杭州市园林绿化股份有限公司中标施工。工程于2015年4月开工，至12月底，完成投资1070万元，占总投资的94.6%。

【城北新区道路网（新华路北段、新田路）工程】 该工程含新华路北段（长230米，宽12米），新田路（长250米，宽20米）以及综合管线、绿化、亮化、环卫等设施建设。项目概算总投资2000万元。由浙江万基市政设计有限公司设计，求是工程咨询监理有限公司监理，景宁宏盛建筑有限公司中标施工。2015年9月开工，至12月底，完成投资970万元，占总投资的48.5%。

【公共租赁房4期工程】 该工程建设公共租赁房132套，用地面积5328平方米，建筑占地1522.51平方米，总建筑面积12717.22平方米。概算总投资3500万元。由浙江晟元建筑设计公司设计，浙江蟠龙工程管理有限公司监理，浙江巨丰市政园林有限公司中标施工。2015年11月开工，至12月底，完成投资850

万元,占总投资的24.3%。

【公共租赁房小区基础设施配套工程】 该工程建设内容为小区二、三区内道路硬化、地下管线、景观绿化、亮化等市政配套设施。项目概算总投资700万元。由浙江晟元建筑设计公司设计,丽水方朝工程管理有限公司监理,丽水现代环境建设有限公司中标施工。2015年1月动工,至12月底实际完成投资810万元。

【万春路(张村小学段)工程】 项目总用地0.73公顷,建设万春路张村小学段(长194米,宽12米)城市道路,以及亮化、绿化、环卫、地下综合管网等附属配套设施。项目概算总投资984万元。由浙江万基市政工程设计有限公司设计,丽水方朝工程建设管理有限公司监理,浙江鸥业园林建设有限公司中标施工。2015年,实际完成投资1030万元。

【城北区块排水(雨污)管网改造工程】 该工程建设内容为改造新华路等路段雨污水分流管网。项目概算总投资1000万元。由浙江方园规划建筑设计有限公司设计,浙江鑫润工程管理有限公司监理,浙江景昌建设有限公司中标施工。2015年11月开工,至12月底实际完成投资1010万元。

公用事业

【供排水】 2015年,县供排水公司严格把关,确保供水安全。对水源、管网水、末梢水定期、定点、定时检测,日检测项目16项,月检测项目47项,半年送省检测机构进行非常规检验。检测结果上报建设部国家中心、市化验室、县防疫站和住建局等相关部门。并根据检测结果,及时调整处理工艺,常规水质合格率为99%以上。是年,新建景融时代广场、外舍污水厂、双后降农民安置小区供水管网5千米。改造安居工程小区、鹤溪花园小区、新华小区供水管网4.7千米。全年供水324万立方米。

全年新建排水管网8.19千米,改造排水管网7.174千米,排水管网清淤31.7千米。污水处理厂处理污水217万立方米,干污泥产生量218吨,干污泥无害化处置218吨。处理后污水达到国家生活污水排放标准一级B标。

【阶梯式水价重新实施】 《关于景宁县城区供水价格改革的通知》(景发改价〔2015〕15号)规定景宁县城供水实行阶梯式水价,新供水价格于2015年12月25日开始执行。自此,2007年停止执行的计划用水,时隔8年后开始重新实施。

【自来水厂改扩建工程】 2015年9月,县第二自来水厂改扩建工程启动。建设内容是:在2007年建成的2万吨/日供水能力基础上,通过改扩建达到4万吨/日供水能力。项目概算总投资3000万元。由浙江省城乡规划设计研究院设计,浙江蟠龙工程有限公司监理,浙江万景市政园林工程有限公司中标施工。是年,完成投资950万元,占总投资的31.6%。

【环境卫生】 2015年,进一步完善环卫设施。全年改造、新建垃圾房27座,106处地下垃圾桶改为地上果壳箱,垃圾中转站实施设备改造升级。购置果壳箱300只,环保垃圾桶1000只,桶装垃圾车5辆,垃圾直运压缩车2辆,电瓶垃圾收集车3辆,环境卫生巡逻车2辆。是年,城区清扫保洁面积100万平方米,比上年增加20万平方米。其中,机扫面积49万平方米,机扫率49%。清运垃圾4.5万吨。其中,城区3.06万吨,乡镇转运1.44万吨。保洁公测24座。处理粪便0.5万吨。

是年,城区通透的小区均纳入清扫保洁范围,消除卫生死角。城区分设城南、叶府前、城中、城北4个保洁区域,实行分片包干。推行“人工普扫+机械清扫+人工保洁+飞车保洁(电瓶垃圾收集车专人驾驶在包干区内巡查随时收集垃圾)+洒水降尘”五位一体作业模式。每天从早上5时开始针对不同街道、区域分别设立12小时、16小时、18小时的动态巡回保洁机制,有效减少垃圾停留,确保城区环境干净清洁。垃圾清运按照“区域收集、密闭运输、集中压缩、日产日清”的方式运作,杜绝二次污染。把主街道清洗、果壳箱擦洗、垃圾房清洗工作纳入日常工作,坚持垃圾桶即用即洗。对复兴路、府前路、鹤溪中路、团结路、人民中路等重点路段,以及城区垃圾房进行点段式冲洗,清除日常保洁难以除去的灰尘、污迹。

城市管理

【概况】 2015年,查处违法建设案件383宗。其中,拆除45宗,面积802平方米;责令整改30宗,面积798平方米;有效制止78宗,面积2813平方米;立案处罚230宗,结案226宗,面积5646.92平方米,处罚金额1539572.46元。继续抽调监察队员到县“三改一拆”办公室配合工作。

强化市容市貌监督管理。对占道经营、流动商贩、乱搭乱建、违法广告、乱停车等城市乱象进行全面整治。全年发放各类整改通知书1250份,整治流动商贩、占道经营9700余人次,实施暂扣处罚480余人次。拆除主要街道违法广告1370余处、大型户外广告140余处、横幅类宣传品320余处,清理乱拉乱挂160余处。开展乱停车集中整治行动13次,发放宣传资料900余份,查处、劝导乱停车现象1000多起。

加强城市园林绿地的建设、管理、保洁和维护工作。是年,完成人民北路两侧空地植草种花和两侧行道树种植、县水文站绿化、金园丽景沿街花坛绿化、县府宿舍楼周边绿化、高速公路西侧绿化、妇保站沿街花坛绿化、绿道溪口至大均绿化苗木种植、青少年宫二级驳坎及永定桥头临时绿化、民族小学路口交通岛绿化等工程。移植乔木200余株,补植行道树90余株。对城区人民中路、府前路、果园路等主要街道的行道树(香樟)进行重度修剪。对人民北路、人民南路、环城西路和鹤溪中路230根灯杆实施垂直绿化。在高速路口增设大型花墙花柱组合。元旦、春节、“三月三”、“美丽城乡”会议、国庆等节庆(会议)期间,种植、摆放草花191957盆。并在畲族文化中心、人民公园、府前桥、县府门口、建设局门口、永安桥头、高速出口、入城景观公园、溪口转盘等重要节点设置花墙、花架、花柱、花车等多种形式造景。其中，高速出口处增设的立体花墙，首次用草花1.2万盆，尝试采用彩叶草、矮牵牛、黄帝菊、红绿草、紫鹃芥等鲜艳的颜色花草拼成图案与文字。

全年受理砍伐树木、临时占用绿地等审批事项5起，参与人民北路、景宁职业高中改造工程等7个绿化配套项目的审批与验收工作。开展绿地监察，通过日常巡逻监督，及时制止损绿、毁绿的不文明行为，对破坏绿地和树木的行为进行追偿与处罚。全年查处占绿毁绿事件10起，追缴绿化补偿费4万余元。

是年，投入市政设施维护资金2400万元。完成人民北路、鹤溪中路、人民南路等原文化墙整治及修缮；完成城区主街道人行道修整、护栏翻新，鹤溪中路隔栏栅安装，惠明路及团结路口柏油路路面浇筑。更换公交车临时站牌45处，更换公共厕所指示牌8处。完成地下排水排污管网修理、清淤和新华小区、金仙寺污水管网改造。做好公厕、垃圾房等城市环卫基础设施的维护工作，提升城区基础设施对经济社会发展的承载力。

住房保障

【概况】 2015年，县住房和城乡建设局以深化保障性住房制度改革为动力，以提高住房保障及供给能力为出发点，以保障和实现城镇低收入住房困难家庭、城镇中等偏下收入住房困难家庭、新就业大学生、在县城范围内创业就业家庭等群体基本住房需求为目标，持续推进保障性住房工作。是年8月底，第四期50套公共租赁住房开工建设。9月底，第三期60套公共租赁住房建成。10月底，第二期64套公共租赁住房竣工，11月底，分配86套，完成年度计划。做好住房保障阳光工程建设工作，确保“公开、透明”。全年累计发布保障性安居工程建设及分配管理信息24条，内容涵盖城镇保障性安居工程建设项目信息、保障性住房分配信息等。其中，保障动态信息11条、物业管理信息1条、公共租赁住房保障信息3条、项目信息2条、补贴发放2条、保障公示信息3条、保障规划信息1条、年度计划1条。

是年，行政事业单位退休人员发放住房补贴318人6630401元。发放城镇低收入住房困难家庭住房租赁补贴4户3060元。

建筑业

【概况】 2015年，新增建筑业企业3家，全县登记在册建筑业企业17家。其中，二级总承包企业4家，三级总承包企业10家，三级专业承包企业2家，混凝土企业1家。实现建筑业增加值5.52亿元（比上年增长15.8%），利润7158万元。全县在建工地58个。其中，新开工项目22个，合同施工总面积19.03万平方米，合同总造价5.4036亿元。在建项目中，争创九龙杯项目3个，争创钱江杯项目2个，申报市级标杆工地1个。是年，竣工项目17个，合格率100%。

是年，县住房和城乡建设局参与完成工程招投标监督项目58项。其中，工程施工招标43项，工程监理招标7项，工程设计招标8

项，招标率100%。依据《中华人民共和国建筑法》《建设工程质量管理条例》的规定，对县内建设工程依法进行质量监督管理。2015年，新（续）建工程全部签订（补签）建设工程项目负责人质量终身责任承诺书。全年新登记受监工程25项，工程总造价5.69亿元。其中，房屋建筑工程项目19个，建筑面积20.9万平方米，工程造价4.53亿元；市政公用工程项目6个，工程造价1.16亿元。在工程质量监督管理中，采用巡查与抽查相结合，注重施工过程中重点部位的监督检查。基础部分验收做到五方责任主体参加，主体部分验收除勘察外，其余四方责任主体参加。是年，主体结构工程中间验收项目40个。抽查混凝土强度394组，取芯抽查基础混凝土和市政公用道路工程混凝土强度80组，市政公用工程土基回弹模量（承载板）检测181组。全年签发工程质量整改通知书121份。竣工验收工程项目21个。出具质量监督报告项目16个，工程造价3.93亿元。其中，房屋建筑工程项目13个，建筑面积18.6万平方米，工程造价2.9亿元；市政公用工程3个，造价1.03亿元。

是年，县住房和城乡建设局遵循“安全第一、预防为主、综合治理”的方针，强化安全生产责任落实，加强安全生产宣传教育和监督检查。全年与县内建筑施工企业、房地产企业以及各在建工程项目部、监理部等相关单位签订《景宁县建设系统2015年度安全生产目标管理责任书》43份。项目建设安监登记32份，施工层安全生产条件审查表备案93份。起重机械产权备案10份，起重机械安装（拆卸）告知48份，起重机械使用登记30份。开展各类安全生产验收项目综合评定20次。组织各类检查172次，出动联合检查人员395人次。排查各类安全生产违法违规及消防安全隐患1184条，整改回复1082条。下发各类整改通知书及书面材料132份，停工整改通知书5份。检查项目面积85.51万平方米，造价12.76亿元。检查中发现的安全违法行为行政立案查处7起，罚款6.65万元。全年召开专题安全生产会议4次，“安全生产月”期间悬挂标语（横幅）70余幅，发放宣传材料200余份，组织分发安全生产人员培训资料卡片120多份。

积极推进新型建筑工业化、民用建筑绿色设计、诚信系统建设、施工工地扬尘治理等各项工作。2015年，开工建设新型建筑工业化项目面积1.2254万平方米。入库诚信系统企业14家，人员193人。其中，注册人员112人，现场管理人员81人。对景宁畲乡体育健身中心项目、景宁外舍翠涛居居住项目、游艇俱乐部等项目开展节能评估审查。制定出台《景宁畲族自治县城区建筑施工扬尘治理实施方案》。定期开展城区建筑工地文明施工防扬尘专项整治行动。签发限期整改通知书47份，整改意见145余条，城区建筑施工扬尘得到有效治理。

房地产业

【概况】 2015年，认真落实国家房地产调控政策，加强房地产市场行为监管和房地产风险防控工作，规范商品房预售和合同备案等相关工作，商品房网签系统建设全面完成，房地产市场发展平稳。全年登记在册房地产企业5家，其中4级资质2家，暂定3家。房地产开发楼盘3个，均系续建楼盘，完成房地产投资6.75亿元，商品房实际销售7.4万平方米，实际销售额5.7亿元。

全年受理房屋产权登记4218件。其中，转移登记668户，初始登记1561户，商品房转移682户，变更登记676户，预告登记599户，其他登记32户。抵押注销1267户，房产抵押2544户。农房确权登记工作全面铺开。是年，农房确权发证4240本，目标任务完成率103.3%，累计农房确权登记面积45万平方米。完成5幢丙类疑似危房治理，占总数的10.8%。受理新建建筑白蚁防治合同26份，合同防治面积49万平方米，完成预防施工项目22项，面积28万平方米。积极做好房屋、古建筑、园林绿化、水库堤坝、经济作物蚁害的检查和防治工作。发现白蚁侵害物业小区2处、公园园林绿化带4处、水库堤坝1处、香菇棚6处、县重点文物1处，均及时予以治理。根据省住房和城乡建设厅的文件精神，切实抓好古建筑、古树名木、传统村落和传统民居保护。对大漈乡西一村、梧桐乡高演村两处传统村落的古建筑、古民居、园林绿化、古树名木的白蚁危害情况进行调查登记。

【亲亲家园楼盘】 该楼盘由丽水天申置业有限责任公司开发建设，项目总用地面积2.05公顷，总建筑面积6.9万平方米，建筑总占地面积7180平方米。项目概算总投资5亿元，2014年动工，当年完成投资4.5亿元。2015年完成投资4850万元，累计完成投资4.985亿元，占总投资的99.7%。

【外舍大酒店及配套楼盘】 该楼盘（又称天元名都大酒店、畲乡天元）由景宁天元房地产开发有限责任公司开发建设，项目总用地3.88公顷，总建筑面积10.87万平方米(其中地下2.98万平方米)。项目概算总投资调整为6亿元。2014年动工，当年完成投资0.636亿元。2015年，完成投资3.926亿元,累计完成投资4.562亿元，占概算总投资的76%。

【凤凰古镇楼盘】 该楼盘（又称外舍景畲古镇）由景宁外舍凯震房地产开发有限责任公司开发建设，项目总用地17.6公顷，总建筑面积31.2万平方米（其中地下12.1万平方米），项目概算总投资24.9亿元。2014年开工建设，当年完成投资5.2亿元。2015年，完成投资10.192亿元，累计完成投资15.392亿元，占总投资的61.8%。

测绘和地理信息工作

【概况】 2015年，基础测绘项目继续单独列入县国民经济和社会发展计划，实施经费单独列入财政预算。全年投入测绘资金600万元，完成县城拓展圈生态环线景观及房屋改造区、县城排水（雨水）防涝综合区、澄照农民创业园、渤海镇、毛垟乡等8个规划区块共12平方千米的1:500地形图测绘和更新任务，以及县域185平方千米的1:2000地形图测绘任务。省选规定的景宁地理国情普查任务中的“两率”即城市建成区绿化覆盖率和绿地率调查成果于2015年12月提交省测绘质量监督检验站。是年,测绘与地理信息项目网上备案登记审核153项。向基础测绘成果目录服务系统汇交1:500地形图成果。对测绘单位的测绘质量管理体系和测绘成果及资料档案、保密等工作进行监督检查与考核（全县4家测绘单位考核均合格）。开展地图市场监督检查,未发现违法行为。县境内43个测量标志保护点保护完好。

【数字景宁地理空间框架建设项目通过验收】 始于2013年的数字景宁地理空间框架建设项目于2015年9月24日举行预验收会议，是年12月1日在县行政中心召开项目验收暨成果推广会。省测绘与地理信息局、市测绘与地理信息局、景宁等三方代表及业主单位、项目承担单位、各有关示范应用单位代表参加会议。验收专家组听取了业主单位、项目建设单位的工作报告和技术报告，认真审阅项目文档资料，观看项目建设成果及应用示范系统演示,并进行相关质询和讨论后,一致认为数字景宁地理空间框架建设项目圆满完成设计书规定的各项任务，成果突出，特色明显,同意通过验收。（李光华）

国土资源　环境保护

国土资源

【概况】 2015年度土地变更调查显示，全县土地总面积193883.69公顷。其中耕地面积18560.68公顷，占全县总面积的9.57%；园地面积2494.45公顷，占全县总面积的1.29%；林地面积157683.69公顷，占全县总面积81.33%；草地面积1798.59公顷，占全县总面积的0.93%；城镇村及工矿用地2143.96公顷，占全县总面积的1.11%；交通运输用地1261.64公顷，占全县总面积的0.65%；水域及水利设施用地5344.18公顷，占全县总面积2.76%；其他土地4596.5公顷，占全县土地总面积的2.37%。景宁境内矿产资源较为丰富，已探明的矿产有铁、钼、铅锌、铜、金、银、叶蜡石、萤石、高岭土、大理石等20多种，矿产地近百处，以矿种多规模小为特点。主要矿产为铁、钼、铅锌、叶蜡石、花岗岩等。2015年，全县持证矿山有6家(规模均为小型)。其中，钼矿1家，铁矿2家，叶蜡石矿1家，萤石矿1家，建筑石料1家。除石料矿山和萤石矿外，其余4家矿山因市场萧条于是年3月前后均停产。从业人员200人，矿石开采总量2万吨，矿业产值约300万元。是年，制定出台《景宁畲族自治县砂石料加工经营权创设出让管理方案》强化对砂石料加工的监管；全面开展新一轮矿产资源规划编制、深化新一轮“六边三化三美”专项行动、加强采矿权人信用信息管理制度建设。及时更新矿山开发数据库，完成53宗建设项目用地矿产资源压覆登记。执行矿山资源补偿费征收制度，共收取生态治理备用金589.42万元，征收矿产资源补偿费34.39万元。按照《浙江省土地规划调整完善工作方案》的要求，合理调整2006—2020年规划期内县乡两级主要控制指标，科学划定“三条红线”，采取规划局部修改和跨乡镇修改等方法进行县级规划调整完善，并坚持县、乡规划调整完善工作同步进行。全年完成36个建设项目用地预审，总面积180.40公顷。全年收储存量土地5宗2.71公顷；出库土地5宗2.71公顷。推进征地制度改革，严格执行征地批文、征收程序、执行补偿标准、过程监管、宣传解释“五到位”制度，实现程序、主体、补偿标准“三合法”。全年征收土地

78.68 公顷，支付土地补偿款 7837.42 万元，落实被征地农民基本生活保障 496 人，政府缴纳被征地农民基本生活保障金 744 万元。全年全县审批各类建设用地 45 宗 38.61 公顷。其中，划拨供地 26 宗 30.10 公顷；出让供地 19 宗 8.51 公顷，出让合同价款5948.10 万元。完成垦造耕地续建项目 60 个，新增耕地 466.67 公顷，实现连续 20 年耕地占补平衡。联合农业、林业、环保等部门实地踏勘，规划垦造耕地项目 25 个 106.67 公顷，其中立项 10 个 41 公顷。全年土地动态巡查 2088 人次，及时制止违法用地 2.13 公顷，发放《责令停止土地（矿产）违法行为通知书》64 份。其中，土地违法 56 份，矿产违法 8 份。联合县环保局、电力局两次对全县范围内 6 家违法弃碴制砂加工点进行断电处理，及时制止非法制砂（加工）违法行为。全年立案查处土地违法案件 14 宗，涉及土地总面积 2.56 公顷。其中，耕地 1.28 公顷。在县“三改一拆”办公室的统一指挥下，联合县住建局、乡镇街道，对东坑镇、红星街道、鹤溪街道、澄照乡、梧桐乡等 30 家阀门、钢管违法厂房进行拆除（占地面积 14.50 公顷，建筑面积 18.10 公顷）。全年受理国有土地登记事项 3052 宗，其中国有土地登记事项 2834 宗，集体土地登记事项 416 宗，土地使用权登记抵押 101 宗，土地注销登记事项 101宗，办结率 100%。完成农房确权登记发证 1343 本，超额完成市政府下达的目标任务。是年，共有需要防治的地质灾害隐患点 135 个，增设警示牌 32 块，购买安装滑坡预警监测仪 4 台；投入应急排险资金 200 多万元，完成应急排险项目 15 个，避让搬迁 206 人。

【全面完成国土资源“一乡一所”建设】 2015 年，县国土资源局根据省国土资源厅的要求，结合景宁实际制定“一乡一所”建设方案，按照“五有”乡镇国土资源所建设要求，在原有 5 个基层国土所的基础上，增设红星街道等 16 个乡镇（街道）国土资源所，实现国土服务县域全覆盖，打通服务群众的“最后一公里”。

【不动产登记局和不动产登记服务中心挂牌成立】 2015 年 12 月 22 日，景宁畲族自治县不动产登记局和不动产登记服务中心正式挂牌成立。不动产登记局列于行政序列，不动产登记服务中心为副科级下属事业单位，核定编制 13 人。该机构的成立，把分散在国土、建设、林业、农业等职能部门的登记职责整合到一处。同时，景宁畲族自治县还在全市率先把水利部门山塘水库的登记职责一并划入该机构。

【砂石料加工经营权创设出让管理方案出台并实施】 为根治由砂石料加工乱象导致污水、粉尘、噪声等环境污染问题，2015 年 9 月，制定出台《景宁畲族自治县砂石料加工经营权创设出让管理方案》（景委办发〔2015〕53 号）。该方案规定砂石料加工经营权实行有偿出让。是年，通过招标拍卖有偿出让砂石料经营权 3 宗，收取出让价款 1657 万元。该砂石料经营权管理模式，得到上级主管部门和县委、县政府的肯定。　（蓝　天）

环境保护

【概况】 2015年，景宁畲族自治县认真实施新《中华人民共和国环境保护法》，全面推进“五水共治”，有序开展农村垃圾分类试点，狠抓污染物总量减排。完成初始排污权指标量核定和分配。核发企业排污许可证10本，10家排污单位缴纳初始排污权有偿使用费28872.12元，区域内初始排污权有偿使用率100%。是年2月3日，浙江卫视《今日聚焦》栏目曝光景宁县东坑镇区块工业企业的污水违排和违法建筑情况。县委县政府决定以此为契机开展涉污违建企业集中拆除行动。至4月底29家不锈钢管和阀门企业厂房全部拆除，面积96602.57平方米。在涉污违建企业拆除行动及后续清理过程中，县环保局强化危险废物监管处置。拆除阶段每日一查，拆除后每周一查。拆除企业危废存量由县环保局委托有资质企业进行应急处置。开展环境保护大检查和违法违规建设项目清理行动。组织乡镇对辖区内排污单位、资源开发、项目建设对环境的影响进行全面摸底评估。排查企业(项目)554家，清理“未批先建”项目22个、“未验先投”项目65个，清理率100%。浙江省统计局《2014年浙江省生态文明建设评价结果》公布：景宁畲族自治县生态文明总指数为108.86，位居全省县(市、区)第四；在生态环境质量公众满意度调查中，总得分83.85分，位居全省县(市、区)第三。2015年5月，通过国家生态县技术评估。超额完成2015年度及“十二五”4项污染物减排目标任务，连续三年获得生态县建设工作考核优秀。

【开展农村生活垃圾分类处理试点】 2015年出台《景宁畲族自治县农村生活垃圾分类处理试点工作方案》，在毛垟乡毛垟村和大均乡大均村开展农村生活垃圾分类处理试点。按照“分类收集、定点投放、分拣清运、回收利用、生物堆肥”的原则，将生活垃圾分为可堆肥垃圾、不可堆肥垃圾两大类进行处置。期间，毛垟乡推出“环保存折”，大均乡开展“星级户”评比，试点工作有声有色。是年11月10日，在毛垟村举行全县农村生活垃圾分类处理现场会，推广试点工作经验。

【通过国家生态县技术评估】 2015年5月20—22日，环保部评估组到景宁开展国家生态县技术评估工作。评估组一致认为景宁畲族自治县生态县创建的5项基本条件、22项建设指标基本达到国家生态县考核标准，同意通过国家级生态县技术评估。同时下发《关于浙江省景宁畲族自治县国家生态县建设工作技术评估整改意见的函》。是年7月23日，县人民政府办公室牵头召开国家生态县技术评估问题整改工作部署会，落实《景宁县国家生态县建设工作技术评估整改工作责任分解方案》。

【新《中华人民共和国环境保护法》亮剑行动】 全年共出动执法人员1411人次，现场监察企事业单位555家，下发整改通知书38份，其中限期整改通知书30份。立案查处企业10家，行政罚款19.3万余元，向公安部门移送环境违法犯罪案件2件。不断强化“12369”环保信访服务热线，全年共解决群众反映强烈的环境问题61件，办结率100%，未发生越级上访环境问题。

【污染物总量减排】　2015年，景宁共包装10个减排项目。其中，水类减排项目8个，气类减排项目2个。《关于通报景宁县2015年及“十二五”期间主要污染物总量减排数据结果的函》（丽减排办函〔2016〕9号）公布：2015年，景宁畲族治县化学需氧量、氨氮、二氧化硫和氮氧化物4项污染物排放量比2014年分别减排124.01吨、18.57吨、0.04吨、25.88吨；分别下降6.94%、9.47%、0.01%和6.59%；“十二五”期间分别累计减排249.12吨、39.29吨、76.04吨、33.34吨，累计完成减排比例分别为13.02%、18.12%、17.52%和8.33%。（周丽君）

旅　　游

概　　述

【概况】 2015年，景宁旅游按照“大融合、大提升、大推介”的思路，推进全域旅游发展。全年接待海内外游客691.95万人次，同比增长24.35%。实现旅游总收入30.65亿元，同比增长29.08%。是年，完成《景宁畲族自治县旅游发展总体规划》修编工作，开展《景宁“十三五”旅游业发展规划》编制工作。完成“畲乡小镇”建设、畲族风情省级旅游度假区及千峡湖等相关旅游专项规划10余个，建成旅游重点项目及涉旅项目40余个。计划投资约20亿元，实际完成投资25.6亿元，完成计划的128%。全县初步形成以度假区、畲乡之窗、云中大漈、千峡湖、畲乡小镇等景区为核心的“一环两沿三区”旅游发展框架。

是年，投资1500万元，对云中大漈区景区进行拓展提升，进士府中状元体验活动对外开放。投资畲乡之窗景区8900万元，建成畲乡休闲长廊绿道及大均、梅花圩景观。投资省级畲族风情旅游度假区2502万元，用于畲寨提升二期工程及千年山哈宫项目前期工作。投资畲族博物馆（AAA级景区）500万元，完成非遗主题木屋、景观水车建设及畲族山歌、彩带编织、织布技艺演示等提升项目。投资草鱼塘森林公园（AA级景区）670万元，维修蒲洋度假中心房屋外墙、挡土墙、消防通道及草鱼塘林场职工住房。包装余山畲族风情旅游区、飞云峡度假区、山哈谷、汇龙游艇俱乐部旅游综合体、水隅仙境旅游综合体、自驾车（房车）营地等招商引资项目，借助省、市、县招商引资平台，推荐优质旅游项目。其中，蒲阳湖度假中心、“红寨”大张坑等项目，列入浙江省乡村旅游招商项目库；余山畲族风情旅游区、飞云峡度假区等8个项目，列入丽水市旅游招商项目；飞云峡旅游度假村、水隅仙境旅游综合体等项目，签订开发合作意向书；汇龙游艇综合体项目开工建设。

累计投入600余万元开展宣传营销活动：与央视朝闻天下、东方热线旅游频道、浙江经视、科教频道、上海财经频道、交通之声、温州科教频道、快客传媒体、《浙江日报》《丽水日报》等知名媒体合作，全年播放景宁旅游形象专题片10次，刊登专题文章20篇。借助国家及省、市旅游部门举办的各类旅游交易会（展会）及促销活动平台，组织动员旅游企业积极参加台湾、上海、福建、云南、宁波、义乌等旅游交易会，发放旅游宣传资料30余万份，旅行社对接签约合作100余家，现场接团20000余人。借助丽水旅游季、看晚报游浙江、浙江之声旅游局长带您游及FM93旅游局长访谈等活动，先后邀请200多家旅行商、网络媒体，100个自驾家庭及旅游达人到景宁旅游、考察踩线及合作洽谈。依托“中国畲乡三月三”重大节庆活动，开展全县旅游精品线路推介，吸引国内外游客20余万人次（含媒体记者）。整合“一乡一节”资源，开展东坑尝新节、千峡情垂钓节、景南仁孝节、汤氏文化节、冬泳节、雁溪摄影节等10余个乡村文化旅游节。利用“互联网+旅游”模式（微信平台、旅游旗舰店、手机APP、手机短信等）开展旅游宣传促销，微信公众号粉丝达6万余人。

推进省级旅游标准化试点工作，建立旅游服务标准化信息平台，制定15个地方旅游服务标准和20个涉旅产品标准，推进10家旅游企业进行标准化示范。是年年底，顺利通过标准化试点验收。加强星级酒店管理，完成鸿宾大酒店、嘉盈城市酒店的二星级酒店复核工作。加强旅游管理、服务类人才培养，全年累计培训2000余人次。组织参加全市第三届金牌导游大赛，姚宏国获得丽水市“终身金牌导游”，吴璇获得“优秀导游”，县旅游局获组织奖。加快“厕所革命”，对旅游区厕所的特色进行重新设计、规划、布局、调整。出台旅游区厕所建设管理资金扶持政策，规定每年安排300万元，作为旅游区厕所建设管理保障资金，是年新建改建旅游景区厕所29座。

【畲乡小镇】 畲乡小镇（外舍古镇）是浙江省首批37个特色小镇之一，按照“一年打基础，三年成规模、五年见成效”的总体要求，打造宜居、宜业、宜游的旅游小镇、文化小镇、绿色小镇。2015年，完成建设规划编制和审批手续。规划面积3.9平方千米。其中，建设用地66.9公顷。计划5年完成总投资55亿元。是年，完成投资20.87亿元（含公共服务设施项目），完成年度计划126.5%。

【旅游局更名旅游委员会】 2015年8月，根据景编办〔2015〕17号文件及丽编委〔2015〕31号文件精神，景宁畲族自治县旅游局更名为景宁畲族自治县旅游委员会，其机构性质和规格不变。旅游局更名为旅游委员会，目的是进一步完善机构职能设置，为建设全域旅游提供组织保障。在全域旅游创建方案中，旅游委员会机构职能设置将实施旅游“1+3”体制（围绕旅游综合产业和综合执法要求，创新旅游市场综合监管方式，在旅游委员会基础上，探索设立旅游警察、旅游综合执法分局、市场监督分局），消除执法手段分割、多头管理、执法效率低下的体制弊端。（沈林海）

浙江景宁畲族风情旅游度假区

【概况】 浙江景宁畲族风情旅游度假区位于景宁城郊，规划面积43.77平方千米，核心区面积20平方千米，涉及2个街道、2个乡镇、11个行政村，畲族人口约3800人。区内有旅游资源8个主类20个亚类34个基本类型65个旅游资源单体。其中，人文景观类、人文活动类、民间演艺类最为丰富，是度假区的核心资源。度假区功能结构为“一心一轴三区十寨”。项目概算40.4亿元，规划建设时限为15年(2011—2025年)。2015年12月24日，《浙江景宁景宁畲族风情旅游度假区总体规划》通过浙江省人民政府政府批复。是年，浙江景宁畲族风情旅游度假区获2015年度部门项目前期工作奖、重点建设项目考核奖；千年山哈宫项目获重大建设项目前期工作考核奖。

【环敕木山畲寨景区提升工程(二期)】 2015年，鹤溪街道东弄村文化广场、畲寨石岭改造、敕木山村停车场、周湖村游步道建设、惠明寺村游廊、敕惠山庄立面改造、双后降进村道路拓宽、游步道等建设工程竣工验收。澄照片乡金丘村农家乐综合体顺利推进，游步道、水碓头小游园、污水处理、河道景观、民宿改造等工程完工；蓝氏文化村基础设施建设工程完成初设审批。漈头村门楼、贞孝牌坊等工程竣工验收。东坑大张坑农家乐综合体民宿改造工程完工，并于是年5月正式营业；大张坑村文化广场开工建设。汤北村石拱桥及周边栏杆建设等工程完工；停车场开工建设。

【“千年山哈宫”项目】 “千年山哈宫”是中国畲族博物馆提升工程的重要项目，列入景宁新景区全域化旅游发展三年行动计划(2014—2016)。该项目位于鹤溪街道塔堪村，用地面积约15.47公顷，建筑面积20059平方米，概算投资约58301.46万元。其中，一期概算投资52258.93万元，二期概算投资6042.53万元。主要建设鹤溪环桥、山哈广场、山哈飞瀑、龙杖广场、水镜广场、清风廊桥、下沉庭院、忠勇广场、朝圣天梯、凤凰雕塑以及东西两侧的迁徙之路和生态之道。建设目标是把“千年山哈宫”建成中国畲族朝圣问祖的殿堂。该项目建设采取招商总承包(PC)模式。《千年山哈宫项目PC模式建设方案》《山哈谷项目指标调整及招商方案》经县政府常务会议审查通过。设计方案于2015年9月28日通过专家评审，是年11月17日通过县城乡规划委员会审查，12月17日，项目初步设计通过部门审查。是年12月28日，举行启动仪式，县委书记宣布项目正式启动。

【畲族文化体验小镇】 2015年7月，拟定畲族文化体验小镇创建方案并完成申报材料(初稿)。8月，完成畲族文化体验小镇概念性规划编制(初稿)。11月，召开畲族文化产业小镇概念性规划审查会，对概念性规划作进一步修改完善并基本定稿。畲族文化体验小镇以山哈宫项目区块为核心，东至东弄村，南至惠明寺村，西至包凤村，北至鹤溪历史文化名镇，规划总面积3.9平方千米，实施项目20个，建设用地约94.21公顷，预计总投资34.855亿元。小镇建设按照“一馆、一镇、一堤、四区”空间布局，实施一批项目建设，将该区域打造成宜居、宜业、宜游的风情小镇、休闲小镇、生态小镇；成为服务设施先进、基础设施良好、环境优美的畲族文化体验基地。小镇建成后以畲族文化体验旅游为主导产业。

【金坵村蓝氏文化基础设施建设项目】 金坵村是浙江景宁畲族风情旅游度假区总体规划中的重要区块之一。蓝氏文化基础设施建设是金坵村AAA景区建设的重点工程。是集中展示蓝氏文化、发展历史的综合性旅游项目。该项目占地4211.39平方米，概算投资约1723万以元。2015年，完成征地、环评、水保以及初步设计和图审等前期工作。　（胡　香）

税务 财政

国 税

【概况】 景宁畲族自治县国家税务局共有11个职能科室和稽查局、丽景民族工业园税务分局、信息中心3个直属单位。2015年，全县国税总收入43622万元，完成年度计划的96.41%，同比下降0.09%，减收38万元。其中，中央级税收收入34364万元，同比下降0.4%，减少143万元；省级税收收入349万元，同比下降36.67%，减少128万元；县级税收收入8909万元，同比增长2.7%，增加233万元。消费税入库15万元，同比增长114.29%，增收8万元；企业所得税入库15740万元，同比增长5.39%，增收805万元；车辆购置税入库1337万元，同比增长4.05%，增收52万元；增值税入库26530万元，同比下降3.29%，减收903万元。各税种呈"三升一降"格局。是年，县国家税务局继续加强领导班子和干部队伍建设。坚持周一夜学和党组中心组理论学习制度，采取"庄式学习法"，邀请专家学者专题讲座等方式开展多层次内部教育。开展"先进领导班子"创建活动，做好党支部支委会换届选举工作。发动党员志愿者投身"六边三化三美"行动。做好联系乡、村"一户一策一干部"结对帮扶工作。组织国税干部深入企业，上门送服务。问需求听意见，宣传介绍"纳税信用贷""税易贷"项目和"五证合一"、小微企业扩围、固定资产加速折旧、出口退税无纸化等税收优惠政策。通过"致纳税人一封信""在线调查""在线访谈"等方式，依托微博、"税企QQ群"等"线上"平台与纳税人互动，拉近企税关县国家税务局系，丰富办税方式，提升办税效率。是年，县国税局先后荣获"省级青年文明号""丽水市工人先锋号"等荣誉称号，并通过"浙江省文明单位"复评。

【新办企业所得税地方部分减征或免征期限延长】 2015年，县国税局配合有关部门，向上级政府争取加大新形势下对景宁畲族自治县税收优惠政策的支持力度。是年8月3日，浙江省人民政府办公厅发文出台新政策。对在景宁畲族自治县注册的新办企业，其企业所得税属于地方分享部分，实行减征或免征期限由5年增加到10年。

2015 年各税种税收收入一览表

表 14

税种	本年累计(万元)	上年同期(万元)	增(减)额(万元)	同比增减(%)	完成计划(%)
合计	43622	43660	-38	-0.09	96.41
增值税	26530	27433	-903	-3.29	—
消费税	15	7	8	114.29	—
企业所得税	15740	14935	805	5.39	—
个人所得税	0	0	0	0	—
车辆购置税	1337	1285	52	4.05	—
附列 1:免抵调	400	0	400	—	—
附列 2:出口退税	-1805	-1200	-605	50.42	—

【税收优惠】 2015 年，景宁畲族自治县税收优惠 56617 万元。其中，征前减免 54146 万元；退库减免 226 万元；出口退税 2205 万元(含免抵调)，同比增长 50.42%。全县小微企业增值税起征点以下纳税人免征增值税 1317 万元；月收入 3 万元以下免征增值税 138 万元。减免民族自治地方企业所得税 8551 万元，减免小微企业所得税 46 万元。

【国税地税合作】 2015 年，县国税局、地税局利用《畲乡报》、畲山风论坛、办税服务厅电子显示屏、纳税服务咨询平台等宣传国税、地税合作意义、内容、方向，听取纳税人意见，拓展合作空间。建立联席会议制度，成立“国税地税合作领导小组”。不定期召开联席会议，研究合作方式、内容、制度、措施，通报合作情况，协调处理合作中遇到的问题。深化“营改增”扩围、企业所得税核定征收、委托代征税款、开展风险应对、税法宣传等多项合作。进一步理顺合作程序，构建起合作规范执行、保障体系。

【增值税发票升级版推行】 2015 年，县国税局以节点清晰、职责明确为主导，采取早谋划、重宣传、分步骤、分阶段方法，联合系统服务公司，推行存量一般小规模纳税人增值税发票升级版。通过电话、税企 QQ 群与小规模纳税人沟通联系，按时保质保量完成升级工作。是年，升级 473 户。其中，一般纳税人 306 户，小规模纳税人 167 户。推行率 100%。

【税收执法】 2015 年，执法督查企业 21 户，查补入库税款 1204.66 万元。坚决打击发票违法犯罪活动，查处发票有问题企业 3 户，涉及非法发票 194 份，查补税款 249.59 万元。清理欠税 150 万元。

【行政审批制度改革】 2015 年，县国税局根据国家税务总局下发的税务行政审批事项、取消和调整审批事项、与纳税人有关后续管理事项等各类公告、文件精神，及每批取消审批清单，对行政审批公开情况、取消落实情况、表证单调整情况、下户执法情况及后续管理情况，采取不定期、不同方式自查优化。是年，取消全部“清单”规定的税务行政审批事项，保留六项行政许可。

【“五证合一、一照一码”登记制度改革】 2015年，县国税局与县统计局、财政局、人力资源社会保障局、市场监督管理局等部门联合召开“五证合一、一照一码”（“五证”：营业执照、组织机构代码证、税务登记证、社会保险登记证、统计登记证；“一照一码”：营业执照、社会信用代码）登记工作部署会议，建立专项工作小组和联席会议制度，定期沟通工作进展情况，协商解决推行过程中出现的问题，全面推进“五证合一、一照一码”登记制度改革。

【优化纳税服务规范】 2015年，县国税局根据《全国纳税服务规范》要求，结合景宁实际，调整优化纳税服务规范。是年，平均受理时间5.95分钟，与2014年相比，纳税人报送资料数量、办税等待时间平均减少30%，可即办事项数量增加40%。办税服务厅群众评价满意率99.95%。

【便民办税春风行动】 2015年，县国税局为解决纳税人申请代开发票要国税地税来回跑问题，推出临时代开普通发票委托税务中介代征服务。在办税大厅设置值班长、小微企业优惠政策咨询专岗，及时解决纳税人办理涉税事项问题。推广使用“免填单系统”，完善原先未要求必须纳入的涉税事项，确保系统覆盖无死角。添置ARM自助办税机，减少纳税人抄报税及认证发票费用。 （赵 阳）

地 税

【概况】 2015年，地税部门各项收入94626万元，比2014年增长16.1%。其中，税收收入58559万元，增长11.9%，实现连续三年2位数增长。税收收入中，地方税占43.8%,比上年提高0.47个百分点。三大主体税种中，营业税收入1.06亿元，增长2.3%；企业所得税收入3820万元，增长28.7%；个人所得税收入2.91亿元，增长8.9%。“契耕两税”入库9582万元，增长12.7%；城建税等7个小税种入库5470万元，增长13.5%。养老保险基金收入2.27亿元，增长19.3%；失业保险费收入1074万元，下降20.0%；医疗保险费收入7673万元，增长10.5%；工伤保险费收入609万元，增长5.9%；生育保险费收入389万元，增长11.1%。

2014年度全县符合信用等级评定标准的纳税人496户。2015年评出2014年度A级纳税人189户，B级纳税人266户，C级纳税人40户，D级纳税人1户。占比分别为：38.1%、53.6%、8.1%和0.2%。

是年，县地税局特邀浙江传媒大学教授为全体干部职工讲授礼仪课。印发《景宁畲族自治县地方税务局关于开展十大“便民办税春风行动”实施方案》（景地税〔2015〕10号），开展“便民办税春风行动”和第24个全国税收宣传月活动。税务干部“走出去”，到企业“上门说法”，把纳税人“请进来”，实现“征纳互动”。发动税务干部与企业结成服务对子，“一对一”打造“私人定制”服务。送税法进企

2015 年地税收入一览表

表 15

项 目	收入(万元)	比上年(%)	项 目	收入(万元)	比上年(%)
税收部门组织总收入	94626	12.08	12.契税收入	2936	68.25
一、地方税收收入合计	58559	11.85	13.耕地占用税收入	6646	15.48
中央收入	19735	10.91	二、其他收入	36067	12.46
省级收入	390	29.14	1.教育费附加	1153	–2.78
县级收入	38434	12.19	2.水利建设专项资金	1334	–12.29
1.营业税	10616	2.27	3.文化事业建设费	1	0.00
2.企业所得税	3820	28.71	4.税务其他罚没收入	5	25.00
3.个人所得税	29071	8.93	5.残疾人就业保障金	330	9.63
4.资源税	336	95.35	6.地方教育费附加收入	769	–2.78
5.城建税	1869	–2.20	7.社会保险基金收入	32475	14.88
6.房产和城市房产税	819	5.00	a.养老保险基金	22730	19.27
7.印花税	550	21.41	b.失业保险基金	1074	–20.03
8.城镇土地使用税	481	121.66	c.医疗保险基金	7673	10.50
9.土地增值税	1122	9.25	d.工伤保险基金	609	5.91
10.车船使用税	294	13.95	e.生育保险基金	389	11.14
11.烟叶税	—	—	—	—	—

业,“面对面”搭建“税法直通车”。运行《国家税务总局绩效管理 3.0 版》,实行“日志式”绩效管理考核。制定《干部绩效考核管理办法》,分解任务,实现工作到岗、责任到人。落实《税务稽查工作规程》,开展资本交易、房地产及建筑安装业、非学历教育培训行业、中介、商务服务业和旅店业等五个项目的税收专项检查。检查企业 45 户,查结 44 户,查补收入 280 万元。其中建筑安装业营业税专项清理,查补收入 36 万元。

【税收征管制度改革】 2015 年,景宁畲族自治县实施《全国税收征管规范》1.0 版和 2.0 版。建立国税、地税联席会议制度,设置联勤中心,搭建办税、服务、人员、信息共享合作平台。实行工商营业执照、组织机构代码证、税务登记证、社会保险登记证和统计登记证“五证合一”。 (吴向东)

财 政

【概况】 2015 年,景宁畲族自治县财政收入和支出同步平稳增长,财政收支平衡趋紧。全县实现财政总收入 10.66 亿元,比 2014 年增长 5.9%。其中,一般公共预算收入 5.45 亿元,增长 7.4%。一般公共预算收入中,税收收入 4.83 亿元,增长 10.4%;非税收入 6255 万元,下降 11.1%。全县公共财政预算支出 26.13 亿元，增长21.9%。其中，县本级预算安排支出18.19亿元，增长24.4%。

全县虽然在清理整治专项行动中关闭高耗能污染企业29家，税收流失约2000万元，但财政总收入仍然突破10亿元，一般公共预算收入突破5亿元。一般公共预算占财政总收入51.2%，比上年提高0.6个百分点。一般公共预算收入中，税收收入占比88.5%，比上年提升2.4个百分点。统筹财政资金2.03亿元，加快丽景工业园、外舍工业区、澄照农民创业园建设。通过丽景工业园引进信昌宏电动车、丰元仓储、浙江丽景植绒3家企业，培育新税源。是年，减免140家(次)企业各类税收2285万元，小微企业税收优惠政策覆盖面100%。安排2000万元财政资金作为风险金，与金融机构搭建“助保贷”平台，以优惠的利率给小微企业发放贷款1280万元。

2015年，公共安全、教育、科学技术、文化体育与传媒、社会保障与就业、医疗卫生、节能环保、城乡社区事务、农林水事务、保障性住房等民生支出18.19亿元，比上年增长18.2%。民生支出占一般公共预算支出72.3%，县级财政新增支出中民生支出占67.6%。县财政投入教育经费3.90亿元，比上年增长11.5%。学生

2015年财政收入执行情况

表16

项　目	收入（万元）	比上年（%）	项　目	收入（万元）	比上年（%）
一、公共财政预算收入合计	54514	7.4	水利建设专项	1134	-12.3
（一）税收收入小计	48259	10.4	教育资金	—	—
1.国内增值税(25%部分)	6111	-2.5	农田水利建设资金	—	—
2.改征增值税	691	54.2	森林植被恢复费	—	—
3.营业税	10878	2.2	2.行政性收费收入	1430	-12.5
4.企业所得税(40%部分)	3899	16.1	3.罚没收入	1216	52.0
5.个人所得税(40%部分)	11628	8.9	4.国有资源有偿使用收入	241	-34.9
6.城市维护建设税	1869	-2.2	其中：国库存款利息	241	-22.8
7.耕地占用税	6646	15.5	5.其他收入	185	1441.7
8.契税	2936	68.3	二、上划中央“四税”收入合计	52060	4.4
9.其他税收	3601	23.9	1.国内消费税	15	114.3
（二）非税收入小计	6255	-11.1	2.国内增值税(75%部分)	18333	-2.5
1.专项收入	3183	-24.6	3.企业所得税(60%部分)	16270	8.1
其中：排污费	6	-92	4.个人所得税(60%部分)	17442	8.9
水资源费	0	—	三、财政总收入	106574	5.9
教育费附加	1038	-2.7	四、基金收入合计	78391	104.5
地方教育附加	692	-2.8	政府性基金收入	46532	339.1
*残疾人就业保障金	313	9.4	社会保险基金收入	31860	14.9

2015 年财政支出执行情况一览表

表 17

支出项目	执行数（万元）	比上年（%）	支出项目	执行数（万元）	比上年（%）
一、一般预算支出合计	261269	21.9	（十一）农林水	53447	-2.9
（一）一般公共服务	33874	37.4	其中：农业	6638	-41.0
（二）国防	344	-32.9	林业	7552	2.2
（三）公共安全	10491	12.4	水利	13458	31.9
其中：公安	6226	29.6	扶贫	14785	76.4
检察	1001	-0.4	（十二）交通运输	14832	60.5
法院	1762	14.5	（十三）资源勘探电力信息等事务	13510	-2.8
（四）教育	38962	11.5	其中：支持中小企业发展和管理	12970	-4.1
其中：进修及培训	509	1717.9	（十四）商业服务业等事务	2356	31.8
（五）科学技术	2808	33.3	（十五）国土资源气象等事务	1600	82.2
（六）文化体育与传媒	11342	38.1	（十六）住房保障	7040	23.1
（七）社会保障和就业	14328	26.3	（十七）粮食安全物资储备事务	1077	191.9
其中：最低生活保障	2221	6.3	其中：粮油事务	133	-64.0
自然灾害生活救助	152	-10.1	（十八）金融	138	187.5
（八）医疗卫生	28240	22.1	（十九）其他	4573	51.2
其中：医疗保障	10019	10.9	二、基金支出合计	74721	2.3
（九）节能环保	5711	10.7	社会保险基金支出	31860	14.9
其中：污染防治	268	378.6	政府性基金支出	42861	-5.4
（十）城乡社区事务	16596	241.8	—	—	—

人均公用经费小学 700 元、初中 900 元，比上年增加 20 元，比省定标准高出 50 元。落实特扶资金 9231 万元，保障第二轮群众致富奔小康工程建设。县财政局筹集资金 38 万元，帮助英川、温堆、底垟 3 个贫困村（结对村）完善基础设施建设。省财政厅与敕木山、小金洲等 5 个贫困村结对，投入 180 万元帮扶资金为各村落实 1 个项目。

【预算管理改革】 2015 年，一般公共预算、政府性基金预算、国有资本经营预算和社保基金预算首次在县政府网上公开。全县 175 个单位（除未开通政府信息公开平台的单位），163 个单位的决算（2014 年）、173 个单位的预算（2015 年）在网上公开。2012 年及以前的专项转移支付结转资金 9561 万元，由县财政统筹安排用于重点项目工程建设。收回各预算单位财政存量资金 572 万元，统筹用于民生改善、公共服务、基础设施建设。

【"三公"经费支出监控】 2015 年 3 月，县财政局建立每月动态监控和异常支出预警机制，实行年度“三公”经费指标数额度控制。是年，全县“三公”经费支出2660万元，比上年下降7.1%。

【政府产业基金设立】 2015年10月，根据《景宁畲族自治县产业发展基金运作和管理办法》(景政发〔2015〕17号)、《景宁畲族自治县生态服务业发展基金实施方案》(景政办发〔2015〕60号)文件精神，县政府与光大资本投资有限公司签订合作协议。景宁畲族自治县人民政府出资1亿元，光大资本投资有限公司出资2亿元，设立初期规模3亿元的景宁光大生态服务产业基金。

【农村产权制度改革专项补助资金管理办法和项目立项指南出台】 2015年，县财政局先后制定出台《景宁畲族自治县农村产权制度改革专项补助资金管理办法》(景财基〔2015〕35)和《景宁畲族自治县农村产权制度改革专项补助资金项目立项指南》(景财基〔2015〕82号)等文件，确保农村产权制度改革专项补助资金落实到位并专款专用，为农村产权制度改革试点工作的顺利推进提供资金保障。试点工作从2014年的2个行政村，推广到2015年的2个乡。是年，全县颁发农村水利工程权证16本，农村土地流转经营权证74本，集体土地农村住房权证1481本。

【政府和社会资本合作(PPP)模式推广运用】 2015年，根据县政府《景宁畲族自治县人民政府关于促进社会资本进入公共设施建设领域的实施意见(试行)》(景政发〔2015〕15号)文件精神，应用PPP创新公共服务供给模式，引导社会资本通过合资、合作、政府购买服务等方式，参与交通设施等领域的建设与运营，增加公共产品的有效供给。

【调整乡镇财政管理体制】 2015年12月，根据《景宁畲族自治县人民政府关于调整和完善乡镇财政管理体制的通知》(景政发〔2015〕24号)文件精神，县财政局制定出台新一轮乡镇财政结算形式。沙湾镇、东坑镇、英川镇、红星街道、鹤溪街道5个重点乡镇、街道，实行“确定收入范围，核定基数，基数内固定分成，超过基数部分全额返还”的结算形式。渤海镇、澄照乡、梧桐乡、标溪乡、景南乡、雁溪乡、大均乡、九龙乡、梅岐乡、大际乡、毛洋乡、秋炉乡、大地乡、鸬鹚乡、家地乡、郑坑乡16个乡镇，实行“核定基数，定额补助”的结算形式。

(吴向东)

国有资产管理

【概况】 2015年，继续做好国有资产的“整合、优化、配置”工作，完善公司的投融资平台作用。进一步盘活、调剂国有资产，确保国有资产保值增值。至2015年年底，县国资公司注册资金从最初的552万元增至9268万元，总资产14.3亿元，净资产7.97亿元。其中，对外投资2.8亿元(累计划转50家行政事业单位121处房产，原值7466.87万元)。以国有资产抵押贷款、信用担保等方式累计为政府融资10.68亿元。

(叶月香)

金融　保险　住房公积金

金　　融

【概况】 2015年，全县有银行业金融机构11家，小额贷款公司2家。是年年末，全县银行业金融机构人民币各项存款余额82.85亿元，比年初新增6.01亿元，同比增长7.82%，增速位列全市第六。各项贷款余额65.01亿元，比年初新增7.36亿元，同比增长12.77%，增速位列全市第三。其中，“三权”抵押贷款累计2.97亿元(新增1.54亿元)，年末余额6.75亿元；各金融机构依托农户信用信息系统开展的“整体批发 集中授信”业务累计提供授信10.07亿元、发放贷款24.77亿元。不良贷款余额2016万元，比年初增加664万元，不良贷款率0.31%。县域银行业金融机构经营总体稳健，继续保持平稳发展态势，信贷继续保持平稳适度增长。聚丰小额贷款公司全年累放贷款227笔9856万元，瑞逸小额贷款公司全年累计发放贷款208笔13246万元。小额贷款公司发放种养殖业和100万元以下贷款占总数的80%左右。

是年，县金融办公室开展“银政、银企、银商、银村、银农对接”315次，落实资金8.15亿元；对接创建“金融服务创新示范村”12个，发放贷款2.10亿元；累计发放“一行一特色”小微企业信贷549户3.04亿元。引导企业对接多层次资本市场，完成企业股份制改革2家。畲艺坊、和顺农业、畲山凤、星天地电子商务、山正畲药5家企业先后挂牌浙江省股权交易中心。浙江景宁上标水力发电有限责任公司与光大证券公司签订新三板挂牌辅导协议，开启小水电整合上市。　（毛鸣翔　潘宇健）

【“银行卡助农取款服务”行政村全覆盖】 2015年，依托农村金融服务站，实现行政村“银行卡助农取款服务”全覆盖，农村金融基础服务“不出村”。并在金融服务站加载电子商务、网上购物等功能，推动农村普惠金融和农村电商结合发展。至是年12月底，累计建成多功能农村金融服务站178个，完成助农取款71977笔3263.2万元；查询69932笔；代理转账16038笔1122.95万元；在48个农村金融服务站加载电子商务业务，完成网上代购业务8526笔31.52万元。

2015 年银行业金融机构存贷款情况一览表

表 18

机　构	存　款（万元）		贷　款（万元）		存贷比例（%）
	余　额	比上年增减	余　额	比上年增减	
工行景宁支行	127651	4569	80399	4098	62.98
农行景宁支行	140380	–7967	112166	8127	79.90
中行景宁支行	56668	3322	58579	64	103.37
建行景宁支行	98151	–8516	87864	15148	89.52
农发行景宁支行	2050	1205	5634	–2029	274.83
邮储银行景宁支行	88835	4022	43188	1656	48.62
景宁农信联社	229483	38246	159032	13420	69.30
景宁银座村镇银行	56127	16070	65345	15899	116.42
稠州银行景宁支行	15786	2878	12577	1769	79.67
泰隆银行景宁支行	13355	6236	25333	15483	189.69
合计	828486	60065	650117	73635	78.47

说明：表内存款余额合计数包括代理财政性存款 1717 万元

【“三权”抵押贷款扩面增量】 2015 年 12 月底，全县林权抵押贷款余额 4.28 亿元，完成全年新增任务数的 151.41%；农房抵押贷款余额 2.12 亿元，完成全年新增任务数的 107.31%；土地流转经营权抵押贷款余额 0.35 亿元，完成全年新增任务数的 114.47%，超额完成“三权”抵押贷款年度目标任务。

【实现农产品商标融资零突破】 2015 年，继续加大小微企业和个体经营的金融支持力度，不断优化信贷结构，首次发放“惠明”茶叶商标权质押贷款 1400 万元，实现景宁乃至全丽水市农产品商标融资零的突破，为农业龙头企业打开新的融资渠道。

【提升经理国库水平】 2015 年，县人民银行组织业务骨干积极参加“国库会计标准化建设”竞赛活动，深入学习和解读新《中华人民共和国预算法》，不断夯实国库核算基础；探索运用电子退库业务，提高国库资金使用效率，提升国库服务质量；在中国畲乡三月三大型活动现场开展“国库服务进万家”主题宣传活动，提高人民银行经理国库业务影响力。

【加强人民币管理】 2015 年，县人民银行带领金融机构工作人员深入农村反假货币工作站（点）向农村居民宣传反假货币知识，并挑选出 84家优秀站建成农村券别兑换中心，疏通农村小面额人民币流通渠道，夯实农村反假币工作基础。与人民银行丽水市中心支行协商调拨小面额货币到全县各银行机构，解决零币紧缺问题。

【开展金融知识宣传】 2015 年，县人民银行组织辖区内金融机构开展“金融知识普及月”

活动，集中开展现场宣传，发放金融知识宣传资料和接受群众咨询。引导各金融机构发挥所长，开展送金融知识“六进”活动，通过播放宣传标语、设立宣传展台、张贴宣传海报，以及利用微信、短信等平台传播金融知识信息，营造金融知识普及的良好氛围。期间，开展各类宣传活动37次，发放宣传资料9520册，惠及居民18830人。（毛鸣翔）

【建行景宁支行搭建“助保贷”“税易贷”平台助推中小企业发展】 2015年，中国建设银行景宁支行成功搭建“助保贷”“税易贷”平台，对县域8家中小企业投放贷款1900万元。

【建行景宁支行与仙居支行开展业务交流】 2015年12月11日，中国建设银行景宁支行与仙居支行业务交流会在景宁召开。中国建设银行台州分行高级专员徐曙鹰、丽水市分行副行长罗叔秋，仙居县人民政府副县长应文彬、景宁畲族自治县人民政府副县长雷应江，中国建设银行仙居支行、景宁支行、仙居县经贸局、财政局、景宁县经贸局、财政局等相关部门领导出席。（吴光明）

【中国农业银行景宁支行中间业务稳步发展】 中国农业银行景宁支行积极拓展理财业务、贵金属业务、信用卡业务和商户收单业务，开展国际结算业务和个人理财顾问，在原有团结路自助银行的基础上增设鑫景商城自助银行，不断改善用卡环境，促进中间业务稳步增长。2015年实现中间业务收入982万元，其中新兴中间业务收入达到812万元。信用卡专项分期业务持续健康发展，带动信用卡业务收入515万元，比上年同期增加80万元。全年实现拨备前利润4648万元，比上年增加184万元，拨备后利润4404万元，人均创利110万元。

【中国农业银行景宁支行连续七年内控评价为一类行】 2015年，中国农业银行景宁支行继续以“三化三无”标准开展信贷管理工作，以“三化三铁”创建活动为载体加强运营管理，强化案件防范和各种专项排查治理工作及安全生产管理，建成“三化三达标”优秀单位，连续25年无经济案件、刑事案件和重大责任性事故，连续七年内控评价为一类行。（汤力成）

【县信用联社不良贷款率保持全省农信系统最低水平】 2015年末，县信用联社五级分类不良贷款1057.63万元，不良贷款比年初增加430.94万元，占比0.67%；四级不良贷款余额为521.63万元，比年初增加300.82万元，占比0.33%。不良贷款虽出现新增反弹情况，但控制在目标计划范围内，不良贷款率仍然保持全省农信系统最低水平。

【县信用联社利润增长全市农信系统第二名】 2015年，县信用联社实现营业收入15659.61万元，比上年增加1015.77万元，增幅6.94%，其中各项贷款利息收入13949.13万元，百元贷款收息率为8.87%；营业支出10190.63万元，实现账面利润5468.98万元，增长8.73%；

实现税前利润 5395.33 万元，收入成本比 39.86%；全年共上缴税费 2107.72 万元，利润增长全市农信系统第 2 名。

【县信用联社继续深化“三大合作”】 2015 年，县信用联社继续深化银村、银商、银政“三大合作”。是年年底，累计对全县 254 个行政村 17466 户农户进行授信，授信金额 172534 万元，并与 107 个行政村建立银村合作，全面完成普惠金融三年行动计划，其中建立示范村 10 个，标准村 97 个，建立普惠金融“三权”抵押、村级担保组织贷款示范村 3 个。银商合作商会 17 个，累计发放贷款 885 户 2.9 亿元支持“景商”异地发展。银政合作，累计发放低收入农户小额扶贫贷款 989 户 5070 万元，是年年底贷款余额（940 户）4825 万元，惠及 9 乡镇 112 个行政村。

【县信用联社上线“丰收购”景宁馆】 2015 年，县信用联社上线“丰收购”景宁馆。引入食用菌、茶叶等特色产品电商 10 家。是年，共有订单 128 笔，卖出商品 328 件，涉及产品 87 种，金额 12686.2 元。

【县信用联社电子银行发展势头迅猛】 至 2015 年底，全县农信社个人网银及手机银行客户 16352 个，新增 8069 个；企业网银客户数 426 个，新增 123 个；电子银行替代率 63.40%，比年初提高 9.70 个百分点。

【县信用联社开展“清雷防险”专项行动】 2015 年，县信用联社开展“清雷防险”专项行动，对所辖网点“四类业务”“两大领域”进行检查整改。检查个人账户 4114 个，业务554458 笔，涉及金额 7.36 亿元。其中，员工行为计算机辅助检查 552132 笔。公司账户 127 个，业务 475 笔，涉及金额 2.14 亿元。员工行为排查 123 人。其中，网点负责人 12 人、会计主管 4 人、柜员 50 人、其他人员 57 人。

【县信用联社开展依法治社】 2015 年，县信用联社把“依法治国”的理念落实到依法治社之中，全面推进“法治规范年”建设。全年组织员工学习 667 小时 271 人次；修订制度 4 个，废除制度 6 个，新增制度 11 个。开展为期 1 个月的“债权处置推进月”活动。向县人民法院起诉案件 11 起，标的 541 万元，收回本金 328.49 万元，利息 83.65 万元。

【鹤溪信用社获最佳社会责任特殊贡献网点奖】 景宁农信联社鹤溪信用社荣获 2015 年度中国银行业最佳社会责任特殊贡献网点奖，成为浙江省银行业唯一获得此殊荣的单位。（严雯雯）

【景宁银座村镇银行被评为“全国百强村镇银行”】 2015 年，浙江景宁银座村镇银行共有员工 57 名，存款日均 4.47 亿元，普通贷款日均 5.52 亿元,不良贷款余额 92.7 万元，不良贷款率 0.14%，控制在指标范围内，被中国县镇经济交流促进会、中国村镇银行发展论坛组委会、亚太金融学会组织评定评为“全国百强村镇银行”。

【景宁银座村镇银行被评为“服务三农与小微企业优秀单位”】 2015年，浙江景宁银座村镇银行以支农支小、扶贫扶弱为工作重点，进一步完善农村信用信息系统。利用“客户群”管理工具，实施“整村授信、整村批发”贷款等一揽子金融服务方案。修改《林权抵押贷款管理办法》，明确“三权”抵押贷款投放目标，年底林权抵押贷款余额1120万元，农房抵押贷款余额872万元，土地流转抵押贷款827万元（该贷款一次授信，循环使用，随借随还，利息用一天算一天）。加大“银村、银政合作”力度，金融服务向乡村和社区延伸，对鹤溪、红星2个街道27个村的低收入农户发放贷款439笔2194万元，惠及农户439户。在县城周边村居、社区推广“村居易贷•兴农卡”，实现农民贷款“团购”。通过村民户主大会平台，开展整村集中授信以移动终端实现“一站式服务”，实现“送贷上门”，全年“兴农卡”授信93户797万元，实际使用45户392万元，覆盖村居12个。为农户量身打造贷款产品“小本贷款”，年底“小本贷款”余额10355元，户均9.35万元。开业以来累计发放“小本贷款”38789.52元，惠及1794万小微客户（贫困人群占46%）。针对制造业，农、林、牧、渔等资金使用周期较长的行业推出“畅易贷”以及“羊年贷贷红”“小微加油，助力成长”等系列小微贷款专项优惠活动，延长贷款期限、降低贷款利率，降低小微客户的融资成本和还款压力。2015年，被中国县镇经济交流促进会、中国村镇银行发展论坛组委会、亚太金融学会组织评定评为“服务三农与小微企业优秀单位”。

（梅灵芳）

保　险

【概况】 2015年，全县有保险机构3家。全年保险业保费收入11692万元，比上年增长10.4%。其中，财产险5945万元，人身险5747万元。保险业赔付3637万元，增长15.0%。其中，财产险2536万元，人身险1101万元。

·人保财险景宁支公司·

【概况】 2015年，中国人民财产保险股份有限公司景宁支公司（以下简称人保财险景宁支公司）继续推进政策性农业保险工作。主动围绕地方政府的中心任务优先在景宁开展创新型、普惠型的农村室内财产保险、产品责任险、建房险、驾意险等保险试点。以保险服务民生示范区为平台，积极与县政府合作，继续开办自然灾害公众责任险、校园方责任险、城市建设设施公众责任险、体育设施公众责任险、医疗责任险、承运人责任险和畲乡三月三公众责任险等一系列具有广泛社会影响的责任险险种。主要业务有机动车辆险、财产险、船舶货运险、责任信用险、意外健康险、农村保险等100多个险别，涵盖非寿险各个业务领域，品种齐全，服务周到。理赔队伍全部配备基于4G技术的移动查勘工具，查勘车全部配备GPS查勘设备。是年，实现保费收入4295万元，占全县财产险市场份额的73%，承担各类风险保障300多亿元。承保农房3.8万余户，承保面100%。

【“4•5”火灾理赔】 2015年4月5日，景宁畲族自治县英川镇底洋村因村民清明上坟引发森林火灾，造成22栋农屋烧毁，40户农户受灾。人保财险景宁支公司迅速开展现场查勘定损并启动快速理赔通道，及时支付保险赔款117万元。

【台风“苏迪罗”灾后理赔】 2015年8月，受台风“苏迪罗”影响，景宁畲族自治县大部分区域遭受暴雨侵袭，受灾严重。人保财险景宁支公司经现场查勘定损后赔付150余万元。（钱 英）

·人寿保险景宁支公司·

【概况】 中国人寿保险股份有限公司景宁县支公司（以下简称人寿保险景宁支公司），直属于中国人寿丽水分公司，独立法人。2015年底有正式员工11人，营销员168人。公司由三大业务部门（个人业务部、团体业务部、银行保险部）和一个客户服务中心组成。2015年，完成总保费收入4107.13万元。其中寿险首年保费2487.08万元，十年期保费448.90万元，续期保费1620.05万元，短险保费609.82万元。累计赔付金额350万元，综合赔付率42%。各个业务部门达成年度预算指标。支公司在全省业务对标发展中名列前茅，各项指标综合考评全市第一名。

【个险业务】 2015年，人寿保险景宁支公司个险渠道完成总期交保费576.68万元，全市排名第二；十年期达成383.90万，全市排名第一；标保达成336.66万，全市排名第一；短险保费达成191.05万元。全年增员86人，其中有效增员62人，晋升4位组经理，晋升两位处经理，季均绩举人力65人，综合举绩人力85人。

【团险业务】 2015年，人寿保险景宁支公司团险完成短期险保费397.72万元，完成率184.4%，全市排名第二。其中意外险保费307.7万元，完成率174.83%，全市排名第一。借贷险保费达成99.41万元，完成率198.83%，全市第二。农村小额保费达成116.11万元，完成率145.14%，全市排名第四。学生平安险保费44.84万元，完成率93.42%，全市排名第五。是年，创新开展残疾人意外保险（保费18.9万元）和双女户意外保险（保费21.76万）两项政保合作业务。

【银保业务】 2015年，人寿保险景宁支公司银行保险部有保险规划师17人，客户经理2人。与中国银行景宁支行、中国农业银行景宁支行、中国建设银行景宁支行、中国工商银行景宁支行开展业务合作，举办贵宾客户利益增值活动8场。全年完成总保费1178.46万元，完成全年预算的119.37%，完成率全市第二。其中趸交保费977万元，完成率123.51%；期交保费201.46万元，排名全市第一；标保66.04万元，完成率200.12%，全市排名第一。

【业务管理与客户服务】 2015年，客服中心受理理赔交接件1085件，赔付金额3459645.02元，短险赔付率55.51%。接待保全股份集团业务10565件、短险371件。清理永失保单296件；满期件333件，给付金额3858042.17元。（于定坤）

住房公积金

【概况】 2015年，丽水市住房公积金管理中心景宁分中心（以下简称住房公积金景宁分中心）累计有406个单位8866名职工正常缴存住房公积金，比上年净增330人，完成目标任务的124.52%。归集住房公积金18110万元，完成目标任务的144.88%，归集余额52366.85万元。提取公积金12852.63万元，完成目标任务的134.88%。发放个人住房公积金贷款316户14821万元，完成目标任务的423.45%。贷款余额37317.73万元，存贷比为85.58%，贷款逾期率为0。实现增值收益16699.18万元，增值收益率2.53%。是年，住房公积金景宁分中心获“全县综合考核先进集体”称号。

【住房公积金提取政策调整】 根据丽公积金管委〔2015〕6号《关于发布丽水市按月提取住房公积金还贷保留金额标准的通知》，丽水市按月提取住房公积金还贷保留金额为住房公积金借款人及配偶公积金月缴存额的12倍。《丽水市租房提取住房公积金管理办法（试行）》（丽公积金管委〔2015〕9号）规定：职工连续足额缴存住房公积金满3个月，职工家庭（包括职工本人、配偶及未成年子女）在职工住房公积金缴存地所在县（市、区）行政区域内无自有住房，且在丽水市范围内无住房公积金贷款，通过市场租赁自住住房或承租公共租赁住房的，职工可以申请提取住房公积金用于支付房租。

【住房公积金贷款政策调整】 根据丽公积金管委〔2015〕3号《关于调整我市住房公积贷款提取政策的通知》精神，从2015年5月1日起缴存职工家庭使用住房公积金委托贷款购买首套普通自住房，最低首付款比例为20%。在省内异地就业并缴存住房公积金的本市户籍职工，在本市购买自住住房，可持缴存地住房公积金管理部门出具的正常连续缴存满6个月的缴存证明和住房公积金贷款情况证明，向本市住房公积金管理部门申请住房公积金贷款，视同本地缴存职工，执行本市住房公积金贷款相关政策。申请人使用住房公积金贷款所购置住房自可以办理不动产登记及他项权利登记之日起，应予3个月内办理不动产登记及他项权利登记。逾期不办理的，公积金管理部门可以暂停申请人提取住房公积金，直至申请人办理不动产登记及他项权利登记。丽公积金〔2015〕29号《关于贯彻落实住房和城乡建设部、财政部、中国人民银行关于调整住房公积金个人住房贷款购房最低首付款比例的通知》。根据《住房和城乡建设部、财政部、中国人民银房公积金个人住房贷款购房最低首付款比例的通知〔2015〕128号和省建设厅、省财政厅、人行杭州监发〔2015〕389号要求，对拥有1套住房并已结款的居民家庭，为改善居住条件再次申请住房公积买住房的，最低首付款比例由30%降低至20%。（吴春燕）

经济管理

计划管理

【概况】 2015年，是“十二五”规划收官之年，景宁畲族自治县坚持“绿水青山就是金山银山”的发展理念，紧紧围绕“生态立县、产业富县、文化名县”的发展战略，加快推进“四个新区”建设，全力打造“中国畲乡、小县名城”。固定资产投资实现高速增长，完成固定资产投资46.6亿元，同比增长17.3%，增幅全市第一。全年实现地区生产总值44.4亿元，同比增长6.7%。其中，一产实现增加值6.6亿元，同比增长2.2%；二产实现增加值12.91亿元，同比下降0.4%；三产实现增加值24.9亿元，同比增长12.4%。“十二五”规划圆满收官。及时完成“十二五”规划纲要终期评估和各部门“十二五”专项规划终期评估，并将各评估报告汇编成册。根据多规合一的精神，全年安排年度规划编制计划19项。其中，发展和环境资源类规划7项、城乡系列建设规划7项、基础测绘5项。安排编制经费2392.2万元，19项年度规划均按照时序要求推进。按照计划报告编制程序，通过征求意见、修改完善等过程，编写完成《景宁畲族自治县2014年国民经济和社会发展计划执行情况、2015年国民经济和社会发展计划草案的报告》，提交县八届四次人代会审议通过。开展全县经济运行分析工作，每季度召开全县经济运行联络员会议，引导督促相关部门做好专项工作运行分析，实时掌握全县经济运行动态，根据掌握的情况撰写季度经济运行分析报告，并印发经济运行汇编本，为县领导和各单位决策提供参考依据。做好“10+N”指标的收集分析工作，按月对各项指标完成情况及下阶段趋势进行分析判断。开展“十三五”规划思路研究，并经过多次征求意见及修改完善，分别于是年3月和5月由县人民政府常务会议和县委常委会议通过。是年5月底召开全县“十三五”规划编制工作动员大会，印发规划编制目录体系。全县安排总体规划1项、专项规划9项、乡镇行动计划4项，涉及规划编制经费553万元。年底完成“十三五”规划纲要初稿编制并形成征求意见稿。完成“十三五”重大项目库建设。

【“十二五”规划圆满收官】 2015年，是“十二五”规划收官之年。是年，全县完成固定资产投资46.6亿元，同比增长17.3%，增幅全市第一。“十二五”时期，全县累计完成固定资产投资166.08亿元，是“十一五”时期投资总额的2.48倍，超出原计划(100亿元)的66%。

【“十三五”重大项目库】 2015年，景宁畲族自治县围绕国家战略、产业布局、重点领域和市场导向，根据省、市下达的投资年度增长15%的目标要求，建成涵盖产业转型领域、基础设施完善、城乡功能统筹、生态环境保护、公共服务提升5大领域149个项目（单体项目投资规模3000万元以上）的“十三五”重大建设项目库。规划总投资1042.05亿元。其中“十三五”计划投资814.7亿元。投资主要集中在生态服务业、交通设施、城市功能提升、能源设施和特色小镇建设。

【“PPP模式”实施意见出台】 “PPP模式”是政府和社会资本合作(Public-Private Partnership，PPP）的公共产品与服务供给模式的简称。2015年7月20日，《景宁畲族自治县人民政府关于促进社会资本进入公共设施建设领域的实施意见》(景政发〔2015〕15号)出台。《意见》强调按照“政府主导、社会参与、市场运作、平等协商、风险分担、互利共赢”的原则，发挥市场配置资源的决定性作用，探索建立多主体、多元化的社会资本投入公共产品体系，促进公共设施领域投资健康发展。意见明确了PPP项目实施范围、运作模式、操作流程及回报机制、退出机制。并在此基础上，根据PPP重点投资领域，结合景宁实际，建立涵盖市政设施、水利设施、能源设施、养生养老设施等12个领域30个项目的PPP项目库，规划总投资331.02亿元。 （汤慧娟　刘奕春）

物价管理

【概况】 2015年，县物价部门根据省、市统一安排及政府工作中心，紧紧围绕“改革创新、清费减负、保障民生”，以“价格调控监管行动计划”为工作目标，以惠及民本民生工作为根本，深化改革，加强事中事后监管，做实监测预警调控，巩固清费减负成果，积极稳妥推进稳价安民工作，为促进景宁经济健康稳步发展，维护社会和谐稳定营造良好的价费环境。是年，建立全县《行政事业性收费目录清单》和《涉企行政性收费目录清单》，清理行政事业性收费64项，涉企行政性收费35项，并与财政联合发文通告。对全县55家收费单位进行收费统计及收费项目清单公示网上申报系统业务培训，及时在“全国收费动态监管系统”上进行数据上报、统计、分析，收费项目、收费标准在“省清单公示网”和收费单位门户网站进行公示。全县55个行政事业性收费单位，全部通过年审，年审率100%。据统计，验审收费金额11516.1402万元，比上年度19500.086万元减少7983.9458万元，降幅40.94%；收费总额占全年财政收入10.66亿元的10.8%，占国民生产总值44.4亿元的2.59%，占全社会固定资产投资46.6亿元的2.47%。按收费性质统计，行政性收费项目137个，收费金额4298.2569万元，下降38.78%，比重为37.3%；事业性收费项目228个，收费金额7217.8833万元，下降42.16%［下降的主要原因是：国土资源系统减少 7641.5674 万元，其中耕地开垦项目减少，收费减少 5086.6361 万元，征（土）地管理费从 2015 年起免征，收费减少 2559.1453 万元；人口和计划生育系统减少548.9700 万元，其中社会抚养费减少548.9700 万元]，比重为 62.7%。每月逢 5 号、15 号和 25 号对成品粮市场价格实行定时监测，25 号对粮、油、肉、蛋、禽、蔬菜等 70 种日常生活必需品和建筑材料、化肥农药等品种价格进行监测上报及分析。全年燃化气价格变动 9 次，3 升 6 降，最高 98 元/瓶（不含送气费），最低 83 元/瓶（不含送气费），始终保持与丽水零售价一元价差水平。成品油价格调整备案 18 次，6 升 12 降。是年 4 月，开始着手城市供水价格改革相关工作。是年年底，城市供水价格改革方案经县人民政府同意公布实施（景发改价〔2015〕15 号）。是年，组织开展“3•15”国际消费者权益日宣传活动，发放宣传资料 350 余份，接受现场咨询 30 余人次。继续深化价格公共服务，进一步促进价格职能转变，深入开展“价格服务进景区”“价格服务进重点项目工程”“价格服务进企业”活动；继续加强社会价格监督服务组织建设：进一步健全全县社会价格监督服务组织，加强培训，提高价格监督员的业务素质和能力。以明码标价为切入点，推进价格诚信建设，积极推进大漈、大均两个 AAAA 级景区周边农家乐的明码标价工作，为优化旅游消费环境，提升城市文明形象助力。开展涉农涉企价格和收费、教育收费、景区门票价格、商品零售促销价格行为、客运票价、药品市场价格行为等专项检查。全年查处价格违法案件 1 起，办结上年度案件 1 起，实施经济制裁 264.8167 万元。认真做好价格举报工作，切实维护群众合法权益，全年共受理价格咨询和举报投诉件 7 件，其中价格政策咨询 5 件，投诉件 2 件，办结率 100%。做好价格认定工作，全年为公安机关办理刑事案件价格鉴定 16 起，标的额 330 万元。

【城市供水价格改革】 2015 年 12 月 2 日，《景宁畲族自治县发展和改革局关于景宁县城区供水价格改革的通知》（景发改价〔2015〕15 号）规定自 2015 年 12 月 25 日起实施县城区居民阶梯水价制度，调整居民生活用水、非居民生活用水、特种用水的供水价格。即：每户每年生活用水量分三级，供水价格分级递增。第一级用水量为 300 立方米及以下，供水价格为 1.90 元/立方米；第二级用水量为 301 立方米至 540 立方米，供水价格为 2.85 元/立方米；第三级用水量为 541 立方米及以上，供水价格为 3.80 元/立方米。合表居民用户和执行居民生活用水价格的非居民用户的供水价格为 2.00 元/立方米。对户用水人口超过 4 人的，每增加 1 人，每级水量基数每年相应增加 60 立方米，并实行一年一定；对居民自建房屋出租用于居住的，业主可选择执行合表居民用户价格。实施保障低收入家庭用水措施，县城区低保对象凭最低生活保障金领取证、残障对象（一级、二级）凭残疾人证，到县供排水公司办理相关手续，每人每年免费用水 36 立方米。非居民生活用水的供水价格由 1.80 元/立方米调整为 2.10 元/立方米；特种用水的供水价格由 2.50 元/立方米调整为 2.80 元/立方米。

（吴慧英　潘文娟　袁建忠）

市场监督管理

【概况】 2014年3月14日，合并原县工商行政管理局和食品药品监督管理局，成立县市场监督管理局，承担县食品安全委员会办公室日常工作，并将县质量监督管理局承担的食品安全监督管理职能划转市场监督管理局。是年6月26日，县政府出台市场监督管理局三定方案（景政办发〔2014〕74号），将原来两局机关21个科室精简成11个职能科室，中层干部由原来21个精简为13个，核定行政编制19人；设立局派出机构6个，实际到位4个（经县政府同意，英川所、渤海所工作职责分别由沙湾所和红星所承担），核定专项编制61人；局属事业单位4个，其中稽查大队为参公事业单位，核定编制16名；检测中心核定编制6名；消保委核定编制4名；个私协核定编制3名。2015年6月30日，县政府出台新的市场监督管理局三定方案（景政办发〔2015〕58号），将县质量技术监督管理局并入县市场监督管理局，县市场监督管理局机关职能科室由原来11个调整为14个，中层干部由原来11名调整为14名，核定行政编制21名（后因纪检单列减去2名）；派出机构6个，专项编制61名；局属事业单位5个，其中稽查大队为参公事业单位，核定编制20名；检测中心核定编制11名，标准计量管理所核定编制6名，消保委（股级）核定编制4名，个私协核定编制3名。

2015年，办结申请5000余件。其中名称登记1764件，新设登记1554件，变更换照登记900件，注销登记307件。食品流通许可294件，餐饮服务许可239件，餐饮许可证新发279份，变更14份，延续401份，注销27份。办理股权质押登记2件，户外广告登记18件。办理二类医疗器械经营企业备案26家，注销3家，医疗器械批发经营企业变更2家。执业药师注册25人；药品零售企业注销3家；新开办零售企业2家、药品经营连锁门店1家。零售企业换证、GSP认证7家，变更9家。是年年底，全县共有在册市场主体11696户（其中在册企业1495户，比上年增长10.66%，个体工商户9268户比上年增长14.67%），注册资本869631万元，与上年同期相比增长13.24%。全县共有餐饮服务单位710家。其中，餐馆296家、小吃店281家、饮品店21家、快餐店14家，学校、幼儿园食堂34家，机关单位职工食堂3家，机关事业单位食堂37家，其他食堂18家。阳关厨房建设17家，餐饮动态13家。全县4个消费品市场成交额113133万元，超额完成实体市场和网上市场成交额同比增长3%和15%以上的考核目标。其中，山山商城网上交易市场2015年度完成销售额8600万元，同比增长3600万元，增幅72%，累计成交额达17600万元。全年“个转企”31户（累计个转企347户，其中在册287户）。其中，转公司27户，二次转型1户。新增小微企业200家。其中，农民专业合作社50家。帮助小微企业续展省著名商标2家，市著名商标3家；申报省著名商标2家、市著名商标2家。

“12315”全年受理申诉46起，调解率100%；受理举报8起，举报查处率100%，为消费者挽回经济损失105万元。全年立案查

2015年市场经济主体登记情况一览表

表19

	类型	户数(户)(2014年)	户数(户)(2015年)	同比(%)	注册资本(万元)(2014年)	注册资本(万元)(2015年)	同比(%)
累计	内资非私营企业	249	247	-0.80	81596	113350	38.92
	私营企业	1081	1258	16.37	343055	586135	70.86
	农民专业合作社	900	1011	12.33	52630	53362	1.39
	个体工商户	8082	9268	14.67	94936	116784	23.01
新设	内资非私营企业	15	7	-53.33	5525	5080	-8.05
	私营企业	222	205	-7.66	44453	163691	268.23
	农民专业合作社	120	50	-58.33	9753	4417	-54.71
	个体工商户	1466	1353	-7.71	31704	25286	-20.24
注销	内资非私营企业	17	8	-52.94	—	—	—
	私营企业	45	57	26.67	—	—	—
	农民专业合作社	9	17	88.89	—	—	—
	个体工商户	280	229	-18.21	—	—	—

处各类违法违章案件149起，结案144件，罚没款23.87万元。其中，药品案件19起，罚没款3.03万元；食品案件44起，查封扣押不合格食品567千克，移送公安涉刑案件1起，线索4条，罚没款9.24万元；不正当竞争执法案件81起，罚没款11.51万元。出动检查人员756人次，检查涉药单位189家，责令整改57家、警告8家。药品抽样59批次，医疗器械抽样4批次，评价性抽样10批次，空心胶囊10批次，药用明胶3批次，快检车快检120批次。其中，药品监督抽样不合格3批次，评价性抽样不合格2批次，均立案处理。全年食品定量定性检测11569批次。其中，定量565批次；定性11004批次，不合格52批次，合格率99.55%。开展食品风险监测216批次，食源性疾病监测367例，共排查肉制品非法添加和滥用食品添加剂、猪饲料中非法添加抗生素等7大类风险安全隐患。并针对隐患内容，制订详细的治理方案和实施计划，把潜在的隐患风险解决在萌芽状态。在全县范围内开展4次食品生产加工、小作坊、流通环节食品安全监督抽检。除季节性等因素申请停产的企业外，对获证并在产的全部企业(涉及食用油、调味品、豆制品、茶叶、白酒、蔬菜制品、罐头等12大类食品)抽样送检39批次，实现持证在产食品生产企业抽检率100%。流通环节抽样检测112个批次(重点对肉制品、水产品、熟食、食用油、乳制品、辣椒制品、儿童食品和老年食品进行检测)，不合格6批次，合格率94.6%，后续处置100%。在全县“食品安全百日严打行动”中，出动执法人员1633人次，检查经营户2503户次，抽检重点食品222批次。其中，31批次不合格，行政立案6起，规范索证索票65户次，发放责令整改通知书105

份，行政约谈违规企业22家，330家企业签订承诺书，后续处置率100%。全年培训餐饮单位375家412人，累计发放宣传资料3102份。

【无照经营百日执法行动】 2015年4月25日—7月25日，在全县范围内开展无照经营百日执法行动。期间，依法取缔网吧一家，查扣涉嫌违法经营上网电脑17台；立案查处无照经营案件22起，案值15000元，罚款6400元，取缔无照经营户2户；基层管理系统录入无照情况63户，销户42户。

【《推行企业“五证合一”登记制度实施意见》出台】 2015年8月18日，县政府办公室发出《推行企业“五证合一”登记制度实施意见的通知》，全面启动企业“五证合一”登记制度。意见要求市场监督管理局、地税、国税、社保、统计等相关部门通力合作、密切配合，简化申请材料和审批环节，以市场监督管理局窗口作为综合窗口，通过“一窗受理、一表申报、一套材料、一份执照、一档存储”方式，实现工商、质监、税务、社保、统计五部门数据共享。是年9月29日，进一步深化“五证合一”登记制度改革工作，实现“一照一码”。大大降低了企业创立的各种制度性成本，办理时间从10个工作日以上缩短至2个工作日。

【首次查处传销案】 县市场监督管理局通过线索排摸，发现景宁畲族自治县天人禅茶业发展有限公司其经营模式涉嫌传销行为，2015年8月24日会同县公安局对该公司进行突击检查。经调查，该公司于2015年8月制定分红计划，以“拉人头”会员制形式销售“天人禅茶”礼盒产品。规定公司有VIP会员和钻石会员两种，为会员设置了“推荐奖”“领导奖”“静态分红”，钻石会员增设“消费奖”等。客户以3000元/盒的价格购买该公司的“天人禅茶”礼盒1盒可以成为公司的VIP会员；客户以24000元/盒的价格购买该公司的“天人禅茶”礼盒8盒可以成为公司的钻石会员。公司通过高额奖金或分红吸引会员，并通过推荐人数和层级高低来分派奖金以鼓励会员推荐会员，发展下线，实现会员和销售量的几何增长。公司专门设置开通会员结算网站（网址：http://www.zjtrcc.com/admin/index.aspx#），并根据会员的层级关系为会员派发奖金（分红）。至查获时止，该公司注册会员24人，8个层次，销售“天人禅茶”礼盒45盒，涉案金额384000元。县市场监督管理局根据《禁止传销条例》，对当事人处没收“天人禅茶”礼盒100盒并罚款50万元。

【“人大代表进小微企业”问卷调查活动】 2015年，县市场监督管理局采取主动对接、实地走访、分类汇总等举措开展“人大代表进小微企业”问卷调查活动。其间，会同13个人大代表联络站25名人大代表走访小微企业40家，共发放问卷调查表40份，回收问卷调查40份，收集较为集中的意见和建议53条。

【联合协办2015年春季人力资源招聘会】 2015年2月27日，由景宁畲族自治县人力资源社会保障局主办，市场监督管理局、残疾人联合会、个私(民营)企业协会协办的2015年春季人力资源招聘会暨春风行动在该县石印山广场举行。67家县内外用人单位,提供高层管理人员、技术人员、一线员工等多层次就业岗位3506个。其中,大学生岗位621个,残疾人岗位95个、农民工岗位2790个。现场咨询6000多人次。其中,626人登记求职,439人达成就业意向。

【品牌超市进校园三年目标任务完成】 为加强校园商店食品安全监管和规范化建设,根据《浙江省食品安全委员会关于印发浙江省千万学生饮食放心工程2013—2015年行动方案的通知》(浙食安委〔2013〕11号),县市场监督管理局和县教育部门开展千万饮食放心工程——品牌超市进校园行动。三年来,县市场监督管理局在调查摸清全县学校食品店的经营模式、承包单位、进货形式、经营者意向等情况的基础上,联合县教育局、商务局等部门大力疏导实力雄厚、信用良好、物流健全的品牌超市公平、公开、公正进校园,并提供全程帮扶和服务。先后组织开展"学校食品安全专项整治活动""强网清源行动"等专项整治活动,严肃查处校园商店食品违法经营行为,取缔证照不全的学校及周边商店,净化校园食品市场,为品牌超市进校园创造良好竞争秩序。至2015年年底,全县有校园商店6家,品牌超市6家,品牌超市占学校总数100%,其中直营店占100%。超额完成丽水市市场监督管理局下达的到2015年品牌超市占学校商店总数的60%,其中直营店占80%以上的三年目标任务。

【城北农贸市场开业】 景宁城北农贸市场于2015年5月15日正式开业。该市场按三星级规范要求设计,内设营业区、地下停车场、食品检测室、公平秤、室内绿化区、顾客休息区、公厕、垃圾中转站以及监控系统、消防喷淋系统、电子显示屏、市场管理平台触摸屏等。总面积约为8750平方米。其中,地下车库约2200平方米,一楼农贸市场3350平方米,二楼2700平方米,办公用房500平方米。共有摊位157个。其中,商铺26个。管理人员15人。市场周边千米辐射人口3万人左右。 (刘卫美)

审计监督

【概况】 景宁畲族自治县审计局设办公室、行政事业审计科、财政金融审计科、经济责任审计科等4个科室和直属分局、内部审计指导中心等2个下属事业单位。2015年年底,实际在职人员24人。其中,局机关15人,直属分局事业人员6人,内部审计指导中心事业人员3人。是年,完成审计项目17个,查出违规金额1337万元,管理不规范金额18558万元,上缴财政414万元;向司法机关移送案件3起,移送处理金额213万元。协助县委组织部办理发改局、大地乡等28家单位34名领导干部离任交接工作。县审计局获2015年度全县"部门党风廉政建设工作考核"一等奖、"扩大有效投资工作服务"二等奖。红星街道城北村财务收支及外舍城北区块土地征用情况专项审计调查项目获2015年度浙江省审计厅优秀审计项目。

【首次开展县管领导干部履行经济责任自检】 2015年，景宁畲族自治县首次开展县管领导干部履行经济责任自检工作。是年，全县109名县管部门单位主要负责人上报履行经济责任自检表和述职述廉报告。

【财政审计】 2015年，县审计局紧扣预算执行、专项资金、税费征管等主题，深化财政审计。部门预算执行情况审计查明财政直接安排项目支出未纳入预算管理，部门预算编制需加强，新预算法执行有待加强等问题；专项资金监管方面查明专项资金申拨环节存在漏洞，未进行使用全过程监管，项目完工验收流于形式，考核制度不健全等问题；税费征管方面查明水资源费征管机制不顺、管理粗放，34家水电企业少缴水资源费共计75.83万元，4家企业少缴土地增值税、房产税7.23万元。同级审计报告上报县政府后，得到县长蓝伶俐和常务副县长潘伟的批示。

【领导干部经济责任审计】 2015年，县审计局完成鹤溪、梅岐、沙湾、大漈、交通、计生、农业等7个乡镇部门的9名县管领导干部和市审计局授权的丽景园管委会市管领导干部经济责任审计。沙湾镇书记、镇长经济责任审计项目向司法机关移送案件线索1条10人。其中，正科级3人、副科级3人，其他人员4人。是年年底，3人受党政纪处分，其余人员尚在检察院立案调查阶段。县领导先后对沙湾镇经济责任审计报告、审计专报进行六次批示。

【政府投资审计】 2015年，完成政府投资审计项目115个，审计金额76216.86万元，核减工程款7068.18万元，上缴财政专户444.36万元。接收50万元以下建设项目登记备查项目251个，送审金额5529.62万元，审定金额4889.27万元，核减工程款640.35万元。完成2016—2018年度政府投资审计协审单位招标采购工作，通过公开招标方式选择9家协审单位。

【专项审计调查】 2015年，县审计局完成4个专项审计调查项目。县领导先后对审计报告、审计专报进行了四次批示。其中，基层公共卫生和医疗服务管理情况专项审计调查项目，向县检察院移送案件线索2条；“五水共治”政策措施落实跟踪审计项目，针对农村饮用水供水问题的审计建议得到了采纳，推动出台《景宁县农村供水管理办法》。

【内部审计】 2015年，县政府办公室印发《关于贯彻落实内部审计工作意见的通知》，将设立内部审计工作及审计整改等情况列入全县目标管理综合考核项目，严格进行考核评估。县发改局、人劳社保局等5个部门成为丽水市内部审计协会会员单位。由县审计局编写的审计案例《一份假合同骗取180万元财政贴息资金》获浙江省2015年度内部审计案例二等奖；县电力公司《沙湾供电所综合管理审计》项目被市内审协会评为2015年度表彰项目。

（刘美娟）

统计监督

【概况】 2015年，县统计局对国民经济核算、工业、能源、固定资产投资、批发和零售业、服务业、农业等13项进行统计调查；对城乡住户一体化、粮食生产、人口抽样、“平安浙江”等15项进行监测调查。针对经济发展的热点、难点问题，围绕资源转型、固定资产投资、城乡居民增收、社会消费增长等关键行业和敏感指标，加强数据监测分析。每月整理提供《重点指标完成进度统计月报表》《全市各县重点指标季度排序表》《重点指标完成进度统计预测》《规上工业产值与能耗增幅月度分析表》等资料，并对各指标完成情况和下阶段趋势进行分析判断，提出针对性意见和建议，及时为党委、政府提供有价值的统计预警分析。认真做好《景宁统计分析》《统计专报》《景宁统计年鉴》的编发工作。为了提高统计系统工作人员的综合能力，再次组织120名基层统计人员参加省统计局为景宁举办的业务提升培训班。选派12名统计局业务骨干分别前往清华大学、复旦大学、武汉大学参加培训。

【建立统计联席会议制度】 2015年9月，根据《景宁畲族自治县人民政府办公室关于建立景宁畲族自治县部门统计工作联席会议制度的通知》(景政办发〔2015〕89号)文件精神，建立景宁畲族自治县部门统计联席会议制度。联席会议由县政府分管领导任总召集人，县政府办公室分管副主任和县统计局局长任召集人，承担经济社会发展各项重要指标考核的34个相关部门为成员单位。下设办公室，办公室设在县统计局。联席会议将根据工作需要，通知其他相关部门参加。联席会议制度根据34个成员单位的职能，界定职责，有效监测和分析全县经济运行情况，提高统计数据质量。建立部门间统计信息和资料交换共享平台，加强各部门统计信息的沟通交流，提供统计资料和统计咨询意见，实行统计监督。是年，召开联席会议1次。 (雷海燕)

教　育

概　述

【概况】 2015年，景宁有学校60所，比2014年减少2所（幼儿园）。在校学生20553人（其中幼儿园3633人，小学9159人，初中4042人，普通高中1468，职业高中1392人，成人高校814人，特殊教育45人）。学前三年幼儿入园率达96%，小学入学率100%、巩固率100%，初中入学率100%、巩固率100%。小学升初中比例达100%。初中升高中比例达98.34%，中职招生占高中段招生比例为49.29%。

2015年，贯彻“立德树人”教育理念，落实全省中小学育人工作座谈会精神，打造学校、家庭、社会“三位一体”的育人模式，开展学生行为规范养成教育。探索团队、班会活动课程化建设，抓好团队和学生社团工作。结合“五水共治”“六边三化三美”，积极开展“绿水青山就是金山银山”环境教育和环保实践活动，提升学生生态环境意识。是年，景宁中学被评为“全国生态文明教育示范学校”。

2015年，深入开展“阳光体育运动”和“大课间”活动，以“四节一会三赛”（“四节”：体育节、艺术节、科技节、读书节。“一会”：中小学

2015年各级各类学校情况一览表

表20

学校类别	学校数（所）	班级数（个）	毕业生数（人）	招生数（人）	在校学生数（人）	畲族学生数（人）	教职工数（人）	
							合计（人）	专任教师（人）
学前教育	30	139	1219	1050	3633	704	428	245
小学	21	257	1526	1410	9159	1475	753	641
初中	5	92	1333	1347	4042	571	352	301
普通高中	1	36	482	495	1468	183	182	135
职业高中	1	34	397	522	1392	242	97	85
成人高校	1	49	145	187	814	63	15	14
特殊教育	1	3	—	—	45	10	8	4

生田径运动会。“三赛”:中小学生篮球赛、乒乓球赛、足球赛)活动为载体,推进中小学文体艺术教育,取得显著成效。民族小学被评为“全国青少年足球特色学校”,民族中学被确定为“省青少年校园足球特色试点学校”。全县有国家级特色学校1所,省级特色学校4所,市级特色学校8所,县级特色学校7所。是年,全县小学生五年级体质健康合格率达96.78%,六年级达96.36%;初一年级体质健康合格率达95.29%,初三年级达97.33%;高中生体质健康高一合格率达98.54%。学生健康状况逐年提高。

2015年,继续组织“畲乡之秋”文艺会演,“畲乡之春”书画赛,以及市级“绿谷之春”文艺赛事选送工作。选送25个节目参加丽水市第四届“绿谷之春”文艺赛事,获奖11个。其中,景宁中学《金氏发声》获一等奖,民族小学《云中大漈罐》获现场演出一等奖,实验一小的鼓乐队代表景宁参加市团委和市教育局联合举办的鼓乐比赛荣获一等奖。全县组织5个社团参加丽水市2015年中小学“绿谷之光”科技大赛,实验一小雅峰社团获团体一等奖,另有2个社团获二等奖,2个社团获三等奖。

2015年,全面开展创建“平安校园”活动。健全机制,落实责任。年初和各学校校长签订“年度安全与综治工作责任书”,认真落实综治和维稳工作责任,坚持季度安全工作例会制度。投资200万元,对6所学校食堂进行改造。至年底,有AB级食堂28所,占84.8%;阳光厨房15所,占45.45%;C级以上食堂为100%。“三防”(人防、物防、技防)器械从4件套提升为9件套,中小学“三防”覆盖率达100%。制定《景宁县2015学年学生交通安全服务方案》,保障率为98.15%。对接送学生的32辆车均按照非专用校车进行改进,全部车辆获得许可,驾驶员驾驶证获得许可。一年来,没有发生一起责任事故。

【“美丽学校”建设】 2015年3月,教育局召开“美丽学校”建设动员会,出台《景宁畲族自治县教育局关于开展“美丽学校”创建活动的指导意见》。“美丽校园”建设以校园文化建设为切入点,建立现代学校管理制度。加强教室、图书阅览室、寝室、实验室、食堂的环境文化建设。环境文化建设基础良好的学校,进一步推进课堂课程文化、社团文化、制度文化、精神文化建设,打造“快乐校园”。推进学生“文明寝室”“温馨寝室”等创建活动,做到“日日有整理、周周有评比、月月有总结”。是年,全县有市级“美丽学校”建设试点学校4所。

【完成政府实事——“暖心工程”】 2015年,教育局根据县委县政府十件实事之一“暖心工程”,与县财政局对接落实建设资金并组织实施。至8月底,总安装饮水机终端327个,平均每50位学生1个,学生秋季开学喝上放心直饮水。为九龙、郑坑、大均等寄宿制学校配备木架床200余张,学生棉被320余套。3月份起,每天在每位寄宿生的营养餐中添加一个鸡蛋,增加学生营养。5月,投入项目资金162.9万元,完成所有农村学校的浴室改造,学生冬天可洗上热水澡。

学前教育

【概况】 2015年，景宁学前教育经过第一个三年行动计划的实施，已取得明显成效。基本实现“广覆盖、保基本、有质量”的学前教育公共服务体系。全县普惠性幼儿园达100%，等级幼儿园覆盖率达87.5%。学前三年入园率达96%，幼儿教师持证率达76.2%。创市级学前教育示范乡镇8个，各项指标均处于全市前列。

是年，出台《景宁畲族自治县学前教育第二轮三年行动计划(2015—2017)》，并积极启动，重点围绕等级园覆盖率、教师持证率的提升开展工作。全年共投入500多万元，奖励民办学前教育，使民办幼儿园从无证园上升到等级园。东坑幼儿园建设工程竣工，郑坑幼儿园在建设中，渤海幼儿园、外舍幼儿园、城西幼儿园、澄照幼儿园正在规划。加大无证园治理力度，兼并1所无证幼儿园，全县已全部消除无证幼儿园。规范学前办园模式，成立四大幼儿教育集团：以中心幼儿园、实验幼儿园、民族幼儿园、蓝天幼儿园(民办)为集团总校，下设各成员单位，将所有幼儿园划入四个集团，实施幼儿教育集团化办学模式。教师通过公开招聘、统筹调配，逐年提高幼儿园在编教师配备比例。是年，招聘幼儿教师3名。依托“特级教师工作室”资源，培训、培养幼儿名师。给民办幼儿园师资创设平台：对全县民办幼儿园取得教师资格证书的幼儿教师，给予参加360学时的免费培训；在有等级民办幼儿园任教的合格教师，按规定缴纳的社会保险中，单位承担部分由县财政给予30%的补助；对省三级以上民办幼儿园教师，参加省、市、县教育部门组织的教师培训，培训经费给予50%的补助；对达到省二级以上办园标准的民办幼儿园，委派1名公办编制园长进行业务指导。是年4月，丽水市政协率领九个县市(区)的副县长、教育局长等60余人到景宁考察学前教育发展情况，景宁作经验交流发言。

基础教育

【概况】 2015年，景宁全面启动义务教育课程改革。制订下发《景宁县深化义务教育课程改革工作方案》等一系列文件，召开全县深化义务教育课程改革实施推进会等专题会议，加强对学校课改工作的指导。组织校长、骨干教师赴上海等地培训学习。选择11所学校作为试点，推进义务教育课程改革。继续深化小班化教育改革，经过9年的实践探索，景宁农村学校形成特色的“景宁小班化教育模式”，其成果得到省教育厅领导的充分肯定。有全省各地的2000余人次到景宁进行小班化教育模式考察。提出“新乡村教育”理念，继续深化农村教育提质行动。初中教育质量稳中有升：是年中考，景宁总分综合排名全市第五；同年10月，全市九年级学能抽测，启文中学全科成绩获全市前茅，数学学科获市一等奖，语文学科、科学学科获市二等奖，英语学科获市三等奖,10个学科参加全市教学质量监测，综合排名第六。小学教学质量继续保持较强竞争力，处于全市中等水平。景宁中学高考质量有新突破：第一批上线人数139人，其中文理第一批上线52人(19人被985、211名校录取),本科上线率达到62%,总上线率高达99.9%,创历史新高。

职业技术教育

【概况】 2015年,全面完成职高校园的整体改造,办学条件得到进一步改善。加强骨干专业建设,大力开展校企合作。目前有省级示范专业2个,省级示范实训基地2个。合作办学有新突破,是年,与浙江旅游职业技术学院、浙江机电职业技术学院、浙江同济职业技术学院签订帮扶协议,景宁职高成为培养畲乡技能型人才的坚实后盾。高考成绩再次攀升,是年,职高有145人参加高考,141人上线,上线率达到97.25%,其中有三位学生上本科院校,打破职高不能上本科的历史。同年,职高有354人参加中级证考试,352人合格,合格率达到99.4%。其中,电子电工、汽修、数控、计算机专业通过率达100%。

成人教育

【概况】 2015年,按照《景宁县扫盲工作规划》稳妥推进扫盲工作,到年底,已完成扫盲人数6210人,完成三年扫盲任务数的215.2%,总文盲率从原来的9.69%下降到4%。景宁电大开设了专科、本科共计6个专业49个班级,在校生814人。努力开展标准化成人技术学校建设。全县按区域划分为五所成人技术中心学校,下设16个教学点,辐射全县21个乡镇(街道)。梧桐、九龙通过省级评估验收。各校对当地相关行业人员正常开展技能培训,是年,培训达6000余人次,占全县常住人口的5.6%。

民办教育

【扶持民办幼儿园】 2015年,景宁继续实施"以奖代补"政策。每年拨出专项资金,用于补助民办幼儿园创设平台,举办学前教育教师资格证培训班,提高幼师(含民办教师)持证率。民办幼儿教师取得教师资格证书的,教育局免费组织360学时专业技能培训。达到省二级以上办园标准的民办幼儿园,委派1名公办编制园长指导管理,并按每2—3个班安排1名在编公办教师或财政定额补助的编外教师。达到三级以上办园标准的民办幼儿园,至少配备1名公派教师。

【扶持民办初中"启文中学"】 启文中学2014年9月开始招生办学,县教育局根据《浙江省人民政府关于促进民办教育健康发展的意见》(浙政发〔2013〕47号)精神,在经费保障、人事政策、教学校舍等方面给予大力支持。投入资金新建启文中学教学楼,将于2016年投入使用。每年根据需要引进或公开招聘优秀教师,补充启文中学教师队伍。

队伍建设

【概况】 2015年,教育局制定《关于进一步严肃教职工劳动纪律管理的实施意见》,加强教师队伍建设。完善师德师风承诺制,层层签订师德师风建设责任书。深入开展教师“行百里路·进百家门·知百生情”大家访活动。机关干部“进校寻解问题·进班问诊课堂”蹲点调研，局班子“局会校开”解难题，进一步推动校风、师风、学风的优化。开展有偿家教治理，明确禁止在职教师从事有偿家教和从事社会办学机构兼职，对“有偿家教”进行全面排查和过程监督，对违规行为进行严肃处理。

重视人才建设，推进“人才强教强校”工程。组建“助力畲乡·人才工作室”8个(其中新建3个)。以“名师工作室”建设为抓手，完善人才引进、使用、交流和服务机制。以点带面，加强骨干教师专业发展，增强学科组建设。加强学校管理队伍建设，组织校长、后备干部、班主任等不同层面的学校管理人员赴杭州、上海、温州等地学习考察。开展“教坛(德育)新秀”“第二届教学(德育)能手”评选活动和县名师复评工作，促进教师专业水平提升，扩充名优教师队伍。是年，共评出县名师(校长)43人，县教学(德育)能手36人，县教坛新秀51人。获省教坛新秀1人，市级学科带头人13人，市级教坛新秀13人，德育带头人4人，德育新秀2人。发放各类名优教师津贴57万元。

拓宽教师培训渠道，实行“外培内训”措施。通过骨干教师培训、全员培训、特殊工作岗位培训、校本培训，举办“畲乡教育大讲堂”等形式增强培训实效，推进校长、教师理念更新。自2011年以来，教师年人均完成培训110.54学时(指标为73)。通过教师培训平台自主选择培训，年人均完成69.2学时(指标37学时)。90学时集中培训，总完成人数占比94.05%，年均90学时培训完成人数占比23.51%(指标为21%)。成立“景宁畲族自治县教师教育质量监控中心”，加强中小学教师培养和专业发展培训质量的管理、统筹、指导，实施教师教育的质量监控。

是年5月，县教育局联合人事局等部门印发《关于农村特岗教师津贴的实施办法》，对农村特岗津贴政策进行兑现。根据地域偏远程度，津贴分300元、500元和600元三档，年人均达5011元，有341位教师享受该项政策。

改善办学条件

【基础建设】 2015年，完成东坑幼儿园新建工程、中心幼儿园改建工程。启动建设郑坑幼儿园。积极谋划渤海幼儿园、外舍新区幼儿园、城西幼儿园、澄照农民创业园幼儿园。推进2所学校创建省标准化学校工作，均已通过评估验收。至年底，有义务教育标准化学校16所，达标率为72.7%，比上年提高18.5个百分点。投资1300余万元，完成12所学校运动场地浇筑。学校塑胶运动场建成率为80.7%。投资98.9万元，为22所中小学安装327台加热保温终端饮水机，至此，所有公办中小学全部建成加热保温饮水设施，顺利完成校园饮水质量提升工程。投入162.9万元，为15所农村寄宿制学校配备了热水淋浴设施(新增浴室38间，新增总量64吨)，配备率100%。投入130万元，为农村学校专任教师人手配备一台教学用手提电脑。

【外舍小学开工建设】 外舍小学投资1.3亿元，按省一类学校标准建设，占地面积33043平方米，建筑面积33796平方米。计划36个小学教学班，建成后可容纳1620名学生。该工程于2014年底完成施工单位招投标，2015年5月开工建设，计划于2017年竣工投入使用。截至2015年年底，工程已完成投资7200万元，完成年度投资额的103%。 （刘凌波）

科 学 技 术

科技工作

【概况】 2015年，安排县级科技计划项目56项，落实科技三项经费470万元；申报省级科技计划项目25项，获省科技厅立项24项（含省科技特派员专项），争取项目资金900多万元。是年，有2项成果获丽水市科技进步奖。“浙西南夏秋季菜用竹笋高效栽培关键技术研究与推广”项目获第六届梁希林业科学技术三等奖。成功申报国家高新技术企业1家（景宁隆尚工艺品有限公司），培育省科技型企业7家（景宁畲族自治县东辉竹木制品厂、景宁畲族自治县美杰竹木制品厂、浙江景宁瓯江胶囊有限公司、浙江鼎大玩具礼品有限公司、景宁畲族自治县宏强竹制品有限公司、景宁畲族自治县富利达木制工艺品有限公司、景宁畲族自治县金林竹木工艺厂）。高新技术产业增加值增长5.1%，增速列丽水9个县（市、区）第四位；新产品产值增长率居全市第一位。组织2次技术攻关对接活动，浙江农林大学专家为竹木加工企业解决了国际象棋棋盒变形、灯台均匀喷漆和玩具设计等3个共性技术难题，为企业年增收益800万元。申请专利170件、专利授权143件，申报省级专利示范企业1家（景宁畲族自治县宏强竹制品有限公司）、专利奖励59.7万元。全年收集网上技术难题20项、动态信息17条，加盟企业11家、加盟专家8名，交易专利成果7项、技术合同签约15项、成交金额760万元，网上拍卖技术1项。

【推行县级科技项目常年受理制】 从2015年8月1日起，景宁畲族自治县全面推行常年网上受理县级科技计划项目申报工作制度。此举，弥补了传统“一年一申报制”的缺陷，可及时掌握各市场主体和科研人员的科技研发需求，使科技项目管理更加及时、灵活、便捷。

【浙江省景宁畲药产业科技创新服务平台建设申报成功】 2015年，“浙江省景宁畲药产业科技创新服务平台”建设申报成功，申请到省级财政补助资金400万元。该平台是景宁畲族自治县首个创新服务平台，同时也是丽水市拥有省级科技创新服务平台的第五个县。平台建设期为2016年1月至2018年12

月。建设牵头单位为景宁畲族自治县市场监督管理局食品药品检验检测中心。主要建设内容和目标是:按照"立足景宁、服务全省"的建设思路，重点解决景宁畲药产业发展从整体走向现代化的关键性瓶颈制约。完成景宁畲药种质资源数据库建设、景宁畲药种植标准化体系建设、景宁畲药科技服务人才培养体系建设、畲药产业监督检测认证体系建设与完善、畲药市场信息服务平台建设、畲药文化价值提升体系建设。建成科技资源配置更优、服务水平更高、创新能力更强、可持续发展的浙江省畲药产业技术创新服务平台，从而推动景宁畲族医药的传承和弘扬以及畲药产业的健康发展。平台主要功能定位是:以市场需求为导向，以科技服务和科技创新为主业，以广大畲药种植及加工企业为主要服务对象，着力解决量大面广的景宁畲药产业所面临的技术瓶颈和技术难题。同时，建成畲药种质资源数据库及数据平台，探索畲医药文化价值保护与挖掘体系，逐步形成专业化、标准化、规模化、集约化的技术创新服务模式、盈利模式以及文化价值保护体系。

【科技创新券制度出台】 2015年8月18日，《景宁畲族自治县科技创新券实施管理办法(试行)》出台。科技创新券是针对景宁创新资源缺乏、创新能力不足而设计发行的一种"有价证券"。办法规定:每年从县科技三项经费中安排一定额度作为创新券专项资金，主要用于鼓励企业、农民专业合作社或创业者利用高校院所和各类创新载体的科技资源开展检验检测、合作研发、委托开发、研发设计等研发活动和科技创新。是年8月21日，县科技局邀请丽水市科技局信息中心专家周炜坚对"浙江省科技创新云服务平台"(网址:http://www.zjsti.gov.cn)操作使用方法进行培训。浙江景宁洁净钢管有限公司、浙江景宁瓯江胶囊有限公司、景宁富利达木制工艺品有限公司、景宁宏强竹制品有限公司、景宁县通用机械配件厂、浙江鼎大玩具礼品有限公司、景宁畲族自治县畲艺坊服饰有限公司、浙江景宁畲之坊油茶开发有限公司等规上企业负责任人及业务员，县财政局分管领导、县科技局科室相关人员参加了此次培训。是年借助"浙江省科技创新云服务平台"发放科技创新券11.5万元。

【科技特派员由区域联系向定点联系转变】 2015年，景宁畲族自治县推行科技特派员联系企业和重点农民专业合作社制度，实现科技特派员由原来的区域联系向定点联系转变。这一创新做法得到了省领导的充分肯定，副省长黄旭明在浙江政务信息专报上对《景宁实施科技特派员帮扶力促山区发展》作了"科技特派员的做法很有效，很值得总结肯定。希望坚持不懈地做，越做越好"的批示。

【全省首个乡镇级地震应急桌面推演】 2015年11月26日下午，景宁畲族自治县地震局在梧桐乡首次举办乡镇级地震应急预案桌面推演，这是浙江省首个乡(镇)级地震应急预案桌面推演。县科技局局长周卫林主持该次地震应急桌面推演，中共梧桐乡党委书记柳晓杰任总指挥，梧桐乡乡长王伟飞任指挥长。省应急救援处处长叶建青、市测防中心主任朱素娟、县府办副主任吴卫忠、县科技局副局长陈正武及全县21个乡镇街道分管地震工作领导参加推演。是年，景宁畲族自治县全县21个乡镇（街道）均举办了地震应急预案桌面推演。这一将防震减灾准备工作延伸到乡镇一级的做法得到省地震局的充分肯定。（商景芳）

科协工作

【概况】 2015年，景宁畲族自治县科学技术协会围绕实施《全民科学素质行动计划纲要》先后开展了科技周、全国科普日、全国会员日、线上科普和网上科普等活动。举办畲乡科普大讲堂，开展院士专家工作站建设。继续实施科普惠农兴村计划工程、社区科普益民计划工程、科普资源开发与共享工程。全年发送科普短信20多万条，开展重点科普活动13次（其中，科普讲座6次，科技培训2次，科技大篷车进校园5次），展出各类宣传展板100余块，发放科普宣传资料30多种20000多份。送科技下乡4次（梧桐村、大均村、郑坑村、山头村），举办反邪教书法绘画作品展览1期，深入各乡镇、社区、农村开展反邪教巡回演出30多场，科技工作者参加科普活动265人次，受众19326人次。

是年年底，全县有国家级科普教育基地2家（景宁中学生物馆和望东洋湿地自然保护区）；省级科普教育基地1家（畲族博物馆）；市级科普教育基地5家。有国家级农村科普带头人2名（大均乡李宝村雷刘东、澄照乡东畔养猪专业合作社的毛荣利）；省级科普带头人3名；市级科普带头人8名。有市级科普示范基地4家；省级示范户35户。有农民技术员1566人，农民助理技师599人，农民技师770人，农民高级技师15人。县科协组织的“2015年景宁县全国科普日‘体验科技魅力，沐浴科普阳光’科技体验系列活动”被中国科协办公厅评为“2015年全国科普日特色活动”（丽水市唯一）；县科协被中国科协办公厅评为浙江省“2015年全国科普日特色活动组织单位。

是年，景宁中学张兆良老师参加“第30届全国科技创新大赛”科教辅导员创新项目现场答辩活动，获二等奖。在浙江省第29届青少年科技创新大赛中，县科协选送的《色彩调配演示仪》获科技创新类三等奖；《多功能汽车》获科幻画类二等奖；《“鸡蛋撞地球”科技实践活动》获科技实践活动类三等奖。50多人市级获奖。推荐教育学会的张兆良、医学会的胡颖敏入选丽水市优秀科技工作者；推荐教育学会的吴月圆、县广播电视台的金敏入选丽水市第二届“绿谷新秀”。

【推进《全民科学素质行动计划纲要》深入实施】 2015年5月，县科学技术协会牵头下发《全民科学素质行动计划纲要2015年工作要点》和《关于对景宁县十二五“全民科学素质行动计划纲要”落实情况进行督查的通知》。6月10日，牵头召开推进《全民科学素质纲要》实施工作会议。县全民科学素质工作领导小组34个成员单位负责人、联络员参加会议。10月，上交“十二五”景宁畲族自治县实施《全民科学素质行动计划纲要》自查报告(2011—2015)。

【举办科普报告会】 2015年10月14—15日，县科学技术协会邀请中国科学院老科学家科普演讲团荣誉团长、科普委员会常务副主任钟琪，分别为实验二小、民族中学、景宁中学做“发挥潜能，成就精彩人生”的科普报告。

【开展全民科学素质抽样调查】 此次抽样调查三级同步进行。即丽水市公民科学素质调查与浙江省公民科学素质抽样调查、中国公民科学素质抽样调查同步进行。调查对象为18—69周岁的公民。由中国科协科普研究所制定调查总体方案并负责样本抽取。调查以入户调查的方式采集相关数据。在调查过程中，调查员对“公民对科学的理解、公民的科技信息来源、公民对科学技术的态度”等指标进行问卷调查。县科学技术协会按照要求于2015年8月10—17日，在鹤溪街道(城西居委会)、红星街道(仙童居委会、金仙寺居委会)、沙湾镇(沙湾村、季庄村)、东坑镇(何村村)、英川镇(英川村)、秋炉乡(秋炉村)、鸬鹚乡(南坑下村)、渤海镇(梅坑村)、澄照乡(三石村)共195个样本开展问卷调查，问卷回收率100%。调查结果显示：景宁畲族自治县公民具备基本科学素质的比例只有6.33%，低于浙江省8.21%的平均水平。公民科学素质水平存在城乡、群体、性别、年龄之间的不平衡，特别是农民及55周岁以上的人群科学素质亟待提升。

【科普大篷车进校园活动】 2015年5月—9月，“科普大篷车进校园”活动走进县民族小学、县实验一小、大均乡校、梧桐乡校、郑坑乡校。学生们在亲自动手实践操作中感受着科技的神奇，感受到科学带来的快乐和科教展品的魅力。该项活动极大地开发了他们的智力、开阔了他们的眼界、激发了他们学科学、爱科学、用科学的兴趣。

【“畲乡科普”微信公众号开通】 2015年8月1日，“畲乡科普”微信公众号开通。“畲乡科普”微信公众号通过每日推送科普视频、科普知识、前沿科技信息以及科学揭露谣言等，积极引导公民建立科学、文明、健康的生产生活方式，达到不断提高公众科学素质的目的。

【浙江瑞丰环保科技有限公司刘鸿亮院士工作站挂牌成立】 浙江瑞丰环保科技有限公司与中国工程院院士刘鸿亮及其创新技术团队签订合作协议，并于2015年12月28日挂牌成立刘鸿亮院士专家工作站。该院士专家工作站是第八批“丽水市院士专家工作站”(丽委人〔2015〕15号)。浙江瑞丰环保科技有限公司是一家主要从事生活垃圾无害化处理、资源化利用等为一体的综合性环保股份制现代科技企业。该公司研发的前处理系统RDF制备、热解气化、可燃气二次燃烧、蒸汽发电、无机物利用等设备充分体现了新颖、实用、经济、高效等优势，在垃圾处理领域上提升了一个新台阶。

【“全国会员日”畲乡绿道骑行活动】 县科协于2015年12月15日组织开展“全国会员日”畲乡绿道骑行活动。来自全县22个学会的85名会员参加。

【景宁中学生物馆和望东洋湿地自然保护区成为全国科普教育基地】 2015年6月23日，中国科协命名景宁中学生物馆和望东洋湿地自然保护区为2015—2019年度全国科普教育基地（全国649家，丽水市就景宁2家）。其中，景宁中学生物馆属复评再次被命名。

【县心理卫生协会成立】 2015年6月27日，景宁畲族自治县心理卫生协会成立大会在县政府行政楼2号楼1楼报告厅召开，标志景宁畲族自治县心理卫生协会正式成立。这是丽水市首个县级心理卫生协会。 （梅国玉）

文 化

群众文化

【概况】 景宁畲族自治县文化广电新闻出版(体育)局内设5个职能科室,直属单位7个,国企2个。2015年年末,在编人数73人。其中,行政在编7人,参照在编5人,事业在编61人;具有正高级职称4人,副高级职称8人,中级职称16人。

是年,制定出台《贯彻落实〈中共浙江省委办公厅浙江省人民政府关于加快构建现代公共文化服务体系的实施意见〉方案》《景宁畲族自治县现代公共文化服务体系建设协调机制》及《景宁畲族自治县关于实施"文化引领"建设"文化高地"推动文化发展走在全国民族自治县前列的若干意见》(简称"文化新十条")。完成《景宁畲族自治县公共文化服务保障条例》初稿,并进入省级立法库。创建2015年全市乡村春晚示范县,举办乡村春晚133台,实现"村晚"数量全市第一。其中,"包凤春晚""东弄春晚"获丽水市十佳春晚;"东弄春晚"登上央视"新闻联播"头版头条。先后举办"2015中国畲乡"三月三"暨惠明茶荣获巴拿马万国博览会金奖100周年纪念"系列活动和全县文化大会。承办浙江省《关于加快构建现代公共文化服务体系的意见》学习贯彻会、浙江省幼少儿舞蹈大赛、丽水市原创歌曲大赛、丽水市文化馆馆长联席会议。举办县级大型文化项目申报答辩会2场。来自全县21个乡镇(街道)和91个业余文化团队425个项目参加现场申办答辩,项目补助资金336.4万元。全年定期刊发文化预报12期,预报文化项目856项。举办"马仙民俗文化旅游节""马坑'爱在心田'文化节""章坑尝新节""岗石甘薯文化节""雁溪摄影节""深垟畲药节""梧桐崇学文化节"等"一乡一品"特色节事活动30余个。开展创建国家级畲族文化生态保护区工作,数次召开县内意见征求会,优化提升保护区规划。在国学教育基地景宁孔庙开展学子祭拜、祈福,国学教育讲坛,孔子诞辰纪念,非遗传承人拜师收徒等"国学品牌"系列活动8场次。组织2000余件畲族服饰、银饰和陶艺品在第十届中国(义乌)文化产品交易会上参展。畲族博物馆"动静结合",增设彩带编织、纳鞋底、民族体育等互动项目。馆藏文物增加517件(套),共2400余件

(套)。博物馆主体扩建工程建设顺利推进,馆外互动区项目建成。在畲族文化广场建起畲药铺、陶艺坊、根雕屋、银饰轩、草鞋寮五个非遗主题小木屋,使畲族文化广场成为全国首个"组团式、活态化、常态化"的畲族非遗文化展示窗口。民间博物馆一期项目进展顺利。浙江畲族歌舞团完成《印象山哈》剧目提升工作。畲山梦剧场系列之二《传奇凤凰装》畲族魔幻服饰秀进入集中排练阶段。县文化馆开展"畲家飘歌"进校园活动,受训4000余人。县图书馆开展"县、乡、村"图书三级服务网络建设,举办全县农家书屋管理员培训班,推进乡镇分馆建设和特色书屋建设。英川镇分馆、东坑镇分馆落成并投入使用。在全市率先开展"特色书屋"建设。建成"士兵书屋、景区书屋、庄稼书屋、清泉书屋、畲娘书屋、雅景书屋"等7个特色书屋。是年,县图书馆新增借书证1556本,流通21.16万人次,借阅图书15.12万册次。

全年送戏下乡、进社区150场;送书下乡10184册;送电影下乡1710场;文化走亲17场。开展"凤舞畲山大舞台"系列活动61场,参与演员1.5万人次,观众18万人次。畲族博物馆免费接待机关团体、企事业单位、军队、学校、社区及旅游团队600余个26.7万人次,全程讲解630余场。

县文化市场行政执法大队坚持日常检查与集中行动,现场检查与网络监管,独立执法与联合执法相结合。全年检查各类文化经营场所642家次,立案10起,结案10起,结案率100%。接到群众举报3起,全部办结,办结率100%。先后开展"安全生产月""文明上网校园行""文物法律法规宣传月"等主题宣传活动和全县文化经营单位大型消防安全演练。全年召开全县文化市场经营业主会议4次。

是年,县文化馆通过国家一级馆复评并获第六届全国服务农民、服务基层文化建设先进集体称号。省级公共文化服务示范项目——"文化自治·五权圆梦"顺利通过省文化厅评估验收。英川镇英川村被评为浙江省传统戏剧特色村。东坑尝新节被选为第二批省传统节日保护基地。畲族彩带《56个民族》获七届中国(浙江)非遗博览会银奖。县级非遗项目《彩带情丝》《畲族民歌》成为"特色小镇·非遗之光"2016浙江非遗电视春晚受邀参演剧目。全国首部由县级单位制作的畲族音乐剧《畲娘》于是年11月在丽水大剧院汇报演出成功,获准代表浙江省参加2016年第五届全国少数民族会演。畲族舞蹈《畲妞戏竹》获省幼少儿舞蹈大赛创作、表演双金奖。非遗作品《彩带之源》在省农村文化礼堂群众文艺展演活动中获表演金兰花奖。舞蹈《萨米啦》获省第九届排舞大赛银奖。畲族表演唱《畲家米酿》获市第八届乡村文化艺术节金奖。

【省"构建现代公共文化服务体系"学习贯彻会在景宁召开】 2015年3月19日,全省《关于加快构建现代公共文化服务体系的意见》学习贯彻会在景宁召开。省文化厅副厅长杨越光出席会议并作讲话,浙江图书馆、浙江文化馆负责人,各市文广新局分管局长、社文处处长,部分县文广新局负责人、乡镇(街道)文化站站长、农村文化礼堂管理员等70余人参加会议。会议提出：要建立和完善公共文化协调机制；出台浙江省公共文化实施意见和服务标准；加强对省级基本公共文化服务标准化重点县的扶持；进一步创新公共文化服务机制；要鼓励民间资本参与公共文化建设；出台浙江省实施公共文化服务标准化、均等化行动计划。

【“炫舞畲乡 幸福同城”畲族舞蹈大赛】 景宁畲族自治县第二届“炫舞畲乡·幸福同城”畲族舞蹈大赛于2015年1月8日在县体育馆举行。本次大赛12个代表队281人参加。评选出4个金奖，8个银奖。

【2014年度“凤舞畲山大舞台”总决赛】 2015年1月15日晚，由县文化广电新闻出版（体育）局、县文化馆主办、县交通运输局协办的“幸福同城·大地飞歌”2014年度“凤舞畲山大舞台”乡镇（街道）总决赛在文化中心小剧场举行。全县19个乡镇（街道）选送节目参加。评出4个金奖，7个银奖，8个铜奖。

【首届中国少数民族工艺品设计制作大赛作品展】 （见景宁畲族自治县人民政府类目，重大活动条目，首届中国少数民族工艺品设计制作大赛作品届条目）

【中国畲族民歌节百项非遗技艺大比武活动】 2015年4月22日，中国畲乡三月三暨中国畲族民歌节百项非遗技艺大比武在畲族文化中心广场举行。活动分比赛区、展演区、展示区和体验区。筛选出具有畲族特色的畲族彩带编织、大际罐制作技艺、惠明茶手工制作技艺、畲族头饰制作技艺、剪纸、打草鞋、手工竹编、棕鞋制作技艺等13个非遗项目，以百项非遗技艺切磋的形式展示展现传统文化。有非遗传承人及非遗技艺学徒200余人参加。

【举办“廊桥茶韵·畲家飘歌”茶歌会】 2015年4月22日晚，2015中国畲乡“三月三”暨第七届中国畲族民歌节“廊桥茶韵·畲家飘歌”大型茶歌会在景宁永定廊桥（县文化中心旁）隆重举行。茶歌会由2015中国畲乡“三月三”暨惠明茶荣获巴拿马万国博览会金奖100周年纪念活动组委会办公室主办，县文化广电新闻出版（体育）局承办，县民宗局、旅游局、水利局、建设局、交通运输局、教育局协办。浙闽等省相关县市畲族茶歌队、茶艺表演队，景宁民间茶歌手，景宁优秀非遗传承人等500余人本色出演。晚会以宣传和弘扬惠明茶文化，以茶为媒，以歌会友，激情传唱民族经典茶歌，昂扬展示新时代民族地区人民的幸福生活，促进千年畲族文化的繁荣传承。

【举行非遗传承人集体拜师收徒仪式】 2015年6月16日上午，非遗传承人集体拜师收徒仪式在景宁孔庙隆重举行。20名学徒分2批，每批10名在司仪的主持下依照古礼向传承畲族民歌、畲族彩带编织技艺、菇民戏、畲医畲药、问凳、畲族头饰制作技艺、畲族三月三、畲族服饰、板龙、做功德等10个非物质文化遗产项目的10名非遗传承人（师傅）递拜师帖、行鞠躬礼、献品茗茶。全过程庄重而严肃。

【寻找畲乡“最美之星”系列活动】 2015年7月28—31日，县文化馆举办“2015”寻找畲乡“最美之星”系列活动。全县650名文艺爱好者报名参加。分舞蹈、声乐、综合、儿童4个场次，决出50名畲乡“最美之星”。其中，舞蹈之星10名，声乐之星10名，器乐之星10名，曲艺之星10名，未来之星10名。此次活动，不仅为广大文艺爱好者提供自我展示平台，同时也为畲乡百姓送上文化大餐。

【承办浙江省幼少儿舞蹈大赛】 由景宁畲族自治县文化馆承办的2015年浙江省幼少儿舞蹈大赛总决赛于2015年9月19—20日在景宁举行。全省千名少年儿童共舞景宁，同台竞技。大赛内容围绕“打造少儿文艺精品、弘扬优秀传统文化、丰富快乐成长生活”展开一系列少儿文艺创作创编。大赛于5月份启动，历时5个月，收到各地选送作品70余件。经过各地区选拔上报、省级专家初评、作品加工会等，最终30件少儿舞蹈作品入选参加总决赛。景宁文化馆、温州市文化馆、义乌市文化馆和丽水市文化馆被评为优秀组织奖。评选出表演金兰花奖6个、银兰花奖14个、兰花奖10个；创作金兰花奖5个、银兰花奖15个、兰花奖10个。景宁文化馆选送的畲族舞蹈《畲妞戏竹》获创作、表演双金奖。《畲妞戏竹》编导被评为创作金兰花奖。

【承办2015丽水市第十届原创歌曲大赛】 由景宁畲族自治县文化馆承办的“2015”丽水市第十届原创歌曲大赛于2015年12月28日晚在景宁举行。来自丽水各县（市、区）的10支代表队30个作品参加比赛。比赛作品从不同角度表达对丽水的自然人文、文化底蕴以及民俗风情的赞美和热爱，给观众献上1场精彩纷呈的音乐盛宴。

【畲族博物馆获省博物馆陈列展览项目优秀奖】 2015年6月1日，景宁畲族博物馆举办的“生态畲乡·美丽景宁——庆祝景宁畲族自治县成立三十周年生态文明成果展”获浙江省文物局、博物馆学会颁发的“浙江省博物馆陈列展览项目优秀奖”。

【县文化馆获第六届全国服务农民、服务基层文化建设先进集体】 2015年12月14日，由中宣部、文化部及国家新闻出版广电总署组织开展的第六届“全国服务农民、服务基层文化建设先进集体”评选揭晓。景宁畲族自治县文化馆获此荣誉。且是浙江省唯一获评的文化馆。

【《萨米啦》获省第九届排舞赛银奖】 2015年11月15日，景宁参赛作品《萨米啦》获浙江省第九届排舞赛银奖。《萨米啦》融合民族风、乡土味的动作创编，表现形式新颖，服饰搭配得体，不仅给观众展现一幅幅生动美丽的江浙美丽乡村幸福生活情境，更是通过排舞的形式展示畲族文化和景宁秀美风景。

【多个非遗项目在非遗博览会上获奖】 2015年10月15—19日，第七届中国（浙江）非物质文化遗产博览会在杭州市白马湖国际会展中心举行。景宁畲族彩带编织、畲族草编、畲族纺织等独具特色的畲族非遗项目在博览会上亮相。其中畲族彩带《56个民族》获银奖；畲族草编、畲族纺织作品获优秀参展项目奖；县非遗中心获优秀组织奖。第七届中国（浙江）非物质文化遗产博览会由中国非遗保护中心、浙江省文化厅和杭州市人民政府主办，省非遗保护中心、省非遗协会、杭州市文化创意产业办公室共同承办。全国400多位非遗代表性传承人、工艺美术大师携带400多个非遗代表性项目1500余件精品力作参展。

【《彩带之源》获表演金兰花奖】 根据国家级非物质文化遗产——彩带制作技艺创编的情景剧《彩带之源》获2015年浙江省农村文化礼堂群众文艺展演暨浙江省文化会亲免费开放展示活动表演金兰花奖。《彩带之源》通过畲族山歌和一根麻线贯穿全场，由畲族妇女载歌载舞演绎彩带编织，是畲族文化传承的典型作品。

【英川被评为第二批浙江省传统戏剧特色村】 2015年11月12日，景宁畲族自治县英川镇英川村凭借菇民戏被省文化厅公布为第二批浙江省传统戏剧特色村。菇民戏又称“英川乱弹”，是景宁本地戏种（“生戏”）。因常在菇民返乡敬谢菇神时演出，故称“菇民戏”。形成于明代，盛行于清末。2007年，菇民戏被公布为省级非物质文化遗产项目。菇民戏是菇民娱神又娱人的特殊产物。

【章坑村尝新节入选第二批省传统节日保护基地】 2014年12月26日，浙江省文化厅公布景宁畲族自治县东坑镇章坑村尝新节为第二批浙江省传统节日保护基地。第二批浙江省传统节日保护基地共有35个，丽水市除景宁章坑村尝新节外，还有青田端午龙舟节、缙云张山寨七七会入选。

【旅游剧《印象山哈》提升版亮相畲乡】 旅游剧《印象山哈》提升版于2015年10月1日亮相畲乡。该版是在原剧的基础上，根据2015年4月省委书记夏宝龙在景宁调研期间观看《印象山哈》后的意见和建议提升而成。提升后的《印象山哈》更受广大游客的喜爱和好评。与《宋城千古情》《印象西湖》等一并被浙江旅游网评为“到浙江不得不看的8场演出”之一。仅10—11月两个月观剧游客就达到2955人，与上年同期1218人相比增长140%。

【《畲娘》获准参加第五届全国少数民族文艺会演】 2015年11月15日，景宁畲族题材大型音乐剧《畲娘》在丽水大剧院汇报演出，得到社会各界一致好评。16日，经专家评审获准代表浙江省参加由国家民委、文化部、广电总局和北京市人民政府联合主办的2016年第五届全国少数民族文艺会演。

《畲娘》讲述一位畲族母亲养育汉族女儿，通过辛勤劳作，制作出“惠明茶”并获得金奖的传奇故事。展现畲族人民勤劳质朴、重情重义、坚韧不拔的民族品格。展示畲民情感、文化、历史、民俗风情和畲族独特的艺术魅力。由丽水市文联副主席麻益兵担任编剧，中国戏剧协会副主席王晓鹰担任总导演，上海歌舞剧院导演信洪海担任执行导演，著名音乐家蓝天作曲。

文　物

【概况】 至2015年年底，全县共有国家重点文物保护单位2处9个点，省级文物保护单位2处，县级文物保护单位42处。是年，景宁孔庙获“丽水市十大城市文化标志性建筑”称号。市文化广电新闻出版局授予景宁孔庙为“名师寻徒”示范点。国家级重点文物保护单位——大漈时思寺整体修缮工程竣工并通过省级专家组验收。全县8座国家级重点保护廊桥视频监控于是年10月投入使用，实行实时监控。第一次全国可移动文物普查第二阶段（数据录入、信息核对）工作完成。

【时思寺维修工程通过省级专家组验收】 2015年12月，国家级重点文物保护单位——大漈时思寺维修工程通过省级专家组竣工验收。维修方案经审批、图纸设计、招投标等众多复杂程序历时7年。2014年3月1日开工修缮，2015年3月5日完工。大漈时思寺是一座融儒、道、释三教宗义，汇集宋、明、清三代古建筑文化遗址，始建于宋绍兴十年（1140年），占地1193平方米。

【景宁第一次全国可移动文物普查结束】 景宁畲族自治县根据《国务院关于开展第一次全国可移动文物普查的通知》（国发〔2012〕54号）和《浙江省人民政府关于在全省开展第一次全国可移动文物普查的通知》（浙政发〔2013〕14号）精神，于2013年8月启动第一次全国可移动文物普查工作。至2015年12月，全面完成全县可移动文物的整理、数据采集、拍摄、离线登录和信息平台上传等工作。期间，县普查办在全国可移动文物信息登录平台注册维护收藏单位账号1家、数据报送单位1家，申报、登录、上传平台藏品总数1318件（套）。（王二杰）

史志工作

【概况】 2015年，景宁史志办根据浙江省第九次党史工作会议、丽水市党史工作会议和《全国地方志事业发展规划纲要》的精神，围绕全县中心工作，全面推进党史和地方志工作。县党史办在《畲乡报》、政府网等媒体上刊登征集启示，向社会征集新民主主义革命时期以来的照片、书籍、实物等资料。通过召开座谈会的形式向老干部、老党员征集党史资料和回忆录。建立史志资料室，对收藏的书籍、资料进行整理，重新编号建档。根据档案、报刊、文献等资料编写相关专题内容。是年年底，完成党史二卷第一编和第二编的编写工作。

全年，县志编辑部召开6次会稿讨论会，对县志初稿进行分编会稿。并根据会稿提出的问题和意见逐条逐项进行补缺和修改。首部《景宁年鉴(2011—2012)》完成稿件修改、单位核稿、出版社审核等工作。3月,召开年鉴业务培训会,对各单位的撰稿人员进行年鉴基础知识、条目撰写等内容的培训,同时布置《景宁年鉴(2013—2014)》编写任务。《景宁年鉴(2013—2014)》在上一部年鉴的基础上进行篇目、内容上的调整,在整体结构上更加合理,至年底,完成单位稿件收集、资料补充和初改,部分单位完成二次修改。

是年10月30日,"景宁·中共第一党支部党史陈列馆"开馆仪式在梅岐乡桂远村举行。中共景宁畲族自治县委书记、县政协主席为陈列馆揭牌,县委书记致贺词。12月23日,"闽东红军景宁馆"在毛垟乡炉西村举行开馆仪式。 (郑利锋)

广播电视

【概况】 2015年年底,县广播电视台下设6个职能科室,5个区域广播电视站,台领导班子6人,台机关股级职数13人,区域站股级职数8人,事业编制100人,在职干部职工81人(台机关55人,乡镇区域站26人),退休72人。副高职称3人,中级职称30人,初级职称46人。景宁华数广电网络有限公司有员工44人。

是年,县广播电视台完成"三务"公开信息平台建设三年实施计划(2013—2015年),累计投资1500万元。投资60万元,进行机房双电源改造,确保广播电视安全播出。全年广播《景宁新闻》247期2320条,对农广播节目192期。电视播放《畲乡新闻》247期2322条、《畲语新闻》46期、《畲乡风》53期、《畲乡新农村》53期、《畲乡农民大讲堂》50期、《欢乐畲乡快乐歌》48期、《健康随行》52期、《文明与健康》52期、《平安畲乡》12期。在中央人民广播电台播出景宁新闻53条。在中央电视台播出景宁新闻稿4条。其中,《年味渐浓迎新春》在2月13日中央一台《新闻联播》头条播出;《破五到·赏民俗》在2月23日中央一台《晚间新闻》头条播出;《浙江丽水:父重病母离家·姐弟俩撑起一个家》《溪水猛涨父女被困·紧急营救》分别在5月27日、8月10日在中央电视台新闻频道《新闻直播间》播出。在浙江卫视《浙江新闻联播》播出景宁新闻104条;浙江之声播出新闻231条。在丽水市级媒体播出电视新闻380余条、广播新闻1100余条。县电视台电视直播3场,录播6场。是年9月,推出广电微信公众号(jnbctv0578)。自此,人们可通过手机微信、电脑网站观看、点播《畲乡新闻》和专题节目等新闻资讯。

开设《走畲乡 看发展》《两会进行时》《"两会"好声音》《"两会"我关注》《六边三化三美》《2015中国畲乡三月三》《六边三化三美 共建美丽城乡》《两山路上看变迁》《抗击台风"苏迪罗"特别报道》《助力"三城联创"》《共建美丽畲乡》《"学党章、守纪律、讲规矩"》等十多个新闻专栏。其中《"学党章、守纪律、讲规矩"》专栏播出各类稿件60条,从不同侧面、多角度展示全县开展"学党章、守纪律、讲规矩"活动期间各行各业所取得的巨大成果。

继续实施数字电视惠农工程,为19577

户农村居民减免50%的视听费，共计247万元，直接受益7万人。为全县3442户低保户免费安装数字机顶盒，免费收视80多套数字电视节目。

是年，县广播电视台获全省广播新闻协作（县级台）一等奖、电视新闻协作（县级台）二等奖、年度电视新闻协作进步奖、浙江新农村建设带头人“金牛奖”优秀组织奖、广播电视对农节目服务工程建设（电视）鼓励奖。全市广播新闻协作一等奖、电视新闻协作二等奖。被市总工会评为“先进职工之家”。在全县年终综合考核中获“创业创新奖”。陈亚丽获2015年全省广播新闻协作先进个人。

【《畲乡您早》栏目】 2015年1月，县广播电视台推出首档晨播新闻资讯类节目《畲乡您早》栏目。该栏目填补了全市无晨播类新闻节目的空白。栏目内设“要闻速览”“百姓视线”“魅力畲乡”和“网搜畲乡”四个子栏目。定位于全景展现全县一周所发生的大事、急事、新事、趣事，全方位解读县委、县政府的决策部署，多角度回顾重大活动和时政热点，多模式传递畲乡民生信息，多媒体互动宣传畲乡的发展变化。每周一期，每期15分钟。周一早上8时首播，晚上9时重播，周二早上8时再重播。是年，播出43期。

【《新农村冲击播》活动】 2015年6月，浙江省第五届《新农村冲击播》助推活动落户景宁。该活动通过在浙江电视台公共·新农村频道播放宣传片、主持人代言、专题节目、文艺节目、官方微信等多种媒体手段，对景宁畲族自治县的生态旅游、畲乡风情等进行全方位介绍和展示，提升了景宁“民族”“生态”两大名片的知名度，助推景宁经济社会健康快速发展。其间，对景宁进行集中采访报道和专题宣传20多个（次）。其中县委书记谈畲乡文化、县人民政府县长蓝伶俐谈畲乡旅游、《新农村冲击播》走进东坑、走进梅岐党史陈列馆、“党建播报”和深垟畲族药膳养生节等宣传报道更具影响力，得到了社会各界的赞誉。

【《畲乡文化频道》试播成功】 2015年12月28日，景宁畲族自治县广播电视台第二频道《畲乡文化频道》试播成功。该频道设《我要学畲语》《我要上电视》《畲语新闻》《文化畲乡》等栏目。《畲乡文化频道》充分挖掘畲族文化资源，使电视节目更贴近群众、贴近实际、贴近生活。《畲乡文化频道》的推出，既改变了一直以来县广播电视台单一频道的状况又进一步满足了广大群众日益增长的文化需求。

【农村应急广播体系建设完成】 2015年12月，全县21个乡镇（街道）254个行政村的应急广播体系建设全面完成。该项目由县广播电视台组织实施，采用广电IP技术模式，于2014年启动，总投资645万元，累计改造双向网线路320千米。

【首辆电视新闻直播车投入使用】 2015年1月，县广播电视台投资350万元购置的第一辆电视新闻直播车投入使用。是年，先后对县委、县政府工作会议，县“党代会”“人代会”，

2015 年 1 月 16 日，景宁首辆电视新闻直播车投入使用

（县电视台提供）

中国畲乡三月三等重要会议与活动进行了实况电视直播。从此，结束了县广播电视台没有电视直播节目的历史。（叶鑫鑫）

新闻传媒

· 畲 乡 报 ·

【概况】 《畲乡报》是中共景宁畲族自治县委机关报，创办于 1995 年 2 月。2015 年，《畲乡报》社对 1995 年 2 月到 2004 年的《畲乡报》进行数字化。读者只要打开中国景宁新闻网的“畲乡报数字报”专栏，就可以查阅《畲乡报》创刊以来所有的内容。

是年，推出“走近畲乡”“景象”等特色品牌栏目，反映景宁特色文化和优美风光。《畲乡报》社紧紧围绕县委县政府的中心工作，在做好县领导活动、“三城联创”、县城立面改造工程、畲乡绿道工程、凤凰古镇工程、城北污水管网工程、畲族题材音乐剧《畲娘》排演等日常报道的同时，抓好县八届人大四次会议、政协八届四次会议、全县工作会议、2015 中国畲乡三月三暨惠明茶荣获巴拿马万国博览会金奖 100 周年纪念活动等重大主题报道和“代表（委员）风采（心声）”“畲乡好人”“听老党员讲那过去的故事”等典型报道。全年出报 148 期，发行量 70 万份。刊出各类新闻、宣传报道、图片 5000 余篇（幅）300 多万字。其中由该报记者采写的新闻和图片（稿件）在《丽水日报》《浙江日报》《人民日报》 等媒体上发表 50 多篇。《畲乡报》社被《丽水日报》社评为 2015 年度先进基层报道单位。

【“两会”宣传】 2015 年 3 月 22—27 日，县八届人大四次会议、政协八届四次会议在影城召开。为了做好“两会”宣传报道工作，《畲乡报》社细化报道方案，“两会”期间将周报改成日报，推出“代表、委员风采（心声）”栏目，连续作战 6 天，出报 6 期，及时报道“两会”消息。刊出《集思广益共话发展 建言献策畅谈未来》和《热议报告求发展 建言献策为民生》等 8 个专版，相关稿件、图片 70 余篇（幅）。（吴伟东）

·中国景宁新闻网·

【概况】 2015 年，中国景宁新闻网首页进行改版和栏目设置调整。融入畲族元素，使其页面更加精美大气，功能更加合理齐全，特色更加鲜明出彩。调整后，网站设一级栏目 23 个，二级栏目65个。为全县21个乡镇(街道)分别建立子页面。内容涵盖全县经济、社会、文化等各个方面。功能包含新闻阅读、视频欣赏、广告发布、商务购彩、网上医院预约、网络团购等。在“数字报”“畲乡交友”“分类信息”“便民服务”等便民栏目基础上增加景宁便利服务版块,使中国景宁新闻网的功能日趋完善。是年,先后推出《2015新年专题》《“两会”专题》《2015中国畲乡三月三》《青山绿水稀客来》等专题。继续保留“走近畲乡”“六边三化三美”等一批特色专栏。整合电视台《畲乡新闻》《畲乡风》《畲语新闻》《畲乡您早》《畲乡新农村》等栏目视频资源,利用网站新闻发布、微信、微博、景宁“问政直通车”“畲山风论坛”等平台,发布景宁新闻。做好突发事件宣传和网络引导工作,传播正能量。借助“浙江在线”强大的宣传优势,把畲乡优美的资源和最新动态向全世界网民推荐。至2015年年底,网站推荐到《浙江网闻联播》新闻稿件、图片、帖子等3300多篇(幅)。其中,在浙江网闻联播首页发表新闻稿件1000余篇(幅),部分新闻图片在浙江在线首页推出。中国景宁新闻网受众覆盖全球120多个国家和地区,国内31个省、自治区、直辖市和港澳台地区全覆盖。是年,注册网民61075人。网站点击量5800万人次,日最高点击量106614人次,日平均点击量3万余人次。被评为浙江在线新闻网站2015年度优秀支站。

【全省网媒记者齐聚畲乡宣传景宁】 中国景宁新闻网是浙江在线新闻网站直属支站。2015年7月15—16日,浙江在线组织全省57家网络新闻媒体负责人和采编人员100余人齐聚景宁,商讨如何加强浙江在线各支站与总站的联系与合作,并就如何做好网络新闻和进一步推广、开发、利用微信公众号做经验交流。其间,中共景宁畲族自治县委常委、宣传部长季建标介绍景宁经济社会发展及历史人文概况。随后,参与记者深入畲族博物馆、凤凰古城、畲乡之窗等地采访,多角度宣传畲乡景宁的建设和发展。

2015年7月15日,全省网媒记者齐聚景宁　　畲乡报社 提供

【景宁新闻网官方微博】 景宁新闻网借助景宁唯一拥有新闻发布权的综合性门户网站优势,融合《畲乡报》、电视台、政府门户网、各部门单位网站、个人微博微信、外媒看景宁等资讯平台,推动彼此网络空间优势互补、合作共赢、共同发展。2015年,分别在人民网、新华网、新浪网、腾讯网、浙江在线等门户网站开通官方微博。平均每个官博发布原创微博广播4000多条。其中,人民网微博听众70000多人。成立景宁微博协会,联合景宁微博协会会员(微友),运用多种方式扩大畲族特色文

化的影响。开展各类线上线下微博活动，相继和部门单位合作开展“三月三”等微博大赛。通过微博同步直播宣传畲乡文化。

【景宁问政直通车】 景宁问政直通车开通2014年7月28日，由县纪委、县委宣传部、畲乡报社共同主办，有108个网络发言人部门参与互动。共设网上民意厅、网络发言人部门、部门资讯、特别推荐、最新回复、回复排行、未回复排行等7个子栏目。2015年，点击40万人次，受理网民咨询信息或意见建议608条，办理回复597条，回复率98.2%。但还存在有些网友反映的如黄包车、小区管理等问题找不到责任主管部门、相关运行机制不完善等不足之处。 （吴伟东）

文学艺术

【概况】 2015年底，景宁畲族自治县文学艺术界联合会（简称县文联）属下有作家、音乐、美术、书法、舞蹈、摄影、民间文艺、戏剧、电影、诗词（楹联）、老年诗书画院等11个一级协（学）会和1个二级协会——国标舞协会，每个协（学）会分别有会员数十人不等。县文联内部文学刊物《畲山风》，累计刊出13期。是年，县文联成功举办“美丽畲乡·水之韵”油画作品展。完成《畲乡景宁历史文化村落传奇》一书62个村落中的14个村落故事文本编撰，有8篇被“千村故事丛书”选用。组织各协（学）会下乡创作采风活动40余人次，接待外地艺术家到景宁创作采风交流90余人次；送春联下乡6批次3000余对。协助丽水市文联开展“艺术家走进农村文化礼堂”2015新春送欢乐文艺巡演2场（梧桐、大均各1场），送春联600对。与县财政局联合举办“新预算法微电影剧本”征集活动，收到征文12篇。同意吸收“畲乡梦九老年诗书画院”为下属第11个一级团体会员（“畲乡梦九老年诗书画院”共有正式会员3人，主要致力于传统诗书画挖掘保护；诗书画知识学习讲座；诗书画采购公益活动；诗书画作品创作交流；诗书画作品展览等）。县作家协会组织骨干会员参加省作家协会、浙江日报“浙山浙水浙人”征文活动，景宁有5名作者的作品入围。2015年7月8日，县摄影家协会承办的丽水市“亮相畲乡”摄影展在丽水摄影博物馆开展。该摄影展共收集畲族风情、惠明茶韵、高山湿地、畲家田园、畲邑新貌、畲寨风光、畲乡卫士、神奇千峡、千年陶艺、多彩光影等10个主题作品120幅。雷福高、刘建华的书法作品，柳慧丽、魏子青、吴苏苏的国画作品获“2015年丽水书画作品展”入展奖。 （张亚华）

图书发行

【概况】 景宁畲族自治县新华书店有限公司，是浙江省新华书店集团公司下属的全资子公司。有门市营业面积600平方米，1个教材仓库，1个校内连锁店。卖场进货统一到集团公司，实行连锁经营。2015年，上架图书有社科、少儿、教辅、音像四大类5万余种，在架图书8万余册。是年，POS销售图书40.42万册，码洋917.75万元。其中，大客户POS销售76.9万元；引进文化用品POS销售97.33万元，

数码产品 POS 销售 138.02 万元。　（杨　涛）

档案工作

【概况】 景宁畲族自治县档案局与景宁畲族自治县档案馆为一个机构，两块牌子，归口县委管理，是正科级全额拨款参照公务法管理的事业单位。主要职能是贯彻执行党和国家关于档案工作的方针、政策，对全县档案工作实行统筹规划、宏观管理。内设办公室（执法监督科）、业务指导科（行政审批科）、保管利用科、现行文件管理科（现行文件查阅利用中心）、信息技术科及电子文件与数字档案登记备份中心（局下属股级公益一类事业单位）。2015 年，县档案局切实加强单位作风建设，印发《关于进一步严明工作纪律的通知》和《关于加强正风肃纪巡查工作的通知》。实地走访全县重点工程建设项目单位，做好工程项目档案专项验收的监管指导。联合县监察局、县人力社保局对县林业局等 3 家单位和秋炉乡等 3 个乡镇进行档案管理违法违纪行为抽查，针对被查单位存在的问题提出限期整改意见。是年年底，馆藏档案 127 个全宗，124913 卷（件）档案、照片 4900 张、资料 6402 册，形成文书、科技、业务、声像、照片、会计、土地房产等 13 个档案门类，全年向社会开放档案 86 个全宗，7543 卷档案；档案利用 4682 人次，4879 卷。

【基层档案规范化管理】 2015 年，县档案局陆续走访各乡镇、街道，针对档案管理网络、档案室基础设施、档案实体管理等情况进行调查摸底，最终确定沙湾镇、家地乡、东坑镇、景南乡为第二批基层档案规范化管理单位。县档案局在工作开展过程中，积极协助各乡镇、村做好档案、资料的代立卷工作，并做好乡镇、村档案员的档案业务培训。沙湾镇 26 个村中有 2 个村档案自行保管，其余村由镇政府代管；家地乡 6 个村中有 2 个村档案自行保管，其余村由乡政府代管；东坑镇 18 个村和景南乡 8 个村的档案均由本村自行保管。

【档案资源体系建设】 2015 年，县档案局不断加强馆藏档案资源体系建设，征集到民国 17 年的“景宁县第六区农民协会会费收据”和民国 26 年国民政府发行的“救国公债”券 2 份；征集到《景宁县人大志》及该志的原始手稿、廉政教育宣传微电影《木马择匠》光盘、全国劳模雷刘东的相关资料实物扫描件和照片（原件由省档案馆永久典藏），荣誉证书 13 本、奖章 3 枚、佩带 4 条及工作、生活照片 43 张；征集到《景宁文史》《周氏宗谱》《马氏宗谱》家谱族谱等各类资料 60 余本。加强民生档案接收工作，接收 2004—2010 年全县婚姻登记档案 14795 件，其中结婚登记 13601 件，离婚登记 1187 件，涉外婚姻登记 7 件；接收统计普查、业务类等档案 621 卷；接收“设县 30 周年”庆祝活动有关活动题词、活动标志等实物档案 10 件，各种活动照片光盘档案 32 只，文书档案 360 件；接收县人民政府办公室文书档案 4247 件。编印发行《景宁荣誉》《景宁劳模》两本书籍，馆藏档案资源得到了优化和丰富。

【档案信息化建设】 2015年5月，县档案局继续开展馆藏档案数字化加工，至年底，完成县人力社保局、县委组织部、县委宣传部、县审计局等12个馆藏全宗档案，共计扫描94.65万页。加强全县78家单位的“1+9+N”数字档案协同管理系统的归档指导。是年年底，全县“1+9+N”数字档案协同管理系统内条目达到58968条，文书档案一文一件条目97003条，案卷目录2524条，卷内目录43040条；移民档案7404条、农村文书档案339条、农村业务档案17条。同时运用移动硬盘与机房馆藏存储系统对县委办、土地证清册等二期馆藏档案数字化成果进行双套备份；对2014年度市场准入数据、育龄妇女网络数据等部分涉民电子业务数据进行光盘脱机备份。继续推进数字档案室创建工作，申报县府办、县民宗局、县文广出版（体育）局3家单位创建为示范、规范化数字档案室。 （潘玲玲）

卫生　体育

卫　　生

【概况】 2015年，全县有各级各类医疗卫生机构106家。其中，县属医疗卫生计生机构8家，社区卫生服务中心和乡镇卫生院23家，社区卫生服务站(分院)1家，村卫生室54家，民营医院2家，门诊部1家，诊所17家。共有卫生技术人员806人。其中，执业(助理)以上医师344人，注册护士254人。实有床位541张。

是年6月，县政府出台《景宁畲族自治县卫生和计划生育局主要职责内设机构和人员编制规定》。不再保留县卫生局和县人口和计划生育局，组建县卫生和计划生育局。把县卫生局的用人单位职业卫生监督检查等相关职责划入县安全生产监督管理局。其他职责整合划入卫生和计划生育局。核定局机关内设8个职能科室，行政编制14名，后勤服务人员编制2名。其中：局长1名，副局长4名(其中1名兼任计生协会专职副会长)，纪检组长1名，股级职数8名。核定下属事业单位7个，挂靠管理单位1个。7月，完成局内科室设置、人员调整以及班子工作分工。8月18日，县卫生和计划生育局挂牌。在全市率先完成卫生、计生机构改革。10月，完成妇幼保健所和计划生育指导站机构整合工作。

全县无偿献血1852人次，献血561510毫升。无偿献血量占临床用量的103.1%。全年未发生刑事案件、治安案件和火灾事故。

【成功创建浙江省慢性病综合防控示范区】 2015年12月2—3日，景宁畲族自治县省慢性病综合防控示范区创建工作通过省卫生和计划生育委员会慢性病综合防控示范区专家考核组评估验收。省卫生和计划生育委员会、省教育厅、省民政厅、省体育局联合印发(浙卫发〔2015〕84号)文件，命名景宁畲族自治县为“浙江省慢性非传染性疾病综合防控示范区”。

是年，景宁畲族自治县成立以分管县长为组长，24个政府部门和2个街道办事处为成员单位的创建工作领导小组。围绕“综合防控慢病风险，减少慢病负担”目标，出台并实施《景宁畲族自治县创建浙江省慢性病综合防控示范区实施方案》和《景宁畲族自治县慢性病防治工作规划(2014—2016)》。县财政安排专项创建经费218万元，推广全民健康生活方式。设立大型户外宣传广告牌，在《畲乡报》开设疾控知识、健康教育专栏，在县电视台开设“健康随行”栏目大力宣传慢性病综合防控知识。联合打造畲乡健康步道和石印山健康主题公园。开展机关、企事业单位工间操活动。举办“三月三”体育一条街等全民健身运动会。在中小学校开展适龄儿童窝沟封闭、龋齿充填和学生健康体检。创建20家健康示范单位、示范社区和示范餐厅(食堂)。创建健康教育学校8所，无烟医疗机构26家，无烟单位13家。组建心脑血管防治、精神卫生、口腔卫生指导、糖尿病防治、肿瘤防治5个综合防治办公室。建立慢病防控技术指导组、慢性病防控指导人才库、健康教育讲师团等专业指导团队。建成患者自我管理小组10个。以高血压、糖尿病等慢性病为重点，发挥三级防控网作用，面向全社区人群，提供医疗、预防、保健、康复、护理、健康教育等综合服务。

【成功创建浙江省卫生应急工作示范县】 2015年10月27日，浙江省卫生和计划生育委员会组织专家，根据卫生应急工作示范县(市、区)评估实施办法，对景宁畲族自治县卫生应急工作示范县创建工作进行考核评估，命名景宁畲族自治县为“浙江省卫生应急工作示范县”。

是年，景宁畲族自治县以县公共卫生工作委员会为核心，调整县卫生应急工作领导小组。制定和印发《景宁畲族自治县突发公共卫生事件应急预案》《景宁畲族自治县突发公共事件医疗救援应急预案》。同时制定重大传染病疫情应急预案、重大职业中毒事件应急预案等各类应急预案27个。县疾控中心、县卫生监督所制定各种应急预案和技术方案58个。建成县卫生应急指挥中心。成立景宁户外应急救援队。建立食品安全检验检测中心(列入是年全县“十件实事”)和农村饮用水工程水质检测中心。投入73万元，用于卫生应急准备、监测预警、物资储备等项目建设(设2个卫生应急物资储备中心：县人民医院、县疾控中心)。健全卫生应急监测预警体系，建立公共卫生工作信息通报与交换机制，强化紧急信息报送工作。组织多部门开展突发大面积停电事故应急联合演练、食品安全事故医疗救援和调查处置应急演练。全面深入宣传卫生应急知识，全县居民知晓率82.62%。

【精神病专科医院投入使用】 2015年，由民间资本投资建设的精神病专科医疗机构——安康医院投入使用。该医院，坐落在鹤溪街道三枝树村至坑头村的公路旁，占地面积1300.32平方米，建筑面积1850平方米。设置精神科、中医科、内科、医学检验科等诊疗科目。核定床位32张。

【“动态血压远程诊断报告系统”建立】 2015年12月，上海瑞金医院高血压研究所，为景宁建立基层医疗卫生机构“动态血压远程诊断报告系统”。该系统含动态血压监测仪(25台)和动态血压诊断报告技术平台软件，总价值150万元。为景宁人民两年免费诊断报告服务。

· 卫生监督 ·

【概况】 2015年，选派33人次参加省、市级举办的培训班。县卫生监督所出动卫生监督员268人次，检查1321户次，发放卫生监督意见书276份。制作医疗机构、学校卫生、公共场所卫生等各类检查表232份。查处违法案件13起，执结13起。其中，警告11起。罚没款32234元。继续保持行政复议、行政诉讼“零发生”。全年未发生非法行医致人死亡、伤残事件。抽检3个社区15个监测点55份水样，社区生活饮用水卫生检测合格率100%。检查24所学校，未发现使用自备水、桶装水现象。对县内喜涮涮餐具消毒有限公司的餐具回收、除渣、清洗、消毒、包装等环节开展监督检查（抽检60批次，合格59批次）。与有资质的医疗废物处置单位签订协议，医疗废物规范处置率95%以上。大地、鸬鹚两个乡镇卫生院通过省级验收，被省卫生计生委评为“省级卫生监督协管服务示范点”。

是年，县行政审批中心卫生窗口接受群众咨询服务1256人次。受理各类卫生许可证申请251份，全部在承诺时限内办结，办结率100%。发放公共场所卫生许可证94本，医疗机构许可证32本，母婴保健技术服务执业许可证1本，放射人员证2本，医师注册78本，护士注册44本。办理从业人员健康证1294本。

【促成美发行业协会成立】 2015年8月21日，县卫生监督所协助景宁美发行业成立“景宁畲族自治县美发行业协会”，同时主办县首届“美发竞技大赛”。美发行业协会与县卫生和计划生育局签订承诺书，与各业主签订责任书。县卫生监督所为美发行业管理层骨干进行统一专业卫生知识培训。

· 疾病预防控制 ·

【概况】 2015年，县疾控中心积极参与“省级卫生应急示范县”和“省级慢性非传染性疾病综合防控示范区”创建工作。完成国家卫生和计生委中小学生维生素D监测与干预、国家级健康素养与烟草流行监测、省级疾病预防控制技术创新技术指导示范点建设、省重大公共卫生监测项目试点、省级百白破、脊灰疫苗免疫效果及安全性观察等项目。完善突发公共卫生事件应急处置规程，充实应急小组人员，开展人感染H7N9禽流感卫生应急演练，确保监测预警、应急响应、应急保障等各环节衔接。全年举办乡镇防保人员、责任医生、检验操作人员等各类培训19期750余人次。组织参加国家、省、市各种培训学习52次60余人次。

是年，全县22个网络直报用户，传染病网络报告正常，各乡镇每月实际直报率100%。全年报告乙、丙类传染病12种。无重大传染病疫情发生和流行，无突发公共卫生事件。报告发病822例，发病率为474.24/10万。前3位病种依次为：手足口病、其他感染性腹泻、病毒性肝炎。管理艾滋病及病毒感染者24例（为8个生活困难家庭落实低保）。登记疑似肺结核病人85例，发现活动性肺结核病人46例。痰找结核杆菌涂片284张，查痰率100%。

落实《疫苗流通和预防接种管理条例》，执行《预防接种工作规范》，各类监测报表报告率、及时率均在99%以上。累计卡介苗接种895人次,接种率100%。脊髓灰质炎疫苗接种4168人次,接种率99.90%。百白破接种4273人次,接种率99.88%。乙肝首针及时接种率99.12%。乙脑接种2321人次,接种率99.91%。白破接种1347人次,接种率100%。五苗接种率97.54%。共接种狂犬疫苗648人份。其他二类疫苗10720针次。鹤溪街道社区卫生服务中心预防接种星级门诊,开展现代企业管理模式5S(即整理"SEIRI"、整顿"SEITON"、清扫"SEISOU"、清洁"SEIKETSU"、素养"SHITSUKE")进行现场管理。

开展社区诊断工作,完成《2015年景宁县社区诊断报告》。是年,全县高血压患病率45.7%,年龄标化患病率28.57%;糖尿病患病率9.1%,年龄标化患病率6.04%。上报死亡卡片1046张,粗死率(指综合因素对在一定时间和空间范围内的全部人群生命威胁程度的统计量)6.1‰。高血压登记患者8328人,发现率7.86%,规范管理4700人,规范管理率63.61%,最后一次随访血压控制理想人数3417人,控制率46.24%;糖尿病登记患者数2059人,发现率1.94%,规范管理人数1076人,规范管理率61.59%,最后一次随访血糖控制理想人数713人,控制率40.81%。重性精神病患者检出人数425人,检出率4.5‰,检出重性精神病患者管理人数353人,管理率83.05%。抽取5个乡镇居民户食用盐监测300份,合格率97.12%。检鼠230只,诱集成蚊499只,诱集苍蝇85只,捕获蟑螂若虫148只。采集农村生活饮用水715份,合格325份,合格率45.40%。其中38份为水源水,水源水合格率100%。县疾控中心实验室,通过省质量技术监督局计量认证复评审,取得食品检验机构资质认定证书和资质认定计量认证证书。

【省疾控中心对口帮扶】 2015年,是省疾控中心与景宁畲族自治县疾控中心签订"对口帮扶"协议第三年。是年3月,省疾控中心下发《2015年对景宁县疾控中心"对口扶持"项目计划任务》。扶持内容包括:帮助指导创建省级卫生应急示范县,指导开展理化检验项目,创建省级慢性病综合防控示范区。是年,省疾控中心先后选派多名业务骨干挂职蹲点帮扶,帮助提升景宁县疾控中心综合业务能力。

· 妇幼保健 ·

【概况】 2015年,县妇幼保健计划生育服务中心,以控制孕产妇、儿童死亡率为目标,实施"十二五"妇女儿童发展规划,推进妇女和儿童保健管理、妇幼重大公共卫生项目和母婴健康工程项目等工作。全年参加省级临床进修4人次,培训33人次,市级培训54人次。举办县级培训班4期215人次。乡镇妇女、儿童保健人员县级轮训28人次,与省级妇女、儿童保健专家结对2人。开展"妇幼保健分子遗传医学研究""围绝经期妇女保健适宜技术在基层的应用"等课题研究,申报市级、县级课题各1项。

是年,县妇幼保健计划生育服务中心门诊108231人次,未发生孕产妇死亡,连续8年实现孕产妇零死亡。孕产妇系统管理1159人,管理率95.94%。孕28周县级高危筛查

1179 人，筛查率 98.91%。剖宫产率 47.94%(发生地)。高危孕妇住院分娩 611 人，住院率 100%。全县婴儿死亡率 5.79‰，5 岁以下儿童死亡率 7.45‰。3 岁以下儿童系统管理 4458 人，系统管理率 96.08%。7 岁以下儿童保健管理 10711 人，覆盖率 97.79%。筛选 3 岁以下营养性疾病/高危儿 264 例，管理率 100%。免费对 8 例梅毒孕妇所生婴儿进行管理和追踪随访。是年，规范管理托幼机构 19 所，儿童入园入托体检 1561 人，"六一"体检 2878 人，体检率 100%，教职工体检 381 人。是年，宫颈癌筛查 2104 例，乳腺癌筛查 400 例。孕妇产前筛查 1015 人，筛查率 85.22%。发放免费叶酸 1160 人，完成任务数的 105.45%。农村孕产妇住院分娩补助 903 人，完成任务数的100.33%。新生儿疾病筛查 753 人(发生地)，筛查率 100%，确诊病例 5 例。新生儿听力筛查 747 人(发生地)，筛查率 99.60%。免费婚前医学检查 828 对，婚检率 100%。计划生育四项手术 1545例。全年当地出生婴儿 750 例，出生医学证明当年发证 708 例，当年发证率 94.40%。完成 2014 年 12 月前出生婴儿的出生医学证明签发档案整理并移交到县档案局管理。完成渤海中心卫生院市级孕产妇保健、儿童保健规范化门诊创建工作。

【县心理卫生协会成立】 2015 年 6 月，全市首家心理卫生协会在景宁畲族自治县成立，协会挂靠县妇幼保健计划生育服务中心。9 至 11 月，该协会与丽水市绿谷培训学校联合举办国家心理咨询师、公共营养师培训各 1 届，学员 72 人。是年，组织开展"妇幼工作人员职业倦怠"项目研究。

【县妇幼保健计划生育服务中心成立】 2015 年 9 月，根据《景宁畲族自治县人民政府办公室关于印发景宁畲族自治县卫生和计划生育局主要职责内设机构和人员编制规定的通知》，县妇幼保健所和县计划生育宣传技术指导站实施机构整合，成立县妇幼保健计划生育服务中心。该中心核定编制 30 名，为县卫生和计划生育局下属公益一类事业单位。10 月 8 日，中心搬迁到县公共卫生业务综合大楼办公。

· 基层医疗 ·

【概况】 2015 年，省政府将景宁畲族自治县列入分级诊疗工作试点县。县人民政府办公室印发《景宁县分级诊疗试点工作实施方案》，成立试点工作领导小组(分管副县长为组长)，负责组织协调、政策落实等工作。各医疗卫生单位落实措施，加强基层医疗机构综合服务能力建设，发挥社保和报销比例政策性倾斜的杠杆作用，构建区域转诊协同信息化平台。是年，依托丽水市双向转诊信息系统，乡镇卫生院向县医院转诊 145 人，县医院向省市三级甲等医院转诊 12 人，县域内就诊率 70.2%。全年基层医疗机构门(急)诊 14.83 万人次。

是年，县审计局对县卫生计生局和乡镇卫生院(社区卫生服务站)2013—2014 年公共卫生和医疗服务管理情况开展专项审计调查，未发现有网下采购行为。县社保、审计部门就基层医疗机构的药品配备、药品合理使用开展业务督查指导。县医疗卫生管理中心每月对乡镇卫生院的药品采购实行网上监管。各乡镇卫生院完成51家村卫生室半年考核和全年考核,考核完成率100%。乡村医生培训率100%。足额安排村卫生室考核管理经费、医疗责任保险经费、基本公共卫生服务经费。100%的社区卫生服务中心和乡(镇)卫生院,33%的村卫生室设置有中医科和中药房,提供中(成)药或中医适宜技术服务。中医药参与社区卫生示范单位7家,创建率37%。推进鹤溪社区卫生服务中心、沙湾镇卫生院、毛垟乡卫生院中医馆建设。基层医疗机构中药饮片业务收入比上年增加37.1%。调查表明,农村居民对乡镇卫生院卫生服务满意度在95%以上,对卫生技术人员满意度在98%以上。

· 爱国卫生 ·

【概况】 2015年,县政府印发《关于调整景宁畲族自治县爱国卫生运动委员会组成人员的通知》,调整和充实爱卫会组织,由分管文教卫的副县长任县爱卫会主任。组织开展第27个爱国卫生月活动,制订工作方案,开展环境整治。清除卫生死角及病媒生物孳生地,巩固灭鼠、灭蟑先进城区成果,并在红星街道的仙童社区建立"四害"密度监测点。城市展览馆等6个单位,创成"市级无烟单位"。17个单位创成"县级无烟单位"。13个村创成市级卫生村。县武警中队等5个单位通过省级卫生单位复评。县城5个社区创成健康示范社区。全县卫生厕所普及率97.03%,无害化卫生厕所普及率88.22%。建立农村户厕档案信息化系统,并与省市联网。组织开展健康教育与健康促进工作,开展全民健康素养巡讲。民族中学、职业高中创成健康促进学校(银牌)。

【国家级卫生县城创建】 2015年8月,景宁开展创建"国家卫生县城"活动。县爱国卫生运动委员会办公室的主要职责是:爱国卫生组织管理、病媒生物防制、创建工作指导、与上级爱卫组织的联系对接等。县卫生计生局成立创建工作领导小组,办公室设在爱卫办。各单位建立一把手负责制,任务到人,明确目标、任务和时间节点。是年12月,邀请市级专家对景宁创建"国家卫生县城"工作进行技术评估。并根据专家提出的意见进行整改。

· 县人民医院 ·

【概况】 2015年,县人民医院成为中国医院协会的会员单位、省应急示范基地及省规范化培训基地。院士专家工作站通过市科协技术协会评审。急救适宜技术通过省卫生计生委中期评审。

全年门诊36.67万人次,住院1.40万人次,手术2229例。业务收入比2014年增长4.5%。其中药占比39.32%,比2014年下降1.37个百分点。病床使用率80.63%,比2014年增长2.51个百分点。新增骨关节专科、妇科、内分泌专科、二胎咨询、血管外科、介入科、生长发育科等7个专科。开展40余项新技术研究,其中4项省级课题通过验收。有14人通过高级职称评审。陈学智等5位医师成为省级医学会分会委员。季必池等9位医师成为市级医学会分会委员。医师黄晓飞被选派援疆。有26名医护人员分别被评为畲乡名医、畲乡名护士、护理能手、医技能手。

是年，启动“一十百千工程”(即借助一个院士工作站，提高十个重点合作学科技术水平，通过百名专家结对景宁，鼓励千名医师进驻畲乡)。成立院务监督委员会。9位专家结对帮扶秋炉乡贫困户。全院开展胸痛、大出血病种演练及考核工作。对各科室“十四项医疗核心制度”运行情况进行检查、分析、整改。梳理全院护理岗位工作。组织“5•12”国际护士节庆祝活动。开展第三届护理学术周活动，并邀请浙大一院护理部主任冯志仙做指导。组织浙大一院60余名党员专家进畲乡，携手助力双下沉活动。协助举办省级医学专家基层义诊服务景宁行活动，为畲乡百姓义诊。完成新HIS系统上线工作，优化医院信息流程系统，完善医院综合数据决策分析系统。完成医技影像系统的存储扩容及数据迁移工作。完成医院门诊大厅、输液大厅和病区内的无线网络部署工作。全院开展消防诊治、安全生产月等活动。

【“精准医疗扶贫”项目实施】 2015年12月10日，浙大一院与景宁落实省委省政府“精准扶贫”工作举行签约暨启动仪式。浙大一院与景宁县委、县政府紧密合作，开展医疗下沉、专家下沉、学科下沉、资金下沉、文化下沉的“精准医疗扶贫”项目。项目内容包括精准医疗扶贫基金、巡回医疗巴士、远程医疗设备、远程移动门诊设备、多参数生命采集设备等，价值共计600多万元。　(张成伟)

·红十字会·

【概况】 2015年，景宁畲族自治县红十字会先后为全县的初学驾驶者、机关干部、武警官兵、高危行业人员、学校师生、社区居民和农村农民开展心肺复苏、创伤救护四项技能、意外伤害和突发事件处理等红十字应急救护知识普及培训3581人次，红十字应急救护员取证培训1812人次。向上级红十字会以及社会各界募集各种救灾、救助物资和资金折合人民币126万余元，并及时发放到全县中小学生、幼儿园孩子、农村老党员和因灾因病的贫困户手上。继续开展防灾减灾、艾滋病防治、无偿献血、造血干细胞捐献以及人体器官捐献等工作的宣传。至2015年年底，登记人体器官捐献志愿者2人，造血干细胞捐献志愿者70余人。

【《关于进一步加快发展红十字事业的实施意见》出台】 2015年6月11日，中共景宁畲族自治县委、景宁畲族自治县人民政府出台《关于进一步加快发展红十字事业的实施意见》(景委发〔2015〕11号。该意见肯定了县红十字会在认真贯彻落实《中华人民共和国红十字会法》，依法履行职责，主动服务经济社会发展大局，积极动员社会力量，参与应急救援、应急救护、人道救助、无偿献血、造血干细胞捐献和人体器官(组织)捐献等方面所做工作和取得的成效；对建立健全红十字应急救援体系、着力构建红十字应急救护培训长效机制、不断增强红十字人道救助实力、大力推进红十字关爱生命行动、深入开展红十字青少年工作、积极开展红十字宣传传播交流工作等六方面提出了明确的工作要求；从加强红十字会组织建设、干部队伍建设、志愿者队伍建设等方面进一步完善红十字会管理体制，为推进省级“红十字工作示范县”建设提供有力保障；从加强对红十字会工作的领导、完善红十字事业发展政策、打造公开透明的红十字会、优化红十字事业发展环境等四个方面对景宁红十字工作提出了工作目标和期望。

【省、市红十字会到景宁救灾慰问】 2015年8月11日，受省、市红十字会的委托，市红十字会副会长胡美芳、秘书长叶新敏一行到景宁对“苏迪罗”台风受灾群众进行慰问，将省红十字会下拨的20余万元救灾物资和县红十字会2万元应急救助金及时发放到受灾群众手里。

【省红十字会扶持景宁红十字事业发展】 2015年11月4日，为进一步深入贯彻落实省委、省政府《关于加大力度继续支持景宁畲族自治县加快发展的若干意见》(浙委〔2012〕115号)精神，浙江省红十字会出台《浙江省红十字会关于加大力度支持景宁畲族自治县红十字事业发展的若干意见》(浙红〔2015〕37号)。从备灾救灾体系建设、加大人道救助扶持力度、提升红十字应急救护水平、加快发展红十字青少年工作、着力提高自身造血功能、切实抓好各项扶持政策和工作措施落实等6个方面切实加强对景宁红十字会的工作指导和扶持，力尽所能地帮助解决景宁红十字事业发展的实际困难，促进景宁红十字事业又好又快发展。

【景宁畲族自治县红十字会第三次会员代表大会召开】 2015年11月27日，景宁畲族自治县红十字会第三次会员代表大会在县行政中心2号楼一楼报告厅召开。大会应到代表77名，实到代表61名。大会听取、审议并通过景宁畲族自治县红十字会第二届理事会工作报告；选举产生景宁畲族自治县红十字会第三届理事会理事29名(马庚明、叶妮、叶传金、刘化茂、刘俊平、刘慧云、严小红、汤旭初、杜迎春、吴雯雯、吴耀旺、余晓军、张建华、陈华星、陈晓华、陈培春、范光明、林伟、林兴国、林作平、林晓洪、柳建军、周利明、商晓云、梅玉娟、梅明荣、梅根金、蓝丽芳、蓝德余)。

同日，召开景宁畲族自治县红十字会第三届理事会第一次会议，应到理事29名，实到理事24名，会议选举产生景宁畲族自治县红十字会第三届理事会会长、常务副会长、专职副会长、副会长。根据县红十字会会长的提名，以举手表决的方式选举产生秘书长。余晓军当选为会长，柳建军当选为常务副会长，蓝德余当选为专职副会长，严小红、陈华星、陈培春、林兴国、蓝丽芳当选为兼职副会长，刘俊平当选为秘书长。会议聘请中共景宁畲族自治县委书记，县人民政府县长为景宁畲族自治县红十字会第三届理事会名誉会长；聘请中共景宁畲族自治县县委副书记程巧琴，中共景宁畲族自治县县委常委、宣传部长季建标，景宁畲族自治县人大常委会副主任罗德伟，景宁畲族自治县政协党组副书记、副主席叶金堂为景宁畲族自治县红十字会第三届理事会名誉副会长。

【县红十字志愿者工作委员会成立】 2015年12月10日，县红十字志愿者工作委员会正式成立。该委员会下设县红十字志愿者应急救援队、县红十字会应急救护培训讲师队、县无偿献血与造血干细胞捐献志愿者服务队、县红十字博爱志愿者服务队、县红十字青少年志愿者服务队，共有志愿者87人。

（县红十字会办公室）

体　育

【概况】 2015年，梅岐、秋炉、家地3个乡成功创建省级体育强乡镇(街道)，全县累计20个，创建率95%。完成体育强乡镇复评1个；创建省级体育先进社区2个(累计5个)，省级体育休闲公园2个(累计5个)；创建现代化体育乡镇1个、特色体育乡镇1个。县体育馆各类体育器材全面免费对外开放。培训3级社会体育指导员34人，国民体质监测600人。组队参加市级以上青少年体育赛事16次，获得25金27银24铜，团体第一名3次、团体第二名5次、团体第三名4次。承办市级以上体育赛事3次；举办县级体育赛事15次。继续推进畲乡体育健身中心、体育场公园一期暨体育场复建工程建设。

【举办畲乡传统体育节暨体育一条街活动】 (见专辑类目，2015中国畲乡三月三暨惠明茶荣获巴拿马万国博览会金奖100周纪纪念活动分目，第九届畲乡传统体育节暨民族体育一条街活动条目)

2015年参加市级以上体育竞赛情况

表21

序号	参加市级以上体育竞赛具体项目	获得奖项和名次
1	丽水市青少年乙组篮球锦标赛	男子第三名、女子第四名
2	浙江省第十二届少年儿童田径冠军赛	1金2银3铜
3	丽水市青少年足球锦标赛(乙组)	男子第一名、女子第六名
4	丽水市青少年跆拳道锦标赛	3金2银5铜
5	丽水市青少年乒乓球锦标赛	团体:男子甲组第三名、女子甲组第二名、男子丙组第五名、女子丙组第二名。个人:3银
6	丽水市排球锦标赛(甲组)	女子组第二名、男子组第三名
7	“浮盖漂流杯”浙江省首届生态运动会暨2015年浙江省定向运动锦标赛	团体:高中组第六名 个人:1金1银
8	丽水市首届中学生排球联赛	高中男子组第一名，初中女子组第二名、男子组第二名
9	浙江省田径锦标赛	2银1铜
10	丽水市中小学生田径运动会	16金10银9铜
11	浙江省青少年象棋冠军赛杭州分站	丙组女子冠军
12	全国青少年跆拳道锦标赛	女子52KG级第五名
13	丽水市青少年游泳锦标赛	2银2铜
14	浙江省校园足球联赛(丽水赛区)	男子组第一名、女子组第三名

2015年承办市级以上体育竞赛情况

表22

序号	承办市级以上体育竞赛具体项目	获得奖项和名次
1	丽水市青少年篮球锦标赛(甲组)	女子组第五名、男子组第六名
2	丽水市青少年足球锦标赛(甲组)	男子组第四名
3	丽水市第五届老年运动会地掷球比赛	—

2015年举办县级体育竞赛情况

表23

序号	举办县级体育体育竞赛项目	参加人数(人)
1	2015中国畲乡三月三"第九届畲乡传统体育节暨体育一条街活动"	1000
2	景宁畲族自治县中小学生乒乓球比赛	200
3	县"银座杯"第八届副科以上领导干部篮球赛	200
4	景宁畲族自治县第五届体育健身大会暨首届生态运动会——庆"五一"万人健步走比赛	3000
5	"全民健身日"健步走活动	2000
6	景宁畲族自治县第五届体育健身大会暨首届生态运动会"体彩杯"男子篮球乙级比赛	300
7	景宁畲族自治县第五届体育健身大会暨首届生态运动会"体彩杯"男子篮球甲级比赛	300
8	景宁畲族自治县第五届体育健身大会暨首届生态运动会——第九套广播体操比赛	1000
9	景宁畲族自治县首届生态运动会暨"旅游杯"领导干部羽毛球比赛	200
10	景宁畲族自治县第五届体育健身大会暨首届生态运动会职工乒乓球赛	200
11	景宁畲族自治县第五届体育健身大会暨首届生态运动会气排球比赛	200
12	景宁畲族自治县、云和县首届中小学生篮球赛	500
13	"那些年我们玩过的游戏·庆祝三八妇女节"趣味运动会	100
14	鸬鹚乡:"喜迎新春"趣味运动会	100
15	景宁畲族自治县第四届教职工羽毛球比赛	200

【景宁珍珠球队参加第十届全国少数民族体育运动会并获二等奖】 2015年8月9日,第十届全国少数民族传统体育运动会在内蒙古呼和浩特隆重开幕。景宁畲族自治县珍珠球队在全省选拔赛中击败丽水学院队获冠军,代表浙江省参加该届运动会。并在珍珠球小组赛中两连胜挺进前八。其后在淘汰赛中淘汰吉林队,进入前四。最后以4分之差惜败东道主内蒙古队,获二等奖。此外,景宁选送的表演项目《畲寨嬉锅》《採柿子》获表演二等奖。 (张 凯)

社 会 生 活

民政工作

【概况】 景宁畲族自治县民政局下设办公室、社会救济福利科、优抚安置科、社会事务科、养老福利科5个职能科室。行政编制9人，事业编制26人，其主要职能是负责全县防灾救灾、社会救助、养老服务、社会福利慈善、拥军优属、婚姻登记、殡葬改革管理、地名登记管理、社会团体登记管理等社会性实务工作。

2015年，全县享受抚恤补助的优抚对象857人，发放抚恤补助资金460万元。“三老”对象（老交通员、老游击队员、老党员）69人，发放生活困难补助资金31.78万元，发放医疗票5万元。发放义务兵家庭优待金141万元。换发残疾军人证62本。全县符合供养条件386人。其中，集中供养314人，集中供养率81.4%（集中供养标准为7272元/人•年，分散供养标准为4752元/人•年），全年支付供养经费241.94万元。全县建有慈善帮扶基金村31个，筹集本金264万元。其中，奖助资金149万元。累计拨付31个村级慈善帮扶组织救助金50万元，惠及村民1050人。全县5家社会福利企业，安置残疾职工50人，安置比例38.93%。残疾职工工资及五项保险分别为2568元和764元。全县有养老机构9家，床位913张；乡镇敬老院5家，床位405张；民办养老机构2家，床位278张。有县级养老服务指导中心1个、乡镇（街道）养老服务中心21个、城乡社区居家养老服务照料中心86个、城市社区居家养老服务站6个、农村社区“星光老年之家”137个。是年年末，注册登记社会组织159家。其中，社会团体112家、民办非企业单位47家。全年办理结婚登记1639对，离婚登记652对，补领结婚证478件，补领离婚证24件，办理（无）婚姻登记记录证明3005份，婚姻登记合格率100%。制作设置幢牌110块、门楼牌163块、单位牌30块、发放门牌证25660本。提供地名咨询服务602人次。全年按照《景宁县殡葬基本服务项目免费办法》减免殡葬服务费105.3万元。西坑公墓第二区块建设完工。建成中档公墓293处586穴，低档公墓205穴，总投资200余万元。是年，启动《景宁畲族自治县地名志》编辑工作，《景宁畲族自治县行政区域图》出版。

【修订《景宁畲族自治县城乡困难人员医疗救助实施办法》】 2015年，对《景宁畲族自治县城乡困难人员医疗救助实施办法》进行了修订。修订后的《景宁畲族自治县城乡困难人员医疗救助实施办法》提高救助标准，简化办理程序，增加特殊门诊救助，并规定县财政每年年初按不低于全县总人口人均15元标准预算安排医疗救助资金500万元，年末财政兜底保障；特困供养人员及孤儿，政策范围内基本医疗费用全额解决；城乡最低生活保障家庭成员、困境儿童、重病重残儿童政策范围内的住院自付合规医疗费用按70%的比例给予救助，每户年度最高可累计发放救助金8万元；最低生活保障边缘家庭成员、精减退职老职工、重点优抚对象和“三老”人员、享受重度残疾人生活补助人员，政策范围内的住院自付合规医疗费用按60%的比例给予救助，每户年度最高可累计发放救助金8万元；因病致贫人员，参加城乡居民医疗保险的，经核对年度住院自付合规医疗费用超过上年度农村居民人均可支配收入以上部分按50%救助；参加城镇职工医疗保险的，经核对年度住院自付合规医疗费用超过上年度城镇居民人均可支配收入以上部分按50%救助。如救助额不到500元，补足500元，每户年度最高可累计发放救助金8万元。是年，全县开展医疗救助3722人次，支出医疗救助资金708.7万元(其中省扶持景宁低收入农户大病保障资金50万元)。

【城乡“低保”补助标准提高】 2015年，景宁畲族自治县城镇“低保”补助标准由原来的488元/月·人提高到528元/月·人；农村由原来的352元/月·人提高到396元/月·人。城乡“低保”补助标准提高8%以上，农村“低保”补助标准不低于城镇“低保”补助标准的75%。是年，全县城乡“低保”和重度残疾对象共计5413户8308人，累计发放补助资金2463.46万元。

【举办庆“八一”双拥文艺联欢晚会】 2015年7月27日，县民政局首次举办庆“八一”双拥文艺联欢晚会，庆祝中国人民抗日战争胜利70周年和中国人民解放军建军88周年晚会。县长蓝伶俐、县委副书记程巧琴，副县长郑建强参加。晚会分《中国梦》《鱼水情》《畲之歌》3个篇章；以合唱、歌舞、小品等文艺节目表演形式，展示景宁畲族自治县双拥共建取得的成效。

【县福利中心开工建设】 2015年12月30日，启动公办示范性养老机构——县福利中心项目建设。该项目于2014年6月经县政府批复，2015年7月重新选址(位于澄照乡农民创业园内)，规划占地面积16924平方米，建筑面积10508平方米，设置床位224张，项目概算投资5575.43万元。 (雷淑君)

老龄工作

【概况】 2015年，全县共有老年人口2.84万人，其中老人电视大学春季招生2910人、秋季招生3000人，占老年人总数的10%以上。全年为景宁籍70周岁以上老人办理意外伤害保险 1.03 万人，支付保费 20.6 万元。为 219 名 90—99 岁的高龄老人发放一次性奖励资金 21.9 万元，5 名百岁老人发放一次性奖励资金 2.5 万元。（雷淑君）

2015 年全县百岁老人名单

表 24

乡镇街道	姓　名	性 别	出生年月	家庭地址	备　注
渤海镇	徐宝山	男	1916.3.25	余姚丈亭镇陈家庄村 157 号	
沙湾镇	商付菊	女	1916.2.13	严坑村	在家
梧桐乡	刘远德	男	1916.4.4	梧桐村	在家
九龙乡	叶苏云	女	1916.11.14	王湾村	2015.10.11 去世
梧桐乡	彭仕土	男	1916.12.9	金兰村	在家

移民工作

【概况】 景宁畲族自治县移民办公室（以下简称县移办）是县政府综合管理、组织实施水利水电工程移民的职能部门。内设 3 个职能科室：综合科（资金管理科）、动迁安置科、扶持发展科，编制 12 人。2015 年年末，全县有大中型水库移民 7699 户 23265 人。其中，滩坑电站移民 7128 户 20994 人；上标水电站移民 185 户 816 人；白鹤电站移民 50 户 221 人；英川水电站移民 254 户 874 人；新安江移民 82 户 360 人。

2015 年，县移办举办白枇杷种植、农家乐民宿服务能力提升、制鞋工艺、职业技能、物业管理等培训班 9 期，参训移民 421 人次，占移民劳动力的 12%。筛选入库项目 249 个，落实后期扶持项目 97 个，资金 1301.62 万元。结合“六边三化三美”活动，安排专项资金 300 万元，对澄照乡朝阳小区 127 幢移民安置房进行外立面改造，面积 9.5 万平方米。核定直接补助移民人口 6295 人，发放资金 377.7 万元。全县年收入 4600 元以下的贫困移民 243 户 407 人全部脱贫。156 户移民申请到创业贷款 4250.9 万元（比上年增加 18 户，397 万元）。其中符合贷款贴息条件的有 58 户，发放贴息资金 14.11 万元，比上年增 47%。计划投资 2000 多万元在王金洋、澄照、双坑口、梅坑等地建设移民商贸综合体，用于发展来料加工、菜市场、小超市等。是年，朝阳和王金洋项目进场施工。（陈黎强）

人口和计划生育

【概况】 2015 年，全县 21 个乡镇（街道）配备计划生育专职干部 43 名。264 个村（居、社区）配备计划生育服务员 294 名，每人每年报酬 5500 元。县计划生育协会有理事 59 人，常务理事 19 人。乡镇、村级计划生育协会 307 个，会员 18977 人，会员占全县总人口的 10.56%。6 月，县政府出台《景宁畲族自治县卫生和计划生育局主要职责内设机构和人员编制规审批特殊情况生育申请 37 人。受理计划生育信访 3 件，结案 3 件，信访结案率 100%。

落实“奖励、优惠、扶持、救助、保障”等计划生育利益导向政策。全县确认计划生育奖励扶助对象 1121 人，发放补助金 107.52 万元；确认计划生育特别扶助对象 46 人，发放补助金 35.76 万元。农村领取独生子父母光荣证家庭和“双女户”家庭，在参加新型农村合作医疗保险中给予减半收费。领取独生子女父母光荣证家庭、“双女户”家庭、计划生育奖励扶助和特别扶助对象，全部由政府买单列入意外伤害保险，年受益家庭 1.7 万余户，直接减轻计划生育家庭负担 230 余万元。对高考成绩名列全县文、理科前三名，初中升高中成绩前三名的独生子女，分别给予奖励 3000 元、2000 元、1000 元。兑现奖学金 1.8 万元。

继续开展“乡、村计划生育示范创建工程”，重点强化“政治、经济、责任三捆绑”和“一票否决”等机制的落实。在全县评优评先过程中，审核各类先进个人 472 人，建议否决 7 人；审核先进单位 115 个，建议否决 24 个。查处党员违反计划生育政策 12 人，开除党籍 12 人。推行“村自管理、村民自治”管理模式，村党支部书记、村委会主任落实计划生育“一岗双责”制度，明确村党支部书记和村委会主任为村计划生育工作的第一责任人。景宁畲族自治县获丽水市 2015 年度人口和计划生育目标管理考核优胜单位。

2015 年度景宁畲族自治县人口和计划生育目标管理考核结果

表 25

“标创工程”示范乡镇	一等奖	二等奖	三等奖	进步奖	先进单位
鹤溪街道	梅岐乡	大均乡	家地乡	秋炉乡	县公安局
梧桐乡		大地乡	毛垟乡	标溪乡	县监察局
东坑镇			鸬鹚乡		县民政局
					县财政局
					县人民法院

【县卫生和计划生育局挂牌成立】 2015 年 8 月 19 日，县卫生和计划生育局挂牌对外办公。（见第 265 页）

【县妇幼保健计划生育服务中心揭牌】 2015 年 9 月 11 日，县妇幼保健计划生育服务中心揭牌。该中心整合原县妇幼保健所和县计划生育指导站的所有工作，包括孕妇产妇保健及管理、青春期保健、更年期保健、儿童健康体检、儿童生长发育监测、免费婚前医学检查、免费孕前优生检测、计划生育手术、指导避孕方式知情选择、避孕药具发放、计划生育政策咨询、妇科常见病、多发病诊治、两癌筛查、青春期健康教育等。 （蓝普蔚）

民族与宗教

【概况】 2015年底，景宁畲族自治县有汉族、畲族、苗族、水族、侗族、布依族、拉祜族、佤族、土家族、彝族、壮族、哈尼族、蒙古族、傣族、满族、仫佬族、瑶族、白族、回族、黎族、藏族、纳西族等29个民族，总人口171928人。其中，少数民族人口19685人，占全县人口的11.3%。少数民族干部499人，占全县干部总数的8.6%；实职副科以上领导干部56人（其中正科23人），占全县科局级干部的10%。全县民族工作重点区域有鹤溪街道、红星街道、大均乡、东坑镇、澄照乡、梧桐乡、郑坑乡7个乡镇（街道），46个民族村，163个民族聚居自然村。

是年，全县少数民族人均收入12402元，同比增长10.6%。落实少数民族发展资金2512万元，建设81个项目。其中，中央少数民族发展资金300万元，省少数民族发展专项资金500万元，市少数民族发展资金35万元，县财政安排少数民族发展资金1438万元，畲族文化发展基金239万元。省道教协会、省天主教协会与大均乡李宝村结对，帮扶排污排水工程款40万元；普陀山佛教协会、普济寺与郑坑乡吴布村结对，帮扶河道工程、污水处理工程资金30万元。县统筹资金500余万元，重点打造提升吴布、竹埠、张山、米岩山民族特色村寨。深垟村、马坑村、李宝村、周湖村、包凤村入选丽水市“十大畲族风情畲寨”。

全县少数民族群众参加城乡医疗保险享受个人缴费50%的补助政策，落实资金123.59万元，受益13833人。住院医疗自费超过4000元部分再给予12%的补助，发放补助金54.74万元。慰问少数民族困难群众131人，发放困难补助款12.85万元。农村80岁以上少数民族群众每人每月补助100元，共发补助金47.16万元，受益393人。为0—80岁少数民族群众投保人身意外伤害险，兑付保费26.85万元。

全县有宗教活动场所25处。其中，基督教24处，佛教1处。信徒4000余人。其中，基督教3700余人，佛教300余人。经市级以上宗教部门备案的教职人员5人，义务传道员82人。5月5—18日，县民宗局在全县范围内开展“除隐患，保安全”消防专项行动，对全县25个宗教活动场所开展消防安全大检查大整治，与25个宗教活动场所负责人签订安全责任书。按照《浙江省宗教建筑规范（征求意见稿）》规定，通过招标方式选取各教堂“十字架”的统一制作和安装单位。根据《浙江省人民政府办公厅关于加强民间信仰事务管理工作的意见》的要求，探索民间信仰事务管理模式。10月14日，出台《关于加强民间信仰事务管理的意见》《景宁畲族自治县民间信仰事务管理实施方案》。成立以县委副书记程巧琴为组长的民间信仰事务管理工作领导小组，制定财务、消防等系列管理制度。10月28日召开全县民间信仰事务管理工作会议。全年提交市民宗局审核的甲类场所27个。县民宗局为九龙教会培灵会、城关教会培灵会、城关教会洗礼会发放了行政许可证。家地基督教堂、渤海基督教堂被评为浙江省和谐寺观教堂。

【上调少数民族学生高考奖励基金】 2015年4月14日，县民宗下发《关于加强少数民族经济和社会事业发展扶持工作的意见》(景民宗〔2015〕9号)，其中对少数民族学生奖励基金进行上调。该县考上重点大学(985、911)和重点院校的少数民族学生，奖励基金由原来的5000元调整为30000元；考上普通本科的由原来的2000元调整为5000元；考上专科的由原来的1000元调整为2000元。是年，录取重点大学5人，本科29人，专科40人，发放奖励资金37.5万元。

【“畲族风情馆”被评为最佳展馆】 2015年11月1—4日，第八届国际森林产品博览会在中国义乌举行。会上，景宁畲族自治县民宗局和林业局联合承办的“畲族风情馆”被评为最佳展馆。期间，该馆组织的15家企业森林产品，现场销售56.2万元，签订销售订单135.5万元，达成贸易投资意向38个。

【组队参加第十届全国少数民族传统体育运动会】 2015年8月9—17日，第十届少数民族传统体育运动会在内蒙古鄂尔多斯举行。县民宗局组织《采柿子》《畲寨嬉锅》两个表演队和比赛项目珍珠球队，共38名运动员代表浙江省参加运动会。表演项目《采柿子》《畲寨嬉锅》，比赛项目珍珠球均获二等奖，珍珠球项目创浙江省参赛历史成绩。

(雷　靓)

关心下一代工作

【概况】 县关心下一代工作委员会（以下简称县关工委）为县委、县政府以老同志为主体，以促进青少年教育工作为主要任务的综合协调组织。2015年，设关工委主任1名，副主任10名(其中离退休老干部4人，相关部门主要负责人兼任6人)，成员单位8个。下设的爱国主义宣讲团、扶贫助学筹资组、科技教育咨询委员会3支队伍均由“五老”(老干部、老战士、老教师、老专家、老模范)组成。办公室为县关工委的日常办事机构，编制4名，实有人员5人。其中，实职副科1人，正股1人，编外劳务派遣人员1人。根据县委统一部署，1人抽调县“六边办”参与六边三化三美工作，1人下派结对村张后山村担任第一书记。

是年，县关工委组织办公室全体同志及“五老”深入学习中共中央总书记习近平在纪念中国关工委成立25周年暨全国关心下一代工作表彰大会上的重要指示。举办全县关工委主任培训班，邀请省关工委办公室主任沈国华授课。发动全县各中小学师生积极参与省关工委与省委宣传部、省教育厅等单位联合开展的“铭记历史，圆梦中华”主题教育活动。在省关工委新星网征文专栏上抒写感悟心得18篇，并被编进《铭记历史，爱我中华》一书。在中小学校推行中华传统文化《弟子规》教育，牵头成立县“弟子规”教育协调领导小组，在县实验一小、孔庙、东坑小学等建立授课点，定时开讲。开展中国人民抗日战争胜利70周年纪念活动，把“铭记历史、缅怀先烈、珍爱和平、开创未来”主题挂图制成宣传板，在每个学校举行为期1至2周的巡展和宣讲。挖掘身边故事，对发生在丽水的抗战重要历史事迹进行整编，形成1.6万字的《纪念抗日战争胜利70周年宣讲资料》下发给各学校，由学校专门安排“特殊的历史课”进行宣讲。利用爱国主义教育基地，组织青少年听抗战老兵或老兵子女讲抗战故事。发动各学校组织学生观看抗战影片、传唱抗战歌曲等，通过系列活动使青少年从内心深处受到爱国主义教育洗礼。结合一年一度的普法教育安排，组织“五老”宣讲团到学校、社区、乡镇开展《未成年人保护法》《预防未成年人犯罪法》以及禁毒教育等宣传，引导青少年自觉学习法律知识，增强法律意识和自我保护意识。成立“社区矫正五老志愿者”队伍，发挥“五老”政治觉悟高、工作经验足、活动能力强等优势，协助县司法局开展青少年犯罪社区矫正工作。全年结成帮教对子8人，开展上门矫正谈话谈心16人次。通过开展“关怀家助力高考”“江泰助学·快乐成长”“银座结对助学”“杭州海之星律师事务所结对助学”等多种方式和途径筹集助学资金75万元，资助贫困大学新生105人、往届生10人，中小学生345人。其中，全程结对大学新生25人、中小学生55人。对贫困学生不仅在经济上给予资助，还在思想精神上给予鼓励。建立受助学生档案联系制度，掌握受助学生在校学习、生活等情况。召开助前助学感恩教育座谈会，助中寒暑假学习生活汇报座谈会。勉励受助学生常怀感恩之心，常励奋进之志。继续开展“双百活动”(百名老科技专家联百村、企活动)。帮助“畲艺坊”发展有限公司进行企业文化创建和宣传，努力拓展以畲族民间布鞋为主打产品的地方特色鞋业市场，打造民族独特品牌。指导“慧明红”实业有限公司进行技术改造和新产品开发。2015年，该公司采用老专家吴锡金发明的慧明黄金茶“罩袋增湿法”嫁接成活率高达85%，累计开发茶业工艺品茶饼40种，荣获第二届中国茶业博览会红茶金奖、第三届金奖惠明茶斗茶会银奖。结对企业中的自强实业有限公司逐步实现规模化生产，2015年荣获丽水市生态精品现代农业示范企业称号。

(柳良宝)

慈善工作

【概况】 2015年，县慈善总会第二届理事会第五次会议改选团体理事3人(严小红、雷晓东、徐关水)，增补严小红为副会长。3人分别替换其所在单位原理事。是年，县慈善总会通过多渠道募捐各类慈善资金425万元。开展助困、助学、赈灾、支持新农村建设等，发放各类救助资金268.97万元，帮扶1200多人。与新潮眼镜店共同实施“助视工程”，为贫困大学新生免费配送眼镜205副，价值10万元。巩固救助平台，在红星社区慈善超市充实物资3万元，定期为100户贫困户发放衣被及日常用品。7月17日，建立景宁畲族自治县慈善义工分会。下设户外救援、诗画书法、美容理发、医疗救护4个分队。联合鸿宾大酒店举办第八届慈善年夜饭，城区低保户、环卫工人，下岗职工和优扶对象等130余人参加。

【开展“千万惠民中国行活动”】 2015年，县慈善总会与创维集团丽水公司、景宁大世界家电合作，共同发起成立“千万惠民中国行”景宁站，为贫困户赠送彩电、冰箱和优惠券。创维集团捐赠彩电11台，冰箱10台，并向全县21个乡镇（街道）困难户发放价值500万元的优惠券，惠及10000户贫困户（每张优惠券抵现金500元，贫困户凭券可购买创维电视、冰箱、洗衣机等产品）。

【落实省市扶持项目】 2015年，省慈善总会为景宁因重病致贫的6名中小学教师，每人资助1万元；扶持特困退役军人2人，每人资助2万元；为5名患白血病儿童实施救助，人均资助1.5万元。万向集团“四个一万工程”为61名贫困大、中、小学生结对助学，人均受助2100元。省爱心事业基金会“彩虹计划”结对助学50名中、小学贫困生，人均资助500元。“胜华慈善”与11名贫困中、小学生结对，发放助学金2.15万元；会同杭州第二人民医院组织实施第二期“心希望基金”救助项目，为4名心脏病患者实施救助，人均资助2万元。

市慈善总会“慈善关爱送温暖”，慰问乡镇（街道）困难群众100户，慰问金10万元，赠送敬老院羽绒服500件。实施“百名贫困大学生助学”项目，为40名特困学生发放20万元助学金。开展大病救助，核准救助对象25户，发放救助金19万元。对6户有2名以上重症精神病患者家庭给予每户2000元及物资救助。

【实施“造血型”救助】 2015年，县慈善总会实施“造血型”救助项目。全年发放帮扶资金18.81万元，扶持229户“低保”及低收入农户种植高山冷水茭白54公顷；扶持35户低保及低收入农户养殖土猪64头。 （县慈善总会）

乡镇 街道

红星街道

【概况】 红星街道东至渤海镇，南至鹤溪街道(钟楼路、寨山桥)，西至大均乡，北至云和县元和街道。街道办事处驻地胜利路70—72号。下辖仙童、红星、外舍、金仙寺4个社区和城北、王金垟、岗石、岭北、坑山后、岚头、杨绿湖、岭根源、潘坑、小金州、包山、大吴山12个行政村，76个自然村。总人口28687人。辖区总面积194.85平方千米。其中，耕地1126.17公顷、林地987.49公顷。

2015年，招商引资工业项目2个，实现工业产值2780万元。增加来料加工经纪人5人，累计51人，加工费收入3579万元。建成岗石水果蔬菜基地6公顷，小金州等村茶叶基地4公顷。通过家庭农场模式，改造水果基地67公顷。增加金包山村、坑山后村山羊生态养殖户2家山羊200余头，累计重点养殖户29家。投资30万元在岭根源建成省级优质旱粮示范基地8.2公顷。完成竹林道路建设7千米，采伐迹地更新造林16.3公顷，森林抚育84.6公顷，四旁绿化2万余株，森林增绿添彩项目种植大棵苗木1434棵。新建油茶基地28公顷，香榧基地23.3公顷。

培育三星级农家乐经营户2户，省级特色点1个(溪口农庄)，省级四星农家乐特色经营户1户(岗石五谷农家乐)。完成“一乡一品”15篇畲族原生态情景剧剧本编印刷出版工作。举办“凤舞畲山”大舞台农民文化艺术节等各类传统节日文艺会演30余场，“百村闹春•乡村春晚”10场。浙江电视台影视文化频道对岗石村“非遗春晚”进行全程录制。岗石村村民蓝景芬自编自导的畲族情景剧《畲家米酿》，获全市第八届乡村文化艺术节暨农村文化礼堂才艺擂台赛第三赛区春晚优秀节目金奖。辖区内48支业余文艺团队全年演出200余场。成功举办“岗石山哈甘薯节”。

全街道参加城乡居民养老保险2674人，参保率100%。参加新型农村合作医疗保险10193人，参保率95%。医药费报销353人次1650506.68元。有城乡“低保户”679户1220人。其中，城镇224户415人，农村455户805人。发放“低保”款256.3932万元。救助困难群众66人次，发放救助金48800元。实施医疗救助144人次，发放救助金398138元。给

67名无固定收入的残疾人每月发放100元生活补贴。30名生活不能自理的重度残疾人实行居家安养，每人补助资金6000元。

完成“六边三化三美”任务122个点。其中，市政府交办112个点、临时紧急交办10个点。“美丽县城现场会”期间，牵头落实环城西路、鹤溪路、人民路3条县城主干道的综合整治任务。拆除厂房4处7幢(1个钼矿厂，2个锯木厂，1家养鸡场)，面积3000平方米。完成县政府交办的王金垟区块4家规模以上涉污企业治理工作，拆除厂房等建筑面积3.4万平方米。建设文化墙6处435米。结束栋底老村22幢房屋外立面改造的政策处理，推进改栏改厕和环境综合整治工作。开展6次违法小广告集中整治行动，清除各类小广告200余处。完成岗石村、杨绿湖村“花样村庄”建设。建成洁净家庭、美丽庭院、花样农家32户。其中，岗石村通过市“六边办”检查验收。主要交通沿线“两路两侧”环境专项整治18个点。

投资25万元，更新岗石村围栏500米、建成分类垃圾池(箱)5处。培育岭北中心村，续建王金洋中心村、杨绿湖历史文化保护村。农村生活污水治理4个村，受益农户410户。完成外舍油田、潘坑、坑山后、城北山后、金包山等村饮用水改造工程。修复岭北、岚头、金包山等村饮用水(水毁)工程及王金垟、城北、潘坑等村(水毁)水渠800米。筑成潘坑1千米防洪堤。基本完成星海罐区18千米小型农田水利工程。

开展农村产权制度改革。按照“成熟一个村，推进一个村”的思路，启动12个行政村股份制改革。岚头、坑山后等村进入现场指界、地块测绘、图表制作阶段。发放农村土地流转经营权证4本，农村水利产权证1本。开展农村金融改革，落实政银保贴息贷款政策。为215户低收入农户发放发展生产小额贴息贷款1081万元。辖区4600元以下低收入农户502户1069人全部落实帮扶措施。其中，纳入低保、五保帮扶334户574人；产业帮扶176户，发放补助资金29.675万元；结对帮扶168户495人；助学补贴4户1.2万元；临时性救助11人8500元；医疗救助51人11.45万元。11月底，全面消除4600元以下低收入农户。

县级以上重点工程政策处理有序推进。畲乡滨水休闲养生基地—休闲长廊项目、52省道汇田大桥至溪口段公路改建工程、1000千伏浙北—福州特高压线路工程、外舍小学地块补征、菖蒲湾住宅区项目、新体育广场迁建征地、城北110千伏输电线路迁建工程、52省道岚头岭改建尾留工程等8个重点项目土地征收丈量40余万平方米，迁移坟墓200余穴，拆除民房3幢，兑付征地补偿款3600余万元。其中，滨水休闲长廊项目，完成溪口防护坡土地征用(涉及19户)以及红线外项目更改政策处理、迁移坟墓工程。该项目，于2015年9月完工通行，附属尾留工程顺利施工。完成52省道汇田大桥至溪口段公路改建工程溪口段和红线外土地征用(涉及21户)，迁移坟墓1座。1000千伏浙北—福州特高压线路拆除9户3幢房屋，并完成拆迁安置点的相关手续审批和宅基地分配工作。菖蒲湾住宅区征收土地35万平方米，迁移坟墓176穴，兑付征地补偿款3250多万元。新体育广场迁建征地完成。外舍通天门新体育场征地，涉及29户，图斑17块，应迁移坟墓14穴，征收土地3.04万平方米，兑付征地补偿款360万元。完成城北110千伏输电线路迁建工程4号塔、5号塔、6号塔、7号塔的政策处理工作（涉及16户，其中影响户9户），征收土地500多平方米，兑付征地补偿款30多万元。

全年拆除违章建筑16处，79693平方米。完成人民路、府前路、环城北路、鹤溪路立面改造130289平方米。建立“无违建街道”档案16份，“拆后利用”档案3份。

【岭北双坑自治管理委员会成立】 2015年5月10日，成立岭北双坑自治管理委员会。俞一明任主任，尤发伟、毛庭一任副主任。该管理委员会的主要职责是对小区事务进行商议、决策和管理。是年，清理乱堆乱放，拆除乱搭乱建500余处4100平方米；清运垃圾2150立方米；整治绿化面积7100平方米。

岭北村双坑小区东临千峡湖，西有云景高速公路、52省道穿境而过。小区常住人口434户1293人。其中，滩坑电站景宁库区移民82户209人，拆迁安置98户297人，下山脱贫254户。小区原先人员复杂，管理难度大，选举产生自治管理委员会后，各项工作起色明显。（杜灵洁）

鹤溪街道

【概况】 鹤溪街道东至梅歧乡，南至东坑镇，西至澄照乡，北至红星街道。总面积98.05平方千米。其中，耕地758.49公顷、林地5989.27公顷。辖城南、城西2个社区居委会，鹤溪、扫口、浮丘、包凤、城西、周湖、双后岗、张村、旱塔、严村、惠明寺、三枝树、东弄、王木坑、滩岭、敕木山等16个行政村58个自然村76个村民小组15240人。

2015年，种植粮食作物328.13公顷，总产量1663.7吨，同比增长12.7%。新开发茶叶基地18.39公顷，茶园总量1000公顷。春季绿化造林3万多株，森林增绿添彩8.53公顷，三年基地林木抚育67.93公顷。打造美丽节点2个，建设林道路16.8千米。建立农户森林资源资产信息数据库和信息卡。城西村林地流转48公顷，严村村林地流转证颁证14.68公顷，全街道林权抵押贷款1000余万元。实施毛竹产业提升项目40公顷。全面推进鹤澄省级现代农业综合区建设，在严坑、王木坑两村试点推广石蛙养殖等新型农业项目。市级生态精品现代农业“361”工程创建示范乡镇工作通过验收。“361”工程，即培育3个生态精品农业示范县、60个生态精品农业示范乡镇、100家生态精品农业示范企业（其中精深加工企业30家以上）、100个生态精品农业示范合作社、1000家示范家庭农场（专业大户）和1000个生态精品农业产品，带动农户10万户。全年实现工业总产值96900万元，同比增长1.93%。来料加工费3958.9万元，同比增长1.6%。发展畲族特色民宿和农家乐，完善东弄、周湖、包凤等3个农家乐旅游村建设，推进渔业休闲农家乐项目建设。成功创建市级农家乐特色乡镇。周湖村创建市级农家乐特色村通过验收。依托畲族文化和自然生态优势，实施“魅力畲寨”特色化建设，实现文化和旅游，农业和旅游的融合发展，促使乡村旅游由资源优势向产业优势迈进。全年接待游客32万人次。

完成城乡居民养老保险、农村新型合作医疗保险、被征地农民失地保险及“一卡通”社保卡发放等工作。全街道有低保对象301户560人。全年医疗救助75人，临时生活困难救助140人，慈善救助42人，孤儿、困境儿童补助9人，台风“苏迪罗”受灾救助78户。完成1个居家养老照料中心（双后岗村）和1个街道、4个村级避灾点建设。

全年出生115人，计划生育率93.04%，社会抚养费兑现率90.79% 。三查率95.55%，长效节育率79.04%，各项计划生育指标均达标。10个村、居委分别举办“百村闹春•乡村春晚”活动。其中，“东弄春晚”被评为2015年丽水市十大乡村春晚，并在中央新闻联播首条新闻播出。包凤村“破五习俗”——畲族传统绝活“趟火炕”在中央新闻和国际频道播出。东弄等村举行百名非遗传承人集体收徒仪式。对东弄村蓝延兰彩带工作室和蓝香兰畲歌工作室进行提升改造。2015年4月21日，在惠明寺村成功举办2015年中国畲乡三月三暨惠明茶荣获巴拿马万国博览会金奖100周年纪念活动“畲乡茶礼 芳香福溢祭茶大典。人民网、新华网等50多家新闻媒体对该活动进行转播报道。构建覆盖全街道的公共文化服务体系，完善“农家书屋”和文化礼堂管理。成功举办鹤溪街道首届畲语故事大赛、第三届畲族原创广场舞比赛等40多场大型文化娱乐活动。全年通过主流媒体、党报党刊、政府网站发布宣传信息410篇，微博486条。其中，央视7条，《人民日报》、人民网、新华网等国家级录用36篇，《浙江日报》、浙江卫视、浙江在线等省级媒体35篇。通过央视、省市主流媒体宣传先进人物5人。“文寨”——东弄村和“吉寨”——包凤村，成为“十二五”国家重点图书出版规划项目和大型系列专题片《中国民歌风土之旅》、“畲族韵味”、浙江经视真人秀节目《48小时》等节目拍摄录制地。“文寨”东弄顺利通过省级文化示范村评选复查。

继续推进平安综合治理“三年平安计划”“平安四率”均达标。在全县率先完成“平安通”手机移动终端系统运行和“浙江省平安建设信息系统”“一张网”调整及信息更新。综治e通信息台账规范化建设工作走在全县前列。强化综合治理，构筑信访维稳工作大格局，筹建“鹤溪街道居民自治联合会”人民调解新模式。落实安全生产和食品安全全方位监管体系。“信访维稳”形式总体稳定。以老城区和企业消防为重点区域，通过开展宣传、检查整治、应急演练、增加消防投入等方式，加强消防安全监管。在老城区成立消防安全工作站，设立消防器材专用室，组建消防应急小分队。鹤溪古城室内电力线路维修582户，安装消防栓8个，签订消防安全责任书300余份。开展违章占道、无牌无证经营专项整治行动，划出消防车道，确保消防车应急通行。坚持专人全年夜间防火、防盗“打更”巡查。对企业重点区域定期开展消防安全检查整治。全年检查各类企业60余家，来料加工小作坊40余家。发现问题130余处，下发整改通知12份。组织33家企业70多名负责人、企业代表和大众街、百岁门100多名居民，开展2次消防安全应急处置救援实战演练。组织15家企业258人参加消防安全知识培训。投入10余万元在浮坵村石牛山建成蓄水量为550立方米的消防蓄水池。

在景泰公路沿线村庄和人民南路定期开展“集中环境大整治行动”。清理乱堆放、乱栽种227处,乱搭乱建198处。清理违法广告55处，违法广告墙13处，大型牛皮癣广告15处。对景泰公路线沿拆违场所进行返绿,石牛山地段小型养猪场改造成健身场,浮丘、城西段苗木绿化种植200多平方米。开展“消灭赤膊墙”行动，粉刷美化景泰公路沿线赤膊墙738平方米，建设云寿公路沿线文化墙1340平方米。开展每月“全民清洁日”活动,打造魅力“畲家庭院”。“食寨”——周湖村和“吉寨”——包凤村“畲家庭院”通过市级验收。浮丘村路面硬化5000平方米。继续推进城西村河堤加固、防护栏、绿化美化硬化工程,三枝树河堤、小广场绿化美化工程,沐鹤小区绿化工程,双后岗小区二期道路和雨水工程建设。落实城市管理“网格负责制”,对金惠小区乱搭乱建、乱堆乱放开展集中整治。粉刷美化人民南路沿线1035平方米，道路两旁遮阳布、乱堆乱建、违法广告进行全面整治。绿化青少年宫周边的坟墓,拆除违章棚寮。完成县政府交办的迎接全省美丽城乡建设现场会整治任务35件。将六边环境制度和保洁制度纳入村规民约,与保洁员签订协议书。建立“六边三化三美”工作周督查小组,实行一周一督查,一月一总结。包凤、双后岗、三枝树等村制定党员责任岗，城西村制定党员和村民代表责任区,助力美丽乡村建设。全面落实企业污染整治巡查月和河长巡查月制度，及时掌握辖区内38条主要河道水体状况及河岸整洁情况。每月巡查19家企业排污情况。健全河道保洁长效机制，对34名河道保洁员实施绩效考核。结合“六边三化三美”“洁净村居”等工作,全面治理“黑河、臭河、垃圾河”,消灭臭水沟和垃圾堆。完成叶府前河治理及后坑河道、英川移民小区暗河修建。完成城西、浮丘、半垟、三枝树等4个村的农村生活污水治理工程。三枝树养老院、南山根农民建房、城南和城区污水管网改造项目完工。新建垃圾池8个、垃圾房23个。

在拆违返绿创“无违建乡镇”工作中,拆除违章建筑80330.76平方米。其中,污染企业厂房拆除8890平方米。石牛山地段小型养猪场改建成健身场地,景泰线拆除的11处猪栏厕所和灰斗进行绿化种植，污染企业厂房土地国资收回使用，王木坑老村房屋拆除土地得到复垦利用。拆后利用率80%。

基本完成金山垟项目、张山岙至张村联网公路等13个项目政策处理；推进山哈谷、畲乡体育健身中心、乌弄湾农民安置小区、金惠C区农民安置小区等4个项目政策处理扫尾工作和扫口高档民宿项目政策处理。对“吉寨”包凤村、“动寨”双后岗村、“文寨”东弄村、“食寨”周湖村、“禅寨”惠明寺村、“仙寨”敕木山村以及“凤凰山哈谷”等畲寨进行提升。完成“文寨”东弄村石岭改造,“食寨”周湖村路灯安装,“吉寨”包凤村文化长廊,周湖村、三枝树村饮用水管网改造,6个食用菌(香菇)基地饮用水管网建设,鹤溪半垟道路硬化,浮丘宝山新村新农村建设(二期),滩岭村龙井到大湾深竹林道等工程建设。“吉寨”包凤和“食寨”周湖入围丽水市“十大风情畲寨”。三枝树村、周湖村通过浙江省美丽宜居示范村工程验收。

城中村农房改造259直12.1万平方米。完成鹤溪村39户131人农民建房、周湖村8户困难群众住房救助(危旧房)改造、王木坑下山移民安置142户410人186.5直的宅基地分配和滩岭村下山移民资格初审。双后岗村二期农民建房27户83人,环城东路拆迁户9户26人,大众街“4•15”火灾受灾农户14户22人房屋在建房中。开展库区移民安置房两证办理和移民后期扶持工作。提供房屋安全性检测报告135份,花名册246份。发放建设用地规划许可证70本、建设工程规划许可证70本。争取各类移民后期扶持项目资金46万元,申报移民创业贷款贴息8笔16500元。

是年,鹤溪街道办事处获浙江省老年体育特色项目之乡(地掷球),全县2015年度人口和计划生育目标管理考核先进单位、县政府信息公开工作先进单位、县政府网站政务信息工作先进单位、丽水市禁毒工作先进单位荣誉称号。鹤溪司法所被授予浙江省四星级规范化司法所。城南社区荣获全国减灾示范社区、丽水市2014年度来料加工专业示范村、丽水市第十届社区邻居节群众最喜爱活动奖。城西社区荣获浙江省基层科普示范单位。

【千年山哈宫建设项目政策处理】 该项目位于鹤溪街道塔堪村,涉及旱塔、惠明寺两个行政村。规划占地15公顷,其中建筑实体占地6.2公顷,总投资5.8亿元。山哈宫整体纵深544米,主要建设祭祖坛、忠勇广场、龙杖广场、水镜广场、三公主殿、文化博览园等。在政策处理过程中,征收集体土地33.33公顷(含周边景观绿化和配套设施等相关用地),房屋拆迁99户、临时棚屋2户,企业拆迁11家,家禽养殖、驾校教练场、香菇棚、农产品加工点等搬迁19家,坟墓迁移12穴。支付征地、拆迁、搬迁等政策处理费1.1亿元。

【“东弄春晚”上中央新闻联播】 2015年2月13日晚7点,景宁畲族自治县鹤溪街道“百村闹春•东弄春晚”在中央新闻联播“农民唱主角,‘村晚’欢乐多”专题中播出。

鹤溪街道“百村闹春•东弄春晚”于2015年2月11日晚在东弄村幸福文化广场举行。《浙江日报》总编李丹、中共景宁畲族自治县委常委、宣传部部长潘晓泉,副县长季建标出席。东弄春晚由村民自编自导自演,展现原汁原味的畲族风情和生活情景。晚会在舞蹈《美丽畲乡等你来》中拉开序幕,歌舞、舞蹈、三句半、越剧演唱、朗诵等节目陆续上演。其中,原生态歌舞表演《农耕》《彩带情思》《婚嫁》和小合唱《情缘歌》更是满溢畲家乡土味。

【承办“畲乡茶礼 茗香福溢”祭茶大典】 由鹤溪街道承办的2015中国畲乡三月三暨惠明茶荣获巴拿马万国博览会金奖100周年纪念活动,“畲乡茶礼 茗香福溢”祭茶大典于2015年4月21日下午在惠明寺村举行。中共景宁畲族自治县委书记、中共中华全国供销社杭州茶叶研究院党委书记郑国建为金奖惠明茶奖章雕塑揭牌。中共浙江省民宗委党委副书记、副主任吴彩星，景宁畲族自治县领导蓝良兴、潘伟、郑建强、王益、王宏波等出席。

祭茶大典是茶农祷告神灵保佑来年风调雨顺、茶叶丰收祭祀活动。大典开始，龙角、神鼓、长号响起，采茶女"喊山"——开山嗒，采茶嗒。接着，主祭人向茶神像敬上高香，恭献三牲、五谷、山珍果品、鲜花、美酒等祭品。然后，举行请茶神、立神位、献贡品、敬贡新茶、新茶开光加持、新茶首泡、奉茶敬神等仪式敬谢天地。最后，恭读祭文、全体参祭者虔诚上香、敬酒、向茶神像行三鞠躬礼。

【全面消除4600元以下低收入农户】 2015年年初，鹤溪街道有4600元以下低收入农户408户964人。其中，低保232户472人，五保8户8人，非五保、低保168户484人。是年，鹤溪街道把消除低收入农户列入年度重点工作，明确分工、核准对象、分类施策，根据农户意愿采取技能培训、产业帮扶、就业帮扶（介绍公益岗位就业、提供来料加工）、金融帮扶（贴息贷款）、异地搬迁等多种帮扶措施，变"输血式"扶贫为"造血式"扶贫，消除了4600元以下低收入农户。对166户低收入户实施产业帮扶，发放帮扶资金24.47万元。对14名低收入户的学生实施助学帮扶，发放助学金4.2万元。对168户非五保、低保的低收入户实施结对帮扶。全年培训育婴师100人。12个村被泰隆银行整村授信，223户低收入农户获得贴息贷款1100多万元。敕木山村九重垟自然村、王木坑村实现异地搬迁。

【创建魅力畲家"美丽庭院"】 2015年，鹤溪街道结合"六边三化三美"，打造魅力畲家"美丽庭院"。引导发动各村开展每月"全民清洁日"活动，对村庄进行洁化整治。街道团工委和妇联组织街道干部给"吉寨"包凤赠花200多盘，跟县中心幼儿园对接给"食寨"周湖赠送300盘废旧物品手工DIY花卉。开展以村民手工DIY为主角的"633环保花器制作大赛"，所有参赛作品赠送给"食寨"周湖的美丽庭院创建。采取"政府主导、村委主持、群众主角"的方式开展"食寨"周湖和"吉寨"包凤两村"美丽庭院擂台赛"，推进"美丽庭院"建设。对"吉寨"包凤全村49户农房进行外立面改造、村庄绿化和"美丽庭院"建设。对"食寨"周湖村内风貌不协调的农舍进行外立面改造，并在村内主要节点实施景观营造，改善"美丽庭院"大环境。是年，经过县、市评选，"食寨"周湖和"吉寨"包凤两村成为市级"花样农家"。

【鹤溪街道基层侨联组织成立】 2015年10月29日，鹤溪街道第一次归侨侨眷代表大会暨归国华侨联合会成立大会在鹤溪街道三楼会议室召开。县委常委统战部部长蓝跃军、县统战部副部长陈晓华参加会议。归国华侨、侨眷41人出席。大会通过《鹤溪街道归国华侨联合会工作细则》《鹤溪街道归侨侨眷代表大会选举办法》。选举产生鹤溪街道第一届归国华侨侨联委员会主席徐玉英，副主席潘佰龙、刘道英（兼秘书长），委员叶

玉珠、陈高仁、纪景云、洪小星。（徐云英）

东坑镇

【概况】东坑镇位于县城东南，北纬27°47′，东经119°42′，海拔590米，距县城30千米，镇人民政府驻地东坑村。辖区面积173.2平方千米。东和文成县交界，东南与泰顺县接壤，西邻大际乡和澄照乡，西南与景南乡相连，北靠梅岐乡。辖18个行政村64个自然村。其中，7个畲族行政村3个畲族重点自然村。总人口8838人。

2015年，粮食播种面积540公顷，产量2300吨。种植水果12公顷。新增白茶基地27公顷，新建香榧基地58公顷，毛竹林劈山抚育2000公顷，新增林道30千米。新增家庭农场、专业合作社等新型农业经营主体104家。

以"中国畲乡·爱情小镇"为主导，按照"美丽路上·一村不落"发展目标和"一村一乡愁"差异特色化布局要求，编制镇域总体规划，开展"特色小镇"创建工作。初步形成"爱在心田"——马坑、"农耕乡愁"——白鹤、"养生石寨"——深垟、"陌上花开"——根底岘、"玉竹飞歌"——何村、"红寨布达拉"——大张坑等18个特色村庄。投资180余万元，建成马坑核心景区心心广场、文化长廊、心田创意农业等基础设施及景观点。马坑村申报省级农家乐特色村、大张坑村申报市级农家乐特色村。启动"爱在心田"——马坑AAA级景区申报工作。根底岘村获浙江省农家乐集中村称号。全镇共获丽水市"十佳"系列评选6类7项荣誉：马坑"爱心田园景观"被评为"丽水市十佳美丽田园"，马坑村被评为"丽水市十佳风情畲寨"；大张坑村被评为"丽水市十佳观星营地"；深垟村被评"雅景特色花卉精品园"和"丽水市十佳赏花田园""丽水市十佳美术写生基地""丽水市十佳风情畲寨"；章坑接龙桥被评为"丽水市十佳廊桥"。全镇有农家乐餐位1600余个，民宿床位220余张，接待游客5.47万人次。东坑镇被评为"省级农家乐特色乡镇"。

全镇投入建设资金6500余万元。其中，投资2000余万元，建成中心镇道路网。投资1600余万元，完成洋桥头小区、白鹤新村基础设施及立面改造。入镇景观公园、道路网亮化工程累计完成投资136万元。中心幼儿园进入装修阶段。浙江畲族风情旅游度假区东坑区块工程建设，大张坑、汤北两村基础设施建设，累计完成投资260余万元。茗源村被列入省第三批历史文化古村落保护及利用重点村。深垟、根底岘历史文化古村落保护利用项目通过省农办验收。马坑村省级农房改造示范点创建成功。

启动市级"最美乡镇"创建工作。结合"六边三化三美""五水共治""三改一拆"工作，开展"靓丽东坑"专项行动。落实"河长制""路段长制"。全年累计清理河道、水库垃圾40余吨。投资167万元，完成汤北、茗源、何村、章坑、徐砻、杨斜6个村饮用水提升工程。投资300余万元，完成茗源、方徐、北山、杨斜、白鹤、徐砻等8个村生活污水处理工程。投资300余万元，新建和修复防洪堤200余米。投资400余万元，拆除3家、整治提升10家养殖场。全镇过境水质均达国家标准2类以上。

拆除企业违建8.217万平方米（其中厂房12家14处5.6万平方米），完成年拆违任务的169.6%。治理各类整治点1794个(其中市、县交办点532个)。全镇“门前三包”签订率98%。创建“花样农家”80户，完成任务数的160%。推进“一村一色”建设，选择不同花木在各村连片规模种植共1.7万株。吴山头、白鹤、根底岘3个村通过市级花样村庄考核。吴山头、白鹤、马坑、根底岘4个村，代表全县通过“省美丽乡村先进县”创建工作验收。桃源村被评为“市级美丽乡村示范村”。

开展农村产权制度改革。18个行政村股权证全部发放到位。林地流转102公顷，完成任务数的191%。深垟、桃源、茗源等5个村开展农村房屋所有权证发放工作，累计发放400余本。

配合省、市、县开展文化下乡活动7次。成功举办汤北“汤氏”文化节、章坑“尝新”节、深垟“药膳养生”文化节、“畲寨，我来啦”真人秀节目等民俗活动。新华网、浙江卫视等媒体累计报道26次(其中电视专题18期)。与丽水学院签订“思政实践教学基地”建设合作协议。完成国家级文物保护单位——章坑接龙桥修缮工程。县图书馆东坑分馆开馆。成功创建马坑省级文化示范村、深垟市级文化特色村。东坑镇通过省级文化强镇复评，并获全县文化工作先进集体称号。

全镇列入最低生活保障81户165人，农村五保17户17人，重度残疾生活补助125人，医疗救助161人次。城乡居民养老保险完成任务数的540%。参加农村合作医疗保险6952人，政策性住房保险2686户。县级4个单位和全镇168名干部结对帮扶132户。采取产业帮扶、就业培训、医疗救助、政策兜底等举措帮助低收入农户增收。开展各类就业培训5期1000余人次。发放低收入农户小额贴息贷款350户1719万元。投入扶贫资金16.5万元，100户低收入农户产业扶贫项目通过验收。消除4600元以下贫困户227户508人。是年12月15日，东坑镇代表全县顺利通过省委工作督导组核查。建成东坑、白鹤、汤北、桃源、章坑等村居家养老照料服务中心5家，覆盖全镇空巢老人500人。完成省级健康寿养项目、省重大公共卫生监测项目、市级慢性病项目的调查建档工作，全镇农民健康体检率80%。成功创建市级卫生应急示范镇。

全年新生儿73人。其中，计划内生育69人，计划外生育4人。计划生育率94.52%，综合长效节育率81.29%。应参加“三查”1282人，实际参加“三查”1106人，三查率93.6%。外出育龄妇女重点对象联系率100%。连续两年获县级计划生育示范乡镇称号。

全年调解各类矛盾纠纷21起，一批久拖不决的信访问题得到妥善解决。做好森林防火和防台防汛工作，定期开展安全生产宣传检查，全年未发生重大伤亡事故。

【章坑接龙桥修缮完工】 2015年，投入3.2万元对国家级文物保护单位——章坑接龙桥的瓦片、桥面、桥墩进行修缮。接龙桥，又称庆安桥、永济桥、木拱单跨廊桥。该桥，位于S330省道白鹤电站上游约170米处，是古代景宁、文成两县的交通要道。全长38.5米，宽4.6米，高19.6米，净跨度30.7米。桥屋梁底有“民国陆年建造”字样(有说始建于清嘉庆九年)。2012年,省文物局将景宁的东坑下桥、章坑接龙桥、大赤坑桥3座木拱廊桥列入世界文化遗产预备名单。

【深垟畲药养生节】 2015年11月29日,畲族药膳养生节在畲药之源“养生石寨”——深垟村举行。东坑镇干部柳夏秋子和韦星雨主持开幕式,县委常委、宣传部部长季建标致辞,县人大常委会副主任陈林生、夏培玲,县人民检察院检察长夏逸敏,县千峡湖开发建设管理处处长雷李木等参加活动。整个活动由畲医拜师仪式、畲族药膳养生基地授牌仪式、畲药养生推广示范点授牌仪式、“行走青春”大学生村官创业基地授牌仪式、参观畲医畲药展示馆、药膳养生宴品尝等活动组成。5000多名游客参加。

深垟村得天独厚的自然环境,孕育丰富多样中草药资源,畲民在长期探索和实践中逐渐积累形成独特的畲族医药和药膳食疗养生文化。畲医雷建光制作畲药植物标本200多个,种植畲药标本400多种,建立畲药数据库并收纳畲药1000多种,建立畲医畲药展示馆300平方米,畲医畲药文化长廊800平方米。用图文并茂的展板和畲药标本展示各种畲药名称、历史文化、主治功能、药膳配方及食疗养生等知识。

【“畲乡水果沟”初具规模】 2015年,东坑镇以桃源、根底岘、白鹤为核心,辐射至8个村,建成全县最大的综合性水果种植基地——“畲乡水果沟”。种植各类水果50公顷。其中,杨梅20公顷、葡萄7公顷、无花果14公顷、樱桃3公顷、猕猴桃3公顷,桃子3公顷。其中,桃源棚栽无公害葡萄园开展“采摘乐园”试点。是年,通过游客自采销售的形式,销售葡萄2.1吨,销售收入50万元。销售单价明显高于市场价,仍供不应求。

【《畲寨,我来啦!》在马坑村摄制完成】 2015年8月21日,景宁电视台少儿栏目首档畲族文化真人秀《畲寨,我来啦!》在东坑爱情小镇马坑村开机摄制。历时3天摄制完成。《畲寨,我来啦!》是一部亲子游戏短剧,以6个家庭的孩子为主角。记录了6个家庭成员分别入住具有畲族传统特色的狩猎、农耕、织绣、木匠、根艺、饮食“六味”畲家等农户家中,参观古代畲民的狩猎工具、猎获物标本和农耕工具犁耙、镰刀、簸箕、锄头、铁耙等实物,了解古代畲族先民猎耕生活场景;观摩织绣、根艺模拟演示,了解畲族匠人在历史发展中体现出来的聪明智慧、精湛技艺;寻找族长、寻找食材、自采、自烹、自食游戏全过程。全剧用畲语交流,并把摇锅、龙接凤等传统民族体育项目融入游戏。

(朱俞斐)

渤 海 镇

【概况】 渤海镇位于景宁县城东北,东与青田、文成两县交界,南邻郑坑乡,西与红星街道相接,北与九龙乡相邻。镇政府驻地鲍山头村,距县城33千米。镇域面积108平方千米。其中,耕地面积355公顷,林地面积8467公顷,森林覆盖率达90%。下辖8个行政村78

个自然村，1 个居委会。2015 年年底有 1832 户 6696 人。其中，畲族人口 923 人。

2015 年，全镇农业总产值 3121 万元，同比增长 5.1%；工业产值 892 万元，同比增长 4.9%。农民人均年纯收入 9870 元，同比增长 7%。粮食种植面积 293.67 公顷，产量 1470 吨。种植茶叶 25.5 公顷。其中，东湖村 11 公顷、大都村 6.2 公顷、旦水村 2.1 公顷、梅坑村 6.2 公顷。种植香榧 50.67 公顷。其中，安亭村 46.67 公顷、东湖村 4 公顷。种植甜橘柚 10.67 公顷（旦水村）。抚育雪梨 5.6 公顷（东湖村）。建成笋竹高产高效示范基地 6 公顷。其中，大都村 3.9 公顷、鲍山头村 2.1 公顷。开展农村产权制度改革，完成 8 个村 1273 户的土地承包经营权外业测绘工作，农村房屋产权登记前期资料收集 224 户，安亭村房屋产权证办理完毕。提升民宿 10 家 100 余床位。4 家渔家乐，实行房前屋后靓化、室内美化。组织从业人员到千岛湖、常山等地考察学习，举办烧鱼培训班两期，提升渔家乐服务档次。

是年，办理农村“低保”223 人，优抚 5 人，重度残疾人生活困难补助 72 人，发放资金 34.21 万元。无固定收入残疾人生活补助 28 人，发放资金 4.37 万元。困难群众临时救助 105 人，发放资金 10.24 万元。结对资助贫困学生 4 人 2.4 万元。实施困难群众住房救助 18 户。消除 4600 元以下低收入农户 214 户 525 人。其中，“低保”和“五保”销户 65 户 66 人，干部结对帮扶销户 149 户 459 人。新增城乡居民养老保险 37 人，发放社会保障卡 2527 张，指纹采集率 98%。全民参保工作调查 2684 人，调查率 100%。全年出生人口 58 人。其中，计划外 3 例，计划生育率 94.3%。长效节育率 76%，“三查”率 93%，婚检率 100%，孕检率 86%。全年开展“三查”工作 2 次，开展“计生关爱进万家”等计划生育专项活动 2 次，发放宣传资料 1200 余份。

将原来 12 个网格调整为 9 个网格，增加 9 名管理员，与 8 个行政村签订年度综合治理目标管理责任书、法律顾问合同 8 份。发放平安宣传资料 1100 余份，悬挂横幅 16 条，展示图版挂图 8 块。解答法律咨询 20 余人次，广播宣传 3 次。镇综合治理办公室组织矛盾排查 13 次，全镇各级调解组织先后调处各类矛盾纠纷 25 起，调处率、调结率均 100%。全年接到群众信访 34 件，办结 33 件，1 件在办理中。全镇无刑事案件，无重大交通、火灾、安全生产事故，无越级上访事件，无因矛盾激化引起民转刑及非正常死亡案件。

继续开展“六边三化三美”工作，完成从小粗口到梅坑的美丽滨湖花路建设，启动梅坑梅林公园项目建设，开挖、回填及场地平整 78 处 600 余平方米。开展“清扫路边垃圾，扮靓村居环境”“党干群清扫活动日”“保护库区周边母亲河”“清除违法广告牌”等主题活动 20 余次。清理墙面广告、贴纸、喷漆等 205 处。拆除鸡鸭棚舍、乱搭乱建等 65 处。完成公路沿线整治 58 处。继续开展“五水共治”，全面落实“河长制”并作“回头看”。组织镇村干部集中开展河道清理 50 余次。在部分农村实施生活垃圾“日产日清”。全面推进农村污水处理工程建设，启动 91 户“厕改卫”、64 户污水接纳管和 5 个生活污水处理终端工程。2 座山塘水库维修加固工程、4 个高效节水喷灌项目基本完工。开展“无违建”镇、村创建工作，强化违法建筑镇、村联动处置机制，全面完成各项拆违任务。

完成幼儿园、广播电视站、林业湿地保护站、来料加工综合大楼等项目选址、立项及规划设计等前期工作。渤海镇控规、详规通过县规划委员会审核。何山村13户38人下山移民建成房屋15.5直。叶处、庵降、东畔3村102户339人下山移民，137直宅基地分配到户并启动建房工作。渤海镇便民服务中心梅坑分部建成。内设7个窗口，10名干部进驻办公。

渤海镇获全县2015年度农村发展六大行动计划工作一等奖、农民异地搬迁工作二等奖、防汛防台抗旱先进集体、森林消防工作先进集体。镇委书记林建锋被市委、市政府授予“2015年度丽水市新农村建设先进个人”称号。

【中国畲乡“三月三”千峡情·渤海垂钓节】 中国畲乡“三月三”千峡情·渤海垂钓节于2015年5月20日，在“畲乡第一渔村”——渤海镇梅坑村举行。当日，投入鲤鱼、鲫鱼5吨，来自武义、金华、温州、丽水、景宁等地的100多名垂钓爱好者参加，比赛分3组进行角逐，最终以单尾重量和获得总量分别评出冠军、亚军、季军，并给前30名选手颁发奖品和证书。

“畲乡第一渔村”建设启动于2014年，至2015年5月建成长400米、宽100米的梅坑湾人工垂钓场和一条长2千米的亲水垂钓小道。 （张阿滨）

沙 湾 镇

【概况】 沙湾镇位于景宁县城西南，东邻标溪乡、梧桐乡，南接大地乡、毛垟乡，西与鸬鹚乡毗邻，北连英川镇、云和县林丰乡。镇政府驻地沙湾村，距离县城38千米。区域面积122.7平方千米。其中，耕地面积610.6公顷，林地面积8918.5公顷。下辖1个居委会，26个行政村108个自然村。2015年年底，总人口16600人。全镇工业产值4295万元，同比增长7%。农业产值9756万元，同比增长7%。农民人均纯收入9860元，同比增长15%。全年完成固定资产投资5360.06万元，同比增长18%。

沙湾镇形成以高山蔬菜为主导，油茶、茶叶和水干果为辅助的产业格局。2015年，有高山蔬菜基地113公顷。其中，精品园核心基地20公顷，每公顷增加产值18.5万元，年增加产值370万元。种植粮食作物835公顷，总产量4457吨。发展茶叶基地6.6公顷，增加人参果基地17.3公顷。从泰顺、仙居、庆元等地招商引资312万元种植生态稻、山地蔬菜16.57公顷。长毛兔存栏400只、山羊存栏120头。更新造林33.33公顷，林地抚育162.27公顷。油茶抚育11.67公顷。种植直径3厘米以上枫香、银杏等苗木1000株。完成莲川行政村大地桥至麻竹坪段竹林道路建设4.3千米。引进来料加工点一个，全年发展一级来料加工经纪人4人，二级来料加工经纪人2人，就业600余人，加工费收入400余万元(其中，从事电子商务来料加工经纪人1人，电子商务销售额 136 万元)。发放小额贴息贷款 590 万元,扶持农户 122 户。

改造沙湾、黄水坑、木岱后、流坑、陈司坑、毛山头、陈田等村饮用水管网;铺设沙湾区域弱电管网、沙湾污水处理管网（迁建工程)、七里新区 1–5 号楼弱电及排水管网、沙湾雷诺护垫;完成七里溪山洪沟防洪治理、沙湾防洪堤七里段、沙湾镇文化中心改造、朝阳亭修建、沙湾农贸市场迁建、集镇综合用房、洪畈居家养老中心、朝阳街立面改造、仙菇安置点隔溪立面整治等工程建设。

开展“我为畲乡增绿添彩”植树活动,发动全镇干部、职工、青年志愿者,在沙湾后山种下总价值 10 万余元的浙江楠、木荷、苦楮、枫香等树苗。全年拆除违章建筑 8300 平方米。组织党员、干部、志愿者义务清扫垃圾 100 余次,清理路边大小广告 400 余处。在沙湾、七里、仙姑文化礼堂开展各类群众文化活动 29 场。

全镇有农村低保 306 户 644 人，全年慈善救助 48 人次,安排救助金 38300 元;临时救助 74 人次,发放救助金 64400 元;医疗救助 208 人次,发放救助金 736906 元。新建林坑村居家养老照料中心，全镇累计村级居家养老中心 7 家。开展“三沿五区”坟墓整治工作,办理火化免费手续 121 人,火化率 100%。

【开展“我的梦,沙湾梦”五四主题活动】 2015 年 5 月 4 日,沙湾镇团委组织镇政府 30 余名青年干部开展“我的梦,沙湾梦”主题即兴演讲活动。12 名青年干部先后登台演讲《我的沙湾成长之旅》《沙湾绿色生态发展之路》《那些年的收获与付出》。由镇政府领导、老干部代表组成 10 名评委给予点评。卞泳源获一等奖,雷雨田、季维维获二等奖,雷云燕、洪钱玮、陈超获三等奖。

【七里村美丽宜居示范村通过省级专家组验收】 2015 年 11 月 13 日,专家组组长宋绍杭带领验收组一行 4 人到沙湾镇验收七里村省级美丽宜居示范村建设。专家组认为:沙湾镇七里村美丽宜居示范村建设，延续原有建筑风貌,保护古民居和土墙,彰显地域特色;建立长效机制,融合产业发展形成良性循环,从根本上提升村民生活品质；进一步挖掘文化底蕴,发扬传统文化,增强旅游竞争力。予以验收通过。

七里村自 2013 年被确定为省级美丽宜居示范村试点以来，累计投资 300 万元。以“五水共治”“三改一拆”“六边三化三美”为抓手,拆除乱搭乱建 5017 平方米,绿化 8500 平方米，全村 53 幢古民居进行了外立面改造、铺设鹅卵石巷道、砌鹅卵石矮墙围园地,村容村貌和人居环境得到了提升。

【叶桥高山蔬菜标准化基地通过验收】 2015 年 10 月 30 日,叶桥高山蔬菜标准化基地通过省农业厅验收。该基地拥有蔬菜标准化育苗基地 0.67 公顷,绿色蔬菜生产基地 113.33 公顷;配套设施——蔬菜分级包装场地 0.2 公顷,蔬菜冷藏库 1 座。并在鑫景商城开设“畲森山”生态农产品展销配送中心。该中心采取批发、零售兼顾,具备网上、实体店同时销售、配送功能。

(雷雨田)

英 川 镇

【概况】 英川镇位于县城西南，东接沙湾镇、鸬鹚乡，南与庆元县毗邻，西北与龙泉市交界，距县城65千米。地势自西南向东北倾斜，东西宽15千米，南北长13千米，属高山丘陵地区。辖区总面积124平方千米。其中，林地面积9404.7公顷（含生态公益林面积3268.3公顷），耕地面积1576.3公顷。1990年建镇，1992年黄湖乡、隆川乡并入英川镇。2013年，原葛山乡岭头、岗头、粗砻三村并入英川镇。全镇辖28个行政村83个自然村210个村民小组，5580户1.71万人（其中畲族83户435人）。2015年，出生116人，死亡110人，净增6人。全镇有80%以上的人口常年外出，常住人口2500人。外出人口主要分布在云和、温州、杭州、北京等地。经济收入来源于农业、水电产业、劳务输出、经商等。英川有一传统小吃——英川粉皮颇有名气。其历史可追溯到明洪武年间（当时英川一带，每年秋收冬藏之后，青壮年远离家乡，到福建、江西等地做香菇不能和家人过团圆年，于是母亲、妻子就做麻糍、打黄粿、炊粉皮给他们吃，表示送行）。因其晶亮可口、老少皆宜、百吃不厌而逐渐发展成为大众小吃和英川人脱贫致富的行业。

2015年，农作物播种面积1819公顷。其中，粮食播种面积737公顷，粮食产量4020吨。在王宅、跃垟村种植黄柿苗7000余株，建成柿子基地11.13公顷，香榧基地1.27公顷。全年造林49.6公顷，抚育和改造75.2公顷（其中大苗造林13.34公顷），公益林扩面286.67公顷。

全年新增农村社会养老保险74人，累计4120人。其中，60周岁以上领取养老保险金2790人。农村医疗保险12788人，除学校参保和交统筹参保外，参保率88%。参加住房保险5075户。其中，“低保”118户，“五保”34户。全民参保登记调查人数6997人，入户调查率100%。对全镇低保户和困难群众大病救助、医疗救助246人次，发放救助资金435962.64元。临时困难补助54户，补助资金45700元。对“五保”“低保”及重残补助人员进行调整。新增“五保”对象8人，享受最低生活保障165户343人，享受困难重度残疾人补助189人。全年出生116人。其中，计划内106人，计划外10人，计划生育率91%。已婚育龄妇女3847人，落实长效措施3027人，长效节育率78.68%。

建成粗砻至龙南的通村公路3.75千米。寨后至庆元合湖12千米的通村公路完成测量工作。温堆—茶园—木岱口康庄小巴线路开通。台风灾后公路修复17条。投资1500余万元的英川港综合治理工程通过验收。投资800余万元的英川、王宅、跃垟污水处理工程基本完成待验收。坑垟、黄洋口、湖后、黄谢圩等村开展村级生活污水集中式处理。白坦、隆上、凤洋、叶坪头等7个村进行生活污水分户式处理。温堆、外处岙、湖后、石崇等村防洪堤在建。张川、隆下、底洋、坑垟等村的饮用水工程竣工。

新增凤洋、底洋、梅漴3个居家养老服务中心，累计建成居家养老服务中心9个。建成全县首个乡镇级图书馆，藏书5000册，借阅平台和县图书馆统一联网。是年11月，省非遗产品“英川菇民戏”被浙江省文化厅列入全省56个地方特色戏种，英川村被评为省级特色戏曲村。12月，英川、沙湾、鸬鹚两镇一乡举办文化走亲，使区域间的特色文化资源实现取长补短、互通共融。

镇人民政府与县移动公司签订平安宣传短信服务协议，进入镇域范围的人都会收到1条平安宣传短信。成立镇、村级各类调解委员会29个。全年民间矛盾纠纷排查109起，排查成功率100%。

全面开展集镇建设，全年拆除违法建筑面积8439平方米。加强拆后利用工作，通过复垦复绿、按规划实施建设、作为临时用地等措施，拆后利用率69%。拆除猪栏、厕所及废弃危房3000余平方米，车行道及人行道路网基本打通。完成部分行车道硬化和3个公共厕所建设。仿古修复步行街8条600余米。242盏路灯“亮化工程”完成75%。启动“洁净英川”计划。以家庭卫生为突破口，全面实行“门前三包”责任制。以“河长制”为抓手，全镇每条河道开展2次以上的整治，主要河道实行月月清扫制度。全面落实公路养护员制度，各村严禁杂物乱堆乱放、家禽放养等行为。开展“六边三化三美”增绿添彩活动，零星种植苗木7.8万株，折成面积28.86公顷。

开展农村产权制度改革，在完成所有村经济合作社股份制改革的基础上，发放房屋产权证420本、土地使用证158本。

【全面消除4600元以下低收入农户】 2015年，英川镇全面落实“一户一策一干部”帮扶责任，扎实做好低收入农户帮扶工作。全年发放扶贫贴息贷款1500万元。产业扶持100户，补助资金14.928万元。助学帮扶17人，补助资金5.1万元。小额贷款扶持34户，扶持资金180万元。医疗救助扶持81人14.5万元。临时救助9人9900元。物资结对扶持折价3万多元。通过产业扶持、助学帮扶、小额贷款扶持、物资扶持等一系列措施，使427户1124人人均年收入都达到4600元以上，全面消除了4600元以下低收入户。 （李倩雯）

大 均 乡

【概况】 大均乡位于景宁西南，距县城12千米，乡域面积86平方千米，辖9个行政村60个自然村。户籍人口4479人。其中，畲族1524人，占总人口的35.4%。李宝、三格、泉坑、伏叶为民族村，畲族人口比例分别为98%、80%、56%和50%。

大均乡林地多耕地少。全乡耕地289.9公顷，林地7933.3公顷，其中毛竹1333.3公顷。森林覆盖率89.1%，活立木蓄积量29.5万立方米，有省级以上生态公益林6666.6公顷。空气负氧离子浓度6000个/立方厘米。

2015年，造林6.8公顷（任务6.6公顷），完成任务的102%。四边绿化18万株（任务1万株）。连续十一年荣获森林防火先进集体。报批新增省级以上生态公益林1542公顷。全乡9个行政村全面完成经济合作社股份制改革。林地流转26.6公顷，林地经营权流转13.3公顷。梅山村、李宝村创建景宁白茶标准化示范基地，新增茶园11公顷，种代料（食用菌）52.5万袋。伏叶村改造茶园13.3公顷。

全乡完成茶园改造43.3公顷。伏叶村东岱湖开发草本药材基地，种植白术12公顷、太子参8公顷。大赤坑新建草莓基地0.66公顷，引进4.9万株草莓种苗试种成功。三格村种植高山四季豆6.6公顷、玉米3.3公顷。梅山村注册景宁伟云山羊养殖专业合作社（养殖精品园示范合作社），全年养殖本地羊150多头，常态存栏母羊100多头。引进蓝天农业开发有限公司，发展洋坑、泉坑兰莓基地5.53公顷，完成投资350万元。大均孔雀养殖成功。

创建三星农家乐8家，四星农家乐1家，全乡累计农家乐36家，餐位2000余个。其中，食宿型农家乐19家，床位257张（包括水碓洋特色民宿5家，房间52个，床位96张，配有可容纳80人的大型多媒体会议室）。全年接待游客58万人次，同比增长52.6%。

2015年年初，4600元以下低收入农户174户402人。其中，"低保""五保"及重残补助113户206人，结对帮扶61户196人。新型农村合作医疗应参保4280人，实际参保3454人。其中，"五保"12人，"低保"203人，优抚对象11人，普通残疾80人，计划生育优惠对象454人。全年住院报销84人次28.74万元。政策性农村住房保险参保率100%。全乡参加养老保险802人。其中，2015年新参保49人。领取养老金828人。城乡居民社会保险养老金待遇领取人员资格认证率100%。追回养老保险基金3196.7元。全年申报科技项目1个，举办科技培训2期500余人次。

全年投资5683.35万元，开展新农村建设。其中，市级以上项目补助资金1719.09万元。完成李宝村畲寨山门修建，三格油茶基地道路硬化，泉岱村道路硬化，大均等7个村生活污水治理，大均村生态停车场建造，大赤坑村底村护桥防洪堤改造，新亭至张辽口的机耕路修建，大均等3个村自来水管网铺设，梅山村道路硬化及公路两侧路灯安装，大赤坑村河道淤泥清理，泉坑村生态公园及村委办公楼建设。全乡"六边三化三美""三改一拆"行动，共整治乱堆乱放60余处，清理各类垃圾45吨，拆除违章建筑39处9297.36平方米，完成任务300%。

全乡在中央、省、市、县媒体发布各种报道300余篇。其中，新华社、光明网等5篇；浙江在线、浙江日报等18篇；市级媒体60余篇；县级网站、畲乡报等230余篇。在浙江省宣教平台发布基层工作动态信息160余篇。"六边三化三美"信息名列全县前茅。全年开展"春泥计划"活动20余次，40余名户籍儿童参加"春泥计划"行动。开通首个乡级政府官方微信公众号"大均农家"。大均村文化礼堂获县五星级文化礼堂称号；伏叶村入选浙江省2015年度"美丽宜居示范村"。

【"五朵畲花"——精品村建设】 2015年，大均村、泉坑村、伏叶村、李宝村和梅山村创建精品村组成"五朵畲花"。五村各自围绕特色主题："千年山哈·畲乡之窗""伞浮风光·畲寨泉坑""宋桂飘香·世外桃源""神秘畲寨·神奇畲药""千年梨王·贡生古村"，开展环境大整治和村庄建设。大均村开展古街、房子"洗澡"活动；泉坑村举行清洁能源户评比；伏叶村开展房前屋后整治大比武；李宝村进行电力线路改造。大均、伏叶、梅山3个村对房屋整体立面进行改造。

【开展农村生活垃圾分类试点】 2015年5月，大均乡围绕农村垃圾“减量化、资源化、无害化”目标，在伏叶村开展农村生活垃圾分类试点工作。其间，发放宣传手册与倡议书500份，发放农户家用分类垃圾桶160只。将全村划分为13个区片，建立13个农户垃圾收集投放点。每个投放点为1个小组，每组选出1个户主为组长，负责本组农户垃圾分类(可烂与不可烂)工作的组织实施与协调监督。全村生活垃圾由农户自行收集分类集中到投放点，再由保洁员统一清运到垃圾中转站进行自然无害化分解处理。

【举办大均乡首届农民畲歌赛】 2015年10月28日，以“唱自己的歌”为主题的大均乡首届农民畲歌赛在李宝村举行。县人大常委会党组书记蓝良兴出席并致辞，县文广出版(体育)局副局长朱益龙，县民宗局副局长蓝利忠，大均乡班子成员出席开幕式。该活动由大均乡人民政府主办，大均乡文化站、李宝村党支部、村委会承办。由全乡各村畲族歌手和畲歌爱好者以行政村为单位组团报名，分团体赛、家庭组合赛、个人赛。共有5支代表队46人参加。为增强大赛的趣味性，比赛中间设置了观众互动小游戏，以及计划生育、食品安全、平安创建及“五水共治”“三改一拆”“六边三化三美”等知识抢答活动。经过比赛，李宝村代表队获团体赛第一名；泉坑村、三格村代表队获团体赛第二名；伏叶村代表队获团体赛第三名。雷燕兰、雷晓东获家庭组合赛第一名；蓝贵花、蓝秀花、雷进玉、兰仁香获家庭组合赛第二名。雷小卫获个人赛第一名；兰仁香、雷冬仁、雷冬英获个人赛第二名；雷菊梅、蓝兴梅、雷建芬获个人赛第三名。

(吴娅娅)

澄照乡

【概况】 澄照乡位于景宁县西南，东邻东坑镇，南倚大际乡，西连梧桐乡、大均乡，北接鹤溪街道。乡政府驻三石村，距县城6千米。乡域面积84.8平方千米。其中，耕地面积2278.4公顷，山林面积5991.3公顷，森林覆盖率66.7%。下辖15个行政村69个自然村。总人口7028人。其中，畲族2116人。

2015年，实现工农业总产值1.98亿元，同比增长10.4%。其中，工业产值1.54亿元，同比增长5.2%；农业产值4367万元，同比增长10.2%。农民人均纯收入9200元，同比增长6.7%。是年，新增茶叶基地26.7公顷，累计906.67公顷，茶叶产量176.3吨；新建大棚蔬菜基地40公顷，累计80公顷，蔬菜产量2876.5吨；新建果园33.3公顷，累计145.67公顷，水果产量4318吨；新建香榧基地10.13公顷。畜禽养殖项目8个。其中，规模生猪养殖场5个。畜禽存栏：兔6000余只、鸡8000余只、鸭10000余只、鹌鹑70000余羽，鸽15000余羽。流转土地27.44公顷，注册成立34个家庭农场，70家专业合作社。有企业23家，从业人员213人。三石村、金丘村2个来料加工点，从业人员57人，培养一级经济人3人，加工产值1460万元。培育农家乐3家，发展民宿8家，接待游客31000人次。

建成竹林道130千米，四旁植树2.1万株，“生态环线”——景泰公路沿线澄照段风景林抚育5.67公顷。油茶抚育12公顷。林地流转27.44公顷。完成县政府批准实施林业产业结构调整项目3个(16公顷)。组建义务森林消防队伍，组织2次业务培训，签订护林防火责任书2100份，印发防火、扑火资料200份，出动森林防火宣传车50台次。

按照“应保尽保”的要求，将符合条件的低收入农户全部纳入“低保”“五保”范围。进一步提高五保户集中供养比例，加大困难群众临时救助力度。为60周岁以上18周岁以下的低收入农户498人减免医疗保险费7.9万元。为低收入户提供医疗救助45人，发放救助金14.7万元。为5户4600元以下低收入户提供临时救助，发放救助金3.2万。全乡2953人参加养老保险（2015年参保50人），有1068人按规定领取养老金。参加农村合作医疗保险6045人(比上年增加93人)。其中，低保户335人，优抚对象29人，计生优惠1159人，特困残疾95人，低收入重度残疾24人，低收入老幼498人。全年出生43人。其中，计划内生育39人，计划外生育4人。计划生育率90.69%。应征收社会抚养费204092元，实征收154800元，社会抚养费兑现率75.84%。综合长效节育率80.86%，长效节育率78.08%，“三查”率95.14%。通过走村入户、乡会村开、发放宣传单等形式向低收入农户宣传“政银保”小额扶贫贷款政策，发放爱心卡，做好贷款对象的审核、“搭桥”服务等工作。173户低收入户获得免息扶贫小额信贷865万元。其中，4600元以下低收入23户，发放扶贫小额贷款129万元。建立“一户一策一干部”档案，落实县国税局、关工委、国土资源局、经济开发区管委会等县级结对干部60人，乡级结对干部49人，村级结对干部93人。为170户低收入户提供产业帮扶资金27.7万元。为3户特困户新成长劳动力接受职业教育提供帮扶资金9000元。为3户低收入户提供来料加工帮扶资金3000元。排查各类矛盾纠纷128起，调解125起，调处率98%。其中，省级督办的重大矛盾纠纷1起；县级督办的矛盾纠纷2起。处理县级下转信访案件24起(县信访局下转13起、省检查组下转10起、网上信件1起)，县长信箱3起，结案率100%，未发生集体访和越级访案件。

完成农民创业园岩下区块57户农户拆迁，污水处理厂及自来水厂政策处理，公路改线土地征用，际头水库施工便道及弃土场的政策处理、土地丈量和资金核对，G235(原52省道)景宁溪口至澄照公路改建工程征地丈量，786.8公顷高标准农田划区定界等工作。浇筑水毁水渠6000余米，修复防洪堤3处350米。启动74幢740直农民安置房建设。完成四格、张后山、东岱、朱排、梅坑、东升6个行政村的污水处理工程(受益人口570人)。

完善三石村4星级农家书屋，创建金丘村、漈头村3星级农家书屋。米岩山村开展“六星文明户”评比活动。评出六星2户、五星10户、四星63户、三星7户。金垟操石磉队、东畔压押队、澄照乡代表队参加“三月三”民族体育竞技活动，取得2金2银1铜的成绩。开展“迎新村，庆元宵”“文化下乡”及“乡村春晚”猜灯谜、唱花鼓戏等文化活动。

根据省、市、县“六三三”工作部署，在乡域范围内全面开展八乱治理。组织三石、金坵、米岩山、张后山等行政村干部，发动村民对景泰公路沿线进行专项环境整治42次3000余人次。清理乱堆乱放1320处，清运垃圾642车，拆除违章建筑13576.9平方米，占地25668.3平方米。

开展“学守讲”主题教育活动。328名党员接受党课教育，455名党员参加先锋指数考评，评出先锋党员66名、优秀党员9名、不合格党员1名。建成三石村、金坵村市级基层党建示范点。打造“党建+互联网”“党建+服务”等平台，探索农村党建工作新路子。（叶璟珺）

梅 岐 乡

【概况】 梅岐乡东与文成县西坑镇相毗邻，南靠东坑镇，西接鹤溪街道，北邻渤海镇、郑坑乡、红星街道。乡政府驻地梅岐村，距离县城37千米。乡域面积86.7平方千米。其中，耕地面积571公顷，山林面积6034.4公顷。下辖9个行政村40个自然村，人口4310人。其中，畲族人口6人。

2015年，实现生产总值8069万元，比上年增长13.8%。其中，农业产值6569万元，比上年增长9.8%；工业产值1500万元，比上年增长13.8%。农村人均年纯收入9200元，比上年增长17%。全年引进民间资本总投资1915万元，开发农业项目8个，年内完成投资1165万元。其中，投资570万元完成梅溪铁皮石斛示范基地（二期）建设；建成3.3公顷香榧基地，10公顷的白茶基地完成场地平整；成功培育2家总面积10公顷的稻鳖共生“家庭农场”。粮食作物播种面积301公顷，总产量1551吨。毛竹低产林改造22公顷。在竹山、留钱、岗楼等村建成竹林道7.5千米。新增生态公益林面积235.8公顷，发放生态公益林补助金97.3万元。落实各种惠农政策，完成粮食直补2.05万元，综合直补21.60万元，粮种补贴2.08万元。引导各村土地流转，加大土地连片流转力度，全年田地流转21公顷、林地流转16.4公顷。

2015年，梅岐乡被列为全县农村产权制度改革试点乡。全乡9个村的经济合作社股份合作制改革通过县级验收，发放股权证1170本。二轮土地承包963户，并完成土地承包经营权证发证工作。完成9个村林地经营权证发证工作，收集林权证信息2080本。收集农村住房所有权登记材料580份，发放房屋产权证167本。完成3个农村水利工程产权登记，各村小型农田水利工程产权移交完毕。创建9个“信用村”和“信用乡”。

全乡参加城乡居民医疗保险3372人，发卡500人。共有296人住院医疗报销268万元。参加城乡居民养老保险41人。推进“一户一策一干部”机制，多举措帮扶，消除人均年收入4600元以下农户150户316人。推行“村级民生项目预申报制”，向全乡公开征求村庄发展建设意见，并建立“村级项目库”。先后累计投资1400多万元，实施潘山至竹山通村公路、3个村的居家养老日间照料中心、4个村的农村电气化改造、客货运一体站、饮用水设施修建等12个民生项目。实施乡、村党员干部联系结对留守老人制度，87名党员结对136户留守老人。全年组织开展理发、帮助收割稻谷、守望相助等党员志愿服务活动8批次。举办电子商务、铁皮石斛种植等培训班4期。全年出生43人，征收社会抚养费16.3万元。调解处理各类矛盾纠纷21起，调处率和成功率分别为100%、95.2%(其中，预防纠纷3起，防止群体性上访2起)。受理信访案件16件(其中，乡信访室8件，县信访局转办4件，积案4件，办结率100%)。没有越级上访、群体访和无理访。“乡村联合执法”“赶集式办公”“夜访夜谈”等特色做法写成文稿，先后被平安浙江网、浙江信访网录用4篇；被《丽水信访》录用2篇。修订“村规民约”，推出朗朗上口的“三字经”版。加强森林防火，连续13年无森林火灾。

加大农村公共文化服务体系建设，申报创建“省级体育强乡”。增设体育健身器材7套，新建篮球场3个。5月5日，成功举办首届“乡村生态”运动会。全乡9个行政村和乡机关共10支队伍110多名运动员参加。10月29—30日成功举办首届红色文化节，以“探秘全县三大源头·探访景宁第一支部”为主题的首届红色文化节暨党史馆开馆仪式。组织开展咸菜大赛、凤舞畲山大舞台主题文艺演出等系列子活动，全面提高梅岐的知名度和美誉度。与文成县西坑镇开展文化交流活动，成为全县唯一开展“跨市、县文化走亲”的乡镇。

实施“五水共治三年行动计划”，完成梅岐、高门、岗楼3个村的农村生活污水治理项目，“三水”接入204户756人。投资300多万元，推进龙潭桥小流域综合治理工程，建成防洪堤800米、拦水坝4条、亲水平台0.05公顷，提升河道抗洪、排涝、引水、灌溉等功能。筹资50万，实施梅岐村梅溪河河道清淤工程。投资20万元，在龙潭桥水库周边、各支流入口处架设水源24小时实时在线监控设备7套，实现手机实时联网监控“龙潭桥水库”及周边河流的水源情况。开通水源保护区警示提醒短信自动发送功能。投资90万元，在水库周边安装绿色钢丝防护网2300米。推进美丽乡村建设，投资500余万元，实施一揽子环境整治工程。在“三改一拆”工作中，拆除违法违章建筑33处3700平方米。

是年，梅岐乡被评为全县综合考核先进集体；获创业创新奖、基层组织建设二等奖、乡镇平安综治工作三等奖、“五水共治”工作三等奖等10多项荣誉。

【创建省级“无邪教乡镇”】 2015年，梅岐乡成功创建全县唯一的省级“无邪教乡镇”。梅岐作为与温州文成接壤的“边关”乡镇，把防范和处理邪教问题纳入“平安梅岐”建设规划之中，大力开展“扬新风、树正气，自觉抵制邪教入侵”专项宣传行动。设立“反邪教宣传文化墙”，制定并落实一村一名反邪教信息员制度，构筑起严密的邪教“防火墙”。

【“景宁·中共第一党支部党史陈列馆”建成】 梅岐乡桂远村是全县最早的中共地下党支部诞生地。2015年，乡政府投资100万元，在桂远村建成“景宁·中共第一党支部党史陈列馆”。该陈列馆为二层木质结构，占地1300平方米，总建筑面积700平方米。10月30日，举办首届红色生态文化节暨党史陈列馆开馆仪式。该馆的建成，填补全县党史革命教育基地的空白，被县委宣传部命名为“红色革命教育基地”。先后被评为“景宁县红色革命教育基地”“丽水市十佳红色革命教育基地”。是年，丽水市委党校、县委党校等机关团体30余批次1050余人次到该馆开展党性教育。

【设立“梅岐乡流动党员服务联络站”】 2015年6月26日，全县首个乡级驻县城流动党员服务联络站——“梅岐乡流动党员服务联络站”挂牌成立。县人大常委会副主任夏培玲、县委组织部副部长陈建灵到场祝贺并揭牌。乡村两级干部、梅岐乡在景宁党员群众代表、在外创业人员代表共计150余人参加。是年，服务站累计开展“学守讲”专题活动35次，开展党员志愿行动29次，筹集爱心捐款1万元，扶助、慰问困难家庭29户，为群众办理实事2346件，“小小服务站、派上了大用场”。

【搭建“众创平台”】 2015年，梅岐乡搭建以“公司+基地+低收入农户+政府+金融+互联网”为内容的农业基地“众创平台”，带动群众增收致富，帮助低收入群众脱贫。乡政府设立奖励基金，村互助会加盟，鼓励村民特别是低收入农户通过土地、资金、劳力入股或参与合作社务工等形式，形成众人携手创业的良好格局。是年，全乡120多名群众加入“众创平台”，有34户67名低收入群众通过“众创平台”实现脱贫。此举得到县委、县政府领导的充分肯定。省电视台党建播报专栏、《丽水日报》等媒体先后进行专题报道。

【举办“洁净乡村擂台赛”】 2015年5月5日，梅岐乡举行“洁净村庄擂台赛”开擂仪式。擂台赛定制3个“清水源头”杯水晶鼎，每季度开展考评，评出3个擂主，然后由其他行政村攻擂争擂，并设立“脏乱差微信曝光台”。是年，全乡开展“洁净家园”集中行动120余次，拆除私拉乱建的厕所、简易棚等100多处。新建农户卫生厕所41个，公共厕所6个，垃圾集中池18个。专门定制印有“清水源头?美丽梅岐”字样的大红灯笼200对，在全乡评选出来的18户“洁净家庭”、4户“六星文明户”、10户“花样农家”房前悬挂，以资鼓励。

【创建“微信圈里的党支部”】 2015年，梅岐乡在全县率先组建覆盖全乡、管理规范的“微信党支部”运行体系。乡党委制定出台了《梅岐乡“微信党支部”管理办法》，并安排专人负责信息平台管理。全乡建立10个“微信党支部”解决农村党员集中开会难、集体学习难、过组织生活难的问题。开设“美丽梅岐”官方微信公众平台，实时发布党务政务信息。开设党建“空中课堂”，定期编发党建知识以及热点解读等图文信息。据后台运行统计，全年累计刊发宣传报道、信息稿件193期，点击阅读81022人次，分享转发2589人次。（陈伊言）

大漈乡

【概况】 大漈乡东邻东坑镇，南靠景南乡、雁溪乡，西连标溪乡、梧桐乡，北接澄照乡，东西宽约7千米，南北长约8千米，距县城48千米。辖区总面积56.9平方千米，境内有全县第一高峰上山头，海拔1689米，山上有70公顷猴头杜鹃。下辖西一、西二、潘宅、彭村、茶林、琴山、小佐、垟心8个行政村22个自然村35个村民小组。至2015年年底，全乡1029户3350人。党支部10个，党员240人。

2015年，大漈乡农业总产值5445万元，同比增长10%。旅游总收入1622.5万元，同比增长6%。固定资产投资4500万元，同比增长12.5%。农民人均纯收入14268元，同比增长12%。

是年，加快茭白品种更新改良，引进优质高产种苗20万株。组建以村为单位的茭白无公害生产宣传小组，发放无公害茭白种植宣传册600余份。开展茭白农药残留检测，倒逼茭农科学用药，确保茭白的品质和安全，全年共抽检样本305个，合格率92.8%。茭白单项产值3100万元。

修复水毁林道路12千米，新建林道1.5千米。累计种植绿化苗木8000棵。引进（试种）樱桃3000余棵。林业生态资源呈现稳中有升、品种多样的良好发展态势。探索发展新型农业，与江苏省吴中区省级“水八仙”基地进行对接，组织种植户到苏州考察学习新型高效蔬菜品种“水芹”种植技术，落实套种试验0.43公顷。

探索“互联网+旅游”模式。大漈景区电子导游服务系统建成试运行；全乡农家乐免费WiFi（无线网络）项目开工建设；与携程、驴妈妈等旅游网络平台开展旅游景点宣传和门票营销合作，大漈景区门票网络销售占26%。通过推进进士府、古村落保护与利用项目、景区拓展提升项目、农家乐基础设施建设等项目的实施，景区配套基础设施不断完善。大漈罐成为重要旅游产品。全乡建成省级农家乐特色村2个、市级农家乐特色村2个、县级特色村1个，星级农家乐61家。组织参与农家乐菜点培训500余人次。农家乐营业额突破1000万元。成功举办以“书香大漈·云中桃源”为主题的进士府启户仪式暨“状元及第”首演活动。邀请温州、台州、金华等地40余家旅行社前来观摩、踩线，成功打造大漈景区新亮点。加强与新闻媒体联系互动，CCTV7《美丽中国乡村行》、浙江经视《48小时》、浙江公共新农村频道等对大漈进行专题报道。是年，景区接待游客94.9万人次，同比增长15%。大漈乡垟心村被评为“全国乡村旅游模范村”。时思寺门口千年刺柏被确定为全国最大、最古老的刺柏。雪花漈等10个项目入选丽水市旅游“十佳”系列。成功注册“雪花漈”商标。

开展消除4600元以下低收入户工作。全年发放低收入群众贴息贷款136户683万元。扶贫经验在全市范围内交流推广。低保工作“应保尽保”，全年累计发放低保金278844元。全面完成农村医疗保险、农民养老保险工作和农村政策性住房保险等工作。全年发放大病救助资金25人52178元。金融服务继续加强，乡信用社全年实现放贷2300万元，存款突破4300万元。发展学前教育，巩固提高义务教育质量和水平，整合进士府资源，启动国学经典进校园活动。

严格执行聚餐申报制度，做好食品安全工作。开展农民健康体检，做好计生卫生优质服务工作，计划生育率96.43%。妇幼保健工作获全县第二名。乡卫生院通过丽水市规范化卫生院验收。年度绩效考核继续走在全县前列。

举办元宵福龙、重阳敬老节、小佐寻根祭祖节等一系列民俗节庆活动，形成“月月有活动、村村有品牌”的文化活动格局。组建“云之梦”农民文化艺术团，并加强后期专业培训，实现运行规范化、常态化。“云之梦”获2015年度“凤舞畲山”大舞台乡镇(街道)总决赛银奖。开展系列文化惠民工程建设，提升农家书屋8家，充实藏书1000余册、书画作品100余幅。建成文化礼堂3个(其中西岸底和小佐为省级文化礼堂)。全面建成覆盖全乡的现代公共文化服务体系。广泛开展“送文化”“种文化”和“文化帮扶”活动，丰富群众的精神生活。大漈乡被评为“省级春节文化特色地区”“省级老年养生示范基地”和“省级高山休闲体育运动基地”。

【举行“进士府”启户仪式】 2015年10月11日，“云中大漈”进士府启户仪式暨状元及第首演活动在大漈举行。县领导严铁华、夏培玲、余晓军出席。期间，开展了知名书画家采风笔会、书画展、旅行社踩线等子活动。大漈，历史上中举9个进士，23个举人。“勤劳、崇学、尽孝、向上”的大漈精神渗透历史，昭示后人，形成源远流长具有地方特色的“孝廉文化、耕读文化”。

【三省九县(市)严姓族人寻根祭祖——小佐村】 2015年11月14日，为感念先祖传承严氏宗族文化，增强亲和力和凝聚力，来自浙江、福建、安徽三省九县(市)600余名严姓族人齐聚景宁大漈小佐村寻根祭祖。在严氏祠堂焚香祷告祭献三牲礼、五谷、食馔祭祀先祖，严氏后裔代表宣读祭文和严氏祖训，族人集体向严氏先祖鞠躬叩拜。据小佐村史记载，宋代初期，严氏后人千七公从严州几经周折，长途迁徙，最后择居“泽沛渣溪”之地小佐村。农耕兴业，繁衍后人，逐渐人丁兴旺，成为方圆百里严姓望族。后来部分严姓子孙陆续迁居福建、安徽和浙江文成、泰顺、龙泉等地。 (包慧琴)

景南乡

【概况】 景南乡位于景宁县城东南部，地处浙闽两省、四县交界处。东邻东坑镇并接泰顺县，南接福建省寿宁县，西倚雁溪乡，北连大漈乡。乡政府驻地忠溪村，距县城48千米。乡域面积95平方千米。其中，耕地面积600公顷，林地面积6510.27公顷(毛竹面积1133.33公顷)，森林覆盖率92%。下辖8个行政村，总人口1556户4497人。

2015年，全乡主导产业有毛竹、高山蔬菜、乡村旅游，辅助产业有食用百合、食用菌和特色畜牧业等。粮食播种面积281.27公顷，产量1360吨，比上年减少59吨。高山冷水茭白种植面积200公顷。高山大棚蔬菜种植面积13.33公顷。食用百合种植面积4公顷。食用菌生产100万袋。农家乐21家，民宿床位220张。全乡有毛竹加工厂1家，活性炭加工厂1家，小型水力发电站3座。

全年，参加医疗保险3500人，缴纳保费

52.76万元。发放社会保障卡2723张，发卡率88%。采集指纹2670人，指纹采集率98.1%。新参加农村养老保险43人，参保指标完成率215%。新型合作医疗报销102人，报销药费34.65万元。发放医疗救助资金25户12.6万元。临时救助资金95户7万多元。农民异地搬迁5户24人，完成任务的120%。资助住房困难户房屋修缮232户，审批新建2户。发放政策性贴息贷款47户235万元。产业帮扶103户17.1万元。教育补助16户5.58万元。全乡4600元以下农户210户383人全部脱贫。

东垟、西垟、上标垟、忠溪、东塘高标准垦造耕地137.2公顷。其中，东塘、西垟村垦造水田12.67公顷。引进景宁佳禾农业开发有限公司，流转土地8.67公顷种植有机水稻；引进“景宁畲耕公社家庭农场”，流转土地11.33公顷发展观光产业；引进“景宁春瑞家庭农场”，流转土地8.67公顷种植油茶；引进“白云尖农家乐综合体”和“浙江山狼谷旅游发展有限公司”，发展民宿与旅游业。

全乡投入资金1065万元，完成忠溪、东塘、东垟、西垟、上标垟5个村“六边三化三美”任务。建成忠溪文化广场、东洋文化礼堂；修建渔际大会堂；浇筑程田八际洋沟渠、西洋农田沟渠；开展忠溪、东塘、程田、东垟、西垟、上标垟8个村生活污水治理；打造忠溪、东塘、东垟、西垟、上标垟、渔际6个“美丽乡村”（新建凉亭、棚寮改造、鹅卵石道路铺设、道路硬化、外墙粉刷、改栏改厕、村口廊桥建设、溪边栏杆建造、村中街道绿化硬化亮化、文化礼堂修建、自来水工程建设）。 （陈丽花）

雁 溪 乡

【概况】 雁溪乡位于景宁畲族自治县南部，东南临景南乡，西接家地乡。北连大漈乡和标溪乡。乡政府驻地雁溪村，距县城63千米。乡域面积42.8平方千米。耕地面积196.9公顷，山林面积3490.2公顷，其中生态公益林1607.4公顷，森林覆盖率82.3%。下辖8个行政村，24个自然村，总人口3505人。2015年，生产总值12730万元，农民人均纯收入11458元。工业企业主要有上标水力发电厂、景宁惠宁电力发展有限公司等9座水电站。

2015年，粮食种植面积524公顷，粮食总产量1202吨。其中，旱粮扩种6.7公顷，推广“千斤粮万元钱”等稳粮增效模式32公顷。新增中药材39公顷，茶叶14.7公顷，油茶4.3公顷，香榧4公顷。黄桐村开发种植白茶4公顷。浮亭岗村1农户流转土地4公顷种植特色红米，成为全县15个种粮大户之一。养殖业以牛羊为主，年末存栏羊300余头，牛100余头。新增20头以上规模肉牛养殖户2户。

是年，投资240余万元的雁溪桥、大丘田桥建成通车，完成撤渡建桥任务。投资293万元的雁溪村、黄桐村、东山村、梅坞村污水治理工程基本完成。全乡新增7个港湾式公路停靠站，8个农村应急广播系统。完成浙北—福州1000千伏特高压输变电工程政策扫尾工作，完成26户76人的宅基地分配并启动建房。

全乡“低保”35户62人，重残补助27人128304元，医疗救助39人57297元。为13位失能半失能老人提供养老服务，对2名机构养老护理员、20名家庭养老护理员进行专业护理知识培训。参加城乡居民养老保险1086人，参保率97.6%。全年发放养老金841519.68元。参加新型农村合作医疗保险2820人，参保率95%，医疗报销292人次1386391.85元。全乡有育龄妇女904人。其中，已婚育龄妇女771人。全年出生33人。其中，计划内出生30人，计划外出生3人，计划生育率90.9%。征收社会抚养费5万元，社会抚养费征收兑现率50.27%。对拒不缴纳社会抚养费的对象，起诉法院1例，启动起诉程序2例。

是年，通过民政部门的临时救助、妇联的来料加工、农办的产业扶贫和子女助学项目、贴息互助资金贷款、扶贫小额信贷等多种扶贫途径，年人均收入4600元以下低收入农户全部脱贫。其中，纳入低保救助28户47人；实行“一户一策一干部”结对帮扶73户177人。制定出台《关于全面实施“河长制”进一步加强水环境保护和综合治理的实施意见》，实现8个行政村9条河流“河长制”全覆盖。成功创建丽水市卫生强乡。

2015年春节期间，推出8台别具特色的“乡村春晚”。其中，“雁溪村春晚”被评为丽水市“百台特色乡村春晚”。是年，新建雁溪村文化礼堂，修缮东山村大会堂和石梯村叶氏宗祠，建成梅坞村健身场所1处。举办第九届雁溪古风•摄影节暨谢神节，推出“千人摆拍”大赛、“童心飞扬”怀旧体验活动、“感受非遗”木偶戏专项展演等特色活动。承办景宁畲族自治县第七届“雁溪杯”农村门球赛，全县8支农村门球队参与角逐。组织实施“千人十场”木偶剧进农家活动，木偶剧《割股救母》首演成功。

全乡8个行政村同步开展土地承包经营权确权登记颁证工作，6个村完成实地测绘，完成率75%。开展房产证登记工作，超额完成县人民政府下达的200本颁证任务。完善农村产权流转市场体系，在丽水市农村产权交易系统登记交易信息2条。完成2个先锋示范点创建工作。新发展党员5名。全年共排查解决矛盾纠纷26起。其中，邻里纠纷16起，山林纠纷9起，土地纠纷1起。接待群众来信来访22起。

【“五步工作法”】 2015年，雁溪乡在“六边三化三美”工作中，推出并实施“五步工作法”：第一步为村庄除除瘤（拆除乱搭乱建、整治乱堆乱放等）；第二步为房子洗洗脸（除尘、扫地、清洗等）；第三步为菜地打打扮（改栅栏、改棚架等）；第四步为禽（畜）舍革革命（改样、改装等）；第五步为古风添添彩（亮化、绿化、美化和项目建设等）。相继开展沿公路乱堆放大整治、植树绿化、坟墓治理与生态墓葬推广等工作。累计整治沿公路乱堆乱放50余次，在“六边”区域内种植苗木400余株。

【推行“党建+”工作模式】 2015年，雁溪乡以“学党章、守纪律、讲规矩”主题教育活动为契机，以“乡会村开”为载体，探索推行“党建+”工作模式。在柘坞村成功实践“党建+六边三化三美”专题活动。全体党员进行“植绿添彩”认领，每位在家党员都充当“花坛养护员”并挂牌，充分发挥党员在“六边三化三美”工作中的先锋模范作用。（金　锋）

郑 坑 乡

【概况】 郑坑乡位于县城东部，系革命老区。东北、西北靠渤海镇，紧临滩坑库区，南临梅歧乡，东南与文成县交界。乡政府驻地郑坑村，海拔660米，距县城22千米。全乡面积33.5平方千米，辖郑坑、吴布、柳山、张坑下、羊角岗5个行政村42个自然村。1209户3368人。其中，畲族1448人，占总人口的43%，是全县畲族人口比例最高的乡镇。

2015年，全乡粮食播种面积217公顷，粮食产量1180吨，农业产值80万元。发展茶叶基地19公顷，获全县茶叶发展工作三等奖。笋竹两用林基地抚育57公顷，新建竹林道2条4.5千米。森林抚育88公顷，四旁绿化5000株，省级公益林扩面规划454公顷。全乡种植毛豆23公顷，夏枯草4公顷。养殖山羊454只，黄牛199头，生猪480头，家禽4080羽，培养各类种、养殖示范户23户。

着力发展磁环、饰品等来料加工，鼓励村民大力发展箬叶加工。全乡完成加工业产值57万元，完成率114%。

充分利用丰富的梯田资源，种植油菜49公顷。在3月中下旬，油菜花盛开之际，前来摄影、赏花和踏青的游客络绎不绝，提高了郑坑乡的知名度和美誉度。同时，乡党委、政府顺势举办2015魅力郑坑创意农业微博大赛，原创微博750余条。县委书记在自媒体上发表《郑坑之春》《“两山”路上看变迁3》2条微博，对郑坑乡创意农业进行宣传。提升农家乐服务品质和接待能力，全年发展三星级农家乐1家，综合民宿1家。

2015年，郑坑乡共有农村“低保”户86户，保障人口175人，月发放保障金38718元。全年临时生活困难救助75人次65000元。慈善帮扶基金救助35人次50600元。为11名贫困大、中学生申请办理慈善助学。新核发残疾人证5本，为3户重度残疾人申请托（安）养工程。全乡共有重度残疾人48名。全年参加城乡居民医疗保险2561人，缴纳保险金323100元。医疗报销77人次357646.73元。政策性农村住房保险787户。参加养老保险857人，领取养老金652人。

全年出生25人。其中，计划内21人，计划生育率84%。应征社会抚养费15.3736万元，实际征收15.3736万元，兑现率100%。综合长效节育率79.10%（已婚育龄妇女804人，落实长效措施636人）。外出育龄妇女172人，建立联系169人，联系率98.25%。领取独生子女父母光荣证14人。

接待来访群众13批次36人次。其中，领导接待日活动12期，接待群众来访12批22人次。受理群众来信2件，均做到件件有落实。调处各类纠纷97起，调处成功95起，调解成功率98%。

是年，郑坑乡推进各类大小建设项目21个，总投资1900万元。其中，投资130万元，完成郑坑85公顷柿子基地微喷灌工程和柳山村13公顷茶叶低丘红壤工程；投资95万元，完成郑岐灌区改造农田水利重点县建设项目；投资35万元，完成郑坑村马湾坑河道河床治理工程；投资25万元，完成农村饮用水管网改造提升工程。投资100万元，开展郑坑村和吴布村农村生活污水治理工程建设。投资50万元，建成吴布梯田观景台。投资60万元，完成郑坑、吴布两村的中心村建设提升工程。郑坑村入村景观带工程，至年底完成投资20万元。投资127万元，建成羊角岗至南排2.72千米联网公路。投资380万元，完成柳山13公顷高标准农田建设工程。投资100多万元，对全乡水毁农村公路进行修复。投资20万元，建成石笋坪0.086公顷生态停车场。投资330万元，建筑面积0.063公顷的郑坑乡校附属幼儿园工程完成总工程量的90%。投资50万元，建成吴布文化礼堂并通过验收。投资80万元，建成吴布古戏台和文化广场。吴布文化休闲公园完成项目前期工作。

是年，郑坑乡组建业余文艺团队15支，举办“大地飞歌农民艺术节”、百村闹春等各类活动15次，500多人参加。加强对各村文化室和体育活动场所的管理和提升，并配备村文化管理员5人。

全乡拆除违法建筑14处，拆除面积0.33公顷，完成任务的110.1%。拆后利用0.21公顷，利用率62%。并通过省、市“三改一拆”办复评验收，为全县第一批完成“无违建乡镇”创建的乡镇之一。全乡办理门牌证657本，任务完成率135%。发放和完善林地经营权证1930本，完成林地流转20公顷，完成率100%。（王欣雨）

九 龙 乡

【概况】 九龙乡位于景宁畲族自治县东北，东接青田县，南邻文成县，西近渤海镇，北靠莲都区，距县城51千米，距滩坑电站坝址32千米，是革命老区。因滩坑库区建设，2007年行政建制调整将大顺乡与陈村乡合并组建九龙乡，乡政府驻地王湾村。九龙乡辖1个居委，14个行政村96个村民小组。乡域面积214平方千米。全乡森林资源丰富，有林业用地17266公顷。其中，乔木林地15133公顷，灌木林地20.3公顷，竹林地1387公顷。公益生态林12467公顷。森林覆盖率78.7%。

2015年，全乡粮食种植面积478.3公顷，总产2300吨。着力推进“两笋两茶两特产”（茭笋、竹笋，茶叶、油茶，地瓜面、毛豆）产业结构调整。利用库区低海拔优势，依托千峡湖库区产业扶持政策，以高沈蔬菜精品园区、大顺茶叶示范区、岭里地瓜面生产区、徐垟高山茭白实验区、金山和岳口油茶生产区等“五区”为重点，发展农业主导产业，辐射带动周边各村，实现“一村一品”。全乡种植毛豆240公顷、茶叶37.3公顷、地瓜180公顷、茭白21公顷，生产笋干30吨。引导发展生态养殖业。是年，新增蜜蜂养殖50箱以上养殖户3户，养牛10头以上规模32户共330头，山羊养殖100头以上2户，母羊养殖80头以上1户。

九龙集镇发展来料加工点3个，解决就业岗位100多个，加工费收入300余万元。从业人员每月可增收2000–3000元。“三小”（小餐饮、小旅馆、小超市）16家，营业收入500万元，较上年增长20%。全乡有水电站8座，村民分成总收入6.7万元。

推进农民异地转移及安置点基础设施建设。2015年，完成畚斗湾下山脱贫安置点（上块）建房5幢72套，另外5幢完成地基夯实处理。农民公寓(下块)排水排污、道路硬化、绿化及路灯铺设等完成工程量的70%。西岙下山脱贫安置点完成临时用水、用电安装并启动村“两委”活动场所建设。高沈、后坪等6个村111户321人搬迁资格审查完毕。

后坪村堂湾底等山塘水库整治工程竣工并通过验收,总投资230万元。对全乡23条农田水利设施进行修复,受益面积153.3公顷。投资95万元,对王湾、岭里、徐洋、田坑等村饮用水工程进行提升。完成23个饮用水点的政策处理及施工、8个饮用水点整治,共投资61万元。畲斗湾下山脱贫安置点(三期)饮用水提升工程通过验收。推进徐洋、半岭等5个村生活污水处理项目,铺设各类管道5.97千米,安装检查井384个,受益627户。九龙隧道工程竣工并通车。鲍岸朱山14.6公顷和王湾黄竹山8公顷土地开发项目竣工通过验收。投入20多万元对王湾村文化礼堂进行修缮,配备广播、宣传栏等设施。11月成功举办王湾村红色文化节。

新增养老保险48人(任务20人)。基本养老金发放率100%。农村新型合作医疗保险参保率97%。社保卡发放率77.4%,指纹采集率85.26%。申报“低保”105户163人。新建居家养老服务中心2家。通过纳入低保、救助及产业扶持等帮扶方式,全乡消除4600元以下低收入农户111户180人。 (雷雪松)

梧 桐 乡

【概况】 梧桐乡东临澄照乡、大均乡,南连标溪乡,西靠沙湾镇,西北界云和县境,距县城26千米。乡域面积74平方千米。其中,耕地面积316公顷,山林面积5035公顷。森林覆盖率72.4%。下辖11个行政村46个自然村。2015年年底,全乡总人口6190人。其中,畲族人口1423人,占23%。是全县7个重点民族乡镇之一。以水稻、油茶、食用菌种植等传统农业为主,有专业合作社46家。全年,粮食种植面积344公顷,粮食产量1874吨。工业企业主要有金坑水电站等6家小水电站,共有17台机组,装机13000千瓦。

参加城乡居民养老保险2161人。其中,新参保43人,缴费4300元。参加新型农村合作医疗保险4601人,参保率95%,缴费金额595200元,支出716350元。“五保”户26人,发放救助金139000元。农村“低保”户261户316人,发放低保金625000元。重度残疾96人,发放重度残疾补助金456200元。是年,全乡社保卡任务数3789张,发放3410张,完成全部数据采集工作。出生55人,计划内55人,计划生育率100%。共受理信访案件7起,排查矛盾纠纷8件,化解8件,结案率100%。

“三改一拆”工作指标27000平方米。其中,专项拆违24000平方米,其他拆违面积3000平方米。经县、乡、村三级联动拆除违章建筑245处40821.7平方米,完成指标任务的151%。其中,企业违建专项拆违24214.79平方米,完成指标的101%;其他违建拆除16606.91平方米,完成指标的554%。拆后土地用作菜园、公共通道等,利用率100%。

完成梧桐、梧桐坑、秋兰、李庄、山前、角耳湾、东源、王山头8个村的农村污水处理工程,总投资500万元。投入100余万元,对全乡所有行政村饮用水进行水源头提升、水管修复、水表更换等。全乡11个村实行农村垃圾集中处理。在全乡范围内开展洁净村和洁净户评比活动。评出7个洁净村，14户洁净户，并予以表彰。

全乡11个行政村均开展农村产权制度改革。发放股权证1769本，股权持证人数5985人，预留280股。农村土地承包农户1379户，登记簿户表1330户，合同签订率100%，权证颁证率100%。应采集林权信息1553户，采集录入1553户。完成农村集体土地使用权证登记工作和农村房屋产权制度改革工作。发放宅基地使用权证305本，房屋产权证303本，水利工程产权证2本。

在“六边三化三美”工作中，完成省、市、县交办(督办)任务39件，开展“两路两侧”专项整治18处。在丽水市“攻坚奋战60天迎接高铁新时代”暨高铁站场周边及主要交通通道沿线环境专项整治行动中，完成秋兰村栏杆加固改造、新建游步道，梧桐村拆除露天厕所、统一规划做屋凌等11项任务。投入资金215万元，开展金兰村、梧桐村、梧桐坑村及秋兰村沿溪“633”示范试点(村)建设。其中，金兰村争取县农办项目资金50万元，农房立面改造8幢3500平方米，新建小花池42个、游步道25米、挡墙500立方米、栏杆50米、道路改造硬化200平方米、安装路灯15盏。秋兰村争取县农办项目资金30万元、公路局项目资金15万元。农房立面改造19幢3200平方米，新建小花池24个、游步道100米、休闲公园1个(70平方米)、停车场1处(70平方米)、房屋外墙装饰彩带400米，改造房屋栏杆120米、路边栏杆150米。梧桐村争取县农办项目资金80万元、国土项目资金10万元。房屋立面改造41幢11900平方米，街面屋棱改造108幢2052平方米，新建门楼3个740平方米，新建小花池45个，道路硬化2000平方米，鹅卵石铺砌路面920平方米。梧桐坑村争取县农办项目资金30万元，新建小花池24个、路灯11盏、河边栏杆134米、停车场1个(223平方米)、道路改造硬化50平方米。梧桐、秋兰、金兰3村房屋外立面改造175幢21392平方米，统一体现“处州民居”风格。

古村落——高演村投入资金120多万元完善基础设施。其中，用于村庄规划30万元，大会堂整体修缮55万元，老人照料中心和村后道路建设15万元，村尾风水池建设20万元。

【举办第三届崇学文化节暨首届“捷安特”杯自行车爬坡赛】 2015年11月11日，梧桐乡举办第三届崇学文化节暨首届“捷安特”杯自行车爬坡赛。期间，梧桐乡“崇学向善”奖励基金会发放崇学奖41人55000元(累计发放169人次130500元)；发放向善奖25人次13500元(累计发放74人次38000元)。

自行车爬坡赛，由捷安特公司提供资金支持。比赛分男女两组，分别设一等奖1名(奖金1000元)，二等奖1名(奖金800元)，三等奖1名(奖金600元)。比赛线路为梧桐至角耳湾村路段，赛程19千米。来自丽水市各县、市、区和温州、泰顺、文成等地11支队伍113人参赛。男组：鲍添蔚(丽水籍)获第一名，郑凯（丽水籍）、凌康（丽水籍）分别获得第二名和第三名。女组：王丽（丽水籍）获得第一名，吴小华（景宁籍）、黄乐燕（泰顺籍）分别获得第二名和第三名。（柳忠芳）

标 溪 乡

【概况】 标溪乡位于县城西南，东靠大漈乡，南接雁溪乡，西连沙湾镇、大地乡，东北临梧桐乡。乡政府驻地标溪村，距县城19.5千米。乡域面积49.7平方千米，耕地面积192公顷，山林面积4327公顷，森林覆盖率78.1%，林木蓄积量1952.25立方米。下辖9个行政村44个自然村49个村民小组，人口4710人。

以水稻、药材、茶叶、毛竹、香榧及鱼类养殖为主导产业。2015年，农业总产值0.698亿元，同比增长8%。全乡粮食播种面积328公顷。其中，推广水稻配方施肥技术133公顷。粮食总产量1734吨。增种天麻、白术、浙贝、元胡、金银花等中药材20公顷。增种食用百合7公顷。新增茶园10公顷。其中，白茶8公顷，绿茶2公顷。改造低产茶园0.7公顷。创办茶叶加工场200平方米。新建高效竹林基地16公顷。垦复施肥高效竹笋两用林17公顷。种植香榧57公顷。有公益林2350公顷，占林业用地的54.3%。规划沙川用材林11公顷，完成12公顷。规划增绿添彩林10公顷，完成10公顷。四旁、道路绿化苗木7000株。规模化养殖15户。其中，养殖鸡鸭2户、养牛羊4户、养蜂4户。全乡畜牧存栏量：羊325头，牛32头，猪85头，鸡、鸭等家禽10000羽。培育农产品电子商务1户，注册农家乐民宿1家。

全乡养老保险任务25人，参保48人。农村新型合作医疗保险应保3500人，实际参保3348人，完成96%。“一卡通”社保卡发放2577张。采集指纹2482人，采集率96.3%。增加“五保”对象2户，确定“低保”户124户226人。审核新老重残补助对象67人。申报医疗救助26人，发放救助资金6万余元。发放慈善救助款23人5.54万元。临时性困难救助137人2.74万元。为253户低收入农户发放发展生产小额贴息贷款1605万元。其中，78户4600元以下低收入农户贷款495万元。为8户低收入农户发放助学补助款2.4万元。

全乡出生42人。其中，一胎出生27人（计划外生育3人），二胎出生15人，计划生育率92.86%。全年开展“三查”工作两次，应查1469人，实查1407人，“三查”率95.8%。征收社会抚养费113592元。长效节育887例，节育率79.55%。办理二孩审批17例、发放独生子女父母光荣证17本、流动人口婚育证明45本。

全乡投入资金2441万元，用于“美丽乡村”建设。标溪、预章、东车、枫林口、叶谢、岱头、马山7个村开展生活污水治理；建成马山村居家养老中心，预章白茶标准示范基地，岱头若要村护栏，处基高坪产业园道路，标溪港流域防洪堤，沙溪灌区标溪段3500米水渠；完成叶谢百合基地喷微灌工程，高效笋竹两用林产业园示范项目；铺设马山村、处基村6千米林道；标溪、预章等5个生态村庄道路硬化、村庄绿化洁化工程竣工。

开展“一村一月一台戏”系列文化活动。成功举办第三届“9月9红色叶谢登山节”，第八届“大地飞歌”农民文化艺术节(红歌比赛专场)。建成有本土特色的“两堂、四室、六展”的预章村文化礼堂。村级农家书屋实现全覆盖,叶谢、东车、枫林口农家书屋被评为县级优秀农家书屋。

开展“六边三化三美”专项整治行动40余次,完成省、市、县交办、督办任务61件。发动村民800余人次,清理公路沿线小广告30余处、乱堆乱放200余处,拆除违章建筑25处。发放分类垃圾桶200余只,新建分类垃圾池3座。改造标溪桥头17幢房屋外立面雨棚800平方米,安装路灯50盏,道路硬化5000平方米。修建护栏1200米,鹅卵石围墙4000余平方米,人行步道220米,公厕4座,停车场3个。

继续开展“五水共治”。志愿开展宣传活动12次,制作标语103幅、警示牌37块,发放“五水共治”倡议书500余份。辖区6名河长带领6支护水队进行全面大排查,查出污染源35处。乡政府前后组织党员干部1200人次参加整治行动,清理路面、边沟死角及河道垃圾230余吨,拆除违章建筑5047.82平方米。其中,养殖场4568.82平方米、仓库427平方米、棚寮等52平方米。

【红色之旅登山比赛】 2015年10月21日,标溪乡举办第三届红色之旅登山比赛暨首届华东驴友帐篷节活动。有来自上海、宁波、金华、绍兴、温州、丽水等地的20多个团队300多名新老驴友参加红歌咏唱、负重登山比赛。比赛结果:红歌组,叶克勤获第一名、蓝咏菊获第二名、刘常俊获第三名;负重登山组,林伟平获第一名,张勇前获第二名,徐振平获第三名。活动期间,各团队达成“年年相约、久久不忘”户外活动目的地意向签约协议。

(林 峰)

家 地 乡

【概况】 家地乡东邻雁溪乡,东南界福建省寿宁县,西南与庆元县官塘乡接壤,是两省三县交界地。乡政府驻地家地村,海拔430米,距县城58千米。乡域面积49.6平方千米,耕地面积112公顷,林地面积4683公顷。辖6个行政村15个自然村,共638户2285人。全乡工农业总产值5513万元。其中,农业产值2502万元。粮食种植面积175.9公顷,粮食产量915吨。标准化农田改造(谢坑村)26.8公顷,垦造耕地地力培育502.5公顷。

2015年,投资25万元,完成家地、苎岱两村房前屋后排水沟水泥硬化。投资60多万元,完成家地、梅山头等村自来水提升工程。苎岱、谢坑、坪坑、梅山头等4个村开展农村生活污水整治。投资50多万元,建成家地村文化礼堂和后山游步道。投资28万元,基本完成苎岱村下村回车道建设和村口两旁绿化。投资近10万元,建成苎岱村文化礼堂,村民自发修建陈氏宗祠。投资110万元,启动坪坑村周志仓革命烈士纪念馆建设和坪坑岭脚新大桥设计工作。投资30多万元,完成谢坑村口小品建设和村内四旁绿化。投资43万元,完成梅山头村便民服务中心建设。

依托“省级生态乡镇”创建工作,严格依法规范林木采伐许可,处置非法盗伐林木2

起。在沿溪公路主要路段分别确定“路长”,负责山林监管和公路养护。全年,山林抚育36.2公顷。造林20.1公顷,四边绿化6.2公顷。投资20多万元,对乡域范围公路两旁实行抚育护林,用彩色树种造林绿化。是年,家地乡作为全县“无违建乡”创建工作试点,坚持“宜拆则拆、宜改则改”的方针,共拆除违法建筑3138平方米(累计拆违13607平方米)。依法处置涉宗教违法建筑3处,自拆率100%。实现拆违工作零事故、零信访。全乡6个村全部通过“无违建村”验收,率先在全县成功创建“无违建乡”。

开展大社保体系建设。全乡新增养老保险28人(累计645人),收取养老保险费6.5万元,发放养老金5.2万元。参加新型农村医疗保险1815人,收取保险费26.02万元,参保率95%。报销医疗费257人次124.6万元。全面完成全民参保登记调查(869人)。全年,出生26人。其中,计划外生育2人,计划生育率92.3%。育龄妇女优生检测率86%,三优培训率88%,外出已婚育龄妇女管理率98%。全乡有残疾人117人。其中,重度残疾38人。发放残疾人补助款144人次16.7万元。通过列入低保、救助性帮扶、就业扶持、产业扶持等一系列精准扶贫措施,全乡88户160人4600元以下低收入农户全面实现“脱贫”。

全乡6个行政村全部完成农村经济合作社股份合作制改革,农村土地确权工作完成外业调查测量,预登记农村集体土地房屋产权证86本,按时并超额完成县里下达的农村产权制度改革任务。

建章立制强化长效管理,制定和完善《家地乡干部谈心谈话制度》等22项规章制度。其中,“三小时志愿服务”“周六流动公章日”“社保流动平台”等服务机制,在8小时外提供便民服务。周六在县城集中为行动不便、年迈体弱群体提供上门服务,打通联系服务群众“最后一公里”。按照“可听可看可借鉴”的要求配齐硬件设施,融入党员示范岗,“我是党员我带头”等党建元素,开展家地等2个党建示范点建设。通过建设村级便民服务中心、清算村级财务,下派“第一书记”等举措,实现梅山头村党支部由“软弱涣散”到“示范点”的转变。是年,全乡确定入党积极分子2名,吸收预备党员2名,预备党员转为正式党员3名。

【发展庭院香榧经济】 2015年,家地乡按照县委“近期抓茶叶、中期抓毛竹、远期抓香榧”的产业发展思路,立足自身优势,提出种植“摇钱树”、建设“绿银行”、打造“榧之乡”的口号。采取农民土地入股,村集体经济参与”的形式,在家地和石碧村增种香榧13.73公顷。结合中心村、整治村建设,利用拆除的厕所、灰寮、栏舍等旧址和农村房前屋后、田边地角、路边溪沿等闲置土地零星种植香榧1万余株。 (吴明美)

大 地 乡

【概况】 大地乡位于县城西南部,东邻家地乡、雁溪乡,南连庆元县官塘乡,西连毛垟乡,北接沙湾镇和标溪乡。乡政府驻地大地村,距县城67千米。乡域面积105平方千米,耕地面积287.36公顷,林地面积8209.8公顷,森林覆盖率82.9%。其中，竹林面积645.6公顷，公益林面积3908.9公顷。下辖13个行政村38个自然村，1974户7723人。2015年，全乡实现工农业总产值704万元。农作物播种面积681.8公顷。其中，粮食作物播种面积381.8公顷，粮食产量1990.6吨。桃垟生态养猪场通过“政银保”获得10万元政府贴息贷款，进行治污整改。整改项目验收后再次扩大养殖规模，至年底生猪出栏950头，存栏1000多头。大地乡有黄坑水电站、景埠电站、大隆电站，2015年产值分别为100万元、12万元、80万元。

2015年，参加城乡居民养老保险1970人。其中，新参保42人。新型农村合作医疗保险代扣代缴5360人，参保率96%。医疗报销747人次3588214元。全乡发放社保卡3808张，完成全部数据采集工作。有低保对象202户440人，全年发放低保金83.67万元；享受重度残疾人补助金98人，年发放补助金45.06万元；五保户29户29人，年补助金15.8万元；困境儿童27人，发放补助金12.54万元。有99户低收入农户办理小额贴息贷款380万元。其中，4600元以下低收入农户16户，贷款56万元。贫苦家庭子女接受职业教育一次性补助22户6600元。种养殖业补助58户8.385万元。全乡出生65人，计划外生育8人，计生率85.45%。领取独生子女证24对。育龄妇女应“三查”845人，实查815人，“三查”率96.44%。

开展“一事一议”项目建设。投资20万元，完成余公岱村村内道路硬化。投资30万元，建成桃垟村村民活动中心（210平方米）。投资30万元，建成张坑村村民活动中心（占地150平方米，建筑面积450平方米）。大地村新建便民公厕1座，农户瓦片翻新50余直，砌石头墙400余米，安竹篱笆围栏600余米，村容村貌明显改观。启动实施叶坑下村县级历史文化古村落保护与利用建设项目。该项目分两期实施。一期投资45万元。其中，县财政补助20万元，村民自筹25万元，用于村内美化建设和祠堂修复（农房顶瓦翻新243直）。二期财政补助20万，用于村庄美化建设。启动实施粗垟村金坑桥建设项目（总投资170万元，桥梁全长120米，宽6米）和安俸防洪堤水利工程建设项目（投资120万元，新建防洪堤879.16米，堰坝2座，坝长均为9.5米，人行便桥2座）。

大地、柳山头、蔡放、驮垟、董岭、水溪、净水7个村完成饮用水提升工程（投资57万元）。全乡7个村开展农村生活污水治理。其中，大地村采用集中纳管治理，张坑村采用联户治理，柳山头、蔡放、董岭、水溪、驮垟等5个村实行分户治理。8月初，集中纳管和联户治理工程完成招投标程序，8月底进场施工，至年底完成终端和管网铺设，进入接户收尾阶段。5个分户治理村完成农户自建三格式化粪池+生态池60户，原三格化粪池提升一格生态池40户，原三格化粪池并入管网60余户，新建公厕6座。

【设立驻景人大代表暨便民服务工作站】 大地乡7536余名户籍人口中留守在村不到1000人，外出人口达6000多人，“空心村”现象突出。其中1/3的外出人员在景宁县城务工创业。2015年8月,大地乡租用县城惠明路口邮政储蓄银行6楼(130平方米),设立大地乡驻景宁人大工作暨便民联络服务工作站。内设办公室、接待室、档案室,会议室(可容纳40余人)。工作站由乡党委、乡政府进行业务指导,由返聘的1名退休老干部和新录用的1名编外人员负责日常工作。至是年年底,服务站召开会议60余次,接待群众3000余人次,发放社保卡92张。便民服务工作站成为集异地党建服务、便民服务、农民技能培训、农村电子商务拓展等于一体的综合管理服务平台。

【原野有机农场】 大地乡原野有机农场创办于2014年,总投资700多万元,实行种养殖业相结合的模式。产品主要销售省机关事务局酒店和一些高端酒店,包括景宁畲乡鸿宾大酒店、大均龙鹤山庄、李宝山庄等。茄子、南瓜、刀豆高质量标准通过有机认证。2015年,土猪出栏20头,存栏22头;雀山鸡养殖15000羽,出售3000羽。实现种养产值280万元。

【山水休闲长廊建设】 2015年,投资91.24万元(其中山区发展资金48万元,县财政一事一议项目30万元,移民办山塘治理5万元,乡自筹8.24万元)用于大地乡山水休闲长廊建设。该项目位于大地乡陈坑村,主要建设内容为大地水尾山塘清淤,新建游步道350米。

毛垟乡

【概况】 毛垟乡位于县城西南,东连大地乡,南倚庆元县左溪镇,西接秋炉乡,北邻沙湾镇。辖毛垟、库头、燕安、上坑头、沙垟、炉西、陈坪7个行政村21个自然村。乡域面积57.3平方千米,乡人民政府驻地毛垟村,海拔325米,距县城37.5千米。总人口1460户4826人。

2015年,实现工农业总产值1.06亿元,同比增长6.8%。其中,农业产值5895万元,同比增长7%;工业产值4710万元,同比增长6.5%。农民人均收入10503.4元,同比增长11.4%。毛垟乡属林、粮、食用菌、畜、药材综合农业区。是年,库头等5个行政村公益林面积扩大600公顷,全乡公益林面积4000公顷;绿化造林27公顷,林地抚育67公顷。上坑头村引进庆元县金后溪种养专业合作社,种植油茶30公顷,带动其他村老油茶抚育13.5公顷。陈坪村建成茶叶示范基地17.1公顷。其中,白茶3.6公顷、绿茶13.5公顷。陈坪吊瓜合作社进行品种改良,建立20公顷吊瓜示范基地。在专业大户示范引导下,村民散种吊瓜67公顷,该村仅吊瓜1项收入45万元。全乡食用菌生产维持在150万段。10月底,3000平方米的菌棒生产平台在沙垟村建成,周围的食用菌生产农户全部进入该平台。

全乡参加新型农村合作医疗保险3334人,上缴医疗保险费517200元。其中,新参保23人,完成任务115%。计划生育率89.5%,长效节育率80.5%,计划生育"三查"率92%。

全乡投资217万元,启动毛垟村廊桥建设,培育毛垟中心村和沙垟美丽乡村,修建景山公园滨水休闲步道(1200米),改善毛垟村危旧房基础设施,完成库头及毛垟小型水库移民扶持项目、乡域规划、库头村路灯亮化和美丽乡村(古村落保护)二期工程、带溪文化展示中心等建设。毛垟村瓯源农家乐通过县市两级农办验收。

毛垟乡有舞狮、木偶戏、花鼓戏等传统艺术表演形式的业余文化队伍11支。全年，先后组织“百村闹春，乡村春晚”、元宵猜灯谜、九九重阳敬老、越剧专场、凤舞畲山、毛垟秋炉走亲等形式多样的文艺会演。开展迎神节、毛氏祭祀、陈氏祭祀以及“六边三化三美”系列竞赛等活动。举办毛垟乡“第四届带溪文化节”，并成立带溪文化研究会。毛垟村文化礼堂被评为县级五星文化礼堂。

是年，完成民居外立面改造5000平方米。拆除违章建筑3434平方米(任务3000平方米)，拆后利用1816平方米。清理乱搭乱建39处1500平方米。清除违法广告牌匾、宣传标语16处，牛皮癣广告200余处。粉刷墙体广告6处，整改乱堆乱放53处。

开展农村闲置土地资源调查，广泛宣传土地流转政策，加大土地连片流转力度，全年土地流转27公顷，超额完成任务。农村土地承包经营权合同签订率100%。7个村土地测绘工作全部结束，收集林权信息700余份，农户林权办证资料400余份。测绘房屋91处，所有资料上交县房管中心。全面启动垃圾分类试点工作，制作“环保存折”，每月对村民进行考核积分，年底凭积分兑换相应奖品，从精神和物质层面引导垃圾分类。

【闽东红军景宁馆开馆】 2015年12月5日，在毛垟乡炉西村举行闽东红军景宁馆开馆仪式，出席代表130余人。1935年10月，闽东红军独立师第二纵队到景宁、庆元、泰顺等边境开辟游击新区。以毛垟乡黄秀村为游击基点，在毛垟、英川、沙湾一带开展革命活动。打击反动武装，开辟游击根据地，使党的影响不断扩大。2015年5月，中共景宁县委党史研究室联合毛垟乡党委，启动“闽东红军景宁馆”建设。发动干部群众搜集、整理闽东红军有关资料，历时7个多月建成“闽东红军景宁馆”。该馆为二层土木结构，占地面积500余平方米，收藏红军日常用品、革命书籍、武器等60余件。 (陈枝秀)

秋 炉 乡

【概况】 秋炉乡位于县城西南部，东邻毛垟乡，西南接庆元县境，北靠英川、沙湾镇。乡政府驻地秋炉村，距县城67千米，海拔390米。全乡总面积5420公顷。其中，林地面积4604.5公顷，耕地面积368公顷。秋炉因热而得名，即便到了秋天，仍热得如火炉。下辖秋炉、半山、第一坑、后坑、新塘垟、山头、伏岩、坑边、下圩9个行政村31个自然村50个村民小组。1226户5203人。

2015年，全乡工农业总产值5207万元。其中，农业产值4227万元，工业产值980万元。农村居民人均收入10518元。是年，粮食播种面积298.6公顷，产量1652.4吨。土地流转33.3公顷。发展香榧苗木基地2公顷。在低洼滩涂山间林区地带发展生态养殖业5户。全乡公益林面积736.7公顷，61.4%的林地列入省级生态公益林。超额完成20公顷造林任务。全乡参加新型农村合作医疗保险1526户3710人，医疗保险缴费总额533400元，参保率95%。全年医疗报销492人次217万元，住院报销比例70%以上。

全年投入资金860万元，完成秋炉村防洪堤系统工程、秋炉溪水源头保护工程、观景廊桥工程；完成河道两岸美化绿化工程、后坑村内机动车道路及防洪堤建设项目、坑边村防洪堤建设项目、伏岩口和半山村自来水工程、山头村景庆古道修复工程、第一坑和半山行政村基本农田提升100公顷；后坑村梅花岗垦造水田4公顷，并通过农业、国土部门土质抽样检测。

结合"三改一拆"，深入开展"无违建乡镇"创建工作。全年拆除违章建筑3270平方米。拆后利用2010平方米。其中，美丽庭院建设80平方米，美丽乡村道路建设100平方米，复耕800平方米。全乡8个行政村测绘房屋155处，完成测绘任务90%。收集林权信息327份，实现林地流转15.3公顷。是年，秋炉乡与毛垟乡及庆元县左溪镇、张村乡联合开展治水工作。

【举办首届"乡村体育"运动会】 2015年10月15日，秋炉乡首届"乡村体育"运动会在秋炉村举行。该届运动会设6个比赛项目，有6支代表队80人参加比赛。周建玲获"摸石过河"第一名，梅明海获第二名，张小平获第三名。陈龙云获"押加"第一名，毛孔敏获第二名，刘传旺获第三名。章芝剑获"定点投篮"第一名，刘传旺获第二名，陈延炼获第三名。梁春波获"飞镖"第一名，李勇获第二名，沈可珍获第三名。机关代表队获"负重接力跑"第一名，坑边下圩联队获第二名，秋炉队获第三名。乡机关代表队获"拔河"第一名，伏岩山头联队获第二名，秋炉队获第三名。综合排名：秋炉乡机关队获第一名，伏岩山头联队获第二名，坑边下圩队获第三名。

【登山摄影活动暨首届畲乡冬泳比赛】 2015年11月28日，秋炉乡政府举办2015秋炉"魅力山头·古道采风"活动——登山摄影活动暨首届畲乡冬泳比赛。600多人参加活动或比赛。吴荣获冬泳比赛第一名，毛小波、杨康获第二名，刘栋、洪松、任文斌获第三名。刘国平获登山比赛第一名，朱钱发、陈瑞平获第二名，沈绍蒋、李人俊、何平获第三名。 （章芝剑）

鸬 鹚 乡

【概况】 鸬鹚乡位于景宁县城西部，东靠沙湾镇，东北界云和县境，南接沙湾镇，西南连英川镇，西北界龙泉市境。乡政府驻地鸬鹚村，距县城50千米。乡域面积57.8平方千米。其中，耕地面积405.4公顷，林地面积4735.4公顷。森林覆盖率81.93%。下辖15个行政村61个自然村。2015年年底总人口9711人。其中，畲族人口506人，占总人口的5.3%。企业主要有南坑源水电开发有限公司、英川三级电站等8家小水电站，总装机22730千瓦。全乡工业产值2500万元，比上年增长2%。电子商务孵化基地产值500万元，销售额80余万元。

鸬鹚乡农业以水稻、油茶、茶叶、食用菌种植、养殖业等传统农业为主。2015年，粮食播种面积513公顷，产量3080吨。生产食用菌15万袋。12个村平均有1户养殖业大户。全年生猪出栏200头，年底存栏332头；牛出栏52头，存栏105头；羊出栏96头，存栏150头；禽类出栏1800羽，存栏1500羽。是年，巩固发展夏山头、黄桑南、山下村白茶标准化种植示范基地13公顷，仁字坑村何首乌种植基地6公顷。发展葛山村稻田鱼螺共养基地13公顷，无公害稻田养鱼基地20公顷。全乡油茶、香榧、毛竹抚育66公顷。土地流转13公顷。为400户低收入家庭提供贴息贷款2390万元。

全年投入133万元，完成茶亭、南坑下、黄桑南、林湖、金岱5个建制村432户的污水治理。投入100万元，对鸬鹚中心村进行村庄道路建设和亮化、绿化。投资600多万元，对葛山、印章、林湖、南坑下、西山5个村266公顷农田进行高标准改造。投入15万元完成茶亭对村饮用水提升工程。在“三改一拆”行动中，拆除违建6处1487平方米，拆后利用1000多平方米。全面落实河长制，徐崇、驮戥两村开展河道整治9次，鸬鹚村疏浚河道3次。

推进下山移民第四期工程建设。全乡申报农民异地搬迁650人，7个村123户466人通过资格审查。完成110户25000多平方米的土地征用丈量工作。

开展农村产权制度改革，全面启动农村土地确权登记工作。完成15个村集体经济股份制合作改革。发放股权证2952本，办理水利工程产权证3本，林权证信息采集登记1680户，宅基地使用权证办理66本，颁发农村土地承包经营权流转证1本，颁发林地经营权流转证3本，办理农村房产证127本。

完成全民参保登记工作，发卡5573张。参加城乡居民医疗保险7614人，参保率91%。全年医疗报销314人次1243527.21元。新增养老保险69人，发放养老金107人131492.8元。是年，全乡出生68人，计划生育率91%，社会抚养费兑现率59%，综合长效节育率78%。

全乡落实“五保”30户30人，纳入“低保”56户154人。落实产业扶贫2.06万元，助学补助1.8万元，全乡88户190人4600元以下贫困家庭全部脱贫。全年发放民政救助金30余万元。困难群众住房修缮救助53户。99户99人享受重残补贴，通过产业帮扶、子女上学补助、医疗康复救助等多种措施对残疾家庭户进行帮助。新建（茶亭村）村级避灾安置点1个。建成村级居家养老照料服务中心3个（夏山头村、林湖村、茶亭村）。

2015年8月20日，第三届“马仙文化旅游节”暨浙闽马仙文化交流活动在鸬鹚村举行。期间，举行了“忠孝大使”“好婆婆、孝媳妇”颁奖仪式，开展了“忠孝传承爱心接力”现场结对活动和浙闽“马仙文化”高峰论坛。演出《新编马仙传》。

【白茶标准化种植示范基地】 2015年，鸬鹚乡山下村新建景宁白茶标准化种植示范基地6.7公顷，种植景白2号茶苗19.5万株。总投资83万元。其中，茶苗款20万元，基肥6万元，土地整理15万元，土地流转费14万元，人工费28万元。该基地由景宁畲族自治县香雨有机茶有限公司、鸬鹚乡山下村经济合作社、低收入农户、少数民族农户、“低保”户、残疾人等以现金入股、土地入股、劳动力入股等多种合作方式组成经营主体。 （蓝芸芸）

附 录

县和乡镇(街道)机构及负责人名录

【中国共产党景宁畲族自治县委员会】

书　记:林　康(续—)

副书记:蓝伶俐(女,畲,续—)

程巧琴(女,续—)

常　委:潘　伟(续—)

陈晓敏(续—)

叶利东(续—)

朱丽军(续—)

蒋璟璟(女,续—)

潘晓泉(续—2015 年 2 月)

季建标(2015 年 2 月—)

蓝跃军(畲,2015 年 2 月—)

【景宁畲族自县人民代表大会常务委员会】

主　任:蓝良兴(畲,续—2015 年 8 月)

副主任:陈林生(续—2015 年 12 月)

吴道法(续—2015 年 10 月)

罗德伟(续—)

夏培玲(女,续—)

吴昌亮(续—)

杨唐珠(女,续—)

委　员:雷真荣(畲,续—)

雷可灵(畲,续—)

林松华(续—)

李芳平(续—)

叶其财(续—)

潘润洲(续—)

潘正平(续—)

雷利德(畲,续—)

刘少荣(续—)

杜春红(女,续—)

林　敏(续—)

周乃忠(续—)

柳敏敏(女,续—)

县人大常委会办公室

主　任:雷真荣(畲,续—)

副主任:毛慧芬(女,续—)

叶　伟(续—)

法制工作委员会

主　任:雷可灵(畲,续—2015 年 6 月)

梅小林(2015 年 6—月)

代表工作委员会

主　任:林松华(续—)

农业与农村工作委员会

主　任:李芳平(续—)

教育科技文化卫生工作委员会

主　任:叶其财(续—2015 年 4 月)

　　　　周成璟(2015 年 6 月—)

财政经济工作委员会

主　任:潘润洲(续—)

副主任:朱蔚竑(续—)

城乡建设与环境资源工作委员会

主　任:潘正平(续—)

民族华侨工作委员会

主　任:雷利德(畲,续—)

立法研究室

副主任:叶旭平(续—2015 年 4 月)

主　任:叶旭平(2015 年 4 月—)

【景宁畲族自治县人民政府】

县　长:蓝伶俐(女,畲,续—)

副县长:潘　伟(续—)

　　　　郑建强(续　)

　　　　叶金堂(续—2015 年 2 月)

　　　　季建标(续—2015 年 2 月)

　　　　雷应江(畲,续—)

　　　　王　益(续—)

　　　　童巧隽(女,续—)

　　　　余晓军(2015 年 3 月—)

　　　　诸葛洋(续—2015 年 7 月)

　　　　吴积雷(2015 年 4 月—)

　　　　王宏波(续—2015 年 7 月)

　　　　金　伟(女,2015 年 7 月—)

　　　　黄米东(2015 年 7 月—)

党组书记:蓝伶俐(女,畲,续—)

副书记:潘　伟(续—)

【中国人民政治协商会议景宁畲族自治县委员会】

主　席:严铁华(续—)

副主席:叶金堂(2015 年 3 月—)

　　　　尤建平(续—)

　　　　尚建基(续—)

　　　　沈秀慧(女,续—)

党组书记:严铁华(续—)

党组副书记:叶金堂(2014 年 12 月—)

秘书长:付明明(代理,续—2015 年 3 月)

　　　　付明明(2015 年 3 月—)

副秘书长:张思富(续—)

县政协办公室

主　任:张玲英(女,续—2015 年 11 月)

　　　　朱小平(2015 年 11 月—)

提案委

主　任:邱松青(续—)

副主任:王良言(续—)

　　　　马赓明(女,回,续—)

经济委

主　任:罗德刚(续—)

副主任:张绍东(续—2015 年 3 月)

科教文卫体和文史委

主　任:叶再仁(续—)

副主任:沈立荣(续—)

　　　　王晓莲(女,续—)

农业农村和人资环委

主　任:胡克森(续—2015 年 11 月)

　　　　周士平(2015 年 11 月—)

副主任:胡明成(续—)

　　　　毛南俊(续—)

民宗台侨和社法委

主　任：蓝木宗（畲，续—）

副主任：蓝廷洪（畲，续—）

罗德刚（续—2015 年 1 月）

吴春萍（女，2015 年 1 月—）

【中共景宁畲族自治县纪律检查委员会（县监察局）】

书　记：朱丽军（续—）

副书记：沈才忠（续—）

季晓东（续—）

纪委常委：朱丽军（续—）

沈才忠（续—）

季晓东（续—）

周国胜（正科级纪检员，续—）

雷祖进（畲，正科级纪检员，续—）

石玉菊（女，续—）

李　伟（续—）

副科级纪检员：周文平（续—）

办公室主任：周国胜（续—）

党风政风监督室主任：吴　伟（续—）

信访室主任：何振章（续—）

干部室主任：刘小明（续—）

案件监督管理室主任：李炳南（续—）

第一纪检监察室主任：魏仕明（续—）

第二纪检监察室主任：吴长青（续—）

第三纪检监察室主任：钟　清（畲，续—）

案件审理室主任：林昌金（续—）

县监察局

局　长：沈才忠（续—）

副局长：胡益选（正科级监察员，续—）

金欣泉（续—）

【县人民武装部】

部　长：赵贤平（续—）

政　委：夏国章（续—）

副部长：刘斯华（2015 年 4 月—）

【县人民检察院】

党组书记、检察长：夏逸敏（续—）

党组副书记、纪检组长：徐建华（续—）

副检察长：陈曙民（续—）

雷献美（女，畲，续—）

叶森林（续—）

反渎局局长：王根法（续—）

反贪局局长：潘　胜（续—）

政治处主任：刘国平（续—）

检委会专职委员：梅梦林（2012 年 8 月—）

吴东升（2012 年 8 月—）

【县人民法院】

党组书记、院长：陈雪平（女，2015 年 3 月—）

党组副书记、纪检组长：潘昌才（续—）

副院长：林长春（续—）

林炜平（续—）

柳贤列（续—）

政治处主任：马尚付（续—）

执行局局长：王海龙（续—）

专职审判委员会委员：陈孟礼（续—）

翁晓羽（续—）

【县委工作部门】

县委办公室

主　任：陈晓敏（续—）

副主任：朱剑兵（常务，续—）

徐　雄（续—）
金　锋（续—）
徐隆金（续—2015 年 5 月）
周　斐（续—）
刘爱忠（2015 年 5 月—）
毛华庆（兼，续—）

县委政策研究室

主　任：周　斐（续—）

县委党史研究室、地方志办公室

主　任：徐隆金（续—2015 年 5 月）

县考核督查委员会办公室

主　任：金　锋（续—）
副主任：吴晓峰（续—2015 年 5 月）

县委台湾工作办公室

副主任：潘丽芳（女，续—）

县委督察室

主　任：柳　彬（续—）

县保密局

局　长：吴名标（2015 年 3 月—）

县委机要局、县密码管理局

局　长：周建东（续—）

县委组织部

部　长：蒋璟璟（女，续—）
副部长：林　敏（常务，续—）
陈建灵（续—）
刘德灵（兼，续—2015 年 5 月）
李光松（兼，续—）
蓝朝星（畲，兼，续—）
刘爱忠（续—2015 年 5 月）
刘梅玲（女，兼，续—）
雷剑锋（兼，畲，2015 年 5 月—）
严家远（2015 年 6 月—）

县直机关党工委

书　记：蓝朝星（畲，续—）
副书记：柳彩玉（女，续—）
纪工委书记：王　松（续—）

两新工委

书　记：陈建灵（续—）
副书记：李朱凯（续—）
林晓洪（兼，续—）
梁一春（兼，续—）
叶东明（兼，续—2015 年 3 月）
郑常蔚（女，兼，续—）
委　员：卞春华（兼，续—）
彭德伟（兼，续—）
叶巍巍（兼，续—）

县委宣传部

部　长：潘晓泉（续—2015 年 2 月）
季建标（2015 年 3 月—）
副部长：林一兵（常务，续—）
吴如峰（续—）
范光明（兼，续—）
李晓荣（兼，续—）

文明办

主　任：江　啸（续—）

基地办

主　任：刘建雄（2015 年 3 月—）

社科联

主　席：范光明（续—）

外宣办

主　任：吴耀旺（续—2015 年 6 月）
张雪萍（女，2015 年 6 月—）

文　联

主　席：李人海（续—）

副主席：蓝良明（畲，续—）

县委政法委

书　记：程巧琴（女，续—）

副书记：陈丽海（主持，续—）

凌　伟（续—）

梅振清（续—）

“610”办公室主任：毛华胜（续—）

办公室主任：黄春华（女，续—2015年10月）

吴荣标（2015年10月—）

县委统战部

部　长：蓝跃军（畲，2015年3月—）

副部长：蓝廷洪（畲，常务，续—）

陈晓华（续—）

雷晓东（畲，兼，续—）

钟国斌（畲，兼，续—）

县信访局

局　长：徐　雄（续—）

副局长：卢建民（续—）

吴　兴（续—）

县委老干部局

局　长：刘梅玲（女，续—）

副局长：陈慧媚（女，续—）

沈东庆（续—）

县委党校

校　长：蒋璟璟（女，续—）

副校长：蔡红央（女，常务，续—）

王晓莲（女，续—）

吴学民（续—）

县档案局

党组书记、局长：沈炎清（续—）

副局长：何雪华（女，续—）

雷献敏（畲，续—）

县关工委

主　任：雷木森（畲，续—）

副主任：钟琳花（女，畲，续—）

舒礼熙（续—）

曹赤炎（续—）

严盛才（续—）

林　敏（兼，续—）

陈丽海（兼，续—）

钟利海（畲，兼，续—）

夏雪松（兼，续—）

范光明（兼，续—）

毛呈满（专职，续—2015年6月）

办公室主任：李丽俊（续—）

县农村工作办公室

主　任：毛华庆（续—）

副主任：刘月方（续—）

陈　谢（续—2015年10月）

陈金荣（续—）

梅根金（续—）

县工商联合会

主席、会长：尤建平（续—）

党组书记：雷晓东（畲，续—）

副主席、副会长：雷晓东（常务，畲，续—）

郑常蔚（女，续—）

汤旭初（兼秘书长，续—）

县总工会

党组书记、主席：周乃忠（续—）

副主席：马赓明（女，回，续—）

林　平（续—）

共青团景宁县委

书　记：雷洁畅（女，畲，续—）

副书记：刘　红（女，续—）

叶　妮（女，续—）

县妇女联合会

主　席：叶妙青（女，续—）

副主席：柳慧敏（女，续—）

吴雯雯（女，续—）

县残疾人联合会

理事长：徐关水（续—）

副理事长：周利民（续—）

【县政府工作部门】

县政府办公室

主　任：夏雪松（续—）

副主任：雷剑锋（畲，续—2015 年 5 月）

王良言（续—2015 年 3 月）

林旭虹（续—）

梅伟森（续—）

陈培春（续—）

吴敏彪（续—）

严水英（女，续—2015 年 10 月）

毛南俊（续—2015 年 5）

叶魏芬（女，续—）

卢晓安（兼，续—）

徐文权（兼，2014 年 5 月—2015 年 3 月）

周　枫（2015 年 6 月—）

叶长过（兼，2015 年 6 月—）

法制办

主　任：林旭虹（续—2015 年 6 月）

夏雪松（2015 年 6 月—）

副主任：吴卫忠（续—）

外事办

主　任：梅伟森（续—2015 年 6 月）

夏雪松（2015 年 6 月—）

人防办

主　任：王良言（续—2015 年 6 月）

夏雪松（2015 年 6 月—）

副主任：董　海（续—）

督查室

主　任：吴　毅（续—2015 年 6 月）

应急办

主　任：柳文娟（女，续—）

金融办

主　任：徐黎斌（续—2015 年 3 月）

林清海（2015 年 3 月—）

行政审批中心

党组书记、主任：徐文权（续—）

党组副书记、副主任：孙成真（续—）

副主任：朱伟华（续—）

县机关事务管理局（接待办）

局　长：卢晓安（续—）

副局长：杨林美（女，续—）

柳伟忠（续—）

县科技局

党组书记、局长：刘毓梅（女，续—2015 年 5 月）

周卫林（2015 年 5 月—）

副局长：雷赛高（畲，续—）

陈正武（续—）

县科协

主　席：沈立荣（续—2015 年 3 月）

梅晓春（2015 年 5 月—）

副主席：朱国华（续—2015 年 10 月）

陈德清（2015 年 11 月—）

县教育局

局　长：钟利海（畲，续—）

副局长：吴广伟（续—）

陈战耕(续—)
林兴国(续—)
县纪委派驻纪检组长:厉希胜(续—)
政府教育督学:叶旭瑛(续—2015年10月)

景宁中学

校　长:陈战耕(续—)
书　记:潘晓明(续—)
副校长:金利兵(续—)
金　风(续—)
吴大岩(续—)

景宁电大

校　长:刘东平(续—)

职业高中

校　长:王敏健(续—)

县卫生局(中医药管理局)

局　长:胡华君(女,续—2015年6月)
副局长:石盛训(续—2015年6月)
蓝丽芳(女,畲,续—2015年6月)
林兴忠(续—2015年6月)

县人口和计划生育局

党组书记、局长:杨小兵(续—2015年6月)
党组副书记、副局长:刘远明(续—2015年6月)
副局长:吴月珠(女,续—2015年6月)

县卫生和计划生育局

党组书记、局长:胡华君(女,2015年6月—)
党组副书记、副局长:石盛训(2015年6月—)
副局长:刘远明(2015年6月—)
吴月珠(女,2015年6月—)
蓝丽芳(女,畲,2015年6月—)

县人民医院

院　长:尚建基(续—)
书　记:梅明荣(续—)
副院长:毛伟东(续—)
陈学智(续—)
雷镇海(畲,续—)

县红十字会

会　长:季建标(兼,续—2015年11月)
余晓军(2015年11月—)
副会长:张贤忠(常务,续— 2015年3月)
柳建军(常务,2015年5月—)
蓝德余(专职,畲,续—)

县文广新局

局　长:蓝利明(畲,续—)
党组书记:吴建明(续—)
副局长:朱益龙(续—)
纪检组长:林松斌(续—)

县广播电视台

党组书记、台长:李晓荣(续—)
党组副书记、副台长:董作求(2015年5月—)
副台长:梅祖凯(续—)
杜迎春(女,续—)
纪检组长:周加林(续—2015年12月)
总工程师:王成伟(续—)

畲乡报社

党组书记、总编:施顺民(续—)
副总编:何阳宁(2015年9月—)
柳晓林(续—2015年5月)
林　伟(2015年6月—)

县国土资源局

党委书记、局长:潘利海(续—)
副局长:林　环(续—)
潘焕岳(续—)
叶华青(续—)
李　波(续—)

纪委书记：雷朝进（畲、续—）

县土地储备中心主任：刘建海（续—）

国土资源执法监察大队长：沈必文（续—）

县编委办公室

主　任：李光松（续—）

副主任：吴华标（续—）

季绍香（女，续—）

县人力资源和社会保障局

党组书记、局长：刘德灵（续—2015 年 5 月）

雷剑锋（畲，2015 年 6 月—）

党组副书记、副局长：张兆清（续—2015 年 6 月）

党组副书记：李加兴（2015 年 6 月—）

副局长：张怀海（续—）

梅　敏（女，续—）

王世忠（2015 年 5 月—）

纪检组长：李加兴（续—）

县委正科级组织员：张兆清（2015 年 5 月—）

社保中心主任：吴春萍（女，续—2015 年 3 月）

社保局局长：吴春萍（女，2015 年 3 月—）

服务外出创业人员办公室主任：陈小忠（续—）

副主任：邱小伟（续—2015 年 5 月）

县民政局

党组书记、局长：陈丽成（续—）

副局长：梁一春（续—）

何慧丰（续—）

严小红（女，续—）

纪检书记：张建妙（2015 年 10 月—2015 年 12 月）

老龄办主任：张多金（续—）

县慈善总会

会　长：彭岳舜（续—）

副会长：陈丽成（常务，续—）

毛庆龙（续—）

王奕民（续—）

叶　峰（续—）

叶华杰（续—）

吴伟东（续—）

严小庄（续—）

严柏林（续—）

蒋丽娟（女，续—）

罗德刚（续—2015 年 6 月）

项大海（续—）

柳贤珍（女，续—）

梅　慧（续—）

潘宣敏（续—）

叶丽斌（续—）

严小红（女，2015 年 7 月—）

秘书长：严柏林（兼，续—）

县移民办公室

主　任：刘和平（续—）

党组书记：雷云兴（畲，续—）

副主任：郑晓芳（续—）

纪检组长：梅晓青（ 2015 年 3 月—）

民族宗教事务局

党组书记、局长：钟国斌（畲，续—）

副局长：蓝利忠（畲，续—）

程荣文（2015 年 5 月—）

县旅游局

局　长：蓝建忠（畲，续—2015 年 7 月）

副局长：徐建林（续—2015 年 7 月）

林敏峰（续—2015 年 7 月）

县旅游委员会

主　任：蓝建忠（畲，2015 年 8 月—）

副主任：徐建林（2015 年 8 月—）

林敏峰（2015 年 8 月—）

浙江景宁畲族风情旅游度假区管委会

主　任：雷剑锋（畲，续—2015年4月）
　　　叶长过（2015年7月—）
副主任：简卓华（续—）
　　　徐黎斌（2015年4月—）

千峡湖管理处

处　长：雷李木（畲，续—）
副处长：陈建民（常务，续—）
　　　周士平（续—2015年10月）
总工程师：陈志文（2015年3月—）
综合执法管理科科长：陈建伟（续—）
办公室主任：翁海娟（女，续—）
开发建设科科长：蓝伟标（畲，续—）

外舍防护工程建设指挥部

总指挥：王　益（续—）
副总指挥：朱玉建（续—）
　　　　梅伟森（续—）
　　　　周　恩（续—）

外舍防护工程投资有限公司

总经理：程荣文（续—2015年11月）
　　　朱玉建（2015年11月—）

农民创业园

总指挥：叶金堂（续—2015年4月）
　　　王　益（2015年4月—）
副总指挥：吴昌亮（续—2015年4月）
　　　　雷应江（畲，续—）
　　　　季晓伟（续—2015年4月）
　　　　梅伟森（2015年4月—）

丽水经济开发区景宁民族工业园管理委员会

党工委书记：叶常萌（2015年6月—）
副书记、管委会主任：叶常萌（续—2015年6月）
管委会副主任：李景武（常务，续—）
　　　　　严林平（续—）
纪工委书记：陈海琳（女，续—）
总工程师：叶文平（续—）
办公室主任：王　华（续—2015年5月）
　　　　　周伟鑫（2015年8月—）

浙江景宁经济开发区

主　任：季晓伟（续—2015年3月）
　　　刘德灵（2015年5月—）
副主任：徐卫斌（常务，续—）
　　　厉晓娟（女，续—）
总工程师：刘振军（续—）
纪检组长：林　坚（续—）

县公安局

党委书记、局长、督察长：叶利东（续—）
党委副书记、政委：季建伟（续—）
副局长：潘卫雄（续—2015年4月）
　　　周乃强（续—）
　　　沈招雄（续—）
　　　张昌龄（续—）
　　　汤忠伟（2015年10月—）
纪委书记：林德平（续—）
政治处主任：叶传金（续—2015年5月）
　　　　　汤忠伟（2015年6月—2015年9月）
　　　　　黄春华（女，2015年10月—）
交警大队大队长：潘卫雄（续—2015年4月）
　　　　　　　叶传金（2015年5月—）

县消防大队

大队长：梁　锵（续—2015年5月）
　　　梁永乐（2015年5月—）
教导员：王海斌（续—）

县司法局

局　长:潘文彪(续—)

副局长:吴乾熙(续—2015 年 5 月)

　　潘美林(续—)

　　徐仕清(2015 年 5 月—)

党组书记:潘文彪(续—)

党组副书记:潘美林(2015 年 5 月—)

纪检组长:彭德伟(续—)

县农业局

党组书记、局长:叶玉琪(续—)

党组副书记、副局长:林华法(续—)

副局长:吴丽玲(女,续—)

　　柳贤岳(续—)

纪检组长:刘卫美(女,续—)

总　工:刘赵康(续—)

畜牧兽医局长:陈　斌(续—)

县林业局

局　长:朱小平(续—2015 年 12 月)

　　杨灶松(2015 年 12 月—)

副局长:周成璟(续　2015 年 5 月)

　　蔡通爱(续—)

　　叶玉珠(女,续—)

　　杨仲敏(续—)

　　胡明成(续—)

　　柳贤良(续—)

纪检组长:吴渭清(续—)

森林公安局

局　长:柳贤良(续—)

教导员:刘　炜(续—)

县森林消防指挥部办公室

主　任:许元科(2013 年 9 月—)

县望东垟高山湿地自然保护区管理局

局　长:杨仲敏(续—)

副局长:周　平(续—)

　　陈晓梆(续—)

总工程师:刘日林(续—)

大仰湖湿地群省级自然保护区

(林业总场)

林业总场

场　长:杨仲敏(续—2015 年 9 月)

大仰湖保护区管理局(林业总场)

局长(场长):杨仲敏(2015 年 10 月—)

副局长(副场长):季必浩(2015 年 10 月—)

　　周晓庆(2015 年 10 月—)

县水利局

局　长:毛南荣(续—)

副局长:林振球(续—)

　　叶梅娟(女,续—)

　　梅荣柱(续—)

　　严益贵(续—)

总工程师:柳卫明(续—)

防汛办主任:毛慧琴(女,续—)

县气象局

局　长:商晓东(续—)

副局长:周敬荣(续—)

纪检组长:张建渔(续—)

县发改局

书记、局长:余晓军(续—2015 年 3 月)

　　严伟华(2015 年 4 月—)

副书记:任周良(续—)

副局长:梅勇和(续—)

　　王旭东(续—)

县休闲经济办专职副主任:周奇斐(续—)

纪检组长：练良东（续—）

县统计局

局　长：周　枫（续—2015 年 6 月）

副局长：杨一平（续—）

任周良（2015 年 6 月—）

县经合办（招商局）

党组书记：王　庆（续—）

主　任（局长）：王　庆（续—）

副主任（副局长）：张　伟（续—）

赵卫东（续—）

县经济商务局

局　长：潘昌德（续—）

副局长：林晓洪（续—）

何盛宝（续—）

毛慧斌（续—）

县供销联社

主　任：彭　敏（女，续—）

党组书记：钟得丰（畲，续—）

副主任：梅松叶（续—2015 年 6 月）

梅盛青（续—）

袁奕林（续—2015 年 5 月）

住房和城乡建设局

党组书记、局长：翁建敏（续—）

总工程师：张根深（续—）

副局长：柳新付（续—）

陈海洪（续—）

陈　彬（续—）

纪检组长：蓝少琴（女，畲，续—）

县城市建设发展有限公司

总经理：吴光亮（续—）

县环保局

党组书记、局长：夏胜忠（续—2015 年 6 月）

柳贤旺（2015 年 10 月—）

副局长：李　丰（续—）

叶东明（2015 年 3 月—）

纪检组长：吴丽霞（女，续—）

总工程师：潘长友（续—）

县安监局

局　长：梅小林（续—2015 年 6 月）

杨小兵（2015 年 6 月—）

副局长：刘化茂（续—）

雷茂禾（畲，续—）

县交通局

局　长：严伟华（续—2015 年 5 月）

毛南俊（2015 年 5 月—）

书　记：严伟华（续—2015 年 5 月）

徐隆金（2015 年 5 月—）

纪检组长：林松琦（续—）

副局长：张昌元（续—）

任贵慧（续—）

项秀梅（女，续—2015 年 9 月）

总工程师：陈　波（续—）

县市场监管局

党组书记：蔡伟教（续—）

局　长：雷李会（畲，续—）

副局长：叶东明（续-2015 年 4 月）

毛玉海（续—）

邱柏青（2015 年 6 月—）

王育生（续—）

陈绍坤（续—）

金建美（女，续—）

雷桂荣（畲，2015 年 3 月—）

县质量技术监督局

党组书记、局长：卢锦亮（续—2015 年 6 月）

副局长：丁敏蛟（续—2015年6月）

纪检组长：邱柏青（续—2015年6月）

县审计局

党组书记、局长：潘文彬（续—）

副局长：潘蔷薇（女，续—）

　　　刘春芝（续—）

　　　朱爱华（女，续—）

总审计师：魏　新（续—）

县财政局

党组书记、局长：叶　峰（续—）

纪检组长：卞春华（续—）

副局长：陈华星（续—）

　　　周　东（续—）

总会计师：李建伟（续—）

预算局局长：吴凌峰（续—）

预算执行局局长：陈浙福（续—）

财政监督局局长：李光华（续—）

农业综合开发办公室主任：郑文南（续—）

县地税局

局　长：叶　峰（续—）

副局长：陈华星（续—）

　　　刘　力（续—）

稽查局局长：陈　伟（续—）

一分局局长：夏柏峰（续—）

县国资公司总经理：叶林峰（续—）

县国税局

党组书记、局长：罗国贤（续—）

副局长：刘智敏（续—）

　　　潘岳海（续—）

纪检组长：雷永利（畲，续—）

【部分企事业单位】

县电力公司（电力工业局）

局长、总经理：严伟明（续—）

副书记：朱　斌（主持，续—）

　　　叶　鹤（兼工会主席，续—）

副局长：舒勤伟（续—）

　　　王明球（续—）

县烟草专卖局

局长（经理）：王永武（续—）

副局长：肖华平（续—）

副经理：王建仁（续—）

县盐务管理局

经　理：王宝裕（续—）

党支部书记：陈慧美（女，续—）

县石油公司

经　理：彭荣（续—）

县邮政局

书记、局长：叶黎华（续—）

副局长：曾苏军（续—）

中国移动景宁分公司

党支部书记、总经理：陈　华（续—）

中国电信景宁分公司

总经理、党委书记：梅振玲（女，续—）

纪委书记、总经理助理：周晓伟（续—）

中国联通公司景宁分公司

总经理：黄春华（续—）

副总经理：张国荣（续—）

县新华书店

总经理：李伟明（续—）

副总经理：程小平（续—）

中国人民银行景宁支行

行　长：潘华珠（女，续—）

副行长：严精敏（续—）

中国工商银行股份有限公司景宁支行

行　长：叶晓娟（女，续—）

副行长：叶伟锋（续—）

内控监察专员：陈娟英（女，续—）

中国农业银行景宁支行

党总支书记、行长：黄力雄（2015年3月—）

副行长：黄力雄（续，主持—2015年3月）

　　梅荣梁（续—2015年10月）

　　尹建丽（女，2015年10月—）

纪检委员：梅荣梁（2015年10月—）

中国银行景宁支行

行　长：上官旭宾（续—）

副行长：陈炜彬（续—）

中国建设银行景宁支行

行　长：吴明耀（续—）

副行长：李三丰（续—）

　　朱松美（女，续—）

中国农业发展银行景宁信贷组

主　任：陈　杰（续—）

县农信联社

党委书记、理事长：陈小玲（续—）

主　任：毛清芳（续—）

副主任：张晓青（女、续—2015年10月）

监事长：叶金炎（续—2015年10月）

　　高樟亭（2015年10月—）

纪委书记：高樟亭（2015年10月—）

中国邮储银行景宁支行

行　长：纪　华（续—）

副行长：陈胜民（续—）

景宁银座村镇银行股份有限公司

行　长：陈　斌（续—）

副行长：蒋　继（续—）

泰隆银行丽水景宁支行

行　长：章仁初（续—）

副行长：陶　俊（续—2015年11月）

　　谢航程（2015年11月—）

浙江稠州商业银行景宁支行

行　长：吴仁显（续—）

副行长：包晓伟（续—）

财通证券股份有限公司丽水景宁人民中路证券营业部

负责人：沈　悦（续—）

人保财险景宁支公司

经　理：叶少华（续—）

副经理：史玉澄（续—）

中国人寿保险股份有限公司景宁支公司

总经理：应　莺（女，续—2015年11月）

副总经理：吴小英（女，主持，2015年11月—）

丽水市住房公积金管理中心景宁分中心

主　任：罗培环（续—2015年7月）

　　王良言（2015年7月—）

【乡镇（街道）】

鹤溪街道办事处

党工委书记：童小平（续—）

副书记：柳贤旺（续—2015年10月）

　　胡卫林（续—2015年6月）

　　徐　敏（女，2015年6月—）

　　申京涛（省直机关挂职，续—）

委　员：徐　敏（女，续—2015年6月）

　　汤忠伟（续—2015年6月）

　　叶卫民（2015年7月—）

　　雷献亮（畲，续—）

李少吴(续—)
李晓锋(续—2015 年 6 月)
雷励雄(挂职,畲,2015 年 5 月—)
叶　康(2015 年 6 月—)
办事处主任:柳贤旺(续—2015 年 10 月)
副主任:徐　敏(女,续—2015 年 6 月)
李少吴(2015 年 6 月—)
梅礼明(续—2015 年 6 月)
高伟淼(续—)
梅玉娟(女,续—)
张存有(续—)
杨晓丽(女,2015 年 7 月—)
人大工委主任:刘土根(续—)
副主任:叶　康(续—2015 年 6 月)
梅礼明(2015 年 6 月—)
纪工委书记:徐　敏(女,2015 年 7 月—)
人武部长:雷献亮(畲,续—)
正科级组织员:蓝中一(畲,续—)
主任助理:雷励雄(挂职,畲,续—2015 年 5 月)
韦沙涉(女,挂职,2015 年 5 月—)

红星街道办事处

党工委书记:周　恩(续—)
副书记:柳先敏(续—2015 年 10 月)
陈　谢(2015 年 10 月—)
陶幸圣(续—)
刘　斌(挂职,2015 年 5 月—)
委　员:陈孟文(续—)
刘丽卿(女,续—)
叶卫明(续—)
办事处主任:柳先敏(续—2015 年 10 月)
陈　谢(2015 年 10 月—)
副主任:刘慧云(女,续—)
陈　勇(续—)
吴家伟(续—)
柳贤铎(续—)
周伟明(2015 年 5 月—)
人大工委主任:雷华锋(畲,续—)
副主任:雷　勇(畲,续—)
纪工委书记:陶幸圣(续—)
人武部长:吴大余(续—)
正科级组织员:何振华(2015 年 3 月—)
副科级组织员:徐加昌(续—)
李昌锦(续—)

东坑镇

党委书记:何向平(续—)
副书记:袁奕林(2015 年 5 月—)
镇　长:吴海东(续—)
副镇长:严仙田(续—)
柳海河(续—)
柳二娟(女,续—)
人大主席:陈孟嘉(续—)
副主席:周德武(续—)
人武部部长:何盛林(续—)
党委委员:石玉德(续—)
副科级组织员:林作平(续—)
叶　剑(续—)
镇长助理:林兴灵(续—)

渤海镇

党委书记:林建锋(续—)
党委副书记、镇长:徐卫东(续—)
党委副书记、纪检书记:商晓云(续—2015 年 5 月)
江灵娟(女,2015 年 5 月—)
副镇长:吴一飞(常务,续—)
陈建平(续—)

陈高仁(续—)
钟婷婷(女,畲,续—)
人大主席:陈海忠(续—2015 年 5 月)
商晓云(2015 年 5 月—)
副主席:梅显道(续—)
政法委书记:严伟荣(续—)
党委委员:杜华俊(续—)
副科级组织员:刘悄悄(女,续—)

沙湾镇

党委书记:何伟东(续—)
党委副书记:刘德水(续—)
严水英(女,2015 年 1 月—)
党委委员:毛颖波(续—)
林昌健(续—)
镇　长:梅显平(续—2015 年 1 月)
严水英(女,2015 年 10 月—)
副镇长:张必南(续—)
叶春强(2015 年 10 月—)
李兴煌(续—)
李　伟(2015 年 6 月—)
人大主席:柳新成(续—2015 年 10 月)
任　荣(2015 年 10 月—)
人大副主席:叶春强(续—2015 年 10 月)
纪委书记:刘德水(续—2015 年 8 月)
人武部长:陈振仁(续—)

英川镇

党委书记:梅振飞(续—)
党委副书记:张文涛(续—)
张昌勇(续—)
党委委员:严爱贵(续—)
刘传清(续—)
镇　长:张文涛(续—)
副镇长:张红伟(常务,续—2015 年 7 月)
吴耀旺(常务、2015 年 7 月—)
刘传才(续—)
李俊杰(续—)
周晓芳(女,续—2015 年 7 月)
毛　勇(续—2015 年 10 月)
人大主席:陈德清(续—2015 年 10)
副主席:柳庭武(续—)
纪委书记:张昌勇(续—)
政法书记、人武部长:周家赞(续—)
副科级组织员:张王清(续—)
严福林(续—)

大均乡

党委书记:柳康华(2015 年 7 月—)
副书记:陈帅锋(续—)
严家树(续—)
乡　长:陈帅锋(续—)
副乡长:雷彦文(畲,续—)
蓝振山(畲,续—)
吴丽英(女,续—)
人大主席:雷魏芬(女,畲,续—)
副主席:蓝庆鑫(畲,续—)
纪委书记:严家树(续—)
人武部长:严　华(续—)
党委委员:黄正成(续—)
副科级组织员:陈娟芬(女,续—)

澄照乡

党委书记:杨灶松(续—2015 年 10 月)
柳先敏(2015 年 10 月—)
副书记:柳康华(续—2015 年 6 月)
林方金(2015 年 6 月—)
叶于传(续—)

将剑平(挂职,续—)
乡　长:柳康华(续—2015年6月)
林方金(2015年6月—)
副乡长:杨晓丽(女,续—2015年6月)
雷晓芬(女,畲,续—)
雷余玉(畲,续—)
张红伟(2015年6月—)
周晓芳(女,2015年6月—)
人大主席:杨灶松(续—2015年10月)
副主席:雷延贵(畲,续—)
纪委书记:吴卫忠(续—)
人武部长:王　兵(续—)
党委委员:刘少东(续—)
副科级组织员:夏建红(女,续—)

梅岐乡

党委书记:叶秀华(女,续—)
党委副书记:刘建华(续—)
任　荣(续—2015年10月)
任孟春(2015年11月—)
乡　长:刘建华(续—)
副乡长:任孟春(常务,续—2015年10月)
毛　勇(常务,2015年11月—)
叶淑芬(女,续—)
人大主席:叶秀华(女,续—)
副主席:吴跃林(续—)
纪委书记:任　荣(续—2015年10月)
任孟春(2015年11月—)
人武部部长:陈叶敏(续—)

大漈乡

党委书记:叶长过(续—2015年6月)
蓝景芬(女,畲,2015年6月—)
副书记:蓝景芬(女,畲,续—2015年6月)
刘海华(续—)
柳一东(2015年6月—)
乡　长:蓝景芬(女,畲,续—2015年6月)
刘海华(2015年6月—)
副乡长:柳一东(常务,续—2015年6月)
季清波(常务,2015年6月—)
吴　丽(女,续—)
人大副主席:梅　杰(续—)
人武部长:章卫荣(续—)
副科级组织员:陈万江(续—)
景区管委会党工委书记:叶长过(续—2015年6月)
蓝景芬(女,畲,2015年6月—)
景区管委会主任:蓝景芬(女,畲,续—2015年6月)
刘海华(2015年6月—)

景南乡

党委书记:吴巧玲(女,续—)
副书记:沈必贵(续—2015年5月)
何伟平(2015年10月—)
乡　长:毛锡火(续—2015年9月)
彭伟明(2015年10月—)
副乡长:程小伟(续—2015年9月)
叶旭瑛(2015年10月—)
吴圆圆(女,续—)
程荣文(续—2015年4月)
人大主席:吴巧玲(女,续—2015年4月)
雷进东(畲,2015年5月—)
副主席:陈利慧(续—)
人武部长:吴应平(续—)

雁溪乡

党委书记:梅晓春(续—2015年4月)
毛黎珍(2015年5月—)
副书记:毛黎珍(续—2015年4月)

占海冰(续—)

乡　长:毛黎珍(续—2015 年 4 月)

陈海忠(2015 年 5 月—)

副乡长:梅明义(续—)

金　锋(续—)

人大主席:梅晓春(续—2015 年 4 月)

毛黎珍(2015 年 5 月—)

副主席:严晓军(续—)

纪委书记:占海冰(续—)

人武部长:林利伟(续—)

郑坑乡

党委书记:蔡卫军(续—)

副书记:雷振华(畲,续—)

梅华青(续—)

乡　长:雷振华(畲,续—)

副乡长:蓝海宽(畲,续—)

邱小伟(2015 年 5 月—)

人大主席:蔡卫军(续—)

副主席:严　明(续—)

纪委书记:梅华青(续—)

人武部长:何盛洪(续—)

九龙乡

党委书记:徐仕清(续—2015 年 5 月)

刘培法(2015 年 7 月—)

副书记:刘培法(续—2015 年 7 月)

胡卫林(2015 年 7 月—)

彭伟明(续—2015 年 11 月)

乡 长:刘培法(续—2015 年 7 月)

胡卫林(2015 年 7 月—)

副乡长:林国斌(续—)

雷林伟(畲,续—)

吴丽勇(女,续—)

蓝丰平(畲,续—)

人大主席:徐仕清(续—2015 年 5 月)

刘培法(2015 年 7 月—)

副主席:李成生(续—)

人武部长:王黎伟(续—)

党委委员:沈必时(续—)

蓝金标(畲,续—)

梧桐乡

党委书记:柳晓杰(续—)

副书记:王伟飞(续—)

张伟鸿(续—)

乡　长:王伟飞(续—)

副乡长:刘世武(续—2015 年 5 月)

徐阿军(续—)

吴云花(女,2015 年 5 月—)

人大主席:柳晓杰(续—)

副主席:雷　震(畲,续—)

纪委书记:张伟鸿(续—)

人武部长:柳忠芳(续—)

党委委员:蓝晓娟(女,畲,续—)

刘世武(2015 年 5 月—)

副科级组织员:吴云花(女,续—2015 年 5 月)

标溪乡

党委书记:陈　芳(女,续—)

副书记:严松海(续—)

乡　长:吴　飞(续—)

副乡长:夏一海(续—)

陈德标(续—)

严一和(续—)

人大主席:陈　芳(女,续—)

副主席:周祖芳(续—2015 年 4 月)

纪委书记:严松海(续—)

人武部长：柳　玉（女，续—）

家地乡

党委书记：叶金海（续—）

副书记：吴文伟（续—）

雷进东（畲，续—2015 年 6 月）

陈文良（2015 年 6 月—）

乡　长：吴文伟（续—）

副乡长：袁国良（续—）

人大主席：叶金海（续—2015 年 6 月）

沈必贵（2015 年 6 月—）

副主席：张灵燕（女，续—2015 年 6 月）

纪委书记：雷进东（畲，续—2015 年 6 月）

陈文良（2015 年 6 月—）

人武部长：毛华标（续—）

大地乡

党委书记：王世忠（续—2015 年 5 月）

叶海华（2015 年 5 月—）

副书记：叶海华（续—2015 年 5 月）

吴万里（续—2015 年 5 月）

刘　莺（女，2015 年 5 月—）

程小伟（2015 年 10 月—）

乡　长：叶海华（续—2015 年 5 月）

刘　莺（女，2015 年 5 月—）

副乡长：齐兴华（续—）

叶其林（续—）

刘　平（续—）

人大主席：吴万里（续—）

副主席：杨国亮（续—）

纪委书记：吴万里（续—2015 年 5 月）

人武部长：雷　琼（女，畲，续—）

党委委员：何伟平（续—2015 年 5 月）

毛垟乡

党委书记：刘世宝（续—）

副书记：陈　勇（续—）

乡　长：陈　勇（续—）

副乡长：高卫和（常务，续—）

何　邦（续—）

雷晓华（女，畲，续—）

人大主席：刘世宝（续—）

副主席：吴德贤（续—）

纪委书记：林　荣（续—）

人武部长：叶星星（续—）

党委委员：吴丽平（续—）

副科级组织员：林海明（续—）

秋炉乡

党委书记：柳建军（续—2015 年 5 月）

叶雁飞（2015 年 5 月—）

乡　长：叶雁飞（续—2015 年 5 月）

李晓锋（2015 年 6 月—）

副乡长：梁春波（续—）

赵玉珠（女，续—）

潘景景（续—）

人大主席：柳建军（续—2015 年 5 月）

叶雁飞（2015 年 5 月—）

副主席：刘传旺（续—）

纪委书记：林明可（续—）

人武部长：陈再锋（续—）

鸬鹚乡

党委书记：严家远（续—2015 年 7 月）

毛锡火（2015 年 7 月—）

副书记：陈轶群（续—）

刘成伟（续—）

乡　长：陈轶群（续—）

副乡长：梅振盈（常务，续—）
　　　　潘至秦（续—）
　　　　王　娟（女，续—）
人大主席：严家远（续—2015.7）
　　　　　毛锡火（2015.7—）
副主席：周海娟（女，续—）
纪委书记：刘成伟（续—）
人武部长：蓝松平（畲，续—）
党委委员：刘小东（续—）

先进集体和先进个人

2015 年荣获省、部级先进集体名单

表 26

先进单位	荣誉称号	命名单位	命名时间
景宁畲族自治县	全国十大生态产茶县	中国茶叶流通协会	2015.10
鹤溪街道城南社区	2015 年全国综合减灾示范社区	国家综合减灾委员会、民政部	2015.12
县交通运输局	全国农村公路养护与管理先进集体	中华人民共和国交通运输部	2015.2
县科学技术协会	2015 年全国科普日特色活动组织单位	中国科协办公厅	2015.12
县青少年宫	2015 年全国科普日特色活动组织单位	中国科协办公厅	2015.12
景宁中学	2015 年全国生态文明教育示范学校	全国生态文明教育示范学校委员会	2015.12
县民族宗教事务局	全国民委系统先进集体	人力资源和社会保障部、国家民族事务委员会	2015.12
景宁县文化馆	第六届全国服务农民、服务基层文化建设先进集体	中宣部、文化部、国家新闻出版广电总局	2015.12

2015 年荣获丽水市进集体名单

表 27

先进单位	荣誉称号	命名单位	命名时间
景宁畲族自治县	2014 年度综治优秀县	中共丽水市委、市人民政府，丽委发〔2015〕8 号	2015.2
县人民法院	2014 年度全市大调解工作先进集体	中共丽水市委、市人民政府，丽委发〔2015〕8 号	2015.2
红星街道办事处	2014 年度全市群众信访工作先进单位	中共丽水市委、市人民政府，丽委发〔2015〕8 号	2015.2
景宁畲族自治县	2014 年度人口和计划生育目标管理考核优胜单位	丽水市人民政府	2015.3
景宁畲族自治县	社会主义新农村建设工作优秀县	中共丽水市委、市人民政府	2015.3
景宁畲族自治县	农村发展六大行动达标单位	中共丽水市委、市人民政府	2015.3
景宁畲族自治县	农村生活污水治理工作优胜单位	中共丽水市委、市人民政府，丽委发〔2015〕11 号	2015.3
景宁畲族自治县	农村产权制度改革工作先进县	中共丽水市委、市人民政府，丽委发〔2015〕11 号	2015.3
县农办(扶贫办)	社会主义新农村建设工作先进基层集体	中共丽水市委、市人民政府，丽委发〔2015〕11 号	2015.3
大均乡政府	社会主义新农村建设工作先进基层集体	中共丽水市委、市人民政府，丽委发〔2015〕11 号	2015.3
大漈乡政府	社会主义新农村建设工作先进基层集体	中共丽水市委、市人民政府，丽委发〔2015〕11 号	2015.3

续表 27

先进单位	荣誉称号	命名单位	命名时间
大均乡	农村生活污水治理工作先进乡镇	中共丽水市委、市人民政府，丽委发〔2015〕11 号	2015.3
标溪乡	农村生活污水治理工作先进乡镇	中共丽水市委、市人民政府，丽委发〔2015〕11 号	2015.3
大均乡大均村	农村生活污水治理工作先进村	中共丽水市委、市人民政府，丽委发〔2015〕11 号	2015.3
标溪乡枫林口村	农村生活污水治理工作先进村	中共丽水市委、市人民政府，丽委发〔2015〕11 号	2015.3
毛垟乡毛垟村	农村生活污水治理工作先进村	中共丽水市委、市人民政府，丽委发〔2015〕11 号	2015.3
澄照乡金坵村	农村生活污水治理工作先进村	中共丽水市委、市人民政府，丽委发〔2015〕11 号	2015.3
梧桐乡金兰村	农村生活污水治理工作先进村	中共丽水市委、市人民政府，丽委发〔2015〕11 号	2015.3
澄照乡金坵村	美丽乡村示范村	中共丽水市委、市人民政府，丽委发〔2015〕11 号	2015.3
东坑镇桃源村	美丽乡村示范村	中共丽水市委、市人民政府，丽委发〔2015〕11 号	2015.3
雁溪乡雁溪村	美丽乡村示范村	中共丽水市委、市人民政府，丽委发〔2015〕11 号	2015.3
东坑镇马坑村	丽水市“美丽新家园”	中共丽水市委、市人民政府，丽委发〔2015〕11 号	2015.3
县住建局	农村产权制度改革工作先进基层集体	中共丽水市委、市人民政府，丽委发〔2015〕11 号	2015.3
县农业局	农村产权制度改革工作先进基层集体	中共丽水市委、市人民政府，丽委发〔2015〕11 号	2015.3
东坑镇政府	农村产权制度改革工作先进基层集体	中共丽水市委、市人民政府，丽委发〔2015〕11 号	2015.3

2015 年全县荣获市级以上先进个人名单

表 28

姓　名	性别	民族	所在单位	荣誉称号	命名单位	命名时间
雷刘东	男	畲	大均乡李宝村	全国劳动模范	中国共产党中央委员会、国务院	2015.4
张怀海	男	汉	县人力资源和社会保障局	2014 年度丽水市“大调解”工作先进个人	中共丽水市委、市人民政府，丽委发〔2015〕8 号	2015.2
叶佳扬	男	汉	县政法委“大调解”协调中心	2014 年度丽水市“大调解”工作先进个人	中共丽水市委、市人民政府，丽委发〔2015〕8 号	2015.2
王大富	男	汉	县检察院司法调解中心	2014 年度丽水市“大调解”工作先进个人	中共丽水市委、市人民政府，丽委发〔2015〕8 号	2015.2
汤　健	男	汉	县政府办公室行政调解指导中心	2014 年度丽水市“大调解”工作先进个人	中共丽水市委、市人民政府，丽委发〔2015〕8 号	2015.2

续表 28

姓　名	性别	民族	所在单位	荣誉称号	命名单位	命名时间
梅明松	男	汉	县司法局鹤溪司法所	2014年度丽水市“大调解”工作先进个人	中共丽水市委、市人民政府，丽委发〔2015〕8号	2015.2
卢建民	男	汉	县信访局	2014年度丽水市群众信访工作先进个人	中共丽水市委、市人民政府，丽委发〔2015〕8号	2015.2
潘昌成	男	汉	县人力资源和社会保障局	2014年度丽水市群众信访工作先进个人	中共丽水市委、市人民政府，丽委发〔2015〕8号	2015.2
雷剑锋	男	畲	畲族风情旅游度假区管委会	2014年度丽水市社会主义新农村建设先进工作者	中共丽水市委、市人民政府，丽委发〔2015〕11号	2015.3
李少昊	男	汉	鹤溪街道	2014年度消防工作先进个人	丽水市人民政府	2015.3
李建伟	男	汉	县财政局	2014年度全市社会主义新农村建设工作先进工作者	中共丽水市委、市人民政府，丽委发〔2015〕11号	2015.3
周　恩	男	汉	红星街道办事处	2014年度全市社会主义新农村建设工作先进工作者	中共丽水市委、市人民政府，丽委发〔2015〕11号	2015.3
吴巧玲	女	汉	景南乡政府	2014年度全市社会主义新农村建设工作先进工作者	中共丽水市委、市人民政府，丽委发〔2015〕11号	2015.3
叶金海	男	汉	家地乡政府	2014年度全市社会主义新农村建设工作先进工作者	中共丽水市委、市人民政府，丽委发〔2015〕11号	2015.3
蓝国欣	男	畲	鹤溪街道东弄村	2014年度全市社会主义新农村建设工作先进工作者	中共丽水市委、市人民政府，丽委发〔2015〕11号	2015.3
郑欣英	女	汉	东坑镇根底岘村	2014年度全市社会主义新农村建设工作先进工作者	中共丽水市委、市人民政府，丽委发〔2015〕11号	2015.3
潘欣根	男	汉	澄照乡金坵村	2014年度全市社会主义新农村建设工作先进工作者	中共丽水市委、市人民政府，丽委发〔2015〕11号	2015.3
叶晓华	男	汉	郑坑乡郑坑村	2014年度丽水市“花样农家”	中共丽水市委、市人民政府，丽委发〔2015〕11号	2015.3
可晓林	男	汉	大均乡伏叶村	2014年度丽水市“花样农家”	中共丽水市委、市人民政府，丽委发〔2015〕11号	2015.3
徐李锋	男	汉	大均乡伏叶村	2014年度丽水市“花样农家”	中共丽水市委、市人民政府，丽委发〔2015〕11号	2015.3
郑美香	女	汉	大均乡伏叶村	2014年度丽水市“花样农家”	中共丽水市委、市人民政府，丽委发〔2015〕11号	2015.3
雷菊梅	女	畲	大均乡李宝村	2014年度丽水市“花样农家”	中共丽水市委、市人民政府，丽委发〔2015〕11号	2015.3
梅小余	男	汉	大漈乡西二村	2014年度丽水市“花样农家”	中共丽水市委、市人民政府，丽委发〔2015〕11号	2015.3
梅育聪	女	汉	大漈乡垟心村	2014年度丽水市“花样农家”	中共丽水市委、市人民政府，丽委发〔2015〕11号	2015.3
蓝根华	男	畲	红星街道岭北村	2014年度丽水市“花样农家”	中共丽水市委、市人民政府，丽委发〔2015〕11号	2015.3
陈伟明	男	汉	景南乡忠溪村	2014年度丽水市“花样农家”	中共丽水市委、市人民政府，丽委发〔2015〕11号	2015.3

续表 28

姓　名	性别	民族	所在单位	荣誉称号	命名单位	命名时间
孙伟平	男	汉	东坑镇深垟村	2014 年度丽水市“花样农家”	中共丽水市委、市人民政府，丽委发〔2015〕11 号	2015.3
钟圣忠	男	畲	东坑镇马坑村	2014 年度丽水市“花样农家”	中共丽水市委、市人民政府，丽委发〔2015〕11 号	2015.3
林显清	男	汉	东坑镇根底岘村	2014 年度丽水市“花样农家”	中共丽水市委、市人民政府，丽委发〔2015〕11 号	2015.3
徐　杰	男	汉	县环保局	2014 年度优秀农村工作指导员	中共丽水市委、市人民政府，丽委发〔2015〕11 号	2015.3
叶华青	男	汉	县国土局	2014 年度农村产权制度改革工作先进个人	中共丽水市委、市人民政府，丽委发〔2015〕11 号	2015.3
梅荣柱	男	汉	县水利局	2014 年度农村产权制度改革工作先进个人	中共丽水市委、市人民政府，丽委发〔2015〕11 号	2015.3
柳康华	男	汉	澄照乡政府	2014 年度农村产权制度改革工作先进个人	中共丽水市委、市人民政府，丽委发〔2015〕11 号	2015.3

2015 年度全县综合考核结果

（景委发〔2016〕4 号）

一、综合考核先进集体

（一）乡镇（街道）（按序列及分数排序）：

大漈乡红星街道大均乡景南乡毛垟乡梅岐乡

（二）部门（按序列及分数排序）：

县农办（扶贫办）县委组织部县委宣传部团县委县建设局县交通运输局县经合办（招商局）县发改局县财政局（地税局）

县农业局县公安局县人力社保局县信用联社县公积金管理中心

二、工作进步奖

（一）乡镇：梧桐乡九龙乡

（二）部门：开发区管委会县司法局

三、创业创新奖

（一）县水利局：绘制美丽湖景、建设生态家园——成功创建国家级水利风景区。

（二）县文广出版（体育）局：“动+静”模式打造全国“活式”民族博物馆。

（三）县国土局：构建砂石料加工经营权管理新模式、推进矿业权市场规范化建设。

（四）县科技局、县市场监管局：搭建科技创新平台、深化畲药创新发展——成功申报“浙江省畲药科技创新服务平台”。

（五）县电视台：创新完善机制、畲乡美名远播——2015 年广播电视外宣成绩走在 90 个县（市、区）前列。

（六）县民政局：创新救助模式、力求精准帮扶——筑牢“民生网底”的最后一道防线。

（七）县委统战部：力促盘姓畲族扎根景宁，“四姓”畲民团聚畲乡。

（八）梅岐乡、大地乡：探索边远乡村治理“飞地”模式、创设“驻县城党群服务驿站”。

四、单项先进

（一）乡镇（街道）

1. 2015 年度基层组织建设工作

一等奖：大漈乡；二等奖：梅岐乡；三等奖：鹤溪街道、毛垟乡。

2. 2015 年度乡镇党风廉政建设工作

一等奖：红星街道；二等奖：大漈乡；三等奖：家地乡、毛垟乡。

3. 2015 年度乡镇平安综治工作

一等奖：红星街道；二等奖：英川镇；三等奖：雁溪乡、梅岐乡。

4. 2015 年度乡镇信访工作

一等奖：鹤溪街道；二等奖：东坑镇；三等奖：九龙乡、家地乡。

5. 2015 年度乡镇安全生产工作

一等奖：鹤溪街道；二等奖：鸬鹚乡；三等奖：红星街道、秋炉乡。

6. 2015 年度乡镇科技进步工作

一等奖：梧桐乡；二等奖：鹤溪街道；三等奖：景南乡、郑坑乡。

7. 2015 年度“六边三化三美”工作

一等奖：大均乡；二等奖：东坑镇；三等奖：家地乡、标溪乡。

8. 2015 年度“三改一拆”（无违建乡镇创建）工作

一等奖：大均乡；二等奖：东坑镇；三等奖：毛垟乡、家地乡。

9. 2015 年度“五水共治”（包括国家级生态县创建和大气污染防治）工作

一等奖：毛垟乡；二等奖：大漈乡；三等奖：梅岐乡、家地乡。

（二）部门

1. 2015 年度全县机关党建工作

一等奖：县农业局；二等奖：县交通运输局；三等奖：县委政法委、县司法局。

2. 2015 年度部门党风廉政建设工作

一等奖：县审计局；二等奖：县农业局；三等奖：县编委办、县人力社保局。

3. 2015 年度部门平安综治工作

一等奖：县公安局；二等奖：县司法局；三等奖：县交通运输局、县市场监管局。

4. 2015 年度部门信访工作

一等奖：县人力社保局；二等奖：县建设局；三等奖：县经济商务局、县农办（扶贫办）。

5. 2015 年度部门安全生产工作

一等奖：县交通运输局；二等奖：县电力局；三等奖：县教育局、县经济商务局。

五、先进个人

（一）乡镇（街道）（按序列及分数排序）

党政主要负责人：

周恩、柳康华、蓝景芬、何向平、童小平、吴巧玲、刘世宝、叶秀华、叶金海

其他班子成员：

陶幸圣、季清波、徐敏、吴丽英、柳二娟、柳忠芳、林海明、陈利慧、林国斌、任孟春、陈文良、程小伟

(二)部门(按序列及分数排序)

党政主要负责人:

毛华庆、林敏、林一兵、翁建敏、叶峰、毛南俊、王庆、严伟华、叶玉琪、雷剑锋、钟利海

其他班子成员:

梅根金、严家远、吴如峰、毛华胜、陈彬、徐关铭、任周良、张伟、陈华星、高伟芸、陈斌、沈招雄、张兆清、陈战耕

六、一票否决单位

按照《关于印发〈2015年度全县工作目标管理综合考核“一票否决”项目的实施办法〉的通知》(景委办〔2015〕12号)文件规定,对沙湾镇、澄照乡、环保局、国税局(党风廉政建设工作)进行一票否决。